现代传播·广播电视传播 MODERN COMMUNICATION

丛书主编 王文科 陈少波

Broadcast News Reporting

广播新闻报道

（第二版）

王文科 编著

ZHEJIANG UNIVERSITY PRESS
浙江大学出版社

图书在版编目（CIP）数据

广播新闻报道 / 王文科编著. —2 版. —杭州：浙江大学出版社，2015.9（2022.1 重印）
（现代传播. 广播电视传播）
ISBN 978-7-308-15055-2

Ⅰ. ①广…　Ⅱ. ①王…　Ⅲ. ①广播工作—新闻工作—高等学校—教材　Ⅳ. ①G222

中国版本图书馆 CIP 数据核字（2015）第 202658 号

广播新闻报道（第二版）
王文科 编著

丛书策划　李海燕
责任编辑　李海燕
责任校对　陈　玥
封面设计　续设计
出版发行　浙江大学出版社
（杭州市天目山路 148 号　邮政编码 310007）
（网址：http://www.zjupress.com）
排　　版　杭州青翊图文设计有限公司
印　　刷　广东虎彩云印刷有限公司绍兴分公司
开　　本　787mm×960mm　1/16
印　　张　22.5
字　　数　404 千
版 印 次　2015 年 9 月第 2 版　2022 年 1 月第 2 次印刷
书　　号　ISBN 978-7-308-15055-2
定　　价　58.00 元

浙江大学出版社发行部联系方式：0571—88925591；http://zjdxcbs.tmall.com

目　录
CONTENTS

第一章 宏观视角中的广播新闻

第一节 广播新闻事业的产生与发展

人类最原始的传播方式是用口述的方法进行传播。最早的广播员被称为叫街者(Town Crier)和浪游的乐师(Wandering Minstrel),中国古代对流浪传播新闻的职业称为“唱道情”。到了17世纪,美国出现了沿街报告新闻的“敲钟人”。直到后来社会上出现了传单、报纸之后,“敲钟人”宣告失业。从广义上说,这些都可谓是“广播新闻”,但现在我们一般讲到广播的时候是有特指的。1979年版的《辞海》在阐明“广播”这个概念的时候,是这样说的:“通过无线电波或通过导线向广大地区播送音响、图像的节目,统称为广播。按传输方式,可分为无线广播和有线广播两大类。只播送声音的,称之为‘声音广播’,也简称为‘广播’;播送图像和声音的,称‘电视广播’。”

一、广播新闻产生的时代背景和技术基础

19世纪初,发生了环绕英国的以机械革命为主的工业化浪潮,有关原料需求和货物销售的市场情报,成为工业化社会攸关的信息。这种社会化大生产与高密度的协作分配的现实,迫切需要一种既快速又有效的远程通信工具,以代替“邮寄”或“放鸽子”式的通信方式。同时,工业化的浪潮也为热衷于物理实验和发明的天才创造了一个很好的环境,同时物理学的发展又使新型通信工具的发明成为可能。

建立在有线电话基础上的“电话报纸”可以算是最早出现的有线广播新闻。1893年,匈牙利人西奥多·普斯卡把布达佩斯市700多条电话线连接起来,定时报告新闻,被称为“电话报纸”,有线广播从此诞生。

但当时人们的兴趣和注意力似乎更集中在无线电广播的发明上。1895年5月7日,俄国物理学家亚历山大·斯捷潘诺维奇·波波夫发明了不用导线传送信号的无线电接收装置——雷电指示器,1896年3月24日,波波夫用自己研制的两部无线电收发机传递了最早的一份无线电报;几乎与此同时,意大利青年工程师马可尼也取得了无线电通讯试验的成功。他们的科学发明第一次给人类提供了远距离传送信息的工具。

1906年12月25日,加拿大物理学家、美国匹兹堡大学教授费森登进行了一次实验广播,通过无线电波向空中播送圣诞故事和音乐,这是人类第一次在空中传播自己的声音。世人公认,这是广播第一次发射成功。

二、广播新闻的诞生历程

1906年广播发射成功,但处于萌芽时期的广播,设备简陋而笨重,还要戴上耳机才能收听。1916年,美国马可尼公司的无线电报务员向公司建议把现有的笨重的收音设备改制成一种有几个波长可供选择的无线电收音盒。不久,一种当时叫"音乐会"的收音机在美国无线电公司诞生了。

1919年11月,原苏联下新城无线电实验所试制成功第一台无线电发射机;1920年1月11日成功播出世界上第一个语言广播节目。但由于国内政治环境的影响,这个广播电台一直处于试验性广播阶段,1922年才正式开播,同年11月7日被命名为"共产国际广播电台"。

与此同时,即1920年1月27日,美国联邦商业部西屋电气公司的当权者戴维斯颁发了商业电台营业执照,并批准了KD-KA这一呼号。戴维斯同时征得匹兹堡《邮报》同意,将该报的新闻用电话向KD-KA广播室传送,以供播出。1920年11月2日,匹兹堡KD-KA广播电台开始播音。这次广播的第一个节目,是报告哈定和柯克斯两人竞选总统的选举结果。广大选民聚在公共扩音器前收听最新消息,由于开票统计数字及时被播送出来,产生了极为轰动的效应。这是被公认的世界上第一家正式的广播电台,播报的新闻也就是第一篇现代意义上的广播新闻。

此后一年里,美国从商业部取得营业执照的商业广播电台就达500多家,掀起了一股办广播热。与此同时,世界各国广播电台如雨后春笋般涌现:1921年,法国邮电部建立广播电台;1922年,英国伦敦广播电台开始播音;1923年1月,美国人把无线电广播引入中国;1923年10月,德国柏林广播电台开始播音;1924年,意大利广播电台开播;1924年11月,日本广播电台开播……

1940年前,广播工程技术只限于调幅广播;1940年美国建立了调频广播,1942年,调频广播风行世界。

三、广播新闻的发展演变

广播新闻既是广播事业发展的核心内容，同时又直接反映出广播事业发展的进度和水平。就美国而言，广播新闻的发展大致经历了从“附属”到“独立”再到“成熟”三个阶段。

第一阶段，广播主要受报纸的控制，像《底特律新闻》于1921年开办WWJ电台，就是因为电台能够“为它博取公众好感，增加报纸销路”；它的成功，带动了其他报纸纷纷建立自己的广播电台。美国报纸发行人协会电台委员会1927年的报告中说，当时美国有48家报纸拥有自己的电台，69家报纸出钱在人家电台上办节目，97家报纸为电台提供新闻节目；报告认为：“电台报道新闻事件促进了报纸的销售。”严格地说，这一时期广播播报的并非自己的新闻，广播新闻还只是报纸新闻的“附属”。

第二阶段，广播开始创立自己的新闻报道业务。刚开始时，电台通过播报新闻推销报纸，但同时也从报纸挖走了部分广告。于是美国报纸发行人协会董事会于1932年采取行动，建议各通讯社在报纸刊出以前，不得出售或透露新闻。这迫使广播业自己把新闻采写工作承担起来，从而逐步建立起自己的新闻采编队伍，并出现了一批新闻分析员、评论员。20世纪30年代的广播新闻报道，特别对一些重大新闻事件，如罗斯福的“炉边谈话”、总统候选人提名大会和竞选活动、英国国王爱德华八世逊位等事件的报道，为广播赢得了众多听众。广播新闻队伍的形成和新闻报道日益活跃，广播新闻真正走向“独立”。

第三阶段，广播新闻在战争的洗礼中走向成熟。1938年在慕尼黑危机刚发生的时候，广播的新闻报道尽管还很稚嫩，但产生了很大影响。3月12日，哥伦比亚广播公司派驻欧洲记者爱德华·默罗和他的同事，临时安排了广播史上的第一次“新闻联播”：他们分别从维也纳、伦敦、柏林、巴黎和罗马，联合向美国听众报道他们的所见所闻。在此后的20天中，他们一直采取这种方式从欧洲14个城市向听众作实况报道，包括传送希特勒、张伯伦、戈培尔、墨索里尼和教皇保罗十一世的声音；而卡尔登邦则在纽约的“第九播音室”为驻欧洲记者联合进行的实况广播奔走张罗，同时主持分析和评论节目。这次广播新闻报道，为第二次世界大战期间广播报道业务和技能设施的大发展以及形成新闻广播的基本格局准备了条件。到战争末期的1944年，全国广播公司的新闻广播时间，已经从1937年占全部播出时间的2.8%，增加到26.4%；形式也日渐多样，不仅有新闻报道节目，而且有新闻分析、新闻评论节目。这样标志着新闻广播格局的形成，也标志着广播进入了成熟期。

第二节　当今各国广播新闻事业现状及发展趋势

一、当今各国广播新闻事业概括

广播新闻事业自20世纪20年代开创以来，各国都纷纷开始发展，现在世界上169个国家中，除了欧洲的圣马力诺和列支敦士登外，都有无线电广播电台。这些国家多数使用中波、短波、调频等波段，播出两套以上的广播节目。收音机已经如同其他生活必需品一样普遍，据统计，全世界平均每3个人就拥有一台收音机。因此，广播新闻在世界各国都有着巨大的影响力。

我们不妨迅速浏览一下一些有代表性国家的广播新闻事业的现状。

英国：英国的广播被称为世界广播的楷模。英国广播公司(BBC)是国内唯一的公共广播事业机构，禁止播放广告，其经费来源主要是政府征收的电视执照费。BBC有5个全国性广播台，加上不少地方一起构成BBC的国内广播网。与公共电台并行的，是国内200多家私营电台。英国人爱听广播是有传统的，几年前，在英国，有94%的人是广播电台的听众；近年来，一部分青年转向了国际互联网和电脑音乐，但广播新闻的听众仍占全国人口的86%。

现在，BBC开始面临经济上的压力，但他们精做新闻的传统没有变，仍一如既往地遵循75年来形成的原则，如准确第一，时效第二；保护新闻来源；不偏不倚的平衡报道等。他们也为此而骄傲。

美国：美国是广播新闻事业十分发达的国家。美国广播电台大部分掌握在私人手里，这与英国的BBC形成鲜明对比。在美国广播界，最有影响力的仍然是CBS、NBC、ABC三大广播网。覆盖了全国人口的99%。除此之外，还有许多区域性的广播网。它们集结了上千座广播电台。因此，在美国，广播无处不在；1994年时，美国国内电台总数达11430个，相当于电视台总数的7.5倍；在许多大城市，电台数量都在100个左右。广播新闻节目是灵魂，节目形式多种多样，如谈话节目、辩论会、电话采访、现场报道等。听众有如身临其境。有调查资料表明，广播是美国成年人的“第一新闻来源”。[①] 80%的美国人每个周末听5个小时以上的广播，66%的美国人在电视黄金时段收听广播，43%的美国人在午夜听广播。

俄罗斯：苏联是世界上广播新闻事业最发达国家之一。其广播机构均属

---

① 张家先：《广播应当办成新闻中心和信息中心和信息总汇》，中国广播电视出版社2001年版。

国营性质，形成了以苏联广播电台为中心的强大广播网。苏联解体后，俄罗斯国家广播电视总局作为政府的一个部门，主要负责执行国家对广播、电视的政策。从1992年至1998年，广电总局一共发放了2500个营业许可证，但只有1500多家电台电视台在运行中，其余近1000家已停播或倒闭。在运行的广播电视台中，官方的只有92家，非官方的有1506家，其中1000家为电视台。近600家为广播电台。①

日本：在日本广播界占统治地位的是日本广播协会（NHK）。该公司不经营广告，经费来源主要靠受众缴纳的视听费；与之相抗衡的是由100多家私人公司组成的商业广播网。这两大广播网覆盖着日本国土。

日本的广播电台与报纸有着直接的渊源关系，大台与大报不仅在新闻资源上合作，而且在资金、人员上建立协作关系，因此，日本广播电台继承报纸的传统，重视新闻节目。

法国：法国广播分公营台和私营台两类。法兰西电台是国家台。包括5个国家级台和39个地方台。新闻是广播节目的主要部分。国内台每天24个小时播出，早上5点至9点为重点新闻节目时间，9点以后，每小时都有时事新闻。星期五晚上进行政治论战，星期六上午安排经济评论。星期日上午播发驻外记者国际热点问题的报道。所有的新闻节目都直播，没有专门的播音员，所有的新闻都由采写记者自己来讲述。私营电台节目丰富多彩，娱乐性节目所占比例更高一些。②

德国：吸取第二次世界大战中广播被法西斯滥用的教训，德国走出了一种广播电视既不属于国家又不属于私人的公法广播体制，现在德国有11家公法广播电视台。1984年开始允许开办私营台，但法律对私营限制非常严格。

德国广播新闻质量很高，一是有很强的"受众意识"；二是无论公法台还是私营台，都有调查公司，以及时采纳受众意见，调整广播节目；三是新闻节目精品意识、现场意识很强，一般新闻节目、文化科技节目等都要求有大量的现场采访。③

韩国：目前韩国共有97个广播电台。其中42个调频台。广播节目中收听率最高的是新闻节目。韩国的广播法规定公营广播和私营广播均包含新闻广播与商业广播要素，是根据自由竞争经营的混合性广播制度。

韩国广播新闻节目一般每个整点安排5分钟滚动播出，晚9时有《综合新

---

① 张勉之：改革中的俄罗斯广播电视，《广播漫笔》，北京出版社1998年版。

② 张礼栓：德法广播掠影，《中国广播》1997年第7期。

③ 胡正荣、徐福建：德国广播电视事业现状，《中国广播》1998年第6期。

闻报道》。新闻节目信息量大，而且大量使用记者的现场报道，生动客观，同时比较重视开通热线进行双向交流，鼓励听众积极通过来信来电参与节目。[①]

二、对外广播与环球广播

利用无线电的便利之处对境外进行电波宣传，称为对外广播。它被视为宣传本国政治、经济、文化诸方面的不可多得的工具。第二次世界大战客观上为各国对外广播提供了一次充分实践的机会，战争结束后，开办对外广播的国家已从战前27个发展到55个。新闻节目是对外广播的重中之重，作为对外广播五大机构的“美国之音”、“莫斯科广播电台”、“中国国际广播电台”、“英国BBC”、“德国之声”在新闻报道上也各有所长。

随着国际政治局面的发展变化，对外广播逐渐从服务于一国政治需要的狭隘现念中解脱，寻找到越来越多的与世界和平共处的契合点。尤其是进入21世纪后，随着国际政治多极化和经济全球化趋势的加速发展，同时也由于广播传播技术的日趋成熟，越来越多的国家积极开办“环球广播”，标志着国际广播进入了新时代。

环球广播，或对全球广播，或对世界广播，其英文为WORLD SERVICE或GENERAL SERVICE，即以全世界为对象的全球性、综合性、普遍性广播。

这是当代世界各国在办国际广播方面逐步形成和发展的一种办广播方式，通常用英语和本国语昼夜不停地对全球各个方向（或众多方向或无方向）连续播出一整套新闻性节目（包括国际国内新闻、报道、评论、解说、专稿等）。近年来有关经济、金融等新闻栏目大量增加。

环球广播有三个显著的特点。其一，一般都同时播向全世界五大洲，所用语言大多为通行范围最广的英语，或加上本国语，或单用本国语。其二，就整套广播而言，一般都是昼夜24小时不停地连续播出，但就各个具体方向而言则有长有短。其三，以新闻性节目为主，一般都在每小时整点和半点开始播送几分钟到一二十分钟国际国内新闻和评论，然后辅以其他新闻性节目及音乐文艺节目。由此可见，环球广播的主要特点，概括起来就是“环绕全球”、“昼夜不停”和“传播新闻”。

不过，由于开办环球广播的各个国家所拥有的广播硬件实力不同，它们的环球广播在播向地区、使用频率和发射功率等方面差别很大。例如，美国和英国的环球广播规模较大，从播向地区看确已大体上波及全球，但从播出时间看也还未达到全球各地24小时都能听到的程度。苏联的环球广播对全球的有

---

① 合者子：韩国广播简介，《中国广播》1995年第11期。

效覆盖范围曾一度呈现后来居上之势(据西方估计,共使用40部发射机)。苏联解体后俄罗斯的对外广播仍大体保持原有规模(对全世界6个大方向广播,每个方向从15小时到21小时不等)。开办环球广播历史较短的德国和法国均对全世界十多个方向广播,每个方向从几小时到21小时不等。历史较久的日本用英语、日语合办一套,20世纪80年代末全面加强,近年来进一步加强,播向地区从3个增为9个,时间从全天13小时30分增为21小时30分,后又增为28小时,最近为31小时,已接近其用22种语言播出的地区性广播总时数。近年来竞争势头都很强,其他各国的环球广播在覆盖地区和播出时间方面都尚未达到"环绕全球"和"昼夜不停"的规模。

至于播讲方式,大多以个人主持和直接口播有机地结合,由主持人、记者或播音员口头直播新闻、评论、现场报道、实况广播、采访、座谈、与当事人对谈等,造成一种生动、活泼、轻松、自然的气氛,讲究以播讲人的亲切感、权威性、说服力吸引听众。此外,新闻的播讲大多采取快速度,以尽可能用最少时间提供最大信息量为特点。

三、技术进步推动着广播新闻事业不断发展

广播新闻自诞生之日起就感受到媒体间竞争的巨大压力,但是它并没有如一些人所预言的日趋衰弱,相反,现在还越来越焕发出新的生命力,究其原因,是科技发展一直为广播新闻事业注入新的活力。从有线广播到无线广播,再出现调频广播,直至卫星和地面的数字广播,广播新闻事业始终走在科技发展的前沿。

近年来,信息高速公路迅速崛起,世界广播都在加快步伐进入信息高速公路,向数字广播电视转变。数字音频广播(DAB)是继调幅、调频之后的第三代广播,也是数字化和压缩技术之后的新发展,它的信号在传送过程中不会引入噪声、失真及其他有损品质的因素;同时,由于DAB信道内有一个码率可变速率很高的数据业务通道,利用该数据业务通道作为信息平台,可以支撑各种数据业务的传送;甚至还可以低价格传送电子报纸及杂志:只要排版定版,马上可以送给用户等。可以预料,DAB的发展意义已经远远超出广播界,它将成为支持多媒体系统的一个重要的数据信息传送手段。

广播发展的另一种新趋势是:广播电台和互联网结合起来,形成一种持久的和大有赢利前景的合作关系。长期以来,电台以擅长现场直播为特色,但也因稍纵即逝而在与其他媒体竞争中显得后劲不足。网络广播使广播不仅听得见,也可以"看得见",突破了播出时间和功率的限制。另外,通过网上交谈,进行异地采访,扩大了报道的范围,更能吸引听众。电台上网后。记者可以充分

利用互联网庞大的信息资源，查找和调阅新闻线索……

1995 年 8 月，美国广播网首先利用互联网进行全球广播，1997 年已有 85％的广播电台在互联网上设站。据 1999 年资料显示，西方能在网上听到的电台可能比空中听到的电台更多，只要拥有一台联网的多媒体个人电脑，就能听到来自 100 多个国家的 1550 多个网上电台的广播，绝大多数网站为即时播送。传统的广播与最新的互联网越来越紧密地结合在一起，必将为广播新闻事业的迅猛发展提供前所未有的历史机遇。

第三节　我国的广播新闻事业

一、旧中国广播新闻概况

1923 年，侨居上海的美国人奥斯邦创办的中国无线电公司与英国大陆报馆合作，并办了“大陆报—中国无线电广播公司”，并在 1 月 23 日晚首次播音，呼号为 XRO，但在开播了 3 个月后即停止。其后，美商开洛公司又与《申报》密切合作，开办了呼号为 KRC 的电台；美国“新孚洋行”也办了一家电台。

1927 年 3 月 18 日，上海新新公司为推销自制的矿石收音机，开办了一座简陋的广播电台。这是中国第一座民办广播电台。

1928 年 8 月 11 日，国民党政府在南京建立“中央广播电台”（简称“中央台”）。在 20 世纪 30 年代之前，刚开办不久的广播电台虽然也报道新闻，但没有严格意义上的广播新闻。国民党中央广播电台的新闻稿都是由中央通讯社提供的，此外就是宣读各种文件、通告。民营台基本上没有新闻报道，其中的商业台多播送娱乐节目，多数内容低级庸俗、荒诞不堪。鲁迅先生对此极为不满，他曾撰文说：

“外国我不知道，中国的播音，竟是从早到夜，都有戏唱的，它一会儿尖，一会儿沙，只要你愿意，简直能够使你耳根没有一刻清净……不但和‘水位大涨’‘旱象已成’之处毫不相干，就是和窗外流着油汗，整天在挣扎过活的人们的地方，也完全是两个世界。”

1931 年“九·一八”事变之后和抗日战争期间，中国广播的新闻报道逐步有所加强，把戏曲节目改为呼吁警惕日本侵略行径的宣讲节目。“一二·八”事变后，上海各广播电台都及时播报十九路军淞沪抗战的新闻。

二、人民广播新闻事业在新中国成立前的发展状况

“从那一排排错落不齐的窑洞里，透出来的灯光愈来愈稀少了。延安度过了紧张的一天，渐渐地进入了梦乡。可是就在这时，王皮湾的一孔石窑洞里，通信兵的战士们正围着一部机器进行着最后一次试验。汗水从同志们的额角渗出来，就像窑洞古壁上的水珠一样，在煤油灯光下晶晶闪闪。片刻，人们轻轻地吁一口气，立起身来，只听得电源组长苟在尚同志说了一声‘开动’，机器立刻呜呜地转动起来，同志们几乎是同声叫着：‘行啦！’几个月来我们焦急地期待的发电设备终于装制成功了。明天，它将为我们党的第一座语言广播电台开始供电，大家的情绪随着机器的转动欢腾起来。”①

中国共产党领导的人民广播事业是从延安开始的。1940 年 12 月 30 日，设在延安窑洞里的原延安新华广播电台（发射功率约 30 瓦，呼号为 XNCR）首次播音。这是中国共产党创办的第一座人民广播电台，该台由新华社语言广播部具体承办，当时广播的主要内容是中国共产党和陕甘宁边区政府的重要文件、公告、新华社播发的国内外消息等，也有少量的文艺节目。延安新华广播电台的设备虽然简陋，但它在宣传共产党的抗日主张、揭露国民党顽固派的反共阴谋、鼓舞人民的斗志等方面起了重要的作用。1943 年春天，因为大型电子管失效被迫停止了播音。1945 年 8 月中旬，日本宣布无条件投降。9 月 5 日延安新华广播电台又恢复了播音。1980 年，经中共中央宣传部批准，将 1940 年 12 月 30 日，即延安新华广播电台开播的日子，作为中国人民广播事业创建纪念日。

在解放战争期间，延安新华广播电台曾作过两次转移，但是一直没有中断播音。1947 年 3 月，电台转移到陕北瓦窑堡，改名为陕北新华广播电台；1947 年 4 月，陕北台迁到河北涉县太行山麓；1948 年 5 月，陕北台再迁到平山县西柏坡附近：此间，解放区的广播事业也有了新的发展，广播电台增加到 10 座，除陕北台外，还有晋察冀台、邯郸台和东北新华广播电台等。

1949 年 3 月 25 日，陕北台第四次迁移，随着党中央迁入北平，陕北台改名为北平新华广播电台。北平新华广播电台多次改进广播宣传，开办了最初的全国广播电台联播节目、日语节目和汉语节目，播出时间由每天 5 小时增加到 13 小时。6 月 20 日，北平首次播出毛泽东同志 6 月 15 日在新政协筹备会上的讲话录音。9 月 21 日，报道了当天中国人民政治协商会议第一次全体会议开幕的新闻，并播出了毛泽东同志致开幕词的录音。9 月 27 日，政协会议

① 傅英豪：第一座红色广播电台诞生记，《全中国都在倾听》，中国广播电视出版社 2000 年版。

决定建立中华人民共和国，定都北平，并改北平为北京。同一天，北平新华广播电台也改名为北京新华广播电台。

三、新中国成立后到1978年的广播新闻事业

1949年10月1日中华人民共和国开国大典在北京隆重举行，北京新华广播电台于下午3点进行了实况广播，各地广播电台同时转播。这是中国广播史上第一次全国性的实况广播，也是首次联播节目。同年12月5日，北京新华广播电台改名为中央人民广播电台，成为我国广播宣传的中心，各地新华广播电台也先后改名为各地人民广播电台。1950年4月，中央人民政府新闻总署规定广播宣传的任务有3项，发布新闻和传达政令、社会教育、文化娱乐。中央台按三大任务的要求，针对中国是一个多民族国家，幅员辽阔、人口众多、交通不便以及各地区政治、经济、文化发展不平衡这一基本国情，陆续开办了一批在全国有重大影响并延续至今的节目，如《各地人民广播电台联播节目》、《首都报纸摘要》(后改称《新闻和报纸摘要》)等；先后开办了藏语、蒙古语、朝鲜语、维吾尔语、壮语等5种民族语言广播，1954年还开办了对台湾的广播节目。

50年代，广播新闻通过消息、评论、专题报道以及录音报道、理论讲座等形式对全国人民进行了广泛深入的爱国主义、国际主义和社会主义的思想教育。但另一方面，也曾因“左”的思想影响，违背了实事求是的科学态度和新闻必须真实的原则。这些错误都很快得到了纠正。1962年以后，中央台着重提高节目质量增加品种，又办了一些好节目，深受听众欢迎。特别是连续报道了王进喜、雷锋、王杰、欧阳海、焦裕禄和“南京路上好八连”等系列社会主义新时代的先进人物、先进集体的事迹和经验，大力宣传了共产主义的思想和情操，产生了巨大的社会影响。这期间，广播新闻开始发挥“自己走路”的作用，重点改进新闻报道，加强评论，努力摆脱单纯依赖报纸、通讯社的被动局面，突出了广播特点。同时开始更加注重和加强对农村的广播宣传。

从1966年至1976年“文化大革命”期间，广播新闻和其他事业一样遭受了极大摧残。“文革”初期，全国广播电台一律实行军事管制。地方电台停办自办节目，全部转播中央人民广播电台节目，广播新闻宣传“假、大、空”现象严重，套话泛滥，形而上学猖獗，唯心主义横行，影响很坏。当然也有不少广播工作者在巨大政治压力下并不屈服，在抵制和斗争中，也进行了一些正确、真实的报道宣传，尤其是外事方面，关于恢复我国在联合国合法席位、“乒乓外交”、中日和中美建交等报道取得了引人注目的成功。“文革”结束后，广播新闻摆脱“十年动乱”的羁绊，开始进入恢复发展时期。

四、改革开放后广播新闻的改革

1978 年 12 月，党中央召开具有重大历史意义的十一届三中全会，广播新闻宣传在围绕党和政府的中心工作进行报道的同时，坚持“接近听众、接近生活、接近实际”的原则，不断进行改革，大致可以分为 4 个阶段：

第一阶段，从 1978 年的十一届三中全会至 1983 年第十一次广播工作会议。这几年广播新闻在“自己走路”的方针指导下，扩大记者队伍，增加自采报道，并按“新、快、短”的原则改进新闻报道，言论节目迅速崛起，中央人民广播电台从 1979 年开始恢复评论节目；主持人崭露头角，1981 年中央人民广播电台开办了徐曼主持的对台湾广播节目《空中之友》，广东台开办了李一萍主持的《大众信箱》；同时理论讲座开始兴旺。

第二阶段，从第十一次全国广播工作会议至 1986 年底，这一阶段广播新闻在连续报道、口头报道和批评报道方面有重大突破和长足进步。中央台关于朱伯儒、雷雨顺等的连续报道和关于双城堡火车站洗衣机事件批评报道在社会上产生重大影响；上海台的口头报道走在前列；广东台首创的“板块节目”成为一种新的节目形式。

第二阶段，从 1986 年底至 20 世纪 90 年代初，广播新闻改革从单项到整体、从微观发展到宏观。1986 年 12 月 15 日，广东创办珠江经济广播电台，以“板块节目”为特点，采用主持人直播和“热线电话”的方式，密切了与听众的联系，实现了听众的直接参与；1987 年 6 月，上海台推出新体制，按新闻、文艺、教育、经济分类，率先实现系列台模式；此后，中央台连续三次大调整，开办了一批综合性专题板块节目和文艺板块节目。此后，大板块、主持人直播、听众热线参与各种节目遍地开花，采编工作面目一新。

第四阶段，1992 年小平同志南方讲话之后，随着社会主义市场经济体制的逐步建立，广播新闻在 20 世纪 80 年代末 90 年代初发展的基础上，以全新面貌出现在新闻竞争中，开始了重新振兴和再创辉煌的新时期。这一轮改革的特点，一是再造新闻优势，创办名牌和精品节目，以优化和提高节目质量为主攻方向；二是多样性，专业化特征日趋明显，专业台设置基本框架完成。同时，广播新闻事业的运行机制和管理机制的改革也同时进行，为广播新闻事业的更大发展积累了后劲。

第五阶段，进入新世纪的我国广播新闻，从体制、机制的报道内容进行了全方位的改革，特别是在媒体分化、媒体竞争和媒体融合的新的背景下，适应新媒体网络化、数字化、移动化、碎片化的挑战，积极探索自己的专业化、个性化、多样化的发展路径，展现了新的风貌。

五、台、港、澳地区的广播新闻事业

竞争中的台湾广播:1993 年前,台湾电台只有 33 家("官营"7 家,军营 5 家,民营 21 家);1993 年台湾当局开放广播频率后,电台便如雨后春笋般地涌现。截至目前共有正式注册电台 156 家,另有台湾电信监理单位侦测在案的地下非法电台 221 家,台湾的天空热闹非凡,节目的形态也从单向传播转为侧重与听众间互动的多元传播。一个狭小的空间布满如此众多的电台,迫使各家电台产生强烈的危机感和竞争意识,纷纷寻求良策,甩出奇招,以争夺听众,发展自己。据 1998 年 6 月公布的一项调查显示."最常收听的广播节目类型",前 5 名分别为综艺型、纯音乐型、空中对话、新闻性、热线电话(台湾称 call-in)节目。值得一提的是,热线电话在台湾各类节目中非常盛行,内容上提供资讯、反映民意、探讨热点问题,因此颇受听众欢迎。当然,台湾广播存在的问题也是很明显的:生活环境所带来的视野局限,使台湾缺少大气派、大手笔的作品;节目追求生活化、娱乐化无可非议,但有过于随意和庸俗化趋向;节目制作不够精致、比较粗糙等。

香港:香港广播新闻事业已经有 70 多年的历史,目前香港广播事业单位有 4 个,广播电台 l0 余座,听众占香港 9 岁以上总人口的 85%。香港电台是官方电台,下设 7 个专业台,商业电台和新城广播是两家主要商营电台。香港开始时仿照英国收取牌照税利,20 世纪 60 年代中期取消,70 年代受彩色电视冲击,收听率大幅度下降,80 年代后开始回升。1986 年春节期间,香港电台分别与中国国际广播电台、美国曼彻斯特电台"东方地平线"、英国纽约中华商业广播电台合办"向全球华人贺岁"节目,这是香港电台首次与内地电台合办节目。香港电台陆续播出香港广播界首创的大型"口述历史"节目《岁月如流话香江》,以专题形式系统介绍香港的历史和掌故,颇有吸引力。香港电台的新闻及公共事务节目时效性较强,每天早晨的《朝朝早,精神好》节目拥有较多的听众。

澳门:澳门无线电广播始于 1933 年。现在当局经营的广播电视公司设有 2 座广播电台,1 座电视台,另有 1 家私营的澳门绿村商业区电台。

澳门广播电台是当局经营的电台,1948 年开办,原隶属新闻旅游处,1976 年改为独立机构。中文广播电台每小时正点播送新闻一次,每次约 3 分钟,每天早、午、晚播送详细的新闻 4 次,每次 20 分钟。新闻来源除自采的以外,选用路透社、法新社、葡新社和新华社的消息。专题节目多为杂志式综合节目,内容广泛,谈话、歌曲兼而有之。澳门绿村电台以文化为主,没有新闻节目。

第二章　广播新闻的属性和特征

第一节　广播新闻的性质和作用

一、什么是广播新闻

要给广播新闻下一个定义，首先要明确什么是新闻、什么是广播，然后才能回答什么是广播新闻。

什么是新闻？中外新闻专家有许多论述，并为之下了不少定义，近一个世纪以来，五花八门的定义不下一两百种。我国新闻界一般采用的是陆定一同志所表述的定义，即：新闻是新近发生的事实的报道。这一定义有许多优点，指出"事实"是新闻的本源，而事实必须是"新近发生的"，必须经过"报道"才成为新闻。不过也有人认为不够完美，认为"事实"这一概念仍有模糊，缺乏确定性，因此需要加一些补充和限定，比如在"事实"前面加上"重要的"、为受众所"关注的"、"未知、应知、欲知的"等，以界定得更清楚些。近年来也有许多专家倾向于认为新闻是"信息"的定义，从而更加客观地揭示新闻的本质特征。桑义燐先生所作的定义有一定的代表性，他认为：新闻报道是客观事物新近变动的信息的传播。这一定义首先引进了"信息"这一概念，明确了新闻报道的对象，明确了新闻报道的根本职能是传播信息。这一定义似乎对新闻的特征和范畴说得更清楚些，对于提高新闻的写作质量也可提供具体指向。

而"广播"的概念，我国《辞海》是这样阐述的："通过无线电波或通过导线向广大地区播送音响、图像的节目，统称为广播。按传输方式，可分为无线广播和有线广播两类。只播送声音的，称为'声音广播'简称广播；播送图像和声音的，称为'电视广播'。"

综合起来，我们给“广播新闻”下定义就是：仅以音响方式通过无线电波或通过导线向广大地区播送新近发生的事实的报道，称为广播新闻。或者是：客观事物新近变动的信息仅以音响的方式通过无线电波或通过导线向广大地区传播，称为广播新闻。

二、广播新闻的节目类型

我国广播界所设新闻性节目主要有消息类的新闻节目、专题性的新闻节目和以新闻为主的板块节目。

消息类的新闻节目。广播电台把这类节目看作新闻节目的重头，它是新闻报道中最常见的，也是新闻节目的核心。因此，这类消息节目被安排在广播的“黄金时间”或者正点半点新闻中播出。它的新闻报道从国内外大事到社会、个人，从地球到宇宙，从近处到远处，方方面面，无所不包。这类报道绝大多数都属于动态新闻，向受众报道现实生活中发生的最新事件。在我国，党和政府的法令、各项重大决定以及重要会议的召开等等，也在此类节目中发布。中央人民广播电台的《新闻和报纸摘要节目》、《各地人民广播电台联播节目》和各地方台的新闻联播，都属于此类节目。

专题性的新闻节目。这类节目时效性不如消息类新闻节目，它往往围绕一个主题，采用消息、通讯、特写等多种体裁，进行一次或多次报道。一般地讲，它有特定的听众群体，所设栏目的报道范围都是专项的，如中央台的《背景报道》、《对农村广播》、《体育节目》等。

板块式的综合性新闻节目。这类节目自 20 世纪 80 年代中后期出现以来，由于体现了广播容量大、收听方便、结构灵活的特点，越来越受到听众的欢迎。它充分吸收了杂志栏目多、内容精、包罗广的编排长处，使听众不用花费太多的精力和时间，就能够听到更多的节目，获得更多的听觉享受。中央人民广播电台开办的《午间半小时》，就是一个融新闻性、知识性、服务性，教育性为一体的综合节目。

三、广播新闻的体裁

广播新闻报道的体裁是根据言语、音响在节目中的不同作用和结合方式，以及沿用报纸文体已有的体裁和格式形成的。

1. 口播新闻。口播新闻是指由播音员或记者报据文字稿件，用口头言语进行播报的广播新闻。它有消息、通讯、特写、专题报道等。这些不同的体裁除了在言语上要符合广播稿的写作要求外，其他要求与报纸上同类体裁相同。

2. 录音报道。录音在这里指新闻事物和新闻人物的实况录音资料。这类报道最能体现广播"先声夺人"的优势，感染力强，真实可信，对听众有较大的吸引力。常见的节目体裁有：录音新闻、录音访问、录音特写、录音通讯等。

3. 广播评论。广播评论是广播电台自己的言论。它代表广播电台的立场，对听众关心的各类问题进行评论和论证。

4. 现场报道。现场报道是记者在新闻事件的现场，边观察、边讲述、边录音的新闻广播形式，它具有迅速及时、现场感强、内容精炼、结构单纯等特点。

5. 新闻性专稿。是指除消息和新闻评论之外的一切新闻报道体裁的总称。包括通讯、专访、特写、实况广播和录音剪辑等报道形式。

6. 连续报道。它是根据新闻事件发生时间的先后顺序，对其发展过程进行连续追踪报道的形式。这类报道多采用"顶真式"方法，每一篇报道既是前一篇报道的继续，又是下一篇报道的开始，篇篇相互联系，各自又有侧重，可以较深入地展示出新闻事件发生的全部过程。

7. 系列报道。系列报道是围绕某个主题，从不同的角度、不同的侧面进行报道的方式。这类报道涉及面广，有深度，各篇报道之间既有本质上的联系，又相对独立成篇，适合作深度报道。

四、广播新闻的地位

以新闻报道为主体，对于报纸来讲是不成问题的，因为它本身就是新闻纸。但广播是一种多功能的媒介，在它日常播出的节目中，文艺节目多达45%～50%，还有相当数量的其他服务性节目。近年来出现的专业台中，非新闻性文艺台、音乐台、交通台等，也占很大比重，这种情况不免使人产生疑问：广播也是以新闻报道为主体的吗？

其实，从广播的历史来看，无论在中国还是在外国，它一开始就是为了适应人们快速获取新闻信息的需要，把传播新闻作为主要任务的。

我们可以从三方面理解：

1. 占有相当的比重。以中央台为例，在一、二套51个节目中，大约有21个可以纳入新闻广播。其中有三分之一左右节目，如《经济生活》、《军事生活》、《法制园地》等，兼有传播知识或娱乐功能，全国各地电台情况大体相似。

2. 拥有时段的优势。与播出比重相比，节目的时间布局更能说明新闻节目的重要性。广播历来按人们作息习惯分为黄金时段和非黄金时段，新闻节目一般安排在黄金时间或便于人们收听的正点时间。以中央台一套节目为例，早、中、晚的黄金时间都为新闻节目拥有，这个时段的优势地位是其他节目不可比拟的。

3. 适应需求的广泛性。新闻节目面向大众，主要提供社会各领域最新发展变化的信息，满足人们日益增长的信息需求。新闻性专题节目面向比较稳定的特定听众群，主要提供详尽的、更多深度的报道。

前些年，中央台举办过一次“全国听众最喜爱的中央台节目投票活动”，前十个节目中，新闻节目就占7个，仍是首选，是收听率的重要支柱。

新闻节目办得好坏是衡量广播电台水平高低的主要标志，新闻报道是广播播出的主体。世界各国的广播电台编辑部几乎都有力量雄厚的新闻部。为了提高收听率，各电台都组织得力人手致力于办好各自的“名牌”新闻节目，把力量用在国内外瞩目、群众关心的重要事实的报道和评价上。

正点或半点报告新闻，新闻节目增多、时间延长、播出时段好、启用知名度高的节目主持人、精心办好名牌新闻……几乎成为世界性的广播发展趋势。现在许多国家不但新闻播出时间增多，对新闻的解释越来越广泛，而且出现了不少一天24小时专播新闻的广播电台。

我们可以看到广播作为电子新闻媒介，为及时、形象地扩大和延伸新闻信息的传播提供了便利的条件，广播新闻伴随着这一电子媒介而产生并不是偶然的。几十年来，广播发展的历程表明：新闻信息传播是广播的主体，是支撑广播全部信息传播的骨干。

五、广播新闻的作用

1.舆论动员作用，即宣传鼓动作用。列宁把广播称为不要纸张和没有距离的报纸。他认为广播新闻事业的发展“将会给宣传鼓动工作带来极大的好处”①，因为它能够影响更多的群众，尤其是那些接触不到报纸的群众，还能够影响国外的听众。第二次世界大战期间，英国首相丘吉尔就很注意利用广播影响国内外局势，经常通过广播发表重要演说。美国总统罗斯福则多次发表过广播谈话和演讲，反映和引导了舆论，对美国人民进行战争动员。美国国会最终改变了“中立法”，宣布参战。

事实上。广播与其他媒体一样。之所以具有“喉舌”的功能，主要就是通过广播新闻的“报道”功能来实现的。我们要在广播新闻实践中，满腔热情地宣传党的纲领、路线、方针和政策，还要大力宣传各族人民在社会主义物质文明和精神文明建设中所创造的英雄业绩。

2.舆论导向作用。广播新闻作为强大的现代化舆论工具的一种。对于人们的思想和行为具有重要的引导作用。新闻媒体不是公共汽车，不是邮电局，而是政党、政府、社会集团的新闻事业，都是按照自己的价值观念、思维方式来

① 《列宁文稿》中文版，第10卷，210页。

处理新闻信息的，新闻媒体开发、传播信息，提供新闻信息服务，最终目的是为了引导舆论。

在具体的广播新闻实践中，引导舆论的方式很多，如寓倾向性于新闻事实的报道之中，提供形成某种舆论的事实依据；直接针对某一事态发表广播评论，以阐明某种舆论的基本立场和观点；播出把新闻和言论结合起来的广播述评；播出支持或反对某种舆论的听众来信；组织听众对某种舆论的讨论和评价等。

3.舆论监督作用。舆论监督是广播新闻的重要作用之一。广播新闻要通过自己的报道，对于先进的、美好的、健康的东西加以表彰扶植，为它鸣锣开道，弘扬时代主旋律，把握正确的舆论导向；对于社会上腐朽的、丑恶的、伪善的现象，要予以抨击、揭露、批评、兴利除弊，推动社会健康发展。

舆论监督包含批评报道，但又不能简单地等同于批评报道。它实质上是人民群众通过广播新闻对党和政府的工作进行监督，已经成为人民群众行使社会主义民主权利的一种有效形式，而媒体在履行舆论监督职能的同时，自身也要接受党和人民的监督。

4.传播信息知识，丰富文化生活和提供各种信息服务的作用。广播新闻机构每日每时都在开发信息资源，连续不断地、大量地向社会传播信息；同时，广播新闻报道内容纷繁复杂，无所不包，大到航天技术、深海探险，小到琴棋书画、风俗人情，这些报道自身起着传播知识、丰富群众文化生活的作用。

第二节　广播新闻传播方式的演变轨迹

一、文字口播消息阶段

文字新闻是广播新闻中运用得最多和最经常的一种形式。不管新闻的来源如何，广播中的文字新闻都要依据广播的特点进行编辑和改写。一般要做到简短、通俗、口语化，还要重点突出。例如：

黄龙乡新箭竹发芽生长
大熊猫重返家园

黄龙乡许多地方新箭竹已经发芽，并且长到80公分左右。

在黄龙乡早已销声匿迹的大熊猫又重返家园。4月10日，三舍村护林员孙德龙等人巡山时，发现了一只正在吃食的大熊猫。4月20日，三舍村农民李德明在窑沟又发现一只正在玩耍的大熊猫。4 月 25 日，三舍村农民马玉、米贵等人在小沟还发现两只大熊猫正在发情交配。

（四川松潘县广播站 1984 年 5 月 4 日《松州新闻》播出）

北京第二条仿古“铛铛车”观光 2 线
将于 3 月 18 日开通

北京市第二条仿古“铛铛车”线路旅游观光 2 线将于 3 月 18 日起穿行于王府井、故宫、前门等地周边。届时，游客可乘坐“铛铛车”穿越古都，游览名胜，感受北京特色历史文化。

北京公交集团表示，为了提升故宫、王府井周边地区旅游交通服务品质，继续发展城市观光客运服务模式，将于 3 月 18 日开通观光 2 线。观光 2 线依然使用纯电动仿古“铛铛车”，每部车上都配备了双语讲解员，利用中英文两种语言向游客介绍沿途的著名景点和历史，乘客足不出“车”，就可以了解京城历史，感受老北京风情。

据介绍，观光 2 线以前门、天安门、故宫为基线设计，从前门出发至故宫神武门作环形运营。途经前门、天安门广场、故宫、北海等站点，线路总长 10 公里，全程设 15 站。乘客坐上观光车，可以游览天安门周边 10 多处著名景点，既提升了北京城市文化旅游体验品质，也为游客创造了舒适的旅行环境。

（中国之声《央广新闻》2015 年 3 月 14 日播出）

二、录音（现场口播）新闻阶段

录音报道是运用现场音响加上播音员解说，或者是现场音响加上记者口述的一种报道方式。这种报道方式可以把现场情景以声音的形式提供给听众，给人以身临其境的感觉，是一种很有特色的新闻广播形式。

早在新中国成立初期，广播记者就采用录音报道这种形式。1953 年，中央台记者高而公等奔赴朝鲜战场前线采访，他们带着录音机下到坑道，深入战壕，采制了一些较有特色的节目。这以后，广播记者虽然受技术条件的限制（录音机质量不好，且很笨重），仍然尽力采制录音报道。

现场报道最初的名称叫“口头报道”。它是记者在采访现场边看边说录制下来的报道，因此，现场感要比录音报道更强，形式上也更活泼一些。1978 年，中央台记者张小平随着中国登山队一起攀登珠穆朗玛峰。在海拔 6000 多米的高峰，张小平向听众进行了现场报道。近年来，现场报道这种形式运用得越来越多，并且出现了不少好作品，像 2012 年 9 月 7 日，云南广播电台记者张艳梅、管昕、马岳波采写的现场报道就是一篇运用现场音响、发挥广播特长、突出新闻主题的成功报道：

天堑之间架起“信息桥”

今天(9月7日)上午，怒江傈僳族自治州独龙江乡信息通信网络正式开通，我省最后一个未通固定电话、宽带及第三代移动通信系统的少数民族乡实现了现代信息通信的跨越。请听报道：

【录音——现场】:“独龙江乡信息通信网络开通！(掌声)”

(压混)开通仪式以视频会议的形式进行，昆明主会场与会代表通过视频会议系统连线独龙江乡分会场，共同体验了部分信息网络业务。

【业务体验现场】:“由我演示电信宽带业务，网速非常快。现在看到的是独龙江乡的实时画面……”

(压混)随后，省长李纪恒与独龙族代表高德荣进行了视频通话。

【录音——高德荣】:“今天起，我们独龙族能上网，让世界的人民看看独龙江发展变化情况。”

【录音——李纪恒】:“希望你们用好这个网络，学习知识，尽快脱贫致富，让独龙江乡同独龙族人民走向现代文明。”

2010年，我省启动了独龙江整乡推进整族帮扶三年行动计划，推进包括基础设施、产业发展、安居工程等在内的“六大工程”建设任务。作为其中的一项，独龙江乡信息通信网络的建成使用，为独龙族人民架起了通连世界的信息桥，也标志着昔日封闭的独龙族正式步入现代信息通信网络时代。独龙江乡乡长李德明：

【录音】:“独龙江与外面的硬件差距越来越小，必须奋起直追，建设好独龙江。”

(歌曲压混)看到独龙江乡的新变化，前来参加网络开通仪式的80多岁的纹面老人丙秀芳高兴地唱起了自己改编的独龙歌谣《独龙人民跟党走》。

(2012年9月7日首播)

三、现场直播和多点同步报道阶段

30多年来，中央电台和各地方电台直播现场实况的工作不断有所改进。1984年10月1日，中央电台直播的《首都国庆阅兵式和群众游行》实况和《首都国庆焰火联欢晚会》实况达到了新水平。

1. 现场同步广播

实况转播的内容应该和实际情况的发展同步进行，如天安门前走过什么队伍就介绍什么队伍。但是在过去，由于受技术条件的限制，有时候不能完全做到这一点。这次直播，事先在天安门城楼上设立了指挥中心，有播音亭、监视器、电视机、步话机、直通机房和播控中心的有线电话、传送文字材料的模写机，检阅车上安置大功率无线话筒。实现了解说和实况完全同步广播。

2. 多点播音

国庆三十五周年庆典直播报道，中央台广播的播音点由 1 个增加到 5 个，在现场采访的记者也配备了无线话筒。记者的现场描述、采访谈话和广场上的文艺节目，通过无线话筒传回就直接播出，实现了多点播音。

四、卫星传播和互联网连动报道阶段

如果说自 20 世纪 90 年代以来出现的卫星广播仅仅只是更大范围地拓展了广播覆盖的话，那么互联网的兴起则是正面冲击了传统广播的传播方式、思维方式甚至生存理念。美国独立检察官斯塔尔选择在网络上公布有关美国总统克林顿绯闻的调查报告，在极短的时间内将 455 页报告完全上网公布完毕，并在第一时间里覆盖全球，足以让人震撼，一向自诩“快、广、新”为自己独特优势的广播该怎么办？

有识之士认为，必须尽快使传统广播与最具现代化的网络传播、数字化技术形成新的复合传播格局，才能为广播的生存与发展开拓全新的空间。

1995 年 8 月，美国广播网首先利用因特网进行全球广播，1997 年已有 85％的广播电台在因特网上设站：据 1999 年资料显示，西方能在网上听到的电台可能比空中听到的电台更多。1996 年 12 月 15 日，珠江经济广播电台率先上网，我国广播界开始了网络广播改革的探索。1997 年 1 月，北京电台《人生热线》节目推出特别节目《网络人生》；1998 年 3 月 18 日，东方电台开办了“东方信息网”，电台通过网络检索听众所需信息，无线广播的内容在网上发布，让声音广播的听众和网络广播的网友沟通交流，构建了两种广播“版面”互补互动的新空间。

网络广播仍处于起步阶段。但已经使广大广播新闻工作者明确意识到，这场变革将影响到广播新闻工作的全过程，包括采访、写作、编辑以及对于受众反馈的研究，我们只有做好充分的知识准备，才能顺应时代的要求。

第三节　广播新闻的共性规律

广播新闻作为新闻大家庭中的一员，当然首先具备一些新闻的共性规律。概括地说，主要是具有时效性、真实性、导向性、公开性、生动性和重要性原则。下面分别作简要解析。

一、时效性

新闻的时效性原则实际上包含着"快"和"新"这两大要素。新闻首先要"新"，是事物新近变动的信息传播，如果不"新"，就是旧闻、不符合新闻的特性；而"快"，就是要迅速及时地报道新闻信息，要新就得快，快是新闻时间保证，快的目的是求新，两者是紧密结合在一起的。

先说"新"。新闻报道首先要内容新，要报道最新信息，迅速及时地反映客观事物的新变动——新人、新事、新发展、新创造、新问题、新趋势。要全力以赴地去捕捉那些鲜活的信息，抓住那些活蹦乱跳的"鱼"，不要报道那些时过境迁、众所周知的旧事，不要"死鱼"、"臭鱼"。然而，在实践中，我们常常会落入俗套，问题关键在于没有搞清楚"变动的信息"和"信息的母体(客观事物)"之间的区别，事实上，新闻报道是最新信息的报道，而不是一般所说的客观事物(事实)的报道。因此，首先要学会捕捉新闻信息，及时报道新闻信息。比如关于近期台湾复兴航空坠机事件、马航客机 MH370 失联的连续报道，关于韩国岁月号客轮沉没的后续报道，关于 2014 年世界杯足球赛的密集报道等，受众觉得很新鲜、很及时，而且很牵挂，几乎每天都要了解一下最新动态；而不是等到过程完结，最后进行总结式、鉴定式的报道。

再说"快"。快的实质是最大限度地缩小时差，缩小信息发生与公布于众之间的时差。时差越小越新。时差等于零，同步传播，是记者追求的最佳境界。比如广播电视的现场直播、互联网上的"网上直播"等。快的目的是求新，求独家新闻、首先发表。各国媒体在时间差方面都有明确规定。据了解，美联社规定国内外发生的重要新闻信息，3 分钟之内要发到总社；俄通社规定 7 分钟之内，还有规定 5 分钟、10 分钟的，都把时效列于首位。我国新闻媒体以前没有具体规定，到 20 世纪 80 年代后，新华社规定："凡属事件性新闻，记者必须在事件发生后两小时内发到总社。"至于其他新闻，则没有硬性规定。现在世界已经进入高科技时代，通信卫星、信息高速公路、互联网，多功能媒体，打破了人为的阻隔，大量的信息，如潮涌般滚滚而来。媒体在竞争中有时迟几秒，就成了雨后送伞。更不要说迟几分钟、几小时了。这是时代的挑战，时代迫使我们加快改革，迅速解决报道迟缓问题，赶上时代步伐。

二、真实性

真实性是新闻报道的生命。新闻必须完全真实，这是新闻报道的基本准则。新闻报道必须完全真实地向受众提供新闻信息服务。因为人们是靠获得信息、分析信息认识客观世界的，是依据信息作出决策和采取行动的，如果新闻传播的是不真实的信息，就会产生严重的后果。

新闻的真实性是媒体的生命，是媒介的信誉所系。马克思指出："人民信任是报刊赖以生存的条件，没有这个条件，报刊就会萎靡不振。"[①]中外新闻事业无不把真实性视为生命，给予高度重视。美国著名报人普利策曾一再告诫记者要"准确、准确、准确"。20世纪初，美国报业编辑协会把真实作为一项必须遵守的法则写进《新闻工作准则》，书中规定"诚实、真实、准确——忠诚于读者是一切新闻工作的名副其实的基础"。

三、导向性

既然新闻报道具有阶级性，新闻媒体具有"喉舌"的功能，那么新闻报道的导向性也就不容置疑。

新闻报道通过宣传一定的视点来影响、指导受众的思想和行动，把受众引导到一定目标上去，这就是新闻报道的导向性。现在有很多同志倾向于认为：新闻报道的指导性仅仅是潜移默化的影响作用，这样理解不全面。一个媒体如果不能触及人民群众的切肤之痛和现实生活中尖锐矛盾的问题，不能经常出现一些引起群众强烈反响的报道、评论，那就不能吸引受众，就会削弱媒体的指导性。当然，我们也不能要求每条新闻、评论都能在社会产生"一石激起千层浪"的效果，这不仅难以办到，也并不需要。广播既能天天对听众产生潜移默化的影响作用，又经常有引起人民群众强烈反响的新闻、评论，就能较好地发挥广播新闻的指导性。

在当前情况下，我们一方面发扬党的喉舌的优良传统，坚持把真实性、新闻性和指导性结合起来，同时也要适应新时期的特点，探讨指导性的新做法，开创新闻工作的新局面。比如，不同的专业台在指导作用上应该有所分工，各有侧重。作为党的"喉舌"的综合台、新闻台，应该着重政治思想、党的方针政策方面的指导，给听众以思想上的启发，避免对具体的生产和业务工作指导，

① 《马克思恩格斯全集》第一卷，《摩塞尔记者的辩护》。

减少一些缺少普遍意义的具体业务工作经验、工作方法的介绍，以免使多数外行听不懂，少数内行不要听。专业台以特定的行业、特定的受众为对象，内容比较单一、针对性强，可以进行相对具体一点的指导；娱乐台则可着重引导人们的健康生活观念，扶持社会公德，培养良好的社会风气。为更好地发挥新闻报道的指导作用，我们必须注意要防止片面性、简单化，要改变公报式、命令式的做法。还有一种图解政策的情况，必须引起我们的高度重视。所谓图解政策的做法，最常见的方法就是根据意图找材料，朱穆之分析这种做法时说："许多同志不是根据实际情况来考虑发什么新闻，而是用主观愿望去套实际情况，按照自己的愿望发新闻，因此，要什么有什么，要好有好，要坏有坏，说风就是风，说雨就是雨……这是主观主义的报道方法。这种方法，说得不好听些，和做广告没什么不同。其结果就是所谓'概念加例子'，就是所谓'赶浪头'、'随风倒'，就是一般化、片面性。"

四、可读(听)性

新闻的可读(听)性是指从内容到形式都要为广大受众所喜闻乐见，愿意读(听)，喜欢读(听)，读(听)得下去。

一则新闻，在不违背真实性、时效性原则的前提下，可以写得生动活泼，也可能写得呆板枯燥；可以写得感人肺腑，也可能写得让人不屑一顾。但从新闻的传播目的来看，总希望受众越多越好，受众越喜欢，报道效果就越好，那么当然要尽全力写得生动一点，鲜活一点，才能打动人、感染人。所以，就是要争取报道既有吸引人的内容，又有生动的表达方式。

五、公开性

新闻的公开性原则是指新闻报道的目的就是让社会分享，新闻传播要追求尽可能广的传播面，让新闻在尽可能大的空间范围得以流通。

有人说："今日的新闻，即明日的历史；在它尚未成为新闻时，就是情报。"[①]就是说新闻、历史、情报在本质上是一样的，都要求事实真实，陈述要准确。但是新闻的特性就在于公开性，情报则相反。所以也有人把新闻的公开性原则表述为"社会服务性"，即新闻理所当然要传遍千家万户。服务的人越多，说明其越有价值。

① 胡道静：情报、新闻、历史，载《报学杂志》1948年第1卷第5期。

六、重要性

新闻的重要性原则是不言而喻的，它是我们取舍什么、报道什么的依据，是我们将新闻报道从生活琐事、一般常识、生活流水账中区分出来的“筛子”。

我国著名记者范长江曾说：“什么算是新闻呢？我觉得，新闻就是广大群众欲知、应知而未知的重要事实。”[①]这个说法的确有其独到之处。大千世界，芸芸众生，新鲜的事情很多，人们没必要也不可能事无巨细，全都了解无遗；传播者没必要也不可能都传播出去。其中的选择依据就是“重要”二字。正是出于“重要性”的差别，人们才根据新闻与人们共存、生活的关系程度，把新闻分为“硬新闻(Hard news)”与“软新闻(Soft news)”两类，凡是与人们生活直接相关的，诸如生产、经济、政治、军事等新闻，称为“硬新闻”；与人们物质生活关系不那么密切的，主要供人们娱乐、消遣，诸如一些娱乐性、社会性新闻，称之为“软新闻”。

第四节　广播新闻的个性特质

广播新闻的个性特质是由广播媒介的固有特性所派生的，我们只要认真剖析一下广播媒介的固有特性，就可以明了广播新闻的个性特质。广播的传播手段是电子技术；传播的符号是声音符号；传播的形式是按时间顺序，以节目形式传播。由此我们可以推断出广播新闻传播具有快捷性、广泛性、情感性、时序性、易逝性等个性特质。

一、快捷性：报道迅速，先声夺人

广播以电波为载体，电波的速度为每秒 30 万公里，可以围绕地球七周半，广播可以同一时间把声音信息传导到天涯海角。声音一经播出同时就被送到听众的耳朵里。因此，广播自诞生以来，就经常出现因为抢发了报道而使报纸的“新闻”变成旧闻的事。据《第二次世界大战史》记载：1940 年 4 月初，英国、法国和德国都在对中立的挪威、丹麦等国施加影响。英、法海军进入挪威水域设置雷区，以阻止德国通商的船只出入。4 月 9 日，正当英国报纸登载了这条消息，并且“对此先发制人的行动发表贺词，加以评论”的时候，当天早晨的无线电广播却使该新闻变成了糟糕的旧闻——德军正在挪威沿海一系列地点登

① 范长江：记者工作随想，载《通讯与论文》，新华出版社 1981 年版，第 317 页。

陆，而且还开进了丹麦。

广播新闻的"滚动式"传播使其"快"的优势得到了充分发挥。以美国总统里根遇刺的新闻传播为例：1981 年 3 月 30 日下午 2 点 25 分，里根走出希尔顿饭店时遇刺，2 点 30 分，美国广播公司(ABC)就广播了该公司驻白宫记者萨姆·唐纳森的报道。其后，各家广播公司各显神通，不断滚动播出各种相关信息和最新动态。同年 4 月 21 日，在南斯拉夫举行第 36 届世界乒乓球锦标赛团体冠亚军决赛，比赛是在北京时间凌晨 3 点开始的，国内一些听众不断给中央台打电话询问结果。为了满足听众的要求，中央台在早晨《新闻和报纸摘要》节目里，及时报道了我国女队和男队先后获得团体冠军的消息、国家体委的贺电和"本台评论"。围绕这次决赛的进程，连续报道了三次，每次都有新的内容，听众反应非常热烈，仅电台体育组在决赛后 10 天内就收到来信、来电 1100 多件次，还有 3 麻袋来信送到了"群工组"。4 月 28 日《人民日报》在一版的"今日谈"发表题为《听广播想到快》的短文、盛赞"半小时内，同一事件三次播出，变换了三个内容，令人耳目一新……快是精神振奋的标志之一，广播电台这次带了个好头"。因此，"滚动式"传播的含义是：随着时间的推移，把最新的事实及与事实相关的背景材料，在最短的时间内，连续不断地报道给听众。这种传播方式加快了新闻的流通速度，加大了新闻节目的容量，加速了新闻的时效。现在，我国各地电台平均每小时有 1 次新闻节目，重要的新闻都可以在最近一次新闻节目中播出，有的重要消息赶不上固定的新闻节目时间，还可以中止正在播出的其他节目，"以刚刚收到的消息"形式插播进去。

至于对正在发生的新闻事件的现场直接广播是新闻报道中最快的形式，被称为同步广播。同步广播的特征是新闻事件的发展变化与报道同时进行。一件引人注目的新闻事件，一个重要的大会，一次盛大的活动，一场精彩的球赛……通过电台的同步传播，即可以使相距千里万里如同"近在咫尺"，满足人们"先听为快"的心理。

就总体而言，现在电子新闻媒介的报道时效高于印刷媒介，而在电子媒介中语言广播又快于电视广播，这是语言广播的最大优势。因此，在事实无误、观点正确的前提下，广播电台要争取做到"先声夺人，贵在神速，分秒必争，以快取胜"。

二、广泛性：渗透力大，受众面广

这是广播的电声特点派生出来的优势。广播用电波作为载体传播，现在更与人造地球卫星结合，其电波几乎可以笼罩全球，可以说，人类的大部分都能成为它的传播对象。具体来看，广播新闻传播的广泛性可以由以下方面体现出来：

1. 广播传播容易接受

广播使用有声语言传播信息，受众不受文化水平限制。仅以我国为例，据统计，文盲和半文盲有2亿多人，他们不可能读书看报，但可以毫无障碍地听广播。广播是面向全体人民的，从学龄前儿童到年逾古稀的老人，从文盲到专家学者，只要具备听觉能力，都可以成为广播的传播对象。

2. 广播传播超越国界

广播以电波为载体，可以超越国界长驱直入。第二次世界大战时期、冷战时期，各国政治家都把国际广播看成是国际外交宣传乃至对敌人进行威吓的强有力的工具，同时也成为各国人民之间加强沟通与交流、促进相互了解的友谊使者。1986年4月，中国国际广播电台西班牙语组在收到的许多西班牙听众来信中，看到了ADXB(西班牙最大城市巴塞罗那的短波收听者协会)的公报，公报中说，西班牙国家电台第四台于1986年1月12日至28日进行了一次民意测验，目的是调查在西班牙的加泰罗尼亚大区(包括四个省)的群众中，最受欢迎的是哪一个外国短波电台，要求每个被调查者推选出最喜欢的3家电台。民意测验结果是：最受欢迎的电台为荷兰电台，其次为北京电台(即中国国际广播电台)、奥地利国际电台、布拉格电台、"德意志之声"电台。一位名叫卡门·贝特塔·比内尔的西班牙听众专门来信讲述了收听中国国际广播电台的情况，同时因女儿结婚，诚意邀请电台的工作人员去西班牙参加婚宴。据统计，现在全世界有105个国家和地区开办了国际广播，中国国际广播电台用43种语言和方言向世界各地广播，听众达2.5亿至3亿。广播的这种特殊广泛性是其他媒介难以做到的。

3. 收听限制少

广播覆盖广阔，不管天南地北、高山海洋、平原沙漠、居室内外、田间地头，广播都能到达，并能同时传到四面八方，受众可以同时收听。

4. 收听随意，不受环境限制

无论是居家还是外出，无论是乘车还是走路，无论是休息还是干活，都可以听广播。这种灵活、自由、不受限制的随意性和非专注性，使广播能渗透到社会生活的各个领域，适应现代生活的快节奏和现代人对密集资讯的需求。

5. 广播新闻容量大

广播信息多、内容丰富、播出时间长、多波段、多频道，可供听众自由选择、各取所需。

6. 参与方便

现在广播电台数量多，节目、栏目、话题设置多，大多服务性强，听众可以寄信、打电话、上网等各种方式参与。

7. 收听工具价格便宜

广大农村遍布有线广播网，城市家庭音响普及，收音机逐渐小型化、微型化，轻巧灵便、价格便宜、随身可带。尤其是小汽车进入千家万户，城乡普及速度很快，车载广播收听更方便。

综上所述，目前还没有比广播更广泛、更普及的传播工具，这就决定了广播新闻具有广泛性的特质。

三、情感性：生动传真，感染力强

报纸传播信息主要依靠文字符号(兼有静止照片或图画)。文字符号尽管也作用于人的视觉器官，但它不是直接的形象，它要通过阅读转换成有声语言，经过联想才能获得事物的形象，从而深刻理解事物。

语言广播传播信息则依靠声音符号(包括各种音响及有声语言)。声音符号作用于人的听觉器官，人们可以通过音响和有声语言较直接地理解传播的内容。它可以省掉把文字符号转换成语言符号这道“工序”，传播起来比较直接。俗话说：“闻其声如见其人。”这说明声音具有很大的传真性，它比文字的表现力更直接、传神，声音本身具有丰富的形象性，可以表达人们各种情感和气氛，如喜、怒、哀、乐、惊恐、无畏、紧张、轻松、诚恳、虚伪、粗暴、亲切、踏实、轻浮、爽朗、忧郁、热烈、沉闷等，声音的传真性，使人产生视觉形象，听其声如见其人，听其声如临其境。

声音的不同处理与运用本身也可以表达出许多平面文字所无法传递的信息。比如声情并茂的插讲，播音员或节目主持人饱含情感传递信息，通过其噪音、语音、语调、语速、停顿、轻重等的变化处理，其感染力和鼓动性绝非平面文字可比。读过名记者穆青写的通讯《县委书记的好榜样——焦裕禄》使人深受教育和鼓舞，而经过著名播音员齐越的“再创造”，把文字符号还原为语言，通过听觉器官奉献给听众的形象，就更加感人。

四、时序性：线式播出，选择性差

音频信号是顺时连续传播，不宜选择接收，这是广播新闻与生俱来的时序性特质。

报纸版面展现在读者面前，一目了然，在一定的时间内可以浏览大略，择要来读；但广播却是按时间顺序播出，你只能按时间顺序一个节目一个节目地听，往往你当时想听的内容没有，而不想听的内容却在广播。因此，人们往往说报纸是个“面”，广播是条“线”，在收音机前，有时听众会感到受限制，缺乏选择的自由，处于被动地位。但是，广播传播方式的线性特征，如同报纸的平面特征一样，是媒介的传输系统和符号系统共同“决定”的，线性传播弱点多于长处，但这是不以人们的意志为转移的，除了在认识和适应这一特征的前提下设法消除它的弱点，别无其他选择。

五、易逝性：转瞬即逝，保留性差

声音不是实体，由电波携带的声音，可以飞越高山大海，把信息送到受众的耳际，但受众却只能听，而不能看到或触摸到它。正因为非实体传播，广播才能不受空间和其他传递条件的限制，高速度、远距离地传播信息，为传、受双方提供了很大的方便；但它同时也带来了这样那样的遗憾，如只能即时收听、不易保存、不能倒检索，因而也不利于再传播等。

文字提供的信息，如果一时没看清、没看懂、记不住，可以停下来反复读、细琢磨，也可以留下来作资料，有时间随时可以再看；但广播却是一播而过，一时没听清、没听懂、没理解、没记住，也只好作罢。遇到人名、地名或其他专用名词不易听懂，遇到同音或谐音词字又易误解或听错。1977 年，中央台在《新闻和报纸摘要》节目里广播了一篇介绍苏联 20 年代情况的文章，其中讲到当时苏共中央发出《公告》：“列宁病重，不能视事。”有的人把“视事”误听为“逝世”，就打电话问电台：“人的生死，也能由中央决定吗？”这是一个很典型的事例。又比如，“计委”和“纪委”是两个完全不同的机构和部门，“切记”和“切忌”两个词语的意思也是南辕北辙，“笔试”和“鄙视”，“出示”和“初试”，等等，这些词语很容易产生歧义。

以上是广播新闻的几个主要个性特质，大多具有优势与劣势并存的两重性。

因此，针对广播新闻的个性特质，充分发挥其优势，克服其弱点，尽可能“扬长避短”，成了广播新闻工作者的专业追求。

第五节　扬长补短，提高广播新闻的竞争力

近年来，广播新闻不断求新求变，以适应新的竞争态势和社会需求，但是，从总体上看，广播新闻的弱势地位并没有得到根本改变，原有的一些优势正在消失，原有的一些劣势却更趋明显，广播新闻应该怎样扬长补短，提高自己的竞争力呢？

一、重新审视并明确广播新闻的核心竞争力——快，更快

广播新闻的最大优势究竟是什么？过去广播界普遍认同的有两条：一是快，二是容量大。但是随着社会的进步和新闻事业的发展，特别是网络的崛起，迫使人们重新去审视这两大优势，发觉似乎已不那么明显。先说快，比如重大新闻，电视常常搞现场直播，或在不中断其他节目正常播出的情况下搞飞播字幕，广播反而要第二天早上才能听到。过去人们常用“早上听广播，白天读报纸，晚上看电视”这句话来说明广播新闻在早间不可动摇的优势地位。但现在不仅电视投入巨大的财力物力对早间进行大力开发，同时报纸也挤破头地往里钻，日报、晚报、早报纷纷提早出报。网络媒体则经常对新闻事件同步直播、随采随发，完全没有截稿时间的概念。再看容量，报纸扩版方兴未艾，日益走向“杂志化”，网络媒体更是海量，相比之下，广播的容量反而是有限的，不可能无限制扩容。

反复比较，看来还是“快”字有优势，只不过从观念到操作都还要进一步改进。在传播速度上，广播同报纸比占有绝对优势；同网络和电视比也有优势，因为电视新闻通常情况下需要录制、剪辑，而网络新闻也有一个录入的过程，而广播新闻的采集、制作、播出，要比电视新闻、网络新闻简单得多，容易得多，也迅速得多。因此，快是广播最大的优势，是核心竞争力。那么，广播新闻怎样把理论上“快”的优势转化为现实的竞争力呢？首先是必须确立直播的运作状态。过去我们的广播套用苏联模式，全部采取录播，一套节目的采制到播出过程长达几天甚至几周，广播的优势丧失殆尽。广播新闻有快捷简便的特点，任何突发性事件，广播都可以通过直拨电话、移动电话进行现场采访、报道，而要发挥这些优势，都必须借助于广播的直播运作状态，只有在直播运作状态中，广播快速效应才能得到发挥，才能在与报纸、电视、网络的竞争中立于不败之地。只有在直播的状态下，开办整点新闻，实行“滚动发稿”，最大限度地缩小新闻发生时与新闻发布时之间的时间差，并且对反映重大新闻事件最新发展的新闻或人们普遍关心的突发性新闻，采用随时插播的办法，这样才能在“快”字上与其他媒体一较高下。今天来审视广播的快，还必须和新媒体、社交媒体融合，把广播的快捷张扬到极致。

广东的珠江经济电台从1986年起就开始了直播，然而一直到邓小平南方重要讲话发表以后，特别是党的十四大关于建立社会主义市场经济体制以后，这股风才从南往北，“忽如一夜春风来，千树万树梨花开”，全国几乎90%以上的电台开设了直播节目、热线节目，特别是在中心城市几乎没有不开直播节目的，连一向凝重沉稳的中央人民广播电台也推出了直播板块节目，这使中国大

陆的广播一下子与世界广播模块接轨，因为全世界所有的电台几乎都是直播的。广播进入了一个直播时代。

我们以上海东方电台为例来看直播运作的优势。东方电台从它诞生开始就确立了以直播为主的播出运作方式，因为东方电台员工不到 60 人，要办两套频率(现增加一套儿童频率)，每天共播出 42 小时节目，如果采取录播的形式，无论从物力、人力还是财力都是不现实的，而且采取传统播出方式也无法与其他电台竞争，所以东方电台就确立 792 千赫 24 小时滚动式直播与 101.7 兆赫录播相结合的方针。由于实行了动态进行式的广播运作，广播的优势马上被诱发出来，首先从快捷这一点，其他传媒无法与之相比，例如《112 路公交车辆和火车相撞》《美国总统大选克林顿获胜》《东亚运动会第一块金牌的产生》，东方电台都是最快播报。特别是在 1992 年 12 月 7 日上海发生的一场罕见大雾中，广播快捷反应优势得到充分体现。当时正值午夜时分，大雾弥漫，轮渡相继停航，航道口涌满人流，而本市各传媒基本都已休息，按以往广播的惯例，事先录制的一圈圈胶带在放音室放，而广播将无所作为，但因为“东广”是 24 小时直播，他们马上派出 6 名记者四处采访，同时中断正常节目，播出大雾消息以及各隧道口、渡轮口的人流情况，并通过现场“大哥大”播出市府指挥疏散过江人流的各种措施和信息。当晚一位收听广播的复旦大学教授说：“我今天看到了东方电台全心全意为人民服务的精神。”但是试想如果不是动态式运作方式，他们还能破格而入，抢得头筹吗？

当然，除了普遍采用直播模式外，广播新闻工作者要牢固树立时效第一的观念和敢拼敢抢的作风，把抢在报纸、电视甚至网站前发稿作为一项重要的工作目标，这个观念的确立是非常重要的；同时，还要鼓励大家大胆尝试并运用提高时效的新方式、新途径。比如电话传稿、电话采访、网上发稿等。凡是有利于发挥广播时效优势的形式和方法，都应该大胆地尝试。为了能够做到“更快”，许多广播电台作了有益的探索，像湖南人民广播电台提出：在发布新闻、传递资讯方面，广播要多报道刚刚发生、正在发生或即将发生的新闻事件和信息，努力做到第一个打出信号，第一个发出预警，第一个提出问题，第一个提出观点，第一个提出对策。为了保障“快”，该台建立了 24 小时值班制度和奖罚制度，向社会发布了提供新闻线索的电话，组织了“全天候记者”采访组等。这些都是广播新闻工作者进一步挖掘广播“快”的优势，充分发扬自己独有长处的重要探索和实践。还有很多电台正在大量使用微信渠道，让受众提供传播内容和新闻信息。

二、树立以听众为本的理念，用服务性、参与性、互动性增强广播新闻的吸引力，才能真正实现"广泛性"的优势

通过对广播新闻个性特质的分析，我们看到广泛性是广播新闻的另一个重要优势。但是，在现实操作中，广泛的传播必须要有显示的"落地率"——也就是要尽可能多地拥有听众群，才是真正拥有广泛性的优势，否则，只能是"空谈"，因此，我们必须认真研究在新时期，广播怎样才能拥有更多的受众，怎样才能更好地传播。

新闻竞争归根到底是对受众的竞争。谁赢得受众，谁就能扩大发行量，提高收听收视率，谁就能扩大社会影响，获取丰厚的市场回报，在媒介竞争中立于不败之地。从新闻传播的过程看，受众是传播活动的归宿，传播活动的成效主要取决于受众是否受到影响。从新闻传播的价值判断看，新闻价值的五要素都同受众直接相关，无论是重要性、显著性，还是时新性、接近性、趣味性，没有一种价值要素能离开受众。对广播新闻来说，受众就是听众。以听众为本，就要时刻把听众放在心上，把满足听众多种多样的新闻需求放在首位。现在听众接受新闻的选择权越来越大，选择的余地也越来越多，你不贴近听众，不深入听众，不服务听众，节目枯燥无味，空洞无物，听众就得换台或关机。因此，广播新闻树立以听众为本的观念不仅是取胜于媒体竞争的需要，也是广播新闻更好地发挥喉舌作用和舆论引导作用的需要。

因此，我们首先必须确立服务意识。仍以上海东方电台为例：可以说，东方台开台之初，这种服务意识就渗透到整体节目构架和每档节目中，无论是《东方大哥大》，还是《热线急诊室》；无论是《夜鹰热线》，还是《相伴到黎明》；无论是《限时专送》，还是《太阳神天天点播》，东方台都以自己的良好服务树立起在听众中的良好声誉与良好形象，特别是以信息类节目为听众服务在东方台形成一大特色。如前面提到的《上海潮》节目，就有《房屋角》《人才廊》《跳蚤摊》《货比三家》《热线导购》等；《阳光列车》节目，就有《美食天堂》《云游八方》《服饰街头》《雅居沙龙》等。

为了重视信息产业的开发和利用，以信息服务于社会，东方电台还联合了上海交通大学、上海电视台、东方广播电视技术公司与康大经济技术信息总汇，开办了实体性的东大经济技术信息中心。这是一个遵循国际化思路，适应市场化体制，集中专业化人才，采用现代化技术，进行社会化服务的新型信息产业，并通过电台、电视台、图文电视广泛传播各类经济信息。这几家单位在信息搜集、加工和传播方面各有特点，现在联合成立中心，形成优势互补，有望成为上海乃至全国权威的信息中心。为此，东方电台已在792

千赫的每天下午 1:30 至 2:00 开设了一档《东大 D&D 商情》栏目，播出的第一天，就受到听众和社会各界人士的关注。东大信息厅里电话铃声不断，生意兴隆，这是广播通过信息传播为社会主义市场经济发展服务所做的实实在在的工作。

其次，我们还要充分发掘广播新闻传播中“参与性”较强的特有优势。近年来国内外广播都发现了自己独有的另一优势，这就是独有的人际间沟通功能，现时广播中很热门的节目形式如电话点歌、热线问答、谈话节目之所以在国内外都十分走俏，是因为它们充分发挥了广播在现代人人际关系交往中独有的作用，现代受众已经不再指望从新闻媒介那里得到某个简单现成答案，而是期望通过交谈、讨论和反馈形成对新闻更明确更全面的认识。在紧张工作之余，他们需要松弛，在激烈的竞争之后，他们需要宽慰，在分工日趋细化、日趋隔膜状态下，他们需要沟通，于是广播热线为人们提供了最方便、最及时、最广泛的沟通渠道。这种双向沟通范围之广和反馈之及时都是电视、报纸不能比拟的，而这一切又得借助直播。在录播状态下，听众是无法参与其中，无法进行及时反馈的，因为这一圈圈制作完毕的磁带就像一堵堵隔离墙把听众挡在门外，形成一种广播的自我封闭状态。只有直播运作才能拆除这些封闭的藩篱，把更多听众组织进入社会思想库中，不同职业、不同层次的人们都能有机会以主体的身份进入广播发表见解，这就深刻构建了全新的舆论格局，净化了人与人的关系。东方台在设计自己的新闻节目中大胆引进听众感受机制，吸纳听众参与，反映民众呼声，不仅在节目风格上，而且在节目播出方式上保持一种平民意识。以往的新闻节目尽管听众面较广，但收听层次上还存在着一定程度的“贵族化”倾向，新闻电波的涟漪还未波及里弄居民和低文化层次的市民。东方台在《东方新闻》黄金时间里推出不到 10 分钟的《东方传呼》，首次将听众电话反映直接在新闻节目中播出。这种来自社会基层的报道形式和新闻内涵，反映的是有关老百姓的事，使用的是老百姓的家常语言，不仅缩短了广播与听众的距离，也缩短了国家大事与普通百姓的距离。有许多市民为了反映一桩切身相关的事或听到批评后的跟踪报道和反馈意见，一早就急不可耐地收听这档节目，久而久之，将普通百姓与“东方新闻”紧紧拴连在一起，并养成了他们关心新闻广播和定时收听的习惯。

三、加强策划与包装，打造名牌节目，包装明星主持人，组织公关活动，化无形为“有形”，增强广播新闻的影响力

广播新闻借助电波传输声音，带来了时效快与传播广的优势，但同时也确实存在着看不见、摸不着的劣势。怎样化“无形”为“有形”，也是我们广播新闻

扬长避短所要着重研究的课题。在具体实践中，打造名牌广播新闻节目、包装明星主持人和组织大型公关活动是三种切实可行的手段。

1.打造名牌广播新闻节目

对广播新闻而言，节目是新闻信息传受的唯一渠道，是联系听众、服务听众、影响听众的最重要的纽带，广播新闻传播的社会效果，从根本上说取决于广播新闻节目在受众中拥有的收听率，一个台如果没有几个在听众中受欢迎、叫得响的新闻名牌节目，这个台就会逐渐在听众中失去位置；相反，如果有一些名牌节目，大量的听众是一到这个节目播出的时间，就会自动打开收音机去收听。国内外的听众调研资料表明，大量收听、长期收听某一名牌节目，并不是为了收听哪个具体的新闻报道，而是基于名牌节目长期以来给听众造成的印象，听众期待并相信每次节目会满足自己在了解新闻信息及获取其他方面传播内容的需要。名牌节目之所以有名，听众之所以形成对名牌节目的信任和依赖，主要是因为名牌节目能够源源不断地提供吸引听众、满足听众的精品佳作。

2.包装明星广播主持人

从全球广播业、电视业来看，主持人都是节目的中心，主持人不仅是一种广播电视行业的分工，而且是一种台阶、一种身份，是一种资历的象征，是一家传媒(电台或电视台)的门面。就像一所大学里要有几位名教授支撑，一家剧团要有几名台柱子一样，一家电台也要有几个叱咤风云的明星主持(也包括名记者，有时名记者往往应该是明星新闻主持人)，否则这家电台就会在社会上缺乏知名度与权威性。中国大陆的主持人时代姗姗来迟，但是它毕竟来了。

3.组织一些大型的公共活动，对广播树立自身形象、增加知名度、吸引广大受众具有明显效果

东方广播电台建台之初就非常注意通过活动来振奋、刺激广播。每年都利用台庆之机搞一些大的活动。台庆1周年，策划了“迈向21世纪——现代广播研讨会”、“东广之星——东广节目主持人文艺晚会”、“东广记者长江万里行”以及东广儿童专用频率开播。台庆2周年，策划了“全国十佳金话筒奖”获奖者申城大聚会、东广有线电视音乐频道开播。台庆3周年，策划了美国顶级轻音乐团曼陀凡尼来沪演出、“上海实力歌手广播演唱会”、“全国民乐大师专场演出”、“东广16位新主持人推荐会”。台庆4周年，策划了“走进东广展览会”、“海派锣鼓大赛”、“东方广播民族乐团首场演出”、“东方搬迁新大楼升旗仪式”。这些大的活动，与日常广播节目相辅相成，使广播在传媒竞争中，在听众心目中，保持相当的影响力和地位，也鼓舞和砥砺了广播人的意志力和自信心。

四、树立新的传播观念，千方百计弥补广播新闻的传播劣势

广播新闻的竞争力要有所提高，不仅有赖于所拥有的优势的充分发挥，而且有赖于所具有的劣势的有效消除。作为线性的非实体的电子传媒，广播最主要的弱点就是稍纵即逝，过耳不留。由于稍纵即逝，不易保存，不能倒检索，人们对那些一时没有完全明白、透彻理解的内容很难仔细推敲、耐心琢磨，这又造成了广播新闻容易失之肤浅，不易往深处挖掘的缺陷。为了弥补广播新闻的这些劣势，广播新闻工作者要解放思想，开拓思路，积极、主动、有效地运用一些新手段、新方法，来消弭广播新闻的传播劣势，增强广播新闻的竞争力。

一是新闻节目采取板块结构。通过短消息与深度报道联手，对事实的报道与对事实的评论互相搭配，解决听众印象不深和报道内容不深的问题。比如河南人民广播电台的名牌新闻节目《新闻一小时》就是采用板块结构，其中既有以报道省内外、国内外大事等为主的新闻信息总汇《早间新闻》，又有追踪新闻热点、透视新闻背景的新闻评论性专栏《新闻瞭望》，还有弘扬正气、针砭时弊为己任的广播言论专栏《百家论坛》。一个节目之中，既有通风报信式的短消息，也有对热点新闻追踪、挖掘的深度报道，还有对新闻事实的评论，较好地解决了广播新闻节目深度不够的问题，对于听众广泛关注的热点问题，对于事关全局，具有普遍意义的报道题材，《新闻一小时》常常是《早间新闻》《新闻瞭望》《百家论坛》一起上阵，互相配合，协同作战，反复对听众进行舆论攻势，从而较好地解决了广播新闻过耳不留、听众印象不深的问题。

二是破除"门户之见"，借助其他媒体的力量，扩大广播新闻的影响。在社会主义制度下，新闻媒介之间展开了激烈的竞争不是为了拼个你死我活，而是为了更好地为共同的目标服务，在我们国家，报纸也好，广播也好，电视也好，都是党、政府和人民的耳口喉舌，都是党的事业不可分割的组成部分，都是为人民服务，为社会主义服务的。这种最根本的共性，决定了新闻媒介之间的关系是既相互竞争又相互合作。作为广播新闻从业人员，我们要正确认识社会主义制度下新闻竞争的性质，切不可抱着狭隘的门户之见，把自己封闭起来，孤立起来。某些重大题材的报道，广播新闻与报纸、电视联手搞，一方面可以形成宣传合力，产生强烈的社会效果，更好地为大局服务；另一方面则可以搭船出海，借助其他媒体的力量，扩大广播新闻的影响，提高自身的社会地位。

三是运用现代信息技术，把广播新闻信息由不可留变为可留，由不可查变为可查。在国内互联网没有发展起来的时候，国内一些广播电台为了使广播

新闻信息可留可查,通过建立声讯台,或与 168 等自动电话信息台联网,把转瞬即逝的广播信息存储下来,听众要想听已播过的节目或某个栏目,只需拨相应的电话专线号码,就能达到目的。但随着互联网的兴起,广播新闻的传播劣势将不复存在,广播、电视、报纸三大传统传媒将不分老大、老二、老三,而是平起平坐,站在同一起跑线上。对于广播新闻来说,这是一个历史性的发展机遇。自 1999 年元旦佛山电台开始网上播出以来,电台上网的热潮便如火如荼,实现了文字或声音可留可查的百年梦想,其发展前景值得我们认真关注与探索。

第三章　广播新闻采访

新闻采访是一种特殊的调查研究活动，这种调查是媒体的记者和通讯员为了完成报道任务或了解某些情况，围绕发现、识别新闻和采取新闻事实材料而进行的。采访的内容可分为事先准备、临时采访，必要时的补充采访，有时还需作后续报道，持续开展新的采访；而采访的方法包括访问、观察、参与、交际、核实、积累等。广播新闻的采访与其他媒体的采访性质相同，只是由于有录制音响的环节，从而在共性中又有些个性。

第一节　采访准备

一、做好采访准备工作的意义

很多初搞新闻工作的同志认识不到采访准备的重要性和必要性，总以为采访就是出去了解情况、收集材料，至于采访准备工作可做可不做。其实，“磨刀不误砍柴工”，记者在实际采访之前，准备工作做得越充分、越具体，达到采访目的的把握性就越大；反之，达到目的的把握性就越小。

做好采访准备工作，一般来说有这样几个作用：

1. 可以增强记者的新闻敏感性

记者的新闻敏感，是记者能敏锐地发现和捕捉新闻的一种特有的素质。记者事先有无准备或准备情况不同，在进行同样的采访中，判断新闻价值能力是不一样的。事先有准备，脑子里潜藏着某种信息，采访中一旦同客观事实传出的有关信息发生联系，就突然闪现一种新念头、新认识，就能很快判断出新闻在哪里。

2. 走好接近采访对象的第一步

记者采访第一步是接近采访对象，然后才能把采访进行下去。如果记者没有准备就仓促上阵，可能第一步就走不出去或走不好。

3. 能在最短时间里拉近同被访问者的感情距离

要使采访对象很快产生亲切感和信任感，一定要充分地准备，要有巧妙地切入，仅靠记者的热情和坦诚是不够的。

4. 有助于把采访引向深入，挖掘到更多有价值的材料

二、采访题材的准备

围绕一定的题材，收集和研究相关资料，是采访准备阶段的一项重要工作。这可以帮助记者扩大视野，加深对客观事物的认识和理解，为记者在采访报道中开拓深广度提供有利的条件。一次，《人民日报》的记者准备采写一篇关于北京严重缺水的报道。在这之前，他收集了大量有关水的资料，包括自然条件、治水历史和现状等等。资料说明，水的数量是有限的，真正可利用的淡水只占地球水量的0.6%，人们却大都对此缺乏认识，浪费水资源的问题较为严重。这位记者有了充分准备，经过有的放矢地深入采访，最后，以《水，让我们重新认识你》为题发了报道。记者在报道中做了这样的概括：无限的循环掩盖着有限的数量——水资源在数量上的特点；低廉的价格掩盖了不可取代的作用——水在质量上的特点；各自去用掩盖着互相制约——水在使用上的特点。这样独到的新闻，如没有充分的准备工作垫底，是很难写出来的。

又比如2013年，北京人民广播电台的记者准备采制一篇关于稀土价格大跌的报道。在这之前，他搜集了大量有关稀土的资料，包括稀土的化学成分、产量、开采的历史和现状、出口等等。统计显示，1990年至2005年，中国稀土出口增长近10倍，价格却跌至1990年的一半；2008年的金融风暴中，中国稀土再次惨跌。这位记者有了充分准备，经过有的放矢地深入采访大量专家和稀土行业人士，最后，以《稀土为何卖了“白菜价”》为题发了报道。记者在报道中概括出这样的结论：稀土的“家底”却与国家战略关联。长期以来，同为储量大国的俄罗斯、美国、澳大利亚几乎不作开采，多从中国购买稀土；没有稀土资源的日本几乎全靠中国供应。其中的隐患显而易见：一旦中国稀土临近枯竭，本国产业陷入停滞，国外仍握有可观储量，即可反制中国。

三、采访的平时准备

采访的准备工作又可分为平时准备和临时准备两种。采访的准备，作为一种宏观意义上的准备，指的是不以某一次采访活动为目的的经常性准备，也

是指记者应当具备的素质要求，它主要包括：

1.“吃透上头”，也就是学习理论政策，认清当前形势

记者应该具有较高的马克思主义理论水平，对党和政府的各项政策有理性的认识。报道内容肤浅，缺少给人以启示的内涵，或者出现那些片面性、绝对化、一阵风，不符合经济改革和精神文明的东西，其根本原因还是在于记者的理论政策水平低。所以，平时准备中，记者应首先抓紧学习马克思主义理论，同时，认真学习和掌握党的方针、政策，并根据党的政策精神，认清当前经济、政治和文化等方面的形势。这样，我们就能在采访中深刻认识和把握新闻事实，准确地做出新闻选择，正确地发挥舆论导向和指导工作的作用。

2.“摸清下头”，也就是了解全面情况、掌握社会动向

记者在平时要了解和掌握党的方针政策及其贯彻执行情况；干部群众在一个时期的思想活动；实际工作中的成就、经验、矛盾和主攻方向；各条战线上涌现的典型，冒尖的人和事，等等。一位老记者在谈到记者的采访时作过这样的比喻：采访好像老鹰抓小鸡，老鹰在抓到小鸡之前，总要飞得高高的，在天空中来回盘旋，发现目标之后，一头往下扎，新闻总是通过个别反映一般，只有平时了解全局情况，掌握社会上各种动向，采访活动才有针对性，才能进行比较和鉴别。

3.“成为杂家”，也就是多方增长知识，广泛积累资料

时代的发展要求记者必须注意积累知识，而积累知识的途径是多种多样的，比如读书的过程，就是多方面积累知识的过程；读报(刊)、看电视、听广播、上网，都可以增长知识；还有就是结合工作，边采访边学习，这样，既能适应采访报道的需要，又能在工作中增长知识。

另一方面，平时注意资料的积累，像科技文献、名人传记、历史典故、天文地理等资料，从中都可以增长知识，起到了解过去、预见未来的作用，有的资料还可以成为新闻线索或新闻背景。

4.“广交朋友”，也就是建立“通讯员”和“智囊团”两个网络

记者要信息灵通，必须有广泛的信息来源。因此，广交朋友，建立可靠的信息网络，也是记者积累的一个重要方面。

分布在各地、各业、各界、各个不同层次的朋友，就是记者获取各种信息的“耳目”，捕捉众多新闻信息的触角；朋友圈越多，分布越广，相知越深，信息源就越充足，越可靠。首先要着眼于众多的采访对象，而且要经常联系，纳入自己的信息网络。此外，还要有目的地结交各行各业、不同阶层、不同类型的人士，尽量扩大自己的信息来源。

在广交朋友的基础上，有意识地物色一些思想活跃、肯动脑筋、对新闻工

作比较关心的人物，同他们保持密切的联系，为自己建立一个“智囊团”，这也是积累信息、掌握情况的好方法。“智囊团”中可以有主管部门的领导及其秘书和身边工作人员，也可以有一般的干部和通讯员。经常同他们聊天，向他们请教，既能够了解形势大局，也能够掌握很多报道线索，同时还应注意借助互联网络扩大自己的信息量。

四、采访的临时准备

记者接受具体报道任务后所做的准备工作称为临时准备工作，其实就是广播记者对如何更好地完成报道任务所做的准备和策划过程。广播记者特别要做好准备工作，这是由广播的特性决定的。因为广播记者的话筒前采访，从进入采访的瞬间开始，记者的采访和采录已成为广播新闻报道的既定的内容。即使是录音报道也只能是对录音素材的剪辑和复制，不可能像文字记者写作时可以根据主题需要不断优化结构、修改文字。因此，广播录音采访的一次性原则，要求广播记者进入报道之前的准备工作尤须扎实，广播记者一定要清醒地意识到采访准备的难度。如果准备不充分，面对现场的变化很可能“捡了芝麻丢了西瓜”，严重的甚至出现报道导向的偏离。

广播记者的临时准备工作包括如下几方面。

1.必须要明确报道思想

每次采访，首先要弄清楚关于此次采访报道的意图，包括报道范围、题材重点和其他要求，也就是要明确报道思想。

有的记者接到报道任务后，便匆匆出发，仓促上阵，到达目的地后就凭自己的感觉和经验进行采访报道。这种事先未作准备的采访活动带有很大的盲目性，运气好，也可能完成报道任务，运气不好，就会导致采访报道的失败。

改革开放初期，一位地方报纸的记者到华东沿海农村采访，看到农民捕鱼捉蟹，进行集市贸易，就写了一篇批评“小生产私有观念”与“自发资本主义倾向”的稿件。其结果可想而知，稿件没有被采用，还受到编辑部的批评。为什么会出现这种情况呢？关键在于这位记者在采访前没有认真学习党的有关政策，继续用“左”的眼光看待农村发生的变化。而另一位记者，由于采访前研究党的有关政策，把握了当时的形势，他来到农村后，看到农民摆脱了“左”的束缚，劳动积极性空前高涨，收入增加，生活改善，便及时采写农村改革促使经济发展的新闻，起到了正确的舆论导向作用。

2.尽可能了解采访对象

记者应尽可能在临时准备阶段对采访对象有所了解，这样既便于打开采访的大门，又有利于采访中的提问和挖掘素材。

北京人民广播电台的一位记者准备采访琵琶演奏艺术家刘德海,便提前去约定。刘德海问记者想谈点什么,记者只提了些笼统的要求:"谈谈您的经历,谈谈您和琵琶相关的有趣的事,还可以谈谈您最近的工作和今后的打算。"刘德海见这位记者对他毫无了解,便拿出自己的两篇文章,让记者先拿回去看看再来找他,并意味深长地对记者说:"这里面可能已经回答了你的不少问题。"记者意识到自己的失误,回去后认真阅读了这两篇文章,还找到不少有关刘德海的资料,从熟人那里打听到刘德海的一些情况。当他再次来到刘德海的面前时,对刘德海的情况已经有所了解,谈得十分投机。分手时,刘德海高兴地对记者说:"今天可是倾囊而出了,有许多事连同行们都不知道。"采访结束后,记者一口气写了 4 篇报道,分别被中央人民广播电台和北京人民广播电台及《人民日报》海外版采用。

意大利女记者法拉奇成功地采访过 30 多位在国际上享有盛名的风云人物,她之所以能够出色地完成采访任务,与她扎实的采访准备工作分不开。比如,她在 1980 年采访邓小平时,事先看了几公斤的有关邓小平同志的资料,拟出了一些非常精炼而又深刻的问题,访问是从邓小平的生日开始的:

法拉奇:明天是您的生日?

邓小平:我的生日?我的生日是明天吗?

法拉奇:不错,我是从您的传记中知道的。

邓小平:既然这样说,就算是吧!我从来不记得什么时候是我的生日,就算明天是我的生日,你也不应该祝贺呀!我已经 76 岁。76 岁是衰退的年龄啦!

法拉奇:我父亲也是 76 岁,如果我对他说那是一个衰退的年龄,他会给我一巴掌呢!

邓小平:他做得对,你不会这样对你父亲说的,是吗?

访问在如此亲切、轻松的气氛中展开,为后续采访开了个好头。

3. 做好背景材料的收集工作

采访从哪里开始入手呢?很多记者把收集、分析背景材料作为采访的起点。特别是对一些重大事件、重要人物的采访,更要加倍重视采访前的资料准备工作。

比如,1999 年 6 月 20 日,"黄河娃"朱朝辉驾驶摩托车飞越 30 米宽黄河壶口河面,对这一海内外较有影响的新闻事件,《北京晚报》记者采访前就进行了背景材料的收集,在当天见报的消息导语后面记者引述了经过分析的背景材料:

> 1993年,英国"飞车王子"埃迪驾驶摩托车飞越中国长城时,只飞出14米。"亚洲第一飞人"柯受良飞越长城也只飞了13米。两年后,"黄河娃"朱朝辉为澳门回归祖国捧出一片赤诚。

很显然,由于搜索和引用了背景材料,既显示了报道的倾向,又增强了事件的新闻价值。

比如,2013年9月3日前后,百年一遇的洪水肆虐黑龙江全境,黑龙江人民广播电台的记者选取了"洪峰达到历史极值"这一特殊时刻、"重回祖国的东极领土"这一特殊地点、"水中升旗"这一特殊事件,采制了一则题为《洪峰袭来,五星红旗在祖国东方照常升起》的新闻报道,具有很大的新闻价值。记者采访前进行了背景材料的收集,敏锐地意识到黑瞎子岛的重要性。在消息中记者引述了这样的背景材料:

> 1929年,中苏爆发局部战争,苏军强占了我国领土黑瞎子岛。新中国成立后,经过数轮谈判,直到2008年10月14日,阔别祖国79年的黑瞎子岛终于正式回归。从那一天起,连长刘奇每天都会和战士们一起在祖国最东方的领土上升起五星红旗。

很显然,由于搜索和引用了背景材料,锦上添花,既显示了报道的倾向,又增强了事件的新闻价值。

怎样做好背景材料的收集工作呢?一是跑图书馆,那里有各类专业的百科全书、名人录、年鉴、地理志等可供参考。二是充分利用单位资料室和记者本人的小资料库,包括录音(像)带、笔记本、卡片、个人电脑等。三是党政机关、社会团体、企事业单位的文件、报表、简报等,也可能成为重要的背景材料。四是可向报道对象索要有关资料,诸如他们的总结材料、情况简报和相关的著述、剪报、照片、实物等。五是要重视利用互联网来收集有关的背景材料。

4.认真拟定采访计划

采访计划,包括采访的目的、步骤、时间,以及找什么人、提什么问题和采访中可能出现的困难及处置办法等是指导记者对于采访活动的基本设想。简单的采访活动,有个打算和要求就行了;重大事件、重要人物、专题新闻的采访,就一定要拟定较为详尽的采访计划,以避免盲目性,提高采访效率。

准备问题,这是拟定采访计划应当着重考虑的内容。美联社记者尤金·莱昂斯曾经采访过斯大林,事先得知会面时间只有2分钟,由于没有准备提问的提纲,结果采访失败了。他回忆说:"在这令人兴奋的环境中,我却没能提出意义重大的问题,对这一点永远感到内疚。”①有两位记者要到山东诸城采访发展农村商品生产的典型经验,事先就列有详细的调查纲目,共分3个部分、10个方面问题,包括为什么要选择畜牧业作为突破口,如何解决市场与商品生产的矛盾和怎样打进国际市场,等等。他们还把调查纲目打印出来分发给县委、县政府及有关部门,这样双方心中有数,预先做准备,采访活动的开展和深入便有了较好的基础。美国哥伦比亚广播公司节目主持人华莱士给自己定了个规矩,至少在准备好30个或40个扎扎实实的问题以后才去采访。他认为,准备提问的问题也是一种训练,如果事先没有充分准备,临时是很难提出问题的。②

5.做好积极的心理准备

采访中可能出现许多意想不到的问题和困难,记者要对此做多种准备,设计多种对策和方案。特别是采访批评报道,很可能遇到种种阻挠。因此记者要有良好的心理素质,灵活应变,争取成功。记者要善于创造良好的谈话氛围,善于为采访对象解除心理负担,真心诚意尊重和配合采访对象,以形成配合默契、和谐的采访氛围。

6.做好广播采访所需的物质准备

录音机、话筒、磁带、电池等,事先测试好机器性能是否正常运转,电池是否充电,电池、磁带是否够用,话筒是否灵敏,话筒线是否完好,插销和连线是否适用等。记者进入现场前还要了解用于传稿的电话位置、用手持电话传稿是否电力充足、周围建筑物是否对传稿有影响等,最近两年,不少台已开始使用数字化录音和传输设备,作为记者平时要能够熟悉掌握这些新设备的技术性能,临场时做好万一出现设备故障的应急方案,以确保重要采访的一次成功。

第二节　访问和观察

广播新闻最基本的采访方法有两条:一是访问,二是观察。一般的采访活动都是围绕这两个方法而进行的,我们只有认真研究并掌握这两种方法的基本规律,才有可能在实践中不断提高自己的采访水平。

---

① [美]约翰·布雷迪:《采访技艺》,新华出版社1986年版,第49—50页。

② 虞家复:我想再次采访邓小平——记美国著名电视记者华莱士,《中国记者》1997年06期。

一、访问

新闻学者杰克·海顿说:"大约有99%的新闻是部分或全部以访问——也就向人提问——为基础而写成的。"[①]这个观点明确地表示了采访中"问"的极端重要性。

而作为广播记者,录音现场效应又要求必须一次成功,事后很难补景,与采访对象的交流通过录音方式记录下来,对比文字记者显然要有更苛刻的要求。所以,作为广播记者怎样才能问明白,问得好,这就更要下功夫琢磨。

1.不同的访问形式有不同的要求

(1)个别访问。是指记者与采访对象的个别交谈,这种访问方式便于记者与采访对象有比较深入细致的沟通和交流,既能够充分考虑当事人的切身利害关系,让对方畅所欲言,又能够挖掘采访对象内心深处的思想活动,而且也方便双方安排时间和合适的场所,灵活性较大,应该说,记者为了了解事情的真相,想要掌握一些细节情况,都必然会用到个别访问这种形式。

(2)座谈会。也称为集体访问,就是同时召集多个知情者或专家、行家一起探讨某件事情某个问题。开座谈会时,把握不好往往会出现两种不好的极端情况:一种是冷场,大家都相互推让,不肯放开说;另一种是大家都很积极,抢着发言,但是可能主题不集中或者相互争吵。这两种情况对记者采访都是很不利的。针对这两种情况,要分别采取适当的措施,比如在座谈会前准备好讨论提纲,分发给每位到会人员。对个别重点的发言对象,事先要个别沟通好,做到心中有数,这样可以避免冷场;在座谈会中出现争议时,要冷静倾听,不要草率表态,会后也要进一步调查了解,等等。

(3)新闻发布会。其实这也可以认为是另一种集体访问形式。就是由众多的记者围绕同一件事情或同一批人进行集体访问。由于这种发布会一般时间比较短,而不同的记者所感兴趣的内容又各不相同,所以一方面要抓紧时间提出自己最想了解的问题,同时也要认真倾听其他记者的提问及被采访者的回答,收集与自己报道有关的内容。

以上是根据访问形式不同划分的类型,其实根据访问内容的不同,也可以划分出:因事件访问、因人物访问、因经验访问、因问题访问、因争论访问等类型。访问内容不同,也就要求记者用不同的方法和技巧来圆满完成采访任务。

2.怎样才能做好访问工作

(1)选择合适的采访对象。这是确保访问成功的重要环节,我们必须高度

① [美]杰克·海顿:《怎样当好新闻记者》,新华出版社1980年版,第119页。

重视。合适的采访对象主要是指：了解新闻事实的人。比如新闻事实的目击者、参与者或知情者；是能积极配合采访，说出心里话，能和记者交心的人；不仅能提供有关信息，还能说清楚、说明白、让人信服的人；能较快明确访谈目的，从而做好充分准备的人。

(2)确保提问质量。一般来讲，只有记者提问的水平比较高，质量比较好，问到点子上，问到关键处，才有可能触动采访对象的谈兴，打开采访对象的"话匣子"，才有可能听到采访对象比较真实、详尽的回答，所以记者的提问是非常关键的。

1)提问既要具体又要简洁。有些人认为这两者之间是矛盾的，其实不然。我们还是以法拉奇采访邓小平的第一个提问为例，在当时的历史条件下，中国刚刚从十年"文革"中恢复过来，很多思想上的问题还没有完全理清楚，但同时全国乃至世界各地人士又很想知道中国的道路该怎么走，会有什么变化，尤其是怎么看待毛泽东，怎么看待毛泽东晚年发动的"文化大革命"。这个问题其实很难问，要么提问太空洞，采访对象无法回答，只好用外交语言婉拒；要么太具体，不能了解真正宏观的潮流和局势。但法拉奇不愧为法拉奇，她在深入研究大量资料后，抓住"天安门上的毛主席像会挂多久"这个非常具体、却又极具象征意义的问题作为突破口，简单、明了、具体，却又含义极其深刻。

我们的一些广播记者却老是话筒往前一伸就说"当时你是怎么想的?"这类千篇一律的已经被听众讥为"白痴问题"的空洞问题，这只能说明我们有的记者采访准备很不充分，或者偷懒，不动脑筋，一句"你当时是怎么想的?"就把困难都推给了采访对象。这是广播记者提问的大忌。广播记者的提问应力求简单明确，老记者的经验是：提问越长，回答越短，甚至有去无回。

2)恰当运用"开放式"和"闭合式"两种提问方法。采访的时候，记者最常运用的是两种提问方法，一种是"开放式"提问，一种是"闭合式"提问。

"开放式"提问也叫"漏斗式"提问，一般来说对采访对象的谈话内容没有什么限制，问题的焦点比较散，采访对象的回旋余地比较大；"闭合式"提问是记者对事情的结果直接发问，采访对象的回旋余地很小，一般只是回答"是"或"不是"两种确定的答案，这种问题主要用于确证或肯定某些观点或事情真相。

对于怎样合理恰当利用这两种提问方式，艾丰同志在《新闻采访方法论》中有精辟的论述："开放式问题，一般适于转入话题，搜集情况，调节气氛，发现遗漏，缓冲压力等；闭合式问题，一般适于突破，深入追问、证实、核实，总之战斗力更强一些，更锋利一些，采访中当然不可能没有开放式问题，但是开放式问题不大可能太多，甚至没有闭合式问题。只提开放性问题的记者，是低水平的记者。"艾丰同志的这段论述，对于我们怎样合理利用两种提问方式提供了良好的思路。

(3)营造良好的谈话氛围。陌生人的初次接触，一定要有良好的谈话氛围，这样采访对象才有愿望和热情接受记者采访。而且还要努力打消采访对象对话筒的恐惧感，减轻其心理负担。

(4)选择合适的采访时机。采访毕竟会打乱对方的正常工作和生活，因此，记者必须尊重采访对象的心理感受，尽可能让采访对象来确定采访的时间和地点。

(5)寻找双方心理接近性。“酒逢知己千杯少，话不投机半句多。”人都愿意和自己有共同观念、共同经历、共同见解的人交流，因为这些共同点能使人产生信任感、认同感和亲近感，因此记者必须尽快了解采访对象的情况和心理，寻找感情的共鸣点。

(6)要学会倾听。记者主要的工作是采集、记录、提问，目的就是为了更好地了解情况，所以一定要学会倾听，并且要边听边记边想，利用听的空隙进行分析思考，及时发现新的线索和关键点，把采访引入更深层面；同时，由于广播采访录音的一次性原则要求，记者还要及时引导采访对象的话题。

(7)采访的结尾也很重要，在结束时，要抓紧核实有关材料，核实重要观点，征求采访对象对报道的建议，同时表示衷心的感谢。

二、观察

“眼见为实”充分说明了看的重要性。有关资料表明，人类对外在的世界的认识都是从感觉开始的，而眼睛是人类最敏感的感觉器官。据说，人所接收的外界信息中，有85%是靠眼睛输入的，由此可以知道“看”具有不可替代的作用。

记者在采访的时候，第一步就是看。看现场，看环境，看人物的衣着打扮、音容笑貌等，这是看到的内容，都将成为记者报道中不可缺少的重要材料。还有些特殊的场合，没办法用其他办法采访，只能通过看来解决一切。比如发生灾难时，大家都忙着抢救，记者硬要挤进去采访是让人讨厌的。一般就是一边参与抢救工作，一边仔细观察，用眼睛来采访。最典型的“看出来”的报道是第二次世界大战初期，美国记者手拿望远镜躲在一边远远地看着希特勒走向谈判席，同时进行口头报道。这篇报道获得了普利策奖。

记者在采访时怎样观察才能取得最佳效果呢？

1.要选择恰当的位置

这里要首先弄清楚：我要看什么？因为报道内容不同，看的角度是不一样的。比如，要看清楚一个大型集会的现场整体状况，就需要站到高处看全貌；再比如，写通讯要用细节，就要深入集会内部，看具体人物的表现和反应。

所以一般来说，记者为了看得更清楚，所选的位置是要不断变化的，既要站在高处、远处看全貌，用“鸟瞰法”取得；也要走到近处，观察细节和特点，用“观察法”。

不仅看具体的事物、场景要这样做，平时我们在分析问题、综合情况时也同样要采用这样的方法，对于那些可以表现事实的轮廓和梗概的材料，我们要用“鸟瞰法”取得；而对于那些具有代表性的局部和细节材料，我们就要不惜时间和精力，进行细察，做到明察秋毫，获得丰富的信息和真切的感受。

2. 要选择恰当的时机

从头到尾死盯着一件事情的发生、发展、变化、结果，这样做既不科学也没必要。一般来说，我们总是要求记者要选准那些能够集中反映出事物、人物特点的关键时刻，观察这样的时刻，就能在较短时间里，获得预期的观察效果。比如像三峡大坝这样的国家重点工程，最有意义的时刻莫过于开工、爆破、合龙等，这样的时机，我们记者一般不会放过，因为这时候看的场景和场面，最具有新闻性和感染力，也最具有典型性和代表性，再比如重大国际体育赛事中，需要看而且可以看的东西很多，但是一般来说记者主要是看由本国选手参加的比赛项目，从时机上来说，最重要的是一些预计本国选手有可能夺冠的项目和比赛时间，因为本国的听众最关心这一时刻。

3. 边看边想边感受

作为记者，看的时候与普通人还不一样，一定要一边看，一边积极开动脑筋去想，还要用心去感受，这样才能真正达到记者看的目的，为什么呢？因为记者绝不只是为了自己享受而在看，他代表的是身后千千万万的听众，所以记者在看的时候就要琢磨，这件事情从表面上看是这么一回事，是它的本质吗？这种现象是否代表它的本质含义？如果不一致，又是什么原因呢？同时记者在看的时候还要联想到各方面的情况，进行分析比较推理和判断，看这件事情有什么意义，能不能从中锻炼出新的经验、新的知识，报道出去后会带来什么影响，等等。当然，记者在看的时候还要能够抓住特点，找出事物的特征，这样才能让听众留下深刻的印象。

第三节　现场采录

广播记者的采访实际上可以分为两个部分：一部分是和其他媒体记者相同的采访活动，想访问和观察都属于共性的方法；另一部分是在现场一边采访一边录音，这是广播所特有的采访，准确的表述应该为现场采录。

一、现场采录的特殊要求

1. 对现场有特殊要求

一般来说，现场典型音响的录制往往受到很多条件的限制，因为这些影响往往难以预料，是突发性的，而且不可能让你有重录的余地。比如刺杀里根的枪声和现场混乱嘈杂的声音，你能让它再现吗？有些采访对象的谈话常常是即兴的，有感而发，你让他再讲一遍供你录音，他还有这个激情吗？正所谓物以稀为贵，越是有特点，越是典型的音响，越会受到环境、时间等诸多条件的限制，这是广播记者面临的现场特殊要求之一。

从另一个角度来看，广播录音要采录到最能表现出主题的音响，还不能有太多的现场干扰，干扰太大，势必造成主题不集中、不清晰，而你又无法让他在线，特别提供给你重录一次，更何况，其实能够重演，让你能够重录，也会失去新闻影响真实性的原则，这是绝对不允许的，而纯粹的文字记者一般不会受到这种干扰的影响，这是现场采录的特殊要求之二。

2. 对采访对象有特殊要求

同样以文字记者来作比较，文字记者的采访对象要求就宽多了，讲不清楚可以慢慢讲，听不明白可以找人翻译，声音怪异、沙哑都不要紧，只要能讲出来就行，甚至是哑巴也不要紧，可以用书面文字形式的话也可以用哑语手势比画，最终都不会妨碍记者在文字上进行适当表现，但我不采录就不行了，不善于表达不行，表达不清楚不行，声音怪不行，冲动也不行，这些都是广播新闻在现场采录时对采访对象的特殊要求。

3. 对广播记者有特殊要求

随着时代的发展，对广播新闻记者口头表达能力的要求越来越高，从一开始只在录音采访时提问，到现场录音报道时进行补充式的口头表述，再发展到现场口头报道时整篇幅的口头叙述，直到现场直播时与新闻事件的发生、发展同步播出，这样，一个口头表达能力不强的记者无法成为一个优秀的广播记者就成了不争的事实，所以与文字记者相比，广播记者在现场采录时的特殊要求，一是要能讲一口流利的普通话，二是要有很强的口头表达能力，三是要头脑清晰，思路敏捷，要把现场所见所闻有选择地直接表述出来，而且要有条有理，词语简练优美，通俗易懂。所以说，广播记者除了和文字记者一样具有倚马可待的文采之外，还特别要求有出口成章的口才。

被誉为铁嘴之一的体育记者宋世雄经常要做赛事的现场直播，他说自己锻炼口才有个好方法，就是在路口一边观察一边做口头描述练习：

现在绿灯亮了，停在白线以外的各种颜色的小汽车、公共汽车依次驶向路口，慢车道上的自行车，潮水般地涌向前去。啊，那边过来一个年轻妇女，右手挎着黑色皮包，怀里抱着一个不满 3 岁的女孩，瞧，孩子把小嘴凑近妇女的耳朵，好像在说，妈妈，今天我在幼儿园又学了一首新歌。

二、现场采录的主要内容

在录音报道的影响中，有三个基本的组成部分：现场音响、人物谈话和记者解说。具体地说，我们应该有意识地采录这样一些东西：

1. 最能反映报道对象本质的主题音响

做记者是要有选择能力的，绝不能有闻必录，广播记者更不能有闻必录，因为录音机的容量是有限的，报道的篇幅更是有限的，记者要在各种音响中去辨别、分析、选择、捕捉那些最能够反映事物本质特征和体现报道主题的音响。比如在开国大典上，有许多不同的音响，国歌声、军乐声、礼炮声、欢呼声，等等，但最有意义的，而且最能够辨别这些音响只属于开国大典，而非其他事件的音响，只能是毛泽东主席带着浓重的湖南口音庄严宣布的那句："中华人民共和国中央人民政府于今日成立了！"如果缺失了这一句，那么其他整篇音响，不论采制得多么清晰生动，都不能认为是成功的。

2. 最能反映当事人思想和情感的谈话

人物的谈话录音很多，也很容易采制，但是如果按高标准、严要求来看，仍然要沿用上述"非录不可"的标准，只有用这个标准，我们才能精选到，如果不用这段录音，听众就会不相信这件事，如果不用这段录音，听众就会不相信真是这个人而不是别人在说这句话，那么这段人物的谈话的录音就成功了。比如，有一段时间极少数"法轮功"邪教组织的骨干活动猖獗，曾经有骨干分子到北京天安门广场自焚，而境外"法轮功"骨干分子却借机倒打一耙，攻击我国政府，广播记者及时采访有关人士，包括事件当事人，让他们自己叙述事件的真相，这样的录音音响，让一切谣言都不攻自破，这样的音响才真实有力。

3. 现场典型音响

这些音响一般来说，大多起到渲染气氛的作用，比如农贸市场的叫卖吆喝声，街头闹市的汽车声，自行车铃声，工厂的机器轰鸣声，喜庆场面的锣鼓鞭炮声，大自然中的高山流水鸟鸣蝉叫声，等等，但这些音效一般来说很难体现独特的唯一性，很难让人彻底相信这个音响就一定是在这个特定场所才有的，所以这些音响大多作为背景音响而存在，难以成为主体音响。

4. 记者的现场口述

记者口述作为音响的一部分，它的特殊性在于，往往要以现场典型音响做背景，主体音响与背景音响混为一体，在现场把新闻事件及其发展变化不断地告诉听众。这种录音方式,既可以直接同步播出,也可以在现场录制好,不需要复制加工或只做少量剪辑就播出。这种报道方式大大增强了广播的时效性、新鲜性、现场性和可听性。

三、现场采录的常用方法

在现场采录的过程中,广播记者一般要运用挑选、等待和抢录等常用方法来忠实地记录现实。

1.挑选

面对纷繁复杂的现实生活,有人感慨道:"生活就是选择。"其实,同样的道理,我们也可以说:"报道就是挑选。"在现场采录时,我们就是要面对丰富多彩的现场景象,从中挑选出最能表现出新闻事物的本质特征的时间、地点、环境、人物、角度、情节、细节……通过现场采录的典型音响来生动、准确地表现主题。

新闻是"易碎品",时间一久,很多新闻也就被人淡忘了,但是,有一些典型的细节,却让人难以忘怀。比如,卖鱼老汉的"六孔秤",11岁的女儿和当了20多年村会计的父亲珠算比赛时拨算盘的声音,第一起"民告官"案中端着水烟袋上法庭的老汉,等等,这些细节让人"过耳不忘"。所以说,我们在现场采录的挑选中,千万不能忽视对有新闻价值的细节的关注。特别是像人物的表情、语言、动作以及常用物品等,这些细节往往最能反映事物的本质特征,并且极富表现力和感染力,用这些细节来表现主题,正是用事实说话的最好方法。

在现场采录时,广播记者一定要千方百计挑选到并且采录下最能体现主题的音响。1983年中央台播出的现场报道《胡耀邦总书记瞻仰周总理诗碑》,通过日中两国人民对周总理的共同怀念,来体现周总理的人格魅力,其中日本文艺工作者用汉语深情地唱起:"人民的好总理,我们怀念你……"就是这种典型音响。据作者介绍,他在事先知道程序安排中有这项内容,但在现场时,此项程序却被大大提前了,记者一路飞奔过去,同时打开录音机,在一边奔跑中一边抢录下了这段宝贵的音响,所以说,挑选典型音响绝不是一件容易的事情,这里既有客观因素的影响与制约,也有记者主观上有没有做好思想准备或者新闻敏感性强不强的问题,也许花了很多精力挑选了一些音响,但是没挑好,把典型音响给遗漏了。这样的情况其实是经常发生的,所以说广播记者在现场采录时,一定要十分注意"挑选"这个环节。

2.等待

我们应该看到,只要采访的准备工作做得扎实一些,现场观察仔细一点,除了突发性事件外,很多有特点的典型音响是可以预见到它将在怎样的状况下出现的，这时候，记者要做的就是等待，时机一到，迅速采录下最有表现力的音响。

这个等待的过程，既有消极的一面，也有积极的一面，为什么说是消极的呢？因为这是新闻真实性的特质所决定的，新闻事实是第一性的，而报道只能是事实的反映，是第二性的。通俗地讲，就是采访话筒是围绕着事实和事件转的，它的任务就是忠实地记录现实生活，尽可能不要干扰采录对象的正常生活，最好是不让他们感觉到记者的存在，在自然发展过程中才能采录到真实、自然生动而又具有典型意义的音响，如果等不到自己需要的音响，宁可放弃也绝不能有任何违反新闻真实性的导演“摆布”，更不能移花接木以假充真，从这几方面来说，等待是消极的。

但是不要放弃广播记者的主观能动性。比如，事先进行分析预测，然后选择最佳的角度、位置做好一切准备，并且在等待的过程中积极开动脑筋，搜寻一点一滴的变化信息，如果在等待中出现并非预料中的典型音响，也要迅速采用下来，如果情况变化比较大，你要果断地修正计划而不是守株待兔一味等待，从这几方面来说等待就是积极的等待。

3.抢录

在典型音响出现的一刹那，迅速选取角度录下音响，称之为“抢录”。就像拍照片时“抓拍”，这就要求广播记者必须具有“静如处子，动如脱兔”的本事。

典型音响的出现有两种情况，一种是可以预见的，一种是突发性的。可以预见的典型音响，是可以等待时机的，一旦出现，马上行动，但突发性事件却是记者毫无准备的，这时就要求记者要有高度的新闻敏感性，同时也要有良好的工作习惯，比如随身携带录音机，而且录音机随时处于待机状态。事实证明，抢录成功，做出优质录音报道的记者，往往是这方面的有心人。当然，有很多记者由于没有“时刻准备着”的精神状态，在突发性事件来临时束手无措，痛失良机。

综上所述，我们可以发现在实际工作中，挑选、等待、抢录这三种方法并非截然分开，而是互相穿插、互相转化的——在等待的过程中可以继续挑选，在挑选的过程中一旦出现典型音响立即要抢录，抢录没成功时又要继续等待；实在等不到，要重新挑选。只有综合运用好这三种方法，才能够在现场采录中胜出一筹，为做好广播新闻报道打下结实的基础。

第四节　特殊采访

所谓特殊采访，是时间比较长，或是流动性、隐蔽性比较强的采访，或者是采访的手段非同一般，其实万变不离其宗，任何特殊采访活动都离不开广播记者访问、观察和现场采录的基本方法。

一、电话采访

电话采访是指利用电话这种特殊的通信工具进行访问并加以录音的采访方式，尽管这种电话采访方式媒体普遍都在采用，但人们基本上公认，在所有媒体中，广播运用电话采访最具有优势，像报纸、杂志用电话采访后，又必须把采访内容整理成文字，这样电话采访所特有的传真性、传播的同步性就大打折扣，根本体现不出电话采访的优势来，电视媒体也大量用电话采访，特别是2002年韩日世界杯赛期间，中央电视台专题节目中大量运用电话采访，与我国驻世界各地记者联系，讲述当地对球赛的反映情况，快倒是快，但总让人感觉不舒服，因为电视画面上只有演播室的主持人形象的活动，却看不到对方的形象，只听见声音，有时在画面上放一张对方的照片，也难以收到良好的交流效果，但广播媒介和电话同样是传递听觉符号，广播＋电话这种复合型传播模式，可以在没有画面情况下专注于交流，的确具有无可比拟的优势。

特别是随着科技的发展，卫星通信＋手持电话，使广播记者几乎可以上天入地，无论何时何地都可以进行现场口述报道，再加上广播记者的素质不断增强，能够很好地和采访对象进行交流，电话采访可以很充分地体现声音传真、传情、感染力强的优势，让人产生如见其人、如临其境的真切感受，难怪有人说，电话采访是为广播记者“量身定做”的。1996年获全国广播新闻一等奖的《乐靖宜勇夺奥运会女子100米金牌》是上海电台第一次通过手机电话，在固定节目中尝试现场同步直播，所以这篇报道既是一个现场报道成功的范例，也是一个电话采访成功的范例，如果我们把上海台空中体坛节目主持人看成是采访者，而把派往亚特兰大采访的记者胡敏华看成是被采访者，我们就可以得出这个结论。

当然，其他还有电话采访很成功的例子，请看《台湾民众关心十四大召开》这篇报道：

台湾民众热切关注中共十四大，对江泽民同志的报告反应强烈。

13号下午，台湾政治大学副教授、中国大陆研究学会秘书长朱新民先生接受了本台记者陈建平跨越海峡的电话采访。

（出采访录音）

记：你是朱新民先生吗？

朱：我是朱新民。

记：我是福建人民广播电台记者。昨天中共召开的十四大，我想采访你，台湾民众对此反应怎么样？

朱：江泽民总书记的政治报告在我们台湾地区可以说是引起大家高度的关切。

这个关切的重点，包括以下几个方面：第一是我们对于这次十四大确定的改革开放政策的进一步发展，对这一点我们台湾地区的民众基本上是持一个比较肯定的态度。因为我们认为改革与开放，是中国大陆应该要走的一个发展道路，这次十四大能够对改革与开放给予一个进一步的确认，而且全面都加以配合，那么这是符合大多数中国人共同的期望的。

记：你说的各方面都加以配合具体指的是什么呢？

朱：嗯，就是在人事的部署方面，以及在理论上的配合方面，比如说在人事方面，现在已经走入跨世纪的交班，另外就是中共的领导阶层走向年轻化和专业化，这就是人事布局上的一种配合。另外，在这次政治报告里面很确定地提出了社会主义市场经济这样一种说法。

记：对，这是第一次明确地指出这样的说法。

朱：对。明确地提出这种说法而且是进一步确认，邓小平的改革开放线路，这样一些的配合，当然会是未来的改革开放比较明确，会更前进，这当然符合两岸民众的需要和期望。

记：好。谢谢你接受我的采访。

朱：谢谢。（录音完）

作者：陈建平　刘金森　　艾鹏　叶枫

（1992 年 10 月 14 日福建台播出）

另外还有一些电话采访很成功的例子，请看《长城作证》这篇报道的节选：

男主播：时光荏苒，当年与日寇浴血奋战依然还健在的 29 军战士，如果得知喜峰口今天的变化，又该是怎样的心情呢？经过多方努力，我们终于找到了 29 军 500 大刀队中还健在的一名老战士，他今年已经 95 岁高龄，名叫霍双印，现在生活在台湾的台北市，通过电话我们采访了他。

——电话铃声——

记者：“喂！您好！是霍老先生吗？”

霍："啊！"

记者："霍老先生，在喜峰口啊，建起了一座纪念29军长城抗战的喜峰雄关大刀园，我们把这个消息告诉您，您高兴吗？"

霍："我非常的感慨万千啊！大陆上能够把29军这些过去的、光荣的历史，能够立一个碑在那里，这实在了不起啊！"

记者："霍老先生，您怀念当年与您并肩作战牺牲在喜峰口的战友们吗？"

霍："我非常怀念我过去参加喜峰口战争的这些老战友，宁做战死鬼，不做亡国奴，用大刀来对敌人抗战的，把日本打得稀里哗啦，这对我们中国人的团结那是有很大鼓舞作用。"

记者："霍老先生，您晚年最大的心愿是什么呢？"

霍："我晚年最大的心愿，就是我能够回到河北石门，29军阵亡将士墓园去祭祭他们！"

记者："您还记得'大刀进行曲'吗？您还会唱吗？"

霍："好的，大刀向鬼子们的头上砍去、砍去……"

（2009年12月28日唐山人民广播电台刊发）

综上所述，我们认为要提高电话采访质量，必须注意以下几点：

(1)要尊重对方，尽量按对方的要求安排采访时间，接通电话后首先表明记者身份，说明采访意图，征求对方意见。

(2)通话采访时要认真，准备要充分，问题要集中，时间不要太长。

(3)通话时要掌握语速节奏和声音的高低，要注意连贯性，不要轻易打断对方的谈话。

(4)通话时要做记录便于整理，结束前要做适当强调和重复，以保证谈话内容的正确领悟。

(5)最后要诚挚表示感谢，既是礼貌也便于将来进一步打交道。

二、隐性采访

在新闻事件发生时，无论它涉及几个方面的人和事，记者始终作为一个旁观者，客观公正地看问题，而不深入其中的任何一方，这是报道的共性要求，但是隐性采访者不同，记者并不公开身份，进入当事人群中，有时甚至自己充当当事人之一，目的是为了更加真实地了解事实情况，隐性采访一般用在调查性报道和批评性报道中居多。

广播记者采用隐性采访具有很大的优势，因为录音机一般比较小巧，便于携带，尤其当下手机就可以当录音机来使用，通过隐性采访可以采访到大量知识，可靠有说服力的音响，又在报道中能够产生强烈的冲击力。相比之下，文字记者因为要将这些音响转化成文字符号，其真实性与感染力将大打折扣，而电视记者的摄像设备一般由于过于显眼，隐性采访时有很多不便。

尽管隐性采访特别是为了批评报道而作隐性采访具有很大的风险性，但是不少广播记者还是勇敢而坚定地进行了尝试，如获得1993年中国新闻奖一等奖的录音专辑《挖墙脚的人们》就是一篇成功的代表作。稿件的作者是北京电台的高级记者张勉之，他以隐性采访的方式深入到不法分子倒卖假发票的现场，在对方非常警觉的情况下，采录到大量揭露不法分子倒卖假发票的手法及作案心态的第一手资料，真实的报道公之于众后，引起了社会各方面的关注，取得了很好的效果。

获得第二十三届中国新闻奖的广播连续报道《国家真有7800万元的专项补贴吗?》就是一篇成功的代表作。这则广播作品由上海广播电视台记者陆兰婷、周导于2012年9月11日至9月13日采制，记者以隐性采访的方式深入经销老年人保健品的骗子公司4次，甚至还让90岁高龄的母亲配合采访，在对方非常警觉的情况下，采录到大量骗子诈骗过程的第一手资料，更是遏制了一场骗局，给社会提供了很好的教材，提高了老人的防范意识。

当然，隐性采访也不能滥用，不能侵犯采访对象的隐私权，我们要在实践中把好这个“度”。

三、蹲点采访

这是一种深入实际搞调查研究的采访活动，可以是为报道需要而下点作深入的调查研究，也可以是参加党政机关蹲点工作组，边工作，边采访。这种采访方式一般适合于配合宣传重大的方针政策，或者是重要经验、重大题材的深度报道或系列报道。

四、流动采访

包括重大活动或调查的体验式采访、重大题材的巡回采访、地方记者相互合作的异地采访等。这类采访的共性特点是流动性大，采访的题材比较重大，记者眼界得以开阔，报道形成系列。组织这一类采访活动，对广播记者来说也可能会碰到一个难题，就是组织录音报道时经常出现和采访对象语言不通的问题，需要想办法加以克服。

第四章　广播消息

广播消息是广播新闻的基本组成部分之一，在广播新闻的总量中占据着很大份额。尽管如此，它仍没有引起足够的重视，问题主要在于：人们习惯于把广播看成是报纸的有声版，习惯于把报纸消息经过简单的处理就当作广播消息播发，而没有真正站在听众的立场上，从收听心理入手，将文字消息改变成符合听众收听心理的纯粹广播新闻，并未真正做到"为听而写"，因此，我们仍有必要对广播的文字消息作一番梳理。

第一节　广播消息的特点

广播消息属于消息的一种，就必然具备消息的共性特征。但由于广播是通过电波传递，具有快捷、广泛、可感的特征，又存在稍纵即逝、难以保存、线性传播、难以选择的劣势，因此，广播消息与其他媒体的消息相比，就同时具有更快捷、更简短、更通俗、更形象的特点。

一、更快捷

我们不妨来比较一下报纸新闻和广播消息在"快捷"上的现状：报纸一般最快的稿件是"昨日消息"，特殊情况可以将截稿时间延迟至"今日消息"，或者如早报普遍开设的"昨夜今晨"，最特殊的情况是出"号外"，一般是重大事件才会有这种特殊做法。但是广播却不是这样，尤其是现在普遍采用直播方式，往往可以随时插播"本台刚刚收到的消息"，甚至于在新闻现场采用移动电话进行现场口头报道，几乎做到了与新闻事实发生时间同步报道。较之报纸一般一天只出版一次，广播则可以随着新闻事件的不断发展变化而滚动报道最新进展情况，这都为广播消息报道"更快捷"打下了坚实的基础。

比如中央台在1990年10月23日清晨播出的《欧共体决定立即恢复同中国的关系》，在当时的背景下，这是一条内容重要、捕捉及时、播发迅速的稿件。记者由于新闻敏感性强，预见到可能将发生这一事件，做了扎实的准备工作。新闻一经宣布，记者核对准确后，迅速发到中央台，使这一消息的报道比国内报纸的报道整整提前了一昼夜，并且引起了外交部的高度重视，外交部对之迅速做出了适当的反应。

同样，湖北楚天台播发的《当今世界最大水利枢纽长江三峡工程正式开工》，也是一篇充分发挥广播"更快捷"优势的典范。当时李鹏总理宣布开工时间是当天上午的10点45分，开工典礼大会约在11点左右结束，身在三峡工地的记者距武汉千里之遥，如何以最快速度把现场音响和文字解说剪辑制作出来，传回电台播出呢？时间紧迫，制作场地又受到限制，困难很多，为抢时间，在车上用随身携带的两部采访机，首先将音响剪辑混播好，然后用手提电话抢在中午12点将信号准时传回楚天台直接播出，取得了很好的效果，广大听众听到这条广播消息都激动不已。从时效上看，在众多的传媒中，这条报道三峡工程开工的录音新闻是发得最快的。

新媒体时代，信息传播的门槛降低，社交网络UGC（User Generated Content，用户产生内容）的蓬勃发展使得普通大众在传播中的参与度大大提高，高度垄断的话语权开始向大众回归，大众不再满足于议程设置中的被动地位，不甘于仅仅作为信息和观点的接受者、反馈者，而倾向于扭转传受地位，借由自媒体成为"独立"的传播者甚至小型意见领袖。大众开始热衷于发声，并且追求个性化表达，尤其是微信直播越来越显现出巨大的活力。比如，温岭1036凡音团队在台州第一家开创使用微信平台于电台直播节目当中。听众可以随时随地发一条60秒内的语音到节目的公众平台。有一次，温岭市区的一位市民上公园散步无意中发现在路边哭泣的小婴儿，随即向节目求助，这位1036的听众也同时变身成了现场报道的记者，随时向1036反应婴儿的最新动态，成功营救了这个刚出生不久的婴儿，并有数十名好心人士愿意为婴儿的生活起居捐款。其后，凡音团队在浙江、江苏、安徽、福建等地运营的二十多个广播频率都使用了微信平台。

当然，随着技术的进步，直播节目的日趋成熟，现在越来越多的广播电台对重大新闻事件的发生采用现场直播的做法，这样就真正实现了新闻事件的发生与广播报道之间的"零时差"。毫无疑问，这是广播消息"更快捷"的最好体现。

二、更简短

消息要“短些，再短些”，这是新闻界的共识。而广播由于自身的传播特点，对广播消息稿的要求就要“更简短”，为什么呢？因为现在生活节奏很快，人们往往一边做其他事情一边听广播，想要在最短的时间内知道世界上究竟发生了什么大事情；而且由于广播传播是线性传播，选择性差，如果广播消息不能吸引听众，听众会随时关机。人们的要求又是千差万别的，所以广播消息必须做到更加简短，力求传达更多的有效信息才有可能吸引住听众。因此广播稿的选材要精，线索要单一，一事一报，不要搞大而全，也不要过多地交代背景；而且篇幅要小，段落要短，句子也要短。这样才能做到使广播消息“更简短”。

按照当前广播电视新闻奖的评奖标准，广播短新闻限制在 1 分 30 秒以内，即 300 字左右，长新闻限制在 4 分钟以内，即 800 字左右。其实，现在广播新闻的篇幅大多数都未超过 1 分 30 秒，已经形成了简短新闻主宰天下的格局。比如，中央电台最具代表性的新闻节目《新闻和报纸摘要》，长度为 30 分钟，10 年前每次节目发稿 30 条左右，现在发稿 50～60 条，除了综合编发的国内外简讯和报纸摘要之外，单独编发的新闻平均每条为 1 分钟左右，除非重大或者重要的新闻，超过 2 分钟的已不多见，长于 3～4 分钟的更是稀少。上海台每天 30 分钟的早间新闻节目发稿 60 条左右，其中单发的本市新闻和国内要闻平均每条也在 1 分钟上下，多数超过 3 分钟的新闻则被列入专稿，放在另外时间、另外档别的节目中播出。北京台、天津台、广东台及其他各地电台的情况大致如此。由此可知，广播消息“更简短”，事实上已经成为广播界的共识和发展方向。

想要广播消息做到“更简短”，主题首先要鲜明而且集中，线索要单一，选材要以一时一地一人一事为好，角度要选好，切入口要小，而且语言要简洁，绝不能拖沓。例如，《“杂交水稻之父”袁隆平昨天宣布：中国率先培育出亩产 800 公斤的“超级杂交水稻”》就是一则优秀的广播短消息。

> “杂交水稻之父”袁隆平昨天在杭州宣布：中国将为世界水稻史翻开新的一页，率先培育出亩产 800 公斤的“超级杂交水稻”，预计 3～5 年内可以大面积投入生产。
>
> 袁隆平在接受本台记者独家采访时说：继 60 年代初“矮化良种”和 70 年代“杂交水稻”的成功之后，中国科学家目前已经基本解决“超级杂交稻”培育的技术问题。
>
> （出录音）“这两三年之内就可以取得成功。这个成功之后将大幅度

提高水稻的产量。"(录音止)

袁隆平去年在江苏和湖南进行示范种植,平均亩产都超过 800 公斤。全国以年种植面积 2 亿亩、亩产增加 100 公斤计算,每年可以增加 200 亿公斤,相当于一个中等产粮省的全年产量。

(出录音)"随着科学技术的不断进步和我们国人的不懈努力,我很有信心地认为:中国人能够依靠自己解决吃饭问题。"(录音止)

作者:金俊　何族强

(浙江人民广播电台 1999 年 1 月 19 日播出)

获第二十四届中国新闻奖一等奖的《总理向我问灾情》就是一篇非常优秀的广播短消息,同样很好地体现了广播新闻语言简洁明快的特点。

听众朋友,今天下午 5 点,国务院总理李克强抵达雅安芦山地震震中龙门乡,指挥抗震救灾工作。下面请听本台记者刚刚从现场发回的录音特写:《总理向我问灾情》。

记者:总理辛苦!

总理:谢谢你啊,你也辛苦了。你是哪个台的?

记者:我是川台的,我们刚刚到了宝盛……

总理:宝盛你去了吗?

记者:我去了,我到的宝盛玉溪村,前面路断了,车也过不去,人也堵在那儿,然后又余震不断,所以滚石、滑坡就不停地在出现。然后我们在那看见有大概 50 个官兵,分成若干个小组往前走。

总理:那就是你亲眼看见他们进去了?

记者:4 点钟的时候已经进去了。

总理:你们要如实向社会报道,我们的队伍已经进去了,情况也基本掌握了。

记者:然后包括玉溪村。

总理:那个村你进了没有?

记者:我也进了。

总理:伤亡情况怎么样?

记者:死了一人,然后其他的有一些重伤员和轻伤员……(对话中,成都军区司令员李世明插话)

成都军区司令员李世明:总理,宝盛这块我去了,这有一个大桥断了,另外这里有 9 公里的山体塌方,彻底把道路给断了,部队把车全部停在大桥以南,徒步进去了,现在已经进去 1100 人。

总理：(总理对成都军区司令员李世明说)你们把这个徒步的生命线要让人守护住，这边道路可能短时打不通，但是徒步也要守住，这样你们人能进去，让里面的人能够感觉到出得来，不能说被封锁住了出不来了，这样他心里面就安定了。再一个就是空中通道，因为你这个徒步通道可能运载食品啊、药品啊或者其他的物资，困难一些，那么就空中，空中把这个所谓的孤岛一定要变成活岛。我们可以随时进入，保证信息和物资畅通，保障生命线。

总理：(总理对记者说)你把这个情况向全社会发布，讲清楚。

记者：好。总理，给我们四川人民说两句。

总理：四川人民有着抗震救灾的、自强不息奋斗的经验、传统和精神。在灾难面前是压不垮四川人民的，而且有全国人民的支持。大家携手共渡难关，最终会战胜这个困难，一定会建设更好的家园。

记者：谢谢总理。

作者：魏鸣　陈军　殷江等

(四川人民广播电视台　2013 年 4 月 20 日播出)

三、更通俗

加里宁曾经说过：“写广播新闻就像口述故事一样，要一听就懂，越听越有兴趣，越吸引人。”这其实就是广播消息“更通俗”的要求。为什么广播消息要更通俗呢？主要有两个原因：一是广播消息为听而写，如果太文绉绉，使人听不明白，又无法让播音员再播一遍，那要让听众完整理解报道的内容就比较困难了；二是必须考虑到听众的文化层次不同，有些甚至是文盲和半文盲，只有通俗化口语才能保证让更多听众都能听懂。

在工作实践中，有许多广播工作者也明白广播稿件必须通俗化、口语化，但在把报纸体的消息改写成广播稿件时，往往只做了一方面的工作，比如，以为口语化无非就是多几个“的”、“了”、“呢”，等等；当然，也知道字面上的改动也是很重要的。比如：(1)将单音词改为复单词，像“但”改为“但是”，“现”改为“现在”，“已”改为“已经”等；(2)将书面语改为口语，像“该生”改为“这个学生”，“瞬间”改为“很快”，“宜”改为“适合”等；(3)注意区别同音字，比如“治病”和“致病”，一定要分清楚，否则虽然同音却刚好义相反等。这些虽然很细小，但却必须要认真做好。

然而通俗化绝不仅仅指这一方面的修改，另一方面则是要把消息内容的因果关系理清楚，使线索单一化，不要随意岔开枝节，要改造书面语中的复杂结构，使其简单化，要对过多内容进行取舍，这样才能真正做到“更通俗”。我们可以一起来重温一下一个短消息的经典性例证。先看报纸：

[新华社郑州前线10月22日24时急电]我中原人民解放军于今日占领郑州。守敌向北面逃窜，被我军包围于郑州以北、黄河铁桥以南地区，正歼灭中。郑州为平汉、陇海两大铁路的焦点，历来为军事重镇。蒋匪因徐州告急，被迫将驻郑兵团孙元良部三个军(按：国民党军从10月起整编师均改称为军，整编旅均改称为师)东调，郑州守兵薄弱，我军一到，拼命奔逃。现郑州东面之中牟县、北面之黄河桥均被我军切断，逃敌将迅速被歼。

再看陕北新华广播电台的广播稿：

[郑州前线消息]中原人民解放军22号占领郑州。守城的敌军向北面逃窜，在郑州以北、黄河铁桥以南的地区，被解放军包围，正在歼灭中。郑州市平汉、陇海两大铁路的交叉点，历来是军事重镇。由于这种重要的战略地位，郑州的得失，常常决定中原战局的成败。在徐州危急的情况下，蒋匪被迫把驻在郑州的孙元良兵团三个军向东调动，郑州的敌军非常薄弱。解放军胜利大军一到，敌军就拼命逃跑。现在郑州东面的中牟县和北面的黄河铁桥都被解放军切断，从郑州逃出来的敌军，很快就会被歼灭。

对比一下两篇稿子，我们不难看出其中的修改和变化，既有语句结构上的变化——长句拆成短句，也有内容上的增减。

近些年来，广大广播新闻工作者在“更通俗”上下工夫，取得了不少成绩，像1993年获得中国广播奖一等奖的《书记花钱赎“白条”》，无论是选材、结构、表达方式、语言等，都堪称“更通俗”的上乘之作。请看这篇广播消息：

7月15日上午9点40分，天河镇党委扩大会正开到一半，一个自称是上朝村韦书其的老农，匆匆忙忙闯进会场，劈头便问：“你们在座的哪个是新来的廖书记？”新任天河镇党委书记廖庆堂，带着微笑迎了上去，亲切地回答道：“我就是，老人家您有什么事？”“廖书记，你要给我做主啊！我孙子今早被开水烫伤要住院，可是家里除了这些纸条外，一分钱也没有，你说怎么办？”老人讲着，焦急的泪水湿透了双眼。廖书记接过老人手中的纸条，数了数，一共6张，都是今年镇烟叶办因为收购资金暂时不足打下的白条，共计856元。廖书记收住了笑容，心里沉甸甸的。二话没说离开了会场。大约过了10分钟，廖书记从家中拿来185元现金塞到老人手中，很内疚地讲：“老人家，我们对不住您。这是我刚刚领到的工资，您先拿去吧，剩下的明天再想办法解决。”在场的其他几位副书记和委员们看到这种情况，也都默默地你 50、他 100 往老人手中塞。一会儿就兑换完了老人手里的白条。韦书其老人做梦也不会想到，他的燃眉之急会这样顺利得到解决，一时激动得话也说不上来，只是深深地向所有在场的人鞠了一躬，便离开会场。

一个钟头过后，天河镇党委作出决定：先从镇企业办公室借出 97000 元，由书记、镇长带队，3 天之内把留在 124 名烟农手中的白条全部赎回。

作者：韦跃　陈春贵

（广西罗城县广播站 1993 年 7 月 18 日播出）

四、更形象

应该说具体形象是所有新闻报道的共同要求，但广播消息对具体形象的要求来得更迫切一些。比如报道中对数字的处理，像“今年某县增产粮食五亿九千六百万零三千二百四十斤”，一般广播消息改为“今年某县粮食增产五亿九千多万斤”或“……近 6 亿斤”。再如报道胜利油田创单只钻头进尺新纪录的消息，“胜利油田……钻穿了七组底层，进尺三千一百三十五点七八米，相当于钻穿了两座泰山”[①]。记者将创新纪录的绝对数字和胜利油田所在地的山东泰山相比，形象逼真，使人一听便留下鲜明而深刻的印象。

在此基础上，一些广播新闻工作者进而提出了增强广播新闻的“可视性”观点，主要是指广播消息在采录时，恰当利用现场的音响、气氛，调动听众的情绪，让人仿佛身临其境，“看到”发生的新闻事件，比如北京人民广播电台的现场录音报道《隆福大厦火灾目击记》，消防队员用石块砸碎玻璃的声音、喷水救火的声音以及记者被浓烟呛得咳嗽的声音，仿佛把听众带到了大火现场，看到滚滚浓烟扑面而来。此外，也要努力将一些模式化、程式化的经验消息、成就报道更多地转化为具体的事件，让经验消息和成就报道也变成“看得见”、“摸得着”的活生生的事实，而不是概念化、抽象化的报道，这也是增强广播消息“可视性”的有效途径。

在广播消息的形象化方面，让我们看一看山西省芮城县台播出的《实打实广告》这篇报道：

本台记者报道：芮城县成村小磨香油加工专业户吕长有三次修改广告求真实，赢得顾客信赖。

昨天，吕长有打算在县广播电台发一份广告，就让儿子代写。儿子是

① 常秀英：《消息写作教程》，中国广播电视出版社 1995 年版，第 275 页。

这样写的："成村小磨香油，质量第一，誉满全国，畅销北京、天津等多个省、市，请用户到县城北大街长寿香油零售部购买。"当吕长有得知这份广告已送到县广播电台后，眉头一皱，批评儿子说："这样写是吹牛，咱的广告要实打实不能随意夸大，赶快取回来另写。"时隔一晌，儿子双手递上重新写好的广告："长寿牌香油，质量可靠，山西日报、山西电台、山西科技报、陕西科技报和运城报多次赞扬过，并介绍了制作经验，四川、烟台等地先后派人来学习技术……"吕长有看后，摇了摇头说："写这些干啥，用户关心的不是你登过什么报，而是要看你的质量好不好，货不赢人，你说得再好也没有人买你的账。"儿子只好第三次写道："长寿牌香油，继承祖传技术，用户至上，信誉第一，向大家保证质量……"吕长有看着看着，就发了脾气："你怎么学会了哄骗人的本事？干脆这样写：'长寿牌香油，向用户保证不掺假、不兑假、色泽亮、香味浓，每斤零售比市场便宜两毛钱，短一两赔二两，质量不好分文不收。'"儿子听后，连连称好。

广告今天早上播出后，一位来自四川的用户买了一斤香油到有关部门做了化验，他高兴地对吕长有说："你的广告不骗人。"当下购买了2吨。接着，兰州一家国营单位又订购了4吨香油。

作者：任平军

（山西芮城县台1985年7月15日播出）

让我们看一看贵州台2013年3月2日播出的《一个都不能少》：

播音员播：

2月28日是凯里市龙场镇渔洞小学报名的最后一天，下午，六年级班主任梁伟拿出花名册一点，40个孩子只有37个报了名，还有3个孩子是怎么回事呢？3月1日一大早，梁老师决定去学生家里看看。请听贵州台记者黄瑾、黄静的报道——《一个都不能少》。

【出现场录音(压混)】

早上10点，我们深一脚浅一脚地到达了3个孩子所在的泡木组，村口的第一家就是学生罗滕恩家。

【出梁老师录音："罗滕恩，罗滕恩，这家没人。"】

第一家吃了个闭门羹，梁老师又一路往下一个学生罗腾盟家走去。

【出现场录音】

"梁老师：你怎么不来报名啊？罗腾盟。

罗腾盟：我爸不带我去报名啊。

梁老师：你爸不带你去？

罗腾盟：嗯。

罗爸爸：一定要上的，咳，没忙过来嘛，今天吃完早饭我都决定要带他去报名了嘛。”】

听罗腾盟的爸爸这么一说，梁老师立马放心了。就剩最后一个孩子罗胜家了，不过以他的经验，这家情况最不乐观。

【出现场录音(压混)】

一进门，罗胜的家人正围坐在火炉旁吃饭，却不见罗胜的身影。罗胜的姐夫告诉我们：

【出罗胜姐夫录音："哎哟，他们好像是说听到一点消息，过来两个约好了跑了，呵呵呵。"】

罗胜的爸爸在门口瞟了两眼就回来了。

【出现场录音】

"罗胜爸爸：找不到，不知道跑哪里去了。明天我领来嘛。

梁老师：哦，明天哈，哎，明天是星期六。下个星期一吧。

罗爸爸：好好好。"】

这时，罗胜的弟弟罗昌进来了，今年读四年级的罗昌是同事卢老师的学生，看到他也没去学校，梁老师便把他拉了过来。

【出现场录音】

"梁老师：在家的时候不看书？

罗昌：我跟我爸妈他们讲，他们不给我买书。

罗爸爸：不给你买书啊，差什么书啊？哈哈。

记者：你自己想看书吗？

罗昌：想。"】

说着，罗昌委屈得掉下泪来。

【出现场录音】

"梁老师：没事，不要哭哈，下个星期一就来，我们把那个书发给你，作业本没有的话就找卢老师找我，我们发给你。"】

虽然罗胜的爸爸态度有些不耐烦，不过好歹答应下周一就带孩子去学校，梁老师暂时放了心。

【出现场录音(压混)】

【出梁老师录音】

"放心了，呵呵。如果下个星期不来，我们还要来上一趟。"】

从罗胜家出来，梁老师又再次来到村口的罗滕恩家。

【出现场录音】

“梁老师：刚才第一次来是从里面关的，现在外面锁了。

记者：这什么意思呢？

梁老师：这找不到啊，他怕找他麻烦这家。”】

看着门上的锁，梁老师的脸上有些失望和尴尬，他不禁叹息了一句：

【出梁老师录音：“哎呀，我觉得心里面很痛，这些娃娃全部是我家的就好了。”】

【出现场录音(压混)】

下山时，已经是中午12点半，山上刮着冷风，梁老师因为走得发热一边把脖子的衣领拉下来，一边跟我们感慨学生家长观念的落后。他说，这个山村几百户人家至今只出了两三个大学生，而从小家境贫寒的他也是因为读了书才改变了自己的命运，现在身为老师，让孩子们都读上书是他的责任，一个都不能少。

【出梁老师录音：“只要是个学生，他能够读书，一定要让他下去读书，学好知识，这是我们的责任，也是我们的目标，家长谁放弃了我也不放弃，一个不能少。”】

记者手记：

一路的湿滑一脚的泥巴，当记者跟随梁老师走了差不多3公里的路进行了一上午的家访后，我们惊讶于这些山区学生家长对孩子上学读书的漠然：问到孩子读几年级时，罗昌的爸爸说不清楚；看着罗昌因为没有书读而委屈落泪，爸爸尴尬的笑容里藏着几分“竟敢让我丢脸”的嗔怒……城里的学生家长往往希望寻个负责任的老师把孩子培养成才，而泡木的学生家长却把找上门劝读的老师当瘟神能躲则躲。当一家人围坐在黑漆漆的木屋里烤着铁桶做的火炉时，作为孩子的家长，应该想想怎样才能改变这样的面貌。所谓知识改变命运，在这里更亟待改变的则是人们的观念。

第二节　广播消息的分类

根据不同的尺度，广播消息可以有多种不同的分法。比如，按报道内容来划分，可以有农业新闻、工业新闻、军事新闻、外事新闻、文教新闻、体育新闻等等；从文字长短来分，可以分为长新闻(又称注释性消息、解释性消息)、短消息、简讯等；从新闻题材来分，可以分为会议消息、成就消息、参观消息、节目消息；还有一种以是不是“事件性”为标准的分法，把全部消息分为事件性新闻和非事件性新闻两大类。平时最常用的是从写作形式上来划分的：动态消息、简讯、综合消息、经验性消息、评述性消息、特写消息、人物消息、公报式消息、言论新闻和新闻集纳等十种。在本节中，将选择动态消息、综合消息、经验性消息、人物消息作略为详细的介绍。

一、动态消息

动态消息是指迅速地报道变化和快速变动着的新闻事实的报道形式。它反映新事物、新情况、新成就、新气象的事件、场景和情况等，一般报道对象多为事件。

广播动态消息在广播新闻节目中占有很大比重，听众一般都是先从动态消息中首先获悉最新变化的情况。由于动态消息时效快、内容新、新闻性和信息性强，所以广播新闻节目中一定要有相当数量的动态消息，整档新闻才会显出活力和亮点。

要搞好动态消息的报道，有三个方面需要引起重视：

1. 对突发性事件作出快速反应，并且连续跟踪报道。比如，浙江人民广播电台播出的《今年第七号台风今天零时在我省登陆》，就是一篇特色鲜明的动态消息，请看报道：

> 各位听众，在7小时零15分钟以前，也就是今天零点，今年(1988年)第七号台风越过海岸线，在我省象山县丹城以北登陆。据省气象台提供的资料，台风登陆时，最大风力在12级以上。
>
> 最新消息说，眼下台风中心正在临安一线，并向德清方向移动，风力仍在11级以上。
>
> 本台记者综合各地情况以后得知，第七号台风在象山县登陆以后，向西北方向移动，于今天凌晨2时直插奉化县境。据奉化县政府值班室介绍，台风中心经过县城大桥镇后不到20分钟，这座浙东小城迅即陷入瘫痪：高压线碰撞后发出的噼啪声连成一片，耀眼的弧光随处闪烁。
>
> 在这以后，台风中心翻过四明山，窜入余姚市境。今天凌晨3时30分，记者通过电话采访得知，余姚市所有乡镇同市政府联系中断，整个供电系统被完全破坏。当台风中心扫过上虞县城百官镇的时候，瓦片横飞，砖墙倒塌，至少有1人死亡。
>
> 另外，受台风外围影响，昨天晚上舟山市沈家门在短时间内，风力也曾达到12级以上。今天早上5时，来自舟山方面的消息说，普陀区和岱山县至少有90对渔船没有回港，至今下落不明。位于浙北的德清县，也在今天凌晨1时左右出人意料地受到台风外围影响，当时就有16间房屋倒塌，18人受伤，1人死亡。

最早遭受台风袭击的象山县，今天零时30分同省城失去通讯联系，这个县的详细情况无法了解。另外，宁波市也在凌晨2时50分同省城失去通讯联系。

今天凌晨4时20分，记者得知台风前锋已经深入嵊县与绍兴之间地带，逼近萧山，方向直指杭州。就在这时，省气象台突然断电，与各地气象台站的联络中断，台风动向一时难以掌控。5时15分，本台也突然断电，正常播音不得不中断。5时40分，杭州市电力局值班员告诉记者，因受台风影响，杭城大批树木被刮倒，许多电线杆被拦腰斩断，杭州市大部分地区断电，市电力局调度室也已经进水。

另据了解，铁路杭州站已有三趟列车晚点进站，有两趟列车无法出站。旅客们滞留在漆黑一片的候车室里，秩序井然。

各位听众，我们刚刚收到气象台报告说，第七号台风今天上午将在我省北部活动，并继续向西北方向推进，风力略为减弱，大约在今天中午前后进入安徽省境内。关于这次台风造成的损失情况，本台将继续为各位报道。

作者：陈强　陈吾升

（浙江人民广播电台1988年8月8日播出）

再比如，广东人民广播电台2012年8月3日播出的《600公里7小时，两省爱心接力生死营救小彬彬》，请看报道：

“请救救我的孩子！”一条微博求助，引起了羊城交通台的注意，由此也上演了一场600公里7小时，广东、广西两省五市各地电台、交警、成千上万的“驾车群众”参与的，联手救助柳州13个月大的先天性心脏病患儿小彬彬的爱心大接力行动。以下请听本台记者张斌报道：

【声带】录音片段：

（苗司机）我们就从柳州高速公路收费站出发，走广昆，然后梧州、肇庆，大概晚上10点左右到达广医。

录音片段：（彬彬妈）羊城交通台，您的爱心电台，为爱让道，救助小彬彬。

车牌为粤AA120B的救护车得到前所未有的关注，广东电台羊城交通台等多个广播电台以及微博都在不停地呼吁司机朋友见到这辆救护车请主动让道。经过两省五地600公里7小时的爱心接力，晚上9点35分，救护车开进广州医学院第一附属医院，比预计时间提早了一个小时。

救护车上搭载的是1岁多的广西柳州宝宝小彬彬，他在进行先天性心脏病手术之后不幸感染病菌，过去5个月一直靠呼吸机维持生命，急需转入广州的医院治疗。

时间对于小彬彬来说到底多重要，随行的张医生解释说：

【录音】因为我们车上备了有两罐氧气，一般来说可以用一天一夜。如果有延误的话，比方说，在路上耽搁了，时间如果特别长的话，或者使用太大流量的氧气，有可能会不够用。

虽然救护车上的供氧设备基本不成问题，但对于只有1岁大的宝宝来说，早到达广州哪怕只是一分钟，都会为他的小生命争取到更大的希望。

下午2点15分，彬彬妈妈就开始为小彬彬的病情担忧：

【录音】已经在车上，现在他嘴唇不够红，但他又不愿意吸氧，而且呼吸声也很大。希望大家见到这辆车的话先让我们通行，让我们尽快到达医院。

15点30分，救护车从柳州驶入桂林，一小时后，救护车进入梧州：

【录音】我们梧州交警一大队、二大队也将在17:00就派出警车上路巡逻，同时还会在沿途高速公路的服务区、收费站发放温馨提示，提醒广大车友献出自己的爱心。

进入佛山已经天黑，佛山交警派出5个巡逻小组疏导交通，爱心行动继续紧张接力：

【录音】可见在我们信号所覆盖的范围内，司机朋友给予了一个最大的谦让，我们一路走过来，从三水到这边，好像只需要十几分钟，平均时速也开到了一个80～100公里。

20点54分，到达广州最后一站，广州交警早已策划好用最短的时间行驶最短的路线，此外，交警还利用指挥中心监控系统及时调整途经路段的信号灯亮灯时间，为小彬彬争取更多的绿灯通行时间。

晚上9点35分，救护车开进广州医学院第一附属医院，比预计时间提早了一个小时。开了十几年救护车的司机老苗：

【录音】路顺畅，比以前肯定快，都是警车在前面带着我们，我们在后面跟着直跑，跟着直走的。从柳州到广州600多公里的路程，对小彬彬来说，少一分钟耽搁就多一分钟生还的希望。小彬彬妈妈：

【录音】非常感动，没想到我小孩的事情牵动了这么多人，这么多好心人为我们让路帮助我们，使我们能够这么顺利平安地到这边。原来我以为会堵车，没想到这么顺利，谢谢你们，也谢谢那些为我小孩让路的司机师傅们。谢谢你们！

【广播音响，压混……】

柳州、梧州、肇庆、佛山、广州，跨越两省五市的生命救援一路畅通无阻。这一个小时，凝聚的是所有关注和参与这次行动的车主、网友的爱心。这一次行动，路人不冷漠。

作者：集体

（广东人民广播电台 2012 年 8 月 3 日播出）

2.要千方百计抓住重大动态性的题材，如一些重大事件、重要会议、有影响的活动、突出的发明创造、最新的政策精神等。例如浙江人民广播电台播出的《浙江 12 名私营企业经营者当上省劳模》就反映了当时的一个最新政策动态，请看报道：

【出掌声，几秒钟后隐去】鲜花、笑脸，伴随着热烈的掌声。今天下午，刚刚被评上浙江省劳动模范的 12 名私营企业经营者与来自全省各条战线的省劳模一起披红戴花，站在省人民大会堂领奖台上接受省委、省政府的隆重表彰。当他们从省委书记张德江、省长柴松岳等领导手里接过劳模证书时，一个个脸上绽开了笑容。

今年 8 月份，浙江省评选劳模时，对私营企业经营者能否列入评选范围引起了有关部门争议。这件事被郑重提交到省委书记办公会议上讨论，张德江、柴松岳等领导明确表示，私营企业经营者也是劳动者，他们为浙江的经济和社会发展做出了很大贡献，应该让他们参加评选。

会场里，刚当上省劳模的浙江传化集团公司总裁徐冠巨感慨地说：

【出录音】“过去很多人对我们私营企业老板有歧视，政治待遇上受到过种种限制。这次虽然是 12 个人受奖，这意味着对浙江 10 万私营企业者的肯定和支持。”【录音止】

据了解，私营企业经营者当上省劳模，这在全国还没有先例。

作者：李方存　赵霞

（浙江人民广播电台 1999 年 9 月 30 日播出）

例如中央人民广播电台播出的《一场不谈成绩　只谈问题的座谈会——十八大后李克强首次与地方官员共谋经济发展》。

男主持人：12 月 19 日，中央经济工作会议刚刚结束三天，中南海里就迎来了全国三十多个省、市、区主管经济工作的地方领导和发改委、财政部、央行等主管国家经济命脉的掌门人，国务院副总理李克强主持召开座谈会。

女主持人：一开会就念稿，一汇报就自夸，这恐怕是很多单位开座谈

会的通病。但是,此次座谈会却不同,从开始到结束,与会者不谈成绩,只谈问题。请听中央台记者冯悦的报道:

记者:这是一场有关经济社会发展和改革调研的座谈会。在会议的一开始,李克强直截了当,开宗明义。

【出音响 1 分 29 秒】

李克强:"我们开这次会议换个方式,大家不汇报情况,或者说最多在讲问题的时候简要汇报情况。请你们来对明年的经济工作以及推动长远经济社会发展所遇到的一些紧迫的、关键性的问题,向国务院包括中央有关部门提意见和建议。你们向我们提建议,我们向你们提问题。"

在这样的鼓励下,"问题"和"建议"成为了每位发言者贯穿的主题词。上海市副市长杨雄第一个发言,他提到审批制度改革需要简化,引起了李克强副总理的关注。

【出音响 2 分 30 秒】

杨雄:"我们觉得是不是可以在宏观调控上采取一些更灵活的措施。我的意思是,比如说:投资体制,或者讲审批制度改革是不是可以有更大力度。"

李克强:"你可以举个具体例子。"

杨雄:"比如讲,有些不涉及全国大平衡的审批权是不是可以下放到地方。张(平)主任在啊。"李克强:"你们直言,我们各部门同志要有宽容之心啊。同志们的反映我已经感受到了,咱们审批的东西还是很多的,有的说是备案,实际上就是审批。"这样宽松的会场气氛让地方官员讲得痛快。杨雄又抛出了一个棘手的问题,这就是"营业税改增值税"。

【出音响 3 分 39 秒】

杨雄:"我们希望明年能够进一步扩大试点行业的范围。"

李克强:"我们抓紧研究吧,包括全行业。"

杨雄:"有些抵扣范围是不是可以再宽一些。"

李克强:"上海的建议我认真思考了,确实出现这个问题。比如说:现在出口企业反映,我们希望内销,但是碰到第一个问题就是物流成本高,这就说明交通运输业方面还是有些障碍。如果交通运输业的发展,可以物畅其流,营改增运用到交通运输业全行业,现在正在抓紧研究。"

在座谈会上,发言的五位地方负责人中有三人同时提到了"城镇化"。安徽省副省长詹夏来建议,国家进一步扩大农机具补贴的覆盖面。

【出音响 4 分 55 秒】

李克强:"如果说,安徽的现代农业能够发展起来,等于给大型农业机械提供了市场。否则的话，还是一亩二分地，田埂连田埂，大型农业机械操作不开。”

詹夏来：“现在规模经营发展非常快。”

李克强：“必须是在承包经营制度的基础上，要尊重农民的意愿，要让农民受益。怎么能在这个过程中让现代农业发展起来，实际上也是在为大型农机提供市场。在这方面，我觉得加大补贴是值得的。要推动现代农业的发展，否则我们搞城镇化，没有现代农业发展，粮食增产也是有限的，农产品增长都是有限的。”

男主持人：150分钟时间过去了，座谈会就在李克强副总理的提问和省区市以及部委负责人的介绍和回答问题互动当中结束了。在整场座谈会上，5位发言的地方负责人基本脱稿发言，没有照本宣科的空话套话，也没有“莺歌燕舞”似的成绩总结。

女主持人：会后，一位参会者说：如同对经济增长“实实在在、没有水分”的要求一样，这次座谈会的“水分”也被实实在在地“挤干”了。

3.对社会生活、群众生活、经济文化生活中处在快速变动状态的事物，要非常敏感，紧紧抓住不放，从中捕捉有意义的动态消息。

二、综合消息

综合消息是指把不同地方、不同单位能够表现和反映同一主题的情况、动向、成就、问题等编写在一起的消息类型。由于这种报道在同一主题下，多组材料不受时间地点限制，灵活组织在一起，同时又具有较强的宏观意识，能勾勒出事物发展的广阔规模和态势，听众能在短时间里了解更多的信息，就成了大受欢迎的一种新闻形式。

一般来说，综合消息常用的写作方式有横向综合、纵向综合、纵横综合三种。

1.横向综合

就是把不同地方部门的同一项工作的情况综合在一起，以反映这项工作的总体情况。消息所选用的各个事实材料之间是并列关系，相互之间不发生逻辑联系，所有材料为同一主题服务，在空间上呈横向展开态势。比如，浙江人民广播电台播出的《我省防汛第一线值班情况令人担忧》就属于这一类消息。

各位听众，省气象台昨天17时发布的天气预报说，昨天晚上全省有雨，局部地区有大暴雨。省防汛防旱总指挥部明文规定：从4月15日至

10月15日，全省各防汛值班室必须24小时坚守岗位。本台记者从昨天晚上19时35分到今天凌晨1时26分，通过电话对全省30个主要防汛值班室情况作了调查，结果发现有六分之一的防汛值班室人员不在岗位。

昨天21时35分，记者挂通了上虞县防汛值班室，铃声足足响了20分钟，没有人接电话。流经这个县的曹娥江每年汛期都有险情出现，还有过全县决口、54万亩农田被淹的历史。为了准确起见，记者又同这个县的丁家坝水文站联系，的确没有人在岗位上。

22时05分，记者又挂通了长兴、桐庐和富阳防汛值班室，这几个地区是我省防汛重点，每一次都是接通后20分钟没有动静。过了半个小时，记者又往这些值班室挂通了电话，结果仍然是电话铃在唱空城计。

23时，记者把电话挂到嘉兴、衢州地区防汛值班室，出乎意料的是，这两个地区级防汛指挥中心居然连一点反应也没有。20分钟后，记者再次挂通电话，还是没人接。今天凌晨1时20分，记者又往这两个地区挂电话，10分钟后嘉兴地区防汛值班室终于有人来接电话了，可是衢州防汛值班室回答记者的仍然是铃声。

我们的电话调查虽然结束了，但是全省防汛值班中暴露的问题，让人提心吊胆。

作者：巫金龙　陈强

（浙江人民广播电台1987年6月15日播出）

比如，获得二十二届中国新闻奖奖项的由宝鸡人民广播电台2011年1月8日播出的《“农社对接”让高价菜低头》也属于这一类消息。

主持人：元旦过后，持续的雨雪天气催生蔬菜价格“涨升”一片，就在周边城市菜价节节攀升之时，宝鸡市民一点也不为菜价上涨而犯愁，多少还有些欣喜，家家户户轻松“拎”起的菜篮子不仅便宜实惠，而且品种丰富，这一切全都得益于政府开辟的从“菜园子”到“菜篮子”的农社对接菜店，来听记者的报道：

记者：这里是东风路石油社区“农社对接”蔬菜直销店的供应现场，全市首家“农社对接”蔬菜直销店今天（1月8日）起正式开门营业，给辖区居民供应各类新鲜平价的蔬菜，这种农社对接的蔬菜直销方式被市民誉为宝鸡市民菜篮子农社对接新模式。

记者在石油社区的“农社对接”蔬菜直销店门前看到，居民们排队争相购买平价菜。甘蓝两毛一斤、西葫芦四毛一斤、南瓜不到五毛钱，价格只是超市和农贸市场的三分之一到一半。正在排队的赵雪丽阿姨对记者说：

【出录音：这个南瓜昨天卖九毛八，今天只有四毛八，比以前那个菜价低一些。录音止】

从去年底开始，持续上涨的菜价成了政府关注民生的重点，我市农业部门召集5个县区12家有规模、有实力的蔬菜专业合作社，实施农村蔬菜专业合作社与城市社区的有效对接，减少了蔬菜流通环节的层层加码，开辟了一条从“菜园子”到“菜篮子”的惠民之路。农社对接，蔬菜直销，高兴的不仅仅是城市居民，菜园子里种菜的菜农也尝到了甜头。在陈仓区太公庙村蔬菜种植基地，记者看到，直销店收购蔬菜的卡车开到了地头，敞开向菜农收购，现场结算钱款。刚刚售出了700斤西葫芦的菜农王周良告诉记者：

【出录音：把我这些菜，通过合作社直接卖给社区居民，对我们菜农来说是好事哩，比卖给菜贩子要高出8分钱。录音止】

“农社对接”将消耗在中间环节的利益重新分配，在收购中促进农民增收，在销售中让利市民消费，如此一来，在全国蔬菜价格一片涨声中，宝鸡部分社区的蔬菜价格却大幅度下降，百合花城小区的白菜每公斤只卖6毛钱，而其他地方要卖1块6毛钱左右，细菜则更便宜，蘑菇、乳瓜等每公斤要比大市场上便宜2块钱左右。陈仓区绿丰源蔬果专业合作社理事长刘宗平：

【出录音：今天下来这个店就要供2万斤，咱要保证从早到晚都有货，而且要保证新鲜安全，不够了再从地里直采。录音止】

据了解，目前宝鸡已在多个小区以房租补贴形式为合作社免费提供销售门店，每天供应蔬菜大约50多吨，蔬菜品种多达60多个，平均菜价比市场每斤降低5毛钱左右，平均每天让利市民大约2万多块钱。

宝鸡市农业局局长王金告诉记者，通过“农社对接”的运营，政府已找到了平抑菜价的突破口，“农社对接”已成为政府在平抑物价方面发挥公共服务职能作用的有力抓手。

【出录音：下一步我们将以农社对接这种模式，启动更多的店，使农民的钱袋子更加丰盈，市民的菜篮子更加丰满。录音止】

“农社对接”蔬菜直销模式，不仅使居高不下的菜价明显降低，同时拉低了其他农产品的价格，我市计划到今年底，在市区把直销店发展到30个；其余9个县，在县城人口密集区分别设立1～3个直销店，让更多的居民从中受益。

作者：杨晓伟　王宏强　刘轶群

（宝鸡人民广播电台2011年1月8日播出）

2. 纵向综合

就是按照时间顺序和逻辑上的因果关系来组织新闻事实的材料，使这些不同的材料共同为表现同一个主题服务。材料在时间上呈纵向展开态势。例如台州人民广播电台播出的《朱镕基总理高度赞扬飞跃集团披荆斩棘创大业的精神》，就是纵向综合的广播消息类型。

12月11日，飞跃集团总经理邱继宝向在浙江考察的朱镕基总理汇报了飞跃艰苦创业的经历。

朱镕基总理听后感慨地说："飞跃很了不起，你把高新技术引入到传统产业，使传统产业脱颖而出，一枝独秀，为中国缝纫机产业在世界上争得了一席之地。这说明传统产业经过高科技改造，完全可以焕发生机，脱颖而出。"并风趣地对邱继宝说："你邱继宝，是个宝贝，是国宝。我们大家都要学习你这种积极向上，不怕困难，披荆斩棘创大业的精神。"邱继宝曾经是个补鞋匠，靠补鞋挣来的钱，1986年办起了一家工业缝纫机厂。

【出录音】"飞跃创建于1986年，完全是白手起家，通过15年的发展，现在已经拥有资产近10个亿。今年的销售产值15个亿，出口创汇6500万美元。"【录音止】

邱继宝在创业过程中，经历了一系列的坎坷、挫折，但他有一股不服输的精神，愈挫愈勇。1989年，急于把产品推向国际市场的邱继宝，到广州参加广交会，被拒之门外。他就托香港到深圳买菜的老太太，买到香港的电话号码本，一家一家地寻找缝纫机经销商。当得知缝纫机在中南美洲有市场时，只有初中文化程度的邱继宝，毅然启程到拉美考察。20多天走了8个国家，打开了缝纫机出口市场。

1994年，墨西哥金融危机影响到整个中南美洲，飞跃用五年心血建立起来的拉美市场受到了严重挑战。富有创业激情的邱继宝没有等待，立即把目光转向非洲、中东、东南亚，1995年出口反而增加了近一倍。1997年，东南亚又爆发了更加严重的金融危机，有胆有识的邱继宝果断地把原计划2000年实施的大规模技术改造提前两年进行，成功地引进世界上第一流的缝纫机生产线。

【出录音】"我说由于东南亚金融危机，飞跃的观念转变了，一定要造一流的产品进入一流的市场。与欧美日发达国家打交道，我利用东南亚货币的贬值，利用人民币的坚挺。每条生产线装备在韩国1000多万美元，节约了将近1个亿。我请了德国、意大利两个专家，年薪100万美元。你欧洲需要什么，我生产什么。飞跃的定位，飞跃的技术、管理、人才，不分中国与外国，一切与世界同步。"【录音止】

邱继宝还有一个深刻体会，通过大规模技术改造，飞跃把市场结构调整过来了。

【出录音】“过去2000多万美元的出口都在发展中国家，现在6000多万美元的出口，50%都是欧美日。过去的市场只能找到世界三流客户，信誉也不好。现在与欧、美、日一流国家打交道，他先付钱天经地义，去年我销售回笼率达到100%。”【录音止】

目前，飞跃年生产缝纫机60万台，已在60多个国家和地区设立了销售公司，是我国最大的缝纫机生产基地和出口基地。

作者：卢建静　赵宇明　杨妮

（台州人民广播电台2000年12月13日播出）

黑龙江人民广播电台播出的《黑龙江大小兴安岭林区全面停止主伐》就是纵向综合的广播消息类型。

男主持人：油锯的轰鸣声中一片片森林被夷为平地，贮木场里堆满小山一样的原木，火车、汽车日夜不停地把这些木材运往全国各地……从今天开始，这样的景象将不会在大小兴安岭继续上演。作为中国政府保护生态环境、履行国际责任的重要举措，黑龙江大小兴安岭林区从今年起全面停止主伐，东北亚乃至全球生态安全的保护伞将重新打开，请听报道。

【下面宣读国务院批复：发展改革委，你委关于……压混】

女主持人：今天上午，在哈尔滨国际会议中心召开的《大小兴安岭林区生态保护与经济转型规划》宣传贯彻会议上传出消息：

【可采资源基本枯竭的黑龙江大小兴安岭林区要全面停止主伐，利用10年左右的时间，恢复东北亚乃至全球生态屏障。】

女主持人：就在会议进行的同时，远在会场以北600多公里的大兴安岭深山里，我们的另一路记者正在松岭林业局绿水林场作业点，他们见证了这个林业局成立50多年来的最后一次主伐。伐木31年的老油锯手李维富，伐下了一棵碗口粗的樟子松。

【电锯声，号子：顺山倒，树木倒下声……】

【李维富：我伐了一辈子的树了，今天也是我伐的最后一棵树，也是我们全林业局(主)伐的最后一棵树。年轻的时候，伐的那个树都跟水桶那么粗，等到老了呢，伐的就跟胳膊那么粗了。这树是越砍越细了。

记者：不再伐树了，那您以后打算干点什么呢？

李维富：植树造林啊！我争取在退休之前，把我过去砍过的那些林子全都栽上树。】

女主持人：大小兴安岭保护了全国十分之一以上的耕地和大片草原，抵御着西伯利亚寒流和蒙古高原旱风的侵袭，吸收大量二氧化碳，减缓全球气候变暖。新中国成立以来，大小兴安岭已经累计贡献了10.5亿立方米木材。这些木材如果全部装上火车，可以绕地球赤道12圈。长期高强度开发，大小兴安岭已经不堪重负。东北林业大学教授付玉洁说：

【付玉洁：半个世纪以来，(大小兴安岭每年)可采伐量从最开始能提供的是4.6亿立方米，现在呢(每年)就只有0.21亿立方米。森林边缘退了有100多公里，湿地呢减少了大概得有一半以上。拯救大小兴安岭刻不容缓！】

女主持人：2009年，胡锦涛总书记在联合国气候变化峰会上提出，中国要大力增加森林碳汇。国家发改委副主任张国宝说，黑龙江大小兴安岭全面停止主伐，正是中国政府实现庄严承诺的具体体现。

【张国宝：停伐以后啊，可以形成二氧化碳碳汇7.32亿吨，这个数量是相当大的，也可以说是对我们国家减排做出重大贡献的一项举措。】

女主持人：据测算，停止主伐后，黑龙江省木材销售收入每年将减少9.7亿元，将有20万人的就业受到影响。受影响最大的大兴安岭、伊春、黑河三个地区，在有效利用国家天保二期工程、接续替代产业专项资金等扶持政策的同时，将大力发展旅游、特色野生动物养殖等接续替代产业，力争到2015年，实现经济总量、财政收入、人均收入三个"稳步增长"。黑龙江省省长王宪魁表示：

【王宪魁：尽管现在我们转型阶段难一点，我想这个困难一定会度过去的。保护绿色的生态，给后人、我们的子孙后代将来创造多少价值，任何一项重大的投资都无法和它来比。】

作者：赵鸿洋　任广镇等

(黑龙江人民广播电台2011年1月9日播出)

3. 纵横综合

就是把上述两种方法结合用在一篇报道中。也就是说在一篇报道中既有面上情况的概括，又有深入下去的典型事例或细节，这样才能做到点面结合。这种写法一般比较适合于大范围、大事件的报道。上海东方广播电台播出的《要想争雄世界　必先逐鹿中国》就是这么一篇纵横交错的综合信息。

各位听众：东广记者陶秋石近日通过国际互联网，以电子邮件问答的方式采访了即将来沪参加《财富》全球论坛上海年会的通用汽车总裁查得·瓦格纳、戴尔电脑公司总裁麦克·戴尔等一些国际企业界巨子。请听他发来的报道《要想争雄世界　必先逐鹿中国》。

要想在财富论坛开幕前直接采访到远隔重洋的瓦格纳和戴尔似乎不可能,但国际互联网帮助我们完成了这次超越时空的采访。东广新闻部的采访问题单通过电子邮件发出没几天,这些跨国公司的总裁们的回复邮件就传到了我们的电子信箱里,上海通用汽车公司还送来了瓦格纳回答问题的录音。

在我们发给瓦格纳的电子邮件中,第一个问题就是中国市场在通用汽车的发展战略中占有何种位置?瓦格纳在回答时以通用汽车的全球发展战略为背景来强调他对中国市场的无比重视。

【录音】(瓦格纳:混入)

瓦格纳说,通用汽车发展到今天,拥有60多万员工、资产将近2300亿美元,除了依靠其在美国本土的巨大市场外,还有赖于它遍布世界的发展足迹。

【录音】(瓦格纳:混入)

瓦格纳指出,汽车业发展百年来,最主要的发展趋势就是全球化。早在本世纪20年代,通用汽车就已开始进军全球汽车市场。作为下个世纪最具魅力的市场,中国自然是通用全球性战略的重要的一环。他说,中国有着世界上其他任何地方都无法比拟的发展机遇,中国是未来10到20年汽车工业里最有发展潜力的市场。

本世纪20年代,通用汽车在向全球扩张的同时没有忘记在上海建立它第一个中国办事处。今天,通用汽车在上海的投资已达到16亿美元,中美双方合作的结晶——别克新世纪轿车也已在今年4月正式下线。在谈到这个项目时,瓦格纳说,这是一个明智的决定,是一个良好的开端。他再次强调,任何情况下通用汽车都不能放弃中国市场。

和瓦格纳相比,全球首屈一指的计算机系统直销商和制造商——戴尔电脑公司年轻的总裁麦克·戴尔在电子邮件中更直截了当地表示,虽然目前戴尔电脑在中国的市场份额只有2%,但他仍然坚信,中国有望在一年内就成为戴尔电脑全球十大市场之一。戴尔中国区总裁陈大伟更加坦白,他认为在某种意义上,中国市场就意味着戴尔电脑的未来。

【录音】(陈大伟:混入)

陈大伟说,失去中国市场,戴尔就会失去在全世界的领导地位。

其实,戴尔做的远比他说的要快。为了进军中国市场,早在去年2月,戴尔电脑就在厦门建立了第一家中国分厂,有能力生产公司的全部计算机产品,这样规模的工厂戴尔公司在全球也只有4家。

瓦格纳和戴尔,一个是汽车工业中的巨头,一个是新兴电脑行业中的骄子。他们的回答都传达了同样一个信息：想要争雄世界，必先逐鹿中国。

面对外国企业巨子咄咄逼人之势，中国企业家们也坐不住了。据了解，本次《财富》年会的中方与会者之一、海尔集团总裁张瑞敏到上海后的第一件事就是要去海尔的几家专卖店看市场。此举对于向来注重品牌和市场的海尔集团来说，也许只具有象征意义，但在这场全球化的角逐中，中国企业应该如何应对却更值得我们关注和思考。

以上由东广记者陶秋石报道。

（上海东方广播电台 1999 年 9 月 23 日首播）

请看西藏人民广播电台的一则广播消息《去年西藏 13.5 万贫困农牧民群众摘掉"穷帽子"》，就是一篇纵横交错的综合消息。

全国唯一省级集中连片贫困地区、新一轮扶贫攻坚重点地区的西藏自治区积极探索"中国特色、西藏特点"扶贫道路，着力建设扶贫体系。去年，国家和自治区投入 9 亿多元扶贫开发资金，13.5 万名农牧民脱贫。请听报道：

【出音响压混】

去年底，拉萨市城关区纳金乡农民达瓦在市里红旗路上的馒头店开业了：

【出录音】

"每天做几锅馒头？""生意好的话，5 锅。""现在每天卖多少馒头？""200 元左右。""每天可以赚多少钱？""100 多。"

这个店是拉萨市扶贫农发办的一个帮扶到户项目。此前，因为没有一技之长，达瓦一直在打零工，收入很低。去年，拉萨市扶贫农发办免费为他进行了面点培训，还送来了炊具等生产设备，帮他开了这家馒头店。

在重点帮助贫困群众脱贫的同时，西藏各地注重引导农业开发项目区群众抓增收。过去两年，山南地区乃东县投资 6400 多万元用于农业开发，建设了 2.4 万亩高标准农田。昔日"靠天吃饭"的庄稼地，如今成了"旱涝保收"的良田。乃东县扶贫农发办副主任次仁达瓦说：

【出录音】

"原来整个项目区全是土渠，农田田埂也不规则，农业机械作业率非常低，有些机械开不进去；但是现在开发以后，田成方，机耕道、水渠，包括农田林网，都是配套的。这两年里群众人均增收 1600 多元，项目区的老百姓非常欢迎。"

一手抓扶贫，一手促农发。去年，西藏"抓两头、带中间"的农村发展战略成效显著。西藏自治区扶贫农发办副主任丹增：

【出录音】"全区扶贫开发和农业综合开发共落实国家财政资金13.25亿元，增长30.67%，让13.5万名贫困群众脱贫，农业开发产业化经营项目区，农牧民人均增收600元以上。"

西藏提出，力争在三年内，使贫困地区农牧民群众人均纯收入增长幅度高于全区平均水平，年均超过15%；再帮助53万以上扶贫对象脱贫，使扶贫对象占农牧区总人口的比例下降到12%以下。

三、人物消息

人物消息是用消息的形式简要地报道新闻人物，展现人物的先进事迹和思想境界。写人为主、依人取事是人物消息的主要特点。但并非消息中出现了人物就是人物消息。不过纵观近几年来的人物消息，却出现了严重的两极分化：一方面，在娱乐新闻和体育新闻中，大量涌现良莠不齐的"明星人物消息"；另一方面，在传统意义上的新闻节目中，却越来越少听到关于各行业先进人物的消息报道。

人物消息作为一种报道形式，并不是给人物写简历，既不能面面俱到，一一罗列人物事迹，又不能空泛评价，缺乏典型事例。更重要的是人物消息所写的应该是新闻人物，它所选用的人物事迹应该具有新闻性。因此，报道人物一定要掌握报道的技巧，即：他们所创造的业绩或所从事的活动具备成为新闻的条件时，才能进行报道。比如浙江人民广播电台的《刘副省长的元宵夜》这篇人物消息稿就具有这一特点。

元宵夜，当人们合家欢聚吃汤圆、观龙灯时，新当选的刘锡荣副省长却远在浙南金川山上，与烈火展开着紧张的搏斗。

昨天，刘锡荣去贫困山区调查，傍晚，小车路过龙游县庙下乡，突然，他看到右边一座山上浓烟滚滚，村民纷纷向上奔去。

"不好，山上着火了！"刘锡荣当即命令司机停车，和随行人员一起向火场奔去。

救火的村民听说去救火的外乡人是副省长，先是惊讶，然后纷纷劝阻："救火我们去，你们赶快上路吧。"

"大家赶紧上山，早一分钟灭火，损失就少一分。"刘锡荣边说，边拨开人群，继续向山上攀登。

山上，数十条火龙蹿起一米多高的火焰，翻滚着向万亩笋竹林蔓延，数以千计的人流围着火龙拼命阻挡。

刘锡荣稍稍观察了下火情，顺手折断一根树梢猛力向火龙扫去……

副省长灭火的消息很快传遍火场。一名消防干部闻讯赶来，急忙劝他下山："火这么大，山又这么陡，您要是出了危险，我们怎么交代?"

"见火不救，我又怎么向人民交代?"刘锡荣说着，又要扑向火龙。消防干部见劝不住，急忙把对讲机往他手里一塞，说："刘副省长，您指挥，我们来扑火，保证把损失减到最低限度。"刘锡荣严肃地把对讲机还给消防干部，说："不要争了，指挥灭火我哪有你内行。"说完，又攀着峭壁向火龙扑去。

午夜，山火扑灭了。人们依依不舍地拉着刘锡荣的手告别，一位老大爷热泪盈眶地说："本来，今晚您应该在电视上、灯会上的呀，怎么也想不到会在山上和我们一起救火……"

作者：张柏康

（浙江人民广播电台 1993 年 2 月 7 日播出）

比如山西台 2013 年 9 月 8 日播出的《我们要把官司一直打下去》同样具备这一特点。

连日来，各大媒体都在关注这样一个名字——"万爱花"。作为国内控诉日军性侵第一人，五天前，她带着遗憾走完了 84 岁的人生。今天(9 月 8 日)上午，万爱花老人的追悼会在她早年生活过的盂县羊泉村举行。山西台记者张建国、王红荣、刘媛报道：

【出现场音响，压混】

初秋的羊泉村，阴沉的天空中飘着丝丝细雨。

万爱花的追悼会就在村口举行。灵堂陈设很简单，两侧摆满了社会各界送来的花圈，许多人都赶来送老人最后一程。万爱花老人年轻时收养的养女李拉弟一直忙前跑后料理后事，她说，临终前母亲还有一个放不下的心病。

【音响出】

李拉弟：我妈走了，她要打(赢)这个官司在日本，我现在有个目的就是说，我坚决给中国争回这口气来，圆圆我妈这个梦。

【音响止】

70 年前，日军扫荡盂县羊泉村，那年才 14 岁的万爱花被日军抓走，遭受残忍的性暴力侵害，长期的身心折磨让她丧失了生育能力，身高从一米六五缩到一米四七，一生饱受各种后遗症之苦。

【音响出】

万爱花：我就不是个女人了，我浑身上下的骨头没有一块好的。

【音响止】

历史已经记住这个瞬间,1992年12月9日,联合国人权委员会首次在东京举行慰安妇国际听证会,在几十万被日军蹂躏的中国妇女中,万爱花第一个站出来打破沉默,以亲身经历控诉侵华日军的暴行。

【音响出】

万爱花:第一次上法庭就是我,三层楼满满的人,我才知道,这是向日本鬼子讨血债了,这可有了出头之日了。他们犯的是滔天大罪,我要他们低头认罪,给中国赔罪。

【音响止】

随后的二十几年里,万爱花先后八次赴日本出庭,尽管三次诉讼三次败诉,但老人从未动摇过讨回公道的决心。上海师范大学"慰安妇"问题研究中心教授陈丽菲一直在关注整个诉讼的进展。

【音响出】

陈丽菲:亚洲女性基金会资助的意思就是我把钱给你,我照顾你们了,所以过去的那些事情你们就不要再提了。但是万爱花女士跟我讲,这种堵我们嘴的钱,坚决不收。

【音响止】

【出追悼会现场音响,压混】

万爱花追悼会由当地小学教师、致力于中国"慰安妇"民间调查的张双兵主持。他看起来表情凝重,因为一年多来,仅盂县地区就有四位和万爱花经历相同的老人相继离去。

【音响出】

张双兵:去年刘面换、周喜香、郭喜翠、尹玉林,去年到今年去世了四个,万爱花是第五个,羊泉村没有了。

【音响止】

万爱花老人的外曾孙女、正在读大学的李婷告诉记者,作为老人的后代,她将继续对日诉讼,完成太姥姥的最大心愿。

【音响出】

李婷:历史应该被人们记住,老人的心愿就是希望能让日本道歉,我们这代人要一直(把官司)打下去!

【音响止】

作者:张建国　王红荣　刘媛

(山西广播电台2013年9月8日播出)

另一方面,人物消息要有体现人物精神风貌、先进思想的突出事例和典型细节,否则人物"立"不起来:一些人物消息稿被写成了"廉价表扬稿",看上去把人物各方面都夸奖了一番,而实际上没有给听众留下一点印象。因此,写人物消息必须找出最能体现精神本色和个性特点的事迹材料,这样,才能写出不同于他人的"这一个"来。天津人民广播电台播出的《高敏挥泪告别体坛》应该说是一篇很有个性特点的人物消息。

听众朋友,昨天晚上天津市人民体育馆内座无虚席,5000 名观众沉浸在热烈的气氛中,跳水皇后高敏告别体坛文艺晚会在这里隆重举行。

【掌声热烈】

(高敏激动地说)"我,今年 22 岁,但我在跳坛上已经有 13 年的历史了(掌声),在我所有参加的世界大赛中,从来没有人战胜过我,从来没有一个人让她的国旗在我们国旗上头(掌声如潮)。13 年来,从 86 年开始我就进入世界冠军的行列了,但是对于我来说,我爱过跳水,也恨过跳水,直到现在我终于感受到了我是这么深深爱着、这么留恋那不高的三米跳板,和我一起度过艰苦岁月的队友们。今后我就要告别跳坛了,我再一次向我的恩师们表示感谢,谢谢你们把我引进跳坛,引进了体坛,让我走上了这么辉煌的道路(掌声)。请大家相信,明天的高敏依然会以拼搏的精神去追求完美的人生。谢谢!"(掌声)在文艺晚会上,高敏的父母、她的新婚郎君,还有她的启蒙教练、培养她成为世界冠军的国家队教练,都应邀前来和高敏一道度过这难忘的时刻。

中国游泳队总教练徐益明动情地说(出徐益明的声音):"跳水运动员的金牌应该说是血水、汗水、泪水浇铸出来的。(掌声)今天高敏告别体坛,我希望能够培养第二个高敏(掌声),而且希望培养一个'男高敏'。"(经久不息的掌声)

高敏在 1991 年第六届世界游泳锦标赛上,一举战胜各国高手,夺得三米跳板跳水的金牌,她的这枚金牌在昨天的晚会上进行了拍卖,拍卖活动把晚会推向高潮。

【拍卖师声音】

"底价 20 万元,现在开始投价,20 万,20 万有效,22 万,23 万,现在 26 万……"

天津天磁公司、中国印钞造币总公司、福州包装机械厂,以及高敏的故乡成都的蛇口泰山公司等四家企业参加竞买。

"现在 65 万……现在 76 万,77 万,现在 77 万,77 万一回,77 万两回,77 万三回。"(掌声和叫好声连成一片)

最后,凝结着高敏心血的这块金牌,被中国印钞造币公司以 77 万人民币竞买成功,高敏将把这笔款项捐献给奥申委和用于发展中国的跳水事业。

(《掌声响起来》歌声)

作者:齐宝庆 熊其新 马津力 李英华 王晓东

(1992年12月29日天津新闻播出)

请看吉林人民广播电台2011年9月13日播出的人物消息《调度员王连军的中秋夜》。

主持人:中秋夜,是与亲人"团圆"紧紧联系在一起的。但有这样一群铁路人,他们虽然不是铁路运输的"排头兵",却是安全与畅通的坚强保障。由于工作需要,他们必须坚守在自己的岗位上。他们,就是负责列车编组与解体工作的铁路调车员们……

本台记者陈昕、张若鹏昨天夜里跟踪采访了长春火车站调车员王连军。下面让我们一起走进他们的内心世界,倾听他们对铁路的心声。

【以下出记者现场】

9月13号凌晨1点,中秋之夜。室外气温在12度上下,空旷的地方有风,感觉还要更冷些。天上的一轮圆月很亮、很美,但王连军没有时间欣赏。

【出录音】"待会儿的工作就是我们去库1倒挂,进行倒调作业,把需要修的车摘下去,好车挂上。有的到期了,就得修,有的临时发生故障回来就得甩下来修或者换。"参加工作31年来,王连军数不清有多少个节日夜晚是在工作中度过的。但他记得31年的时间里,他所带领的调车班组没有发生过一起事故。

【出录音】"(记:我看您刚才在车上和司机有个对话?)我们俩得对话,防止冒号。(记:互相确认一下?)互相确认,对,保证安全。我们这个工种,搞行车的,总得把安全放在第一位,没有安全就没有一切。"

凌晨1点25分,王连军和司机将调车机开入大库,与需要摘挂作业的列车连接好。王连军打着手电开始逐节检查列车连接状况。19节车厢,500多米长的车库,王连军每天都要来回走上一二十遍。

【出录音】"(记:像咱们平时摘车挂车是不是全得走一遍啊?)对呀,我们得检查,检查车下有没有什么障碍物啊,两边干活的车啊,机械啊,侵没侵线啊,我们都得看。一天十个二十个来回都不等。最少五公里,不够走。"多年的工作积累,王连军对每种列车车型了如指掌。一打眼就能看出每种列车的长度。

【出录音】"像那个绿皮车就是25G和25B的，带空调，26.6米全长。像24.5的就没有空调了。我们都得掌握每节车长度，加一起能有多长，这条线能容纳多少辆车，心里有数。"来来回回五六趟，王连军的调车小组编好了一列车。但他们没有时间休息，直到早上8点，所有在长春站始发终到和需要修理、更换的列车都要由他们负责拖拽、摘挂。

【出录音】"我最大的愿望是跟家人团聚，这是中国传统节日。八月十五团圆节嘛。但是作为我们一线职工来讲没年没节，赶上哪个班就得当哪个班，当班中就得干好本职工作。"

作者：陈昕　张若鹏

（吉林人民广播电台2011年9月13日播出）

四、经验性消息

经验性消息顾名思义就是介绍典型经验的消息。是把某项工作的情况、做法、体会、效果等融会在一起对实际工作有指导和借鉴意义的报道形式。

经验性消息的报道内容和受众需求之间往往有较大的差异。但我们必须明白，作为新闻消息来介绍经验，就必须遵循新闻规律，把经验当中包含的新闻事实凸显出来，因此，我们在经验性消息的选材上就必须注意两个问题：

1.要选择新鲜的能给人以启迪的经验

任何一项工作的成功经验都会有很多方面，其中更有一些必定是共性的，比如"领导重视"、"团结奋斗"、"捕捉时机"等等。我们在采写时，就必须选择那些新的材料，反映新的做法、新的思路、新的举措、新的效果。比如近几年全国各地都在调整农业种植结构，河北人民广播电台在这一背景下播出一篇《产粮大县兴起种草热》的经验性消息，给人一种新的感觉。

"过去除草，现在种草"，千百年来传统的种植正在栾城转变。今天，县政府作出决定，破天荒拿出2000万元扶持农民种草。

栾城，县志载"弹丸之邑"。全县农民"土里刨食"，精耕细作，80年代初就成为全国有名的粮食高产县。售粮连续17年名列全省第一，还扛回全国粮食生产先进县奖旗。近两年，随着粮价持续走低，农民收入增长缓慢。

今年夏天，栾城组团到加拿大考察，带回国外发展草业的信息。有头脑的农民很快把目光投向生态环境，在"绿地"上大做文章。

"忽如一夜春风来"，一时间种草热火爆栾城。植绿色文明，送都市春光。眼下，一进县界，就会看到成群结队的农民在整地、碎土、种草。一派生机。农民杨二嘎感叹地说："俺握了一辈子锄把子，哪想到如今草比粮食还值钱!”县委书记郑雪碧介绍,一亩草地收入2万元,比种粮食多20倍,截至下午6点发稿,全县除留足粮田面积外,种草突破13000亩。

小草连着大市场。目前,京、津、鲁、豫等地纷纷发来电函订购。昔日产粮大县,一跃成为中国最大的草皮生产基地。

作者:王喜民　张静

(河北人民广播电台1999年10月31日首播)

2.要选择具有普遍意义的经验

经验都是出自具体行业具体部门,但是,我们在新闻中报道某一经验决不只是为了一个行业一个部门,我们必须着眼于更多的行业更多的部门乃至全社会,让更多的听众接受这一经验,使他们感到“隔行不隔理”。改革开放后,在引导农业和农民走向市场经济大潮的过程中,从90年代初开始我们经常听到农民卖瓜难、卖果难、卖菜难、卖烟难等,几乎种什么就难卖什么,1993年12月7日,河南台播出《原阳人做活大米文章》,从正面为听众展示了原阳引导大米生产走向市场这样一个典型,很有说服力,可供借鉴:

“今天吃什么?原阳米。明天吃什么?还是原阳米……”一个月来,每天在河南电视台出现的这条广告,为人们送来了一缕田野的清香。

12月4号,在原阳精米厂,记者问厂长刘思辉:“做粮食广告,你在全省算头一份儿吧?”刘思辉自豪地说:“是啊!明年我准备再拿30万搞宣传,那工业产品要吆喝,这庄稼地里的产品也得吆喝。”

原阳人这么强的市场意识,并不是天生就有的。生活在黄河岸边的原阳百姓,过去穷得冒尖,自打引黄河水淤地种稻,滩区农民的脸色才慢慢从阴变晴。但最初,他们只改善了“嘴里”的生活。真正琢磨着用米多变钱,还是这三两年的事儿。

有人说,原阳人这两年把大米的文章做活了。

原阳县有个“水稻办”,主管引进培育良种。眼下,这里除了生产白米,还有黑、红、紫等色香米。全国首届农业博览会上唯一一块大米金牌,被原阳人捧回来。

原阳县还有个“农科所”,负责推广水稻种植和加工技术。眼下,原阳人不但卖米,还卖面粉、米醋、米酒和方便米,连稻草也被织成草编制品,稻糠被碾成饲料的配料。几项加起来,一亩地能收入千元以上。全县一年加工出的3000万公斤精米,在深圳、厦门等地市场,与泰国米同价。

原阳县大多乡村都设有大米购销公司。10000多名农民粮食经纪人,1000多家运输户、销售点和米行,把原阳大米推向了四面八方。太平镇南村农民苏保良对记者说:“听说别处的农村卖这难、卖那难,俺这儿卖米可不难。”

坐落在郑州黄河大桥北头的原阳大米市场,车水马龙,生意红火,人称北方第一米市。这里吸引了周围四省的米贩前来卖米,沿海、西北的客商前来买米,旺季日进出大米五六百吨。

记者在原阳采访,县长范学贵又提供了几条关于米的信息:外交部选中原阳米作为驻外使馆用米;日本国际事业协理团准备投资5亿日元,在原阳建糙米粉厂;原阳米出口的事宜也正在洽谈中。

作者:冯鸣　冯肖楠　尚华

(河南人民广播电台1993年12月7日首播)

第三节　广播消息的结构和语言

一、广播消息的结构形式

广播消息的结构形式,研究的是广播消息按什么样的形式来组织安排材料的问题。根据广播的传播特点,必须尽快把最新、最重要的内容告诉听众,引起听众的收听兴趣,这就成为广播消息写作中所采用的结构方式的基本原则。

1. 倒金字塔结构

这是广播消息写作最常用的一种结构形式。这种结构要求按事实的重要程度来安排材料,最重要的事实安排在最前面,越是次要的事实越往后靠,在段落层次上,后一段是前一段的补充。消息的外形,好比金字塔倒过来,大头在上面,这种结构形式最早出现在19世纪末的西方新闻界,当时也被称作“电报体”。

这种结构方式的优点是很明显的,主要在于听觉上,能迅速、及时地把最新鲜、最重要的事实告诉听众,使听众一听就明白这篇消息要表达的中心意思,为听众提供了听觉先导;从写作上看,由于只需要写事实,省去了过程性的叙述,跳跃性比较强,使文章节省了很多笔墨。再从编辑和组稿上看,由于文章是按新闻事实的重要性依次排列,编辑对稿件的处理就变得比较方便,可以根据需要,随意取舍,依次从下往上删,不会影响稿件的完整性。

由于倒金字塔结构具有上述优点,因此在西方新闻界风行了半个多世纪。当然,这种结构也存在着不足,比如重要的精彩的内容集中在前面,势必影响听众继续往下听的欲望；而且听众往往喜欢听到有头有尾完整的顺序结构，但这种结构却跳跃性很强，听起来会觉得比较乱；再从写作的角度来看，一般采访对象提供的都是新闻事实按时间顺序发展的过程，写成倒金字塔结构就必须进行概括和组合，往往要花费较大的精力。

2.正金字塔结构

这种结构方式一般按事物自身发生发展的时间顺序安排层次，先发生的事在前，后发生的事在后。这种结构方式常常是结果或最重要的事实在最后，因此又叫“悬念式结构”。

这种结构一般用来写故事性强、情节曲折的新闻事件。这种结构由于不能从一开始就把全篇新闻的中心事实告诉听众，相对来说可听性不如倒金字塔结构。

3.“双塔”结构

这种结构是在两件事或两个侧面同等重要的时候采用的一种结构方式。这种情况比较少见，但却是存在，两件事或两个侧面很难分出轻重，必须考虑二者平衡，从导语开始就要注意比重相当，因而形成一种并列式结构。比如像国庆35周年天安门广场庆祝活动的报道，因为阅兵式和群众游行两件事是同等重要的，因此采用了“双塔”结构进行报道。

4.螺丝式结构

这种结构形式，开头提纲挈领地介绍全篇新闻的重要内容和中心事实，然后逐步展开具体的新闻事实。由于这种结构中导语和主体部分重要性基本相同，形状像头大杆直的螺丝，所以称为螺丝式结构，也有人将它归结为倒金字塔式和正金字塔式相结合的结构。

5.散文式结构

这是一种既具有新闻真实性，又富有感情色彩、文学风采的不拘一格的写作形式，它吸收了新闻和散文的各自长处，既开门见山，又生动活泼，没有什么拘束，怎样有利于表达新闻事实就怎样写。新华社原社长穆青就曾明确指出：“我们的新闻报道的形式和结构，也应该向自由的、活泼的散文式方向发展；改变那种沉重的、死板的形式，而代以清新的、明快的形式。”不过，散文式结构在广播消息中运用比较少，主要是这种形式不太符合广播传播以快取胜的特性，在现实生活中，人们往往需要在较短的时间里获取大量信息，散文式结构显然不适合过多运用。

二、广播消息的语言

广播语言一直是广播工作者关注的一个重要问题，经过几十年的实践，人们已经总结出许多宝贵的经验，我们在这里作一番整理，便于大家在工作实践中运用。

1.广播语言要口语化

通俗口语是广播对语言的基本要求，也是起码要求。人民群众的口头语言，感情真挚，简洁明快，丰富多彩，生动活泼，通俗易懂。我们要使自己的广播语言通俗口语化，首先要向群众学习，群众生动丰富的语言库是我们取之不尽、用之不竭的源泉。

(1)要用白话写作，不用或少用文言和文言虚词，如文言文中"该、至、系、即、均、故"等，最好分别改成"这个、到、就是、都、所以"；文言虚词一般比较简洁，但不易上口，用在广播里一般都改成现代口语，像"则、乃"可以改成"就、那么、于是"，"以、于"可以改成"把、用、在、向"等，"也、矣、哉"就改成"啊、呀、哪"等。

(2)广播要口语化，就要尽量少用或者不用一些连词、介词等关系词语，像"假如、即使、况且、尽管、除非、因而、然而不论"等，因为这些词在书面上经常使用，但听起来却会显得啰嗦，咬文嚼字，很不自然。

(3)音同意不同的字，写在书面上一目了然，没有问题，但听起来都容易听讹或起相反作用，像"全部"和"全不"，"切记"和"切忌"，"食油"和"石油"等，都应该避免同时使用，或者改成另一种说法。

(4)表示时间的字、词、句，要用日常用语。如："某月某日"改为"几月几号"，"几时几分"改为"几点几分"，"立即"可以改为"马上"，"一刹那"可以改为"一会儿工夫"等等，而且稿件中最好用具体日期，避免使用像"不久以前，今年以来，前一个星期"等比较笼统的说法。

(5)要多用短句，有些稿件的长句子、复合句子、倒装句子，长达几十字，上百字，一口气念不下来，像这样的句子就要拆成几句话来说，要学会开门见山，长话短说，少用陈词滥调，多用群众的新鲜语言。

2.广播语言要规范化

广播语言要口语化，要通俗易懂，平易近人，但是，这绝不是说口语就等于广播语言。恰恰相反，广播语言和口语还是有很大区别的，最主要的区别就在于广播语言必须规范化。

(1)广播语言必须符合现代汉语语法，这是基本要求。口语因为受当时说话的语言环境影响，可以有不合语法的现象存在，而广播语言就不允许有不合语法的病句存在。

(2)普通话广播要少用方言、土话。使用方言、土话可以给你的广播稿带来一点色彩，同时也会使你失去许多听众，因为方言、土话使用的范围毕竟比较小。

(3)广播代表着一个国家、民族的形象,因而它的语言应该是文明的。所以广播采用的大众语言,也往往指文明的大众语言,而口语中的部分词语,虽然流行很广,多数人也能听懂,但是因为有低级庸俗的成分,所以也不能成为广播语言。

(4)简称和省略要规范。人们在日常交谈时经常使用一些简称,如"人民代表大会法制工作委员会"简称"人大法工委","农业技术人员"简称"农技人员"等。简称从它产生到听众普遍理解其全部意义有一个过程,广播在使用简称时,一定要注意这个简称是否已经被大家接受了。那些尚未被听众认可的简称最好不要在广播里出现,否则听众会因对一个简称不明白而影响后面的收听。

(5)在广播中难以显示的标点符号,要用文字表达出来。括号里边的字应该和文章连成一体,不要形成大句子里套小句子,比如"人们非常喜欢东北的三件宝(貂皮、人参、乌拉草)……"应改成"人们非常喜欢貂皮、人参、乌拉草这东北的三件宝……"用双引号表示讽刺、相反的意思,能看明白,但广播里就不行,必须用原意;还有破折号,播音员也不容易表达出来,比如"青藏高原——世界屋脊",可以改为"青藏高原是世界屋脊"。

3.广播语言要优美

广播新闻的主要特点,就是使用有声语言进行报道。听众通过听觉器官来感知语言,接受广播新闻的内容,所以作为广播记者有责任把优美的语言奉献给观众。

(1)要做到广播语言声感优美,主要靠两个方面的努力。一是广播编辑在编写消息的时候就要考虑到广播的特点,运用有鲜明个性的广播语言来写稿,不仅做到通顺流畅,简明易懂,还要求在选词造句方面,达到声调和谐,朗朗上口,二是播音员在播消息时,要做到掌握消息体裁,把握好播音基调,搞好"二次创作"。

(2)广播传播有个先天不足,就是一瞬即逝,如果广播消息用语不准确、不明确、不响亮,就很难达到预期的收听效果。那么,什么样的字眼比较清晰、响亮,什么样的字眼不够明朗、洪亮呢?从语音上来分析,元音要比辅音响亮。就是说,我们发音时嘴能张得大的,声音就比较响亮,反之,声音就不够响亮。再就是汉字的四声和字音的高低、强弱、长短有直接的关系。广播记者在采写消息时,掌握四声变化这个特点,根据表达内容的需要,恰当地安排好平声字和仄声字,就会为报道增色。

(3)汉语里有许多单音词,这些单音词一般都有相应的双音词。书面语言为了简练,多用单音词,而广播语言多用双音词,双音词诉诸听觉,既可以使语言清晰、响亮,避免同音相混,又可以使表达的意思更具体、准确,播音员播起来也顺嘴。

(4)广播消息在写作时必须考虑到播音这个环节。音色、音量、音高和音长,是语音的四个要素。在广播时,四者是相互配合的,一个词、一句话、一篇文章,都可以从这四个方面来讲求处理的方法。如果播音员通过声音的运用,兼顾四者配合与变化,适当地加以调节和控制,就会增强报道的可听性。

(5)在报道中要注意尽可能多使用象声词。在汉语中,有许多象声词以其发音近似一些自然物本身发出的声音,给人以形象和节奏的美感。如"叮咚、叮咚"的滴水声,"哗啦啦"的大雨声,"噼噼啪啪"的鞭炮声,"噼噼噼"的传呼机声等,这些模拟声音的象声词,在广播运用中能够收到很好的表达效果。

(6)在报道中要注意用好数字。一般听众需要知道某个数字,但并不想记住精确的数值,因此,广播稿中要少用数字,非用不可时只要写出一个概数即可,如果数字比较大时要用形象比喻的方式给听众留下印象。

第四节　广播消息的写作

广播消息由标题、消息的开头、导语、主体、背景、结尾六个部分组成。广播消息的标题就是整篇消息最前面的那句话,有时播报出来,有时也不被播报出来;消息开头则是告诉听众消息的来源,比如"本台消息"、"本台记者报道"等;消息的头一句话或头一段话就是导语;新闻主题又被叫作"新闻躯干",是新闻的中心部分;背景是指说明和解释新闻事实的来龙去脉,横向联系、环境和其他新闻要素的材料;结尾则是消息的最后一段或最后一句话,有的消息可以没有结尾。

广播消息在结构安排上要做到主线单一,不宜于采用多条线混在一起向前推进结构,那样容易造成听知障碍。

一、广播消息的开头

广播消息开头是指消息最前面的介绍语,说明消息的来源、消息的规格,以及与消息有关的时空因素。

一般电台新闻常用的消息开头有:

1. 在报道开头部分直接点出记者的名,一般表明所报道的内容和事件有相当分量,同时也表明有人对报道负责。

2. 一般化的新闻，则用“本台消息”、“本台记者报道”、“本台通讯员报道”这样的开头。

3. 中央台采用地方台报道，或者不同地区台际之间横向发稿，一般开头部分这样说明来源：“据××台报道”。

4. 采用报纸、通讯社或网络报道，需要在消息开头部分用“据××报道”这样的句式，如果别的媒体仍不是信源，则在开头这样说：“据××援引××报道说”。

二、导语必须符合收听心理

导语是消息的眼睛。它以生动、形象的语言，告诉听众最重要、最精彩的事实材料。广播消息的结构与报纸新闻的结构有所不同，其中一点是相当一部分广播消息没有标题，因此，广播消息需要通过导语建立起与听众的传播关系：要写好广播消息的导语，需要注意这样几个问题：

1. 导语要引起听众的随机性注意

听众在收听广播时，大多数人处于“半收听”状态，往往是一边在干其他事情，一边收听广播，在这种无意识状态中，只有突然听到自己感兴趣的，或有刺激的内容，才会促成他开始专注地收听广播。只有明白了听众收听广播时的这种心理状态，我们才能够清楚广播消息导语要争取“先声夺人”的重要性。实践证明，对于大多数处于朦胧收听状态下的听众来说，过于笼统、抽象的内容，很难在极短的时间内激发起听众的注意，相反，如果在广播消息导语中有意突出生动形象的具体事实，使听众通过听觉产生形象感，效果就大不一样了。

请看这样一条导语：

> [本台消息]1988年8月25日，全国首例“农民告县府”案几经周折，终于在浙江省苍南县电影院公开开庭审理。和土地打了半辈子交道的包郑照老汉端着水烟袋，带着一家老少，走上庄严的法庭，与他们的“父母官”——县长黄德余对簿公堂。

这条导语用白描手法，寥寥几笔勾勒出法庭现场的大概场景，听众不到现场，也可以想象得出这位敢于同县长打官司的农民形象。

同一事件，另一条广播新闻导语却是这样写的：

> [本台消息]今天上午，温州市中级人民法院在苍南县灵溪镇开庭审理全国首例农民告县府案，原告包郑照及其子包松树与被告一方法人代表、县长黄德余对坐在庄严的公堂之上。这是我县人民民主与法制观念

提高的一大表现。

后面这条导语描述似乎平淡、笼统，与前者相比，生动性、形象性有欠缺，自然难以给听众留下深刻的印象。除了突出生动形象的事实外，突出新异的和变化的事实，突出事实之间的对比反差关系等，也是引发听众随机性注意的重要方法。

2. 导语要直奔主题

我们一些作者在写稿件时，总是生怕自己所写的内容不重要，意义不够重大，所以总喜欢先写一句"帽子"，像"为了"怎样怎样，"狠抓了"什么什么，"坚持了"如何如何，这些话多属于空话、大话、套话，根本不符合新闻用事实说话的特性，也不符合听众的收听心理。他们只需要你直截了当地说出来到底发生了什么事就行了，有什么意义，有什么作用，听众自己回去琢磨。同样，用特写镜头做导语时，所选用的场景也应该是与主题事实直接相关的。

导语要直奔主题，还要突出主体要素。新闻五要素都很重要，但是在不同的报道中几大要素突出的重点是不同的，有时是人物，有时是时间，有时是地点，有时是原因等。许多人写新闻有个习惯，一落笔就写"时间"："最近……""近年来，……""今天……"，等等。"时间"要素虽然重要，但在很多情况下，不一定非要放在首位，因为它常常不是报道的主体，主体可能是事件、人物等。而新闻报道一开篇给人的第一印象很重要，所谓"先入为主"，一落笔就应努力突出我们要突出的东西。

3. 导语要简洁明了

这也是符合听众收听心理的一个很重要的环节，只有简洁明了，才能让听众听清楚，听明白。这就要求我们在写导语时，尽可能使用单句，少用或不用复句，不要使用倒装结构和倒装句式，不要把大段的背景材料写入导语。

按照西方新闻界的规定，新闻导语一般每条不许超过 23 个词，据说这是用电子计算机测算出来的理想的导语长度。这说明导语一定要简短。但是，新闻要用事实说话，导语一开始就要体现出来，虽短而不能空。

4. 导语有不同的表达形式

广播消息的导语因为所报道的事件不同，内容不同，可以有不同形式的写法。但是由于新闻消息的最基本特征是用事实说话，所以导语最常用的写法是采用叙述的方式，陈述客观事实。此外，还有描写式、评论式、讨论式、提问式、对比式等不同形式的导语。

三、主体写作要详略得当

消息的主体是紧接在导语之后的主要部分，其作用在于选择重要的、典型的事实阐述主题，或提供新的事实对导语中提出的重要事实或得出的结论作具体的解释、回答和补充。

1. 紧承导语，讲清导语中提到的新闻事实

一般的消息除简讯外，都有主体，它和导语之间的关系密不可分，因此，新闻主体写作的第一要求，就是要承接导语，讲清导语中提到的新闻事实。请看《国内首个民间借贷平台——温州民间借贷登记服务中心今天正式挂牌开业》这一消息的主体表达：

【出现场：鼓掌声、音乐声，压混——】

上午8点，在温州市东明锦园一幢大楼门口，盖在"温州民间借贷登记服务中心"牌匾上的红绸缓缓落下，国内首个民间借贷平台掀起了"红盖头"。

温州民间借贷登记服务中心负责人徐智潜说，"服务中心"的开业，让民间借贷从过去的地下走上地面，在阳光下运作。借贷双方在这里协商借贷利率，但不能超过银行同期利率的4倍。

【出录音】"我们这个民间借贷登记中心，它是不以盈利为目的的公益性机构，我们这个服务中心为借贷双方提供一个标准化的借贷合同。"【止】

据了解，在服务中心正式开业前的试运营期间，已吸引了"宜信"、"普信"、"速贷邦"等一批民间借贷中介机构的入驻，他们为借贷双方扮演着"资本红娘"的角色。

尽管温州民间借贷登记服务中心是崭露头角，但是温州民间资金早已跃跃欲试，主动找上门。速贷邦负责人叶振说，光是他们一家试营业一周，已有众多客户前来登记：

【出录音】"需要资金这一方，在我们这里登记的目前已经有2000万左右，人数的话呢，应该是在20多人。资金的出借方信息，在我们这里登记的总共有将近5000万了，所以是很充沛的。"【止】

胡苏亮是温州一家数码电器店老板，因为急需周转资金，今天一大早就来到服务中心。8点半，他在中介机构"速贷邦"办完手续，获得了5万元借款，成为今天服务中心接洽的第一笔交易。

胡苏亮说，他借款的借期1个月，利息1.6%，比同期3分的民间借贷利率低了近一半。

【出录音】"我是找（中介）公司要借钱，他把出资方跟我一起碰面一下。（记者问：觉得到这里来办怎么样？）也快，挺方便的，利息没怎么高，都还可以接受。"【止】

温州民间借贷十分活跃，然而长期以来，当地民间借贷都是通过熟人介绍，多次转手，造成利息层层加码，最高月息达10%，高出银行同期月息十多倍。去年以来，温州100多家中小型企业的老板因债务不堪重负，资金链断裂而"跑路"。

服务中心负责人徐智潜说，服务中心的诞生，为民资和企业提供了一个对接平台，也为借贷双方规范了手续，确定了"市场化"较低的利率，使双方都降低了风险。

【出录音】"那我们引进这些中介，能够一方面借贷双方直接见面，减少资金中间商层层加码，这样达到利率降低，能够真正的一个市场利率出来，就是使民间借贷双方能够长期发展。"【止】

温州市委党校教授蒋儒标认为，民间借贷登记服务中心的成立，迈出了温州金融体制改革摸索的重要一步。

【出录音】"政府应该如何监管民间金融，温州没有经验，但温州已经起步了，其他地方更没经验，所以温州如果走出一条路来，实际上是具有全国意义的。"

【止】

作者：李晓华　王乐乐　吕瑞峰　张勤

（浙江之声2012年4月26日播出）

2. 选取最典型的材料作为新闻事实，用来说明导语中提出的观点和问题

消息的主体的选材是否典型，是否有分量，直接决定消息导语中拉出的观点和结论能不能站住脚，能不能服人。例：《詹倩母女的西博行》：

今年9月20日，省委常委、市委书记、市人大常委会主任王国平在大型广播特别节目《来自西湖的问候》的直播现场，通过热线电话邀请移居澳大利亚12年的杭州人詹倩回来参加西博会。今天（10月24日），应约而来的詹倩带着女儿艾米丽粗粗地在杭州城里逛了一圈后，惊讶地发现阔别多年的家乡已经变得快认不出来了，下面请听西湖之声记者琼斐、董春雷采制的录音报道：

詹倩最近的一次回家乡是在1994年，7年之间的变化之大让她惊喜万分，昨晚（10月23日）刚从飞机场回到母亲家里，她就迫不及待地打电话给澳大利亚的丈夫：

【出录音】

"他说你觉得怎么样？我说哎呀完全变样了，我都认不出路了，绿化得很漂亮，好多的高速公路。以前从上海机场开到杭州绕圈子绕了7个

小时，现在通过高速两个小时就到了，太快了，我实在没想到。”

一回家，亲戚朋友七嘴八舌地告诉詹倩西博会开幕的热闹场面，有大型文艺晚会，有狂欢节，还有国际烟花大会。错过了这么多好戏，詹倩感到异常遗憾，为了不再浪费时间，她顾不得休息，今天一早就带着女儿艾米丽出门了。

【出清河坊小贩的叫卖声】

在朋友的介绍下，詹倩母女来到了刚刚整修开街的清河坊，古朴的明清建筑、琳琅满目的杭州特产，艾米丽好奇的目光都不够用了，她着急地从妈妈手里接过录影机兴奋地拍了起来，她说要把这些带回去给澳洲的小朋友们看看，她还非常认真地从陪伴他们的表哥口中学会了几句中国话：

【出录音】

“我的名字叫艾米丽，我爱我家，我爱杭州。”

因为要参加一次非常重要的考试，詹倩的丈夫这次没能一同回杭州，临行前他叮嘱詹倩一定要多拍一些镜头带回去让他也分享一下快乐。在西湖花会中，在洋溢着节日气氛的武林广场上，每到一个地方，詹倩和女儿艾米丽都贪婪地摇动着手里的镜头，舍不得错过任何一个有意思的画面，磁带不够用成了她最担心的问题。一天跑下来，除了感叹于城市面貌的变化之大，詹倩感到杭州人的心态也和以前不同了。

【出录音】

“我觉得街上走的每一个人心态都很好，不小心碰到了也很客气，人的素质提高了，吐痰的人不多，道路也很干净。”

这次回乡，詹倩打算住上十多天，西博会接下来的各项展览和活动都排上了她的日程，了解西博会，宣传西博会，以此来报答王书记和家乡人民的盛情。

西湖之声记者唐琼斐、董春雷报道

（杭州人民广播电台西湖之声 2001 年 10 月 24 日播出）

例如，获得中国新闻奖奖项的《“三直评”激活宁夏吴忠农村基层组织能量》是这样报道的：

【导语】吴忠市纪委以农民为“主考官”，开展乡镇干部、站所和村委班子为主体的“三直评”活动，激发了农村基层组织的能量。请听记者丁半农、许新霞的报道：

【以下正文】冬灌开始后，宁夏吴忠市利通区上桥镇涝河桥村四队回族农民金三玉家的五六十亩田由于地势高，灌不上水，眼瞅着又要受旱了，他一溜小跑找到村部。

【出录音：最后找书记、村长，书记、村长又给公社书记说了以后，下大力气，不管怎样把这些问题就给群众解决掉了。不像原来你跟他说了，就像是对牛弹琴着呢。】

乡村干部作风是从2010年"三直评"活动开展以来开始转变的。吴忠市纪委副书记茹引田：

【出录音：在选举过程当中，在给老百姓表态的时候一个比一个说得好，但是，一旦当上这个官以后，面对有些问题能回避就回避。通过"三直评"这项活动，我们主要解决的就是给老百姓承诺的事情能不能兑现。】

"三直评"让群众当面锣、对面鼓，甚至是针锋相对地和干部对话、质疑；彻底断了个别干部四平八稳混日子的念头。板桥乡乡长丁爱华：

【出录音：特别辛苦，我星期六、星期天几乎没有休息过，非常忙。干部的精神状态和工作作风转变了，它首先工作做实了。第二方面他在为群众办实事、提供一些服务方面态度肯定要转变。】

涝河桥村党支部书记杨学忠在第一次被直评时就闹了个满头大汗，下不了台。

【出录音：过去群众提的意见太伤自尊、伤面子了。现在我感觉群众就是一面镜子，我们就是让这面镜子照着呢，有不足的地方，群众指出来是应该的。】

百姓的心气儿也越来越顺。回族农民马吉元说了句大实话：

【出录音：从前的村干部只能是伸手要嘛，要这个、要那个，摊派这个、摊派那个，现在村上条件好了，也尽量地给老百姓免掉好多应该负担的东西。一个大的转换，老百姓从心中是满意得很。】

三年来，吴忠市41个乡镇已有14200多人参与"三直评"活动，承诺整改事项286项，群众对农村基层组织的满意度上升到90%以上。茹引田：

【出录音：干部违纪违法被处理，村这一级干部下降了70%，乡镇这一级大概要下降到80%左右。】

作者：丁半农　许新霞　李丽

（宁夏广电总台2012年12月31日播出）

3. 主体部分的材料往往涉及很多不同的材料，一定要精心安排，详略得当，逻辑严密。

要根据表达主题的需要，进行有序安排。例：《温州商人足迹遍布天下，翻译备齐世界上已经出版的94种外语辞典》：

今天(4月3日)上午，温州正镇全球翻译社收到中国驻印度大使馆寄来的《依地语》辞典，至此，这家翻译社已经备齐世界著名的英国联合出版社出版的94种外语辞典。翻译员陈乐乐：温州商人的脚迈到地球哪里，温州的语言翻译就跟到哪里。

改革开放以来，温州人经商足迹遍布全世界，涉及外语种类也越来越多，翻译业务随着市场需要应运而生。温州翻译社由1家增加到15家，翻译业务量越来越大。正镇翻译社业务量由原来的每天一两件增加到现在的20多件。翻译的语言种类年年刷新，他们于1994年创造翻译38种语种的世界吉尼斯纪录，到上月底，他们已为温州在外经商的商人翻译过62种外语。

匈牙利华人国际投资集团总裁余文龙说，他自1991年到匈牙利经商，一直在国内国外两头跑，业务涉及的国家日益增多。匈牙利虽然有翻译局，但翻译不了这么多语种，而温州的翻译社去能解决。他说："【出录音】我们的生意已经做了十几个国家，如果没有语言(翻译)的话，就寸步难行，好像就是瞎子一样。"【录音止】

现在许多外地客商遇到外文翻译上的困难时，也来找温州的翻译社。一位专程到温州、手里捏着一份斯洛文尼亚语业务合同的山东商人武涛对记者说：【出录音】"没想到温州人在翻译上也是敢为天下先的，全世界这么多的语言这里都能翻。"【录音止】

温州市翻译协会秘书长何正镇告诉记者，温州可以翻译占世界90%人口使用的语言，翻译的内容主要有合同文本、产品说明、司法文书、会议文件、公证材料、出入境档案等等。何正镇说：【出录音】"面对着经济的全球化、中国马上要加入WTO这个组织，我就敢说，在温州语言翻译上已经做好了充分的准备。"【录音止】

作者：蔡解跃　徐宝才

接着，请看报道《吉林依靠科技实现粮食生产"九连增"》：

11月16号，经国家统计部门核定，吉林省在粮食生产"九连增"的同时，玉米平均亩产465.1公斤，连续十年保持全国玉米单产首位。请听吉林台记者的报道：

公主岭市十屋镇农民韩丰祥家的院子里，新打下来的苞米堆得满满当当，韩丰祥说：

【出录音】

“大丰收，种了三垧多地，打了10多万斤粮，没有好品种出不来好苞米。”

【录音止】

今年，吉林省玉米先后遭遇黏虫灾害、台风灾害，但仍获得丰收，这得益于吉林扩大高产示范田种植面积，使许多低产田变身高产田。吉林省“12316”新农村热线首席玉米种植专家胡文和：

【出录音】

“增加单位面积的植数是增加玉米产量的关键，吉林省密品种种植已经达到了玉米种植面积的95%以上，已经接近一些玉米高产国家的玉米单产的水平了。”

【录音止】

膜下滴灌、测土配方肥等综合技术的广泛运用，使吉林玉米种植打出一套科技“组合拳”。吉林省农科院首席玉米专家王立春：

【出录音】

“我们对超高产玉米需肥规律、生理生化变化这方面都进行了系统研究，通过这些技术的应用，带动了玉米单产的提高。”

【录音止】

目前，吉林省粮食丰产科技工作实施区的玉米、水稻增产量已占全省粮食增产总量的80%。吉林农科院环境与资源研究中心朱平：

【出录音】

“种子科技贡献率达到40%以上，所以从育种角度应该加大推广力度。”

【录音止】

省长王儒林表示：

【出录音】

“今后五年农民的收入再增长一倍，我们充满了信心。”

【录音止】

作者：集体

（吉林人民广播电台2012年12月1日播出）

4. 主体部分的文字表达要简明扼要，主体部分要写好，内容又比较多，除了在选材上要精益求精之外，还必须要做到文字精练、言简意赅。

四、要交代必要的背景

背景是新闻中帮助说明新闻事实，显示新闻价值和思想意义的材料。它本身也许不是新闻性材料，但它往往能够说明新闻五要素中的“为什么”。消息写作必须实现立体，这就要求我们在消息写作时必须很好地穿插各种各样的背景材料。

背景材料根据内容的不同，大体可以分为：①历史背景。运用历史背景，可以阐明报道的意义，说明新闻事实的发展和变化，从纵深的角度反衬新闻事实的价值。②人物背景。新闻报道离不开人物活动，人物背景的运用可增加听众对人物的了解，加深对新闻事件的意义的认识。③地理背景。有些新闻涉及国内外有关城市、地区地形、地貌地理位置等，听众不一定知道，要作必要的介绍，即使是短短几个字，却能增加听众对新闻事物的了解和认识；④事物背景。主要是介绍一些新事物、新成就的有关资料，说明事物的意义和价值，事物背景一般有较强的知识性。

根据上述背景材料的分类，我们可以总结出背景材料在消息写作中大致可以起到这样一些作用：①运用背景材料，可以对事物发展先后的情况进行纵向对比，也可以把事物与周围情况进行横向对比，这样有利于突出主题；②解释新闻中涉及而听众又不熟悉的问题，比如新闻事件的起因、意义、影响，新闻事件涉及的人物、事件、环境，新闻中出现的新名词、新概念等；③通俗、生动地介绍新闻中新鲜的知识，能充实新闻的内容，增加新闻的知识性和趣味性；④有时候也可以通过背景材料的选用，巧妙地表达记者难以直接表述的观点。

五、关于消息的结尾

人们常常喜欢用“豹尾”来形容新闻的结尾，用来比喻结尾要简洁明快，又要干脆有力。但是广播消息的写作一般不太注意结尾的问题，为什么呢？因为一方面，广播消息大多采取倒金字塔式结构，最新鲜、最吸引人注意的结果往往已经用在消息的开头，结尾往往是最次要的、最可能被删除的内容；另一方面，广播消息一般为了赶时效，不太会花较多的时间来琢磨结尾的力度问题，所以广播消息往往会给人以戛然而止的感觉。

当然，广播消息也不是绝对不用结尾，有时也会加上结尾，比如指出事物发展趋势，引起听众关注的“展望式”结尾；对新闻内容加以概括，加深听众印象的“小结式”结尾；对事实进行评论，说明实质，点出主题的“评论式”结尾；或者对新闻事实加以描述，加深听众印象的“描述式”结尾。

第五节　记者的“口述”消息

一、提倡记者“说”新闻

记者“说”新闻其实是个老话题，广播新闻发展到一定阶段时，必然会产生这样的要求。比如美国广播史上，第二次世界大战前每次广播只有不超过10分钟的简明新闻，而且播出的稿件主要由报纸和通讯社提供，因为较多使用书面话，显得呆板、单调。1937年，哥伦比亚广播公司把爱德·默罗派往欧洲，他在没有前人经验可借鉴的情况下，另辟蹊径，自创口头报道新闻形式，突破了广播新闻的原有模式，他在1940年8月18日播报的《这里是伦敦》，是开了现场口头报道先河的著名作品。在我国广播界也有过广播记者口头报道等种种尝试，像刘宝成1983年所作的《朱建华打破男子跳高世界纪录》的报道，实际上就是一篇难得的现场口头报道佳作。

近年来，广播新闻正日益呼唤更多的记者作口头报道，这不仅是因为听众的需要和欢迎，也是广播自身发展的必然趋势。随着广播新闻节目模式的改革和变化，我国广播界已有一大批记者编辑正逐渐向“记者(编辑)——主持人”型转化。转型的标志之一，就是从原先只会单一的采访或编辑发展到当今集“采、编、播、制”于一身的全能型。

其实，作为广播记者本来不应该存在“转型”的问题。因为能采能写会播，恰恰应该是广播记者的基本功，是区别于文字记者的专业特质。一个广播记者如果只会写不会“说”或者写得好而“说”得很差，那就很难成为完全意义上的广播记者。从目前实践中对记者“说”的要求来看，不高也不低。说它不高，是因为要求能讲基本标准的能让听众听懂的普通话。说他要求不低，是因为对一部分记者来说，不经过一番刻苦练习，就很难达到基本的要求。

现在我们很多记者的口头报道其实是不够格的，因为他们往往是“播”而不是“说”、即先写好稿子，然后照着稿子念一遍，录好传回台里，就算是口头报道了。实际上，真正口头报道应该是记者拿起话筒直接地说。例如，中央台对首都国庆35周年庆典和焰火联欢晚会的现场直播，不仅播音员的介绍同现场一致，连记者在现场的采访活动也是直播出去的，而不是先写稿后播，也不是先录音后播。记者的插话没有稿子，只有大体要求，完全靠记者现场采访来确定具体内容。这样“说”，标准当然是比较高的，难度也是比较大的。但是也有好处，因为记者是在现场身临其境说，情绪容易和现场气氛融为一体，就容易说得更加形象具体，更加有情有景。

当然，记者拿起话筒直接说，不等于事前不需要做大量的准备工作，就拿中央台关于我国在潜艇下水、发射运载火箭试验成功的记者现场口头报道来说，为了这篇播出时间仅为3分10秒的现场口头报道，记者事前还参阅了数次火箭试验公开报道的有关资料，对这次各部门程序、工作情况和火箭飞行及落水可能出现的景象、科研人员的精神风貌等问题进行了细致的采访，还利用几次演习的机会，做了现场口头报道的演练。

从当前广播发展趋势来看，业内人士多倾向于认为：从活跃广播和培养锻炼记者的角度考虑，今后在新闻性节目里出现的各种报道形式，除了不宜记者说的以外，应尽量让记者说。在西方一些发达国家，电台专职播音员很少，因为播文字稿的比例相当少，记者在现场作报道，往往采、录、播合一，这种“全能记者”的模式，事实上也是我国广播新闻事业发展的方向。

二、怎样“说”好新闻

综上所述，口头报道是一种能够充分发挥广播优势的报道形式。那么我们在新闻实践中要怎样运用好这种报道形式呢？

1. 选择合适的报道题材进行口头报道

并不是所有的新闻题材都适合于作口头报道。只有那些内容新鲜、时效性强，有一定精彩场面的新闻事件，如严肃的政治会议的报道，典型经验型人物的报道等，则不适合进行口头报道。

2. 熟练运用口头报道中的一些基本技巧

主要是指把握好自己的声音个性特点，用心塑造听觉形象，讲好一口流利清晰的普通话，巧妙地运用典型的现场音响，在听众脑海里创造出相关的“音画”境界，融入记者自己的真情实感等。

3. 从听的角度而非看的角度去报道

真正意义上的口头报道应该是：记者新闻事件发生的同时或稍后，将自己看到和听到的新闻事实直接用语言告诉听众，为了保证报道的准确性，可以列一个简要的提纲，作为报道提示，但绝不是写成文字稿件，再一字一句地去读。只有从听众的角度作口头报道，才能充分发挥广播的优势。

4. 采访充分，表述自然

在采访前，记者应该尽可能多地搜索，掌握有关的背景材料，这对于采访和报道时提高效率是大有益处的。在采访中，记者必须眼观六路，耳听八方，充分认识新闻事件的本质和全貌。在口头报道时，记者以第一人称出现，表述应该亲切自然、生动形象，必要时，记者可以通过语调、情绪的变化等，将自己对新闻事件的态度潜移默化地传递给听众，但应力求客观地传播新闻事实。

此外，记者在口述新闻时，还要照顾听众的收听习惯，语速不要太快；在采访人物时，要尽量说服引导被采访人说普通话；要提高录音质量；还要改变以往比较死板的新闻制作流程。这样，就会使记者的口头报道越做越好，使我们的广播新闻节目中，记者的口头报道越来越多，事实上现在不少省一级的专业台新闻中，有相当大比例的报道形式都是记者的口述新闻，革新了过去播音员一播到底的形态，给了听众耳目一新的感觉。

第五章　现场报道

广播新闻当中的现场报道因其强烈浓郁的现场氛围和对被报道事件、人物的"近距离"透视描述，愈益为广大听众所喜爱。广播新闻现场报道这种形式和体裁，出现的时间较早，在各级电台的各类新闻节目中所占的比例也越来越大，经过多年来广播新闻记者的不懈努力和追求，这种报道形式和体裁样式日臻成熟，积累了丰富的经验，成为各类广播新闻节目中的闪光点。它集中了广播媒体的传播优势，诸如"先声夺人"，声音的感染力，事件的同步性、现场感等，亦为国外同行所乐于采用。有人曾经这样形容过，在广播新闻记者的十八般兵器中，现场报道可以说是孙悟空的"金箍棒"。反过来，熟练地掌握和驾驭这种报道形式和广播新闻体裁，对于一名合格的广播新闻记者既是基本的业务要求，也是一个严峻的挑战。

第一节　现场报道的特点

现场报道是广播新闻的一种独特的报道形式，它的独到和特别究竟表现在哪些方面？换句话说，在和报纸的同类体裁——现场新闻以及广播新闻的其他体裁的比较中，我们应该找到哪些区别呢？

1. 报纸现场新闻体裁与广播新闻现场报道的界限

近年来随着新闻改革的不断推进，报纸新闻为了吸引读者的注意力，提高其竞争力，增加报纸消息稿的鲜活度，有的辟出专门栏目，有的不定期组织开展专门活动，请出现场新闻或现场短新闻"亮相"，包括一些重大题材的报道，也发挥了现场报道的神力。比如曾经获得 1997 年度第二届中国新闻奖一等奖的消息《别了，"不列颠尼亚"》，这篇由新华社记者所写的消息就采用了现场报道的形式，下面请看这篇报道：

在香港飘扬了150多年的英国米字旗最后一次在这里降落后，接载查尔斯王子和离任港督彭定康回国的英国皇家游轮"不列颠尼亚"号驶离维多利亚港湾——这是英国撤离香港的最后时刻。

英国的告别仪式是30日下午在港岛半山上的港督府拉开序幕的。在蒙蒙细雨中，末任港督告别了这个曾居住过25任港督的庭院。

4时30分，面色凝重的彭定康注视着港督旗帜在"日落余音"的号角声中降下旗杆。根据传统，每一位港督离任时，都举行降旗仪式。但这一次不同：永远都不会有另一面港督旗帜从这里升起。4时40分，代表英国女王统治了香港5年的彭定康登上带有皇家标记的黑色"劳斯莱斯"，最后一次离开了港督府。

掩映在绿树丛中的港督府于1885年建成，在以后的近一个半世纪中，包括彭定康在内的许多港督曾对其进行过大规模改建、扩建和装修。随着末代港督的离去，这座古典风格的白色建筑成为历史的陈迹。

晚6时15分，象征英国管治结束的告别仪式在距离驻港英国总部不远的添马舰东面举行。停泊在港湾中的皇家游轮"不列颠尼亚"号和邻近大厦上悬挂的巨幅紫荆花图案，恰好构成这个"日落仪式"的背景。

此时，雨越下越大。查尔斯王子在雨中宣读英国女王赠言说，"英国国旗就要降下，中国国旗将飘扬于香港上空。150多年的英国管治即将告终"。

7时45分，广场上灯光渐暗，开始了当天港岛上的第二次降旗仪式。156年前，是一个叫爱德华·贝尔彻的英国舰长带领士兵占领了港岛，在这里升起了英国国旗；今天，另一名英国海军士兵在"威尔士亲王"军营旁的这个地方降下了米字旗。

当然，最为世人瞩目的是子夜时分中英香港交接仪式上的易帜。在1997年6月30日的最后一分钟，米字旗在香港最后一次降下，英国对香港长达一个半世纪的殖民统治宣告终结。

在新的一天来临的第一分钟，五星红旗伴随着《义勇军进行曲》冉冉升起，中国从此恢复对香港行使主权。与此同时，五星红旗在英军添马舰营区升起。两分钟前，"威尔士亲王"军营移交给中国人民解放军，解放军开始接管香港防务。

零点40分，刚刚参加了交接仪式的查尔斯王子和第28任港督彭定康登上"不列颠尼亚"号的甲板。在英国军舰"漆咸"号及悬挂中国国旗和香港特别行政区区旗的香港水警汽艇护卫下，将于1997年年底退役的"不列颠尼亚"号很快消失在南海的夜幕中。

从 1841 年 1 月 26 日英国远征军第一次将米字旗插上港岛，至 1997 年 7 月 1 日五星红旗在香港升起，一共过去了 156 年 5 个月零 4 天。大英帝国从海上来，又从海上去。

毫无疑问，这里记录了一个历史性的时刻。作为新华社记者对这一历史性时刻的见证是以报纸的笔触和视角，把自己在现场捕捉到的细节以独特的方式勾连在一起，把现实场景和历史场景充满寓意地交叠在一起，有港督府场景气氛的描写，有最后一任港督神情的描写，也有查尔斯王子宣读英国女王赠言的介绍。从读者的角度，要获知现场的氛围、色调和情景，要体悟到人物讲话的情感意蕴，需要在头脑中借助过去的经验积淀，借由人的通感和联想作用，作一个转换，这里本身就存在着一个和现场真实情景的距离，而且不同的读者对于现场氛围、情景的转换感受程度是不相同的。很显然，作为报纸的现场新闻，是通过文字符号而实现了现场的人物、事件、气氛和色调的转换，它是由文字符号的特性和功能而决定的；而广播新闻中的现场报道，是借助记者现场的口述语言和现场音响来表现和反映新闻事件和现场场景的，声音符号的特性和功能决定和影响这一报道方式的一切主要方面。声音和文字比较起来，声音趋向感性化、情感化，也更加直接和具体，有更强的表现和再现现场情景的功效，可以在很大程度上让听众更真切地感知新闻现场的情景，缩短听众和新闻现场之间的距离。现在让我们听一下上海人民广播电台 1996 年 7 月 21 日播出的《乐靖宜勇夺金牌》的现场报道：

各位听众，我是上海人民广播电台特派记者胡敏华。我现在正在亚特兰大佐治亚州理工大学游泳馆为你们作现场报道。现在是亚特兰大时间晚上 7 点 30 分 31 秒，过一会儿，女子 100 米自由泳决赛马上就要开始了。参加决赛的一共有 8 名选手，其中有我们中国选手乐靖宜，她在预赛中以 54 秒 90 的成绩获得第一名。参加决赛的还有美国选手马蒂诺，德国的菲尔克、范·阿尔姆西克，美国的范·登肯。她们 5 位选手可以说代表了当今女子 100 米自由泳的最高水平。

今天下午决赛前半小时，乐靖宜的教练周明通过电话告诉我，乐靖宜现在的情况一切都非常好，准备活动也非常充分，今晚夺取冠军希望非常大。

好，现在运动员进场了。我们看到乐靖宜身穿红、黄、黑三色外套，头戴一顶白色的帽子，正在进行赛前的放松。

【实况声，介绍乐靖宜】

现在乐靖宜向观众挥手致意。

在 1992 年的巴塞罗那奥运会上，她的师姐庄泳也就是在这个项目上为中国代表团夺得第一枚金牌。乐靖宜目前是这个项目的世界纪录保持者，她的成绩是 54 秒 01。

好，现在 8 名选手已经站起来。乐靖宜身穿黑色的泳衣，这是她非常喜欢的一件泳衣，这件泳衣可能会给她带来好运。

现在运动员已经踏上了起跳板，准备起跳。

【实况：发令枪响，运动员入水】

好，乐靖宜在第四泳道。现在，8 位选手差不多在一条水平线上。

已经过了 30 米。

现在排在第五泳道的马蒂诺与乐靖宜齐头并进，排在第七泳道的范·登肯现在稍稍领先一步。

【赛场实况声】

乐靖宜第一个游完 50 米。转身非常漂亮，动作干净利落。乐靖宜前 50 米的成绩是 26 秒 24。

美国选手范·登肯与她处在同一水平线上。乐靖宜稍稍领先。

（赛场加油声）

好，乐靖宜第一个触壁！她以 54 秒 50 的成绩，为中国代表团夺得了本届奥运会的又一枚金牌。

在这则现场报道中，记者在现场介绍完有关背景材料后，以事件发生的先后顺序来安排结构，从运动员进场开始，抓住听众最为关心的本国运动员乐靖宜的每一个细节，她着装的色彩，她向观众挥手致意，准备起跳，再到游完 30 米、50 米的过程，最后触壁转身的动作，一系列动感强烈、色调分明的动作用语，再加上现场环境音响的衬托，给听众的现场情景、现场氛围的听觉冲击力和感受力应该说是很强的，当然，记者描述的语言和来自现场的典型音响对于听众也需要一个转换，但比起文字要直接和具体多了。但是如果在这里和电视的现场新闻报道作一个比较，至少有两点是清楚的，一是电视的现场新闻画面由于声画并茂，一览无余，这个“声”主要是来自新闻事件现场的音响，即使没有记者的口述语言，观众依然能够获知和洞悉现场发生的一切，而且不排除在很多情况下，还真有“此处无声胜有声”的效应。乐靖宜夺冠这则现场报道诉诸视听手段来反映和表现，从乐靖宜出场、做准备、着装色彩、挥手、起跳到第一个冲到 50 米终点碰壁转身等一连串动作，广播新闻现场报道记者的描述语言准确利落，干净到位，但还是不及电视画面那样鲜明、具体、直观和真切。二是广播新闻的现场报道同电视新闻的现场报道比较起来，也有自己的优势，那就是广播记者在新闻事件发生的现场，口述可以有所取舍，它可以避免电视镜头毫无遮拦地展现现场全景和全过程的情形，而是有重点地向听众介绍那些他们感兴趣、有价值的新闻信息。

由此可见，在当今媒介竞争的时代，纸质媒介、电子媒介，包括互联网媒介都立足各自媒介的传媒特点和传播优势，采用现场报道这种报道形式和新闻体裁，同时反过来又给予现场报道以媒介自身的影响和色形。广播新闻运用现场报道这一样式，旨在借助声音在反映和再现新闻事件现场情景的比较优势，诉诸听众的听觉，给听众以身临其境，亲见其人、亲睹其物的真切感受。这样也就很自然形成了不同于报纸、电视的表现方法和表现手段。三大媒体在新闻的现场报道的反映功能上，各有所长，也各有千秋。报纸的新闻现场报道，离开报道客体的距离较之广播和电视要远一些，但同时能够提供给读者展开想象、联想和思索的空间也最为广阔，记者在报道过程中组织和安排材料的自由度是最大化，但在真实再现现场原貌和最大限度缩短读者感知现场情景的距离方面，难度也最大；广播新闻的现场报道同报纸新闻的现场报道相比较，前者通过声音诉诸听众的听觉，在反映的功能效果上距离真实的现场事件及情景要比后者小，但能够让听众真切感知、感受现场真实情景的同时展开想象和联想的余地就没有报纸那样广阔。同样广播记者的新闻现场报道受声音线性传播规律的制约，必须按照现场事件发生的时间顺序进行描述和介绍；而电视在这一点上同广播相仿，能够给报道者提供的组织材料和报道结构的自由度以及提供给观众想象和思索的余地，甚至比广播还要小得多。电视视听兼备的传播表现方法和表现特点，使得电视媒体在新闻现场报道的真切直观方面，具有明显的优势。

2.广播新闻现场报道与录音报道及其他报道方式的区别

在广播新闻报道中，还有不少被业内人士广泛采用但与现场报道有着密切联系、存在着许多相似之处的报道形式，比如录音报道、现场直播、新闻特写等，弄清它们之间的联系与区别，对于理解和掌握广播新闻现场报道的特性，充分发挥这种报道体裁的长处，都有重要意义。

(1)广播新闻现场报道与录音报道的联系与区别。从历史上看，广播新闻引入音响报道形式国外可追溯到第二次世界大战当中，美国哥伦比亚广播公司记者克朗凯特所作的德国纳粹飞机轰炸伦敦的著名报道以及 20 世纪 30 年代初罗斯福总统关于推行新经济政策的“炉边谈话”。国内人民广播的音响报道开始于高尔公①等一代人。无论中外，最初广播新闻的现场报道这个类别

① 辽宁凤城人，新中国成立后，在中央人民广播电台任编辑记者，曾赴朝鲜前线采访，所写《刘胡兰小传》和所采访的许多录音报道，深受听众欢迎。

中，因为现场报道除记者口头叙述部分之外，主要是现场的实况音响，从这个意义上讲，录音报道和现场报道没有什么分别；但随着现场报道数量的增多，体裁形态的成熟化，寻找录音报道家族中其他体裁样式与现场报道不同的质的规定性就变得必要了，很显然统称为录音报道的录音新闻、录音通讯、录音专访和录音特写等，这些音响报道并不都在新闻现场完成的，它们也并没有被赋予真实再现新闻事件和新闻事件现场的职能，两者的手段相近，但诉求不同。曹璐和吴缦教授在《新闻广播研究》一书中指出："现场报道与录音报道，其实是按不同标准划分的报道形式：前者以表现目标（再现事物及其现场）为标准，后者主要根据表现手段（是否运用音响）来界定。从表现手段的角度看，录音报道涵盖现场报道，因此可以说现场报道是旨在再现事物即对状态及现场情景的录音报道，但决不可以把二者简单地等同起来。"①

（2）广播新闻现场报道与广播新闻特写之间的界定。早前广播新闻特写与广播新闻通讯和录音专访等，同属广播新闻性专稿（专题）的范围，与广播消息和通讯一样，广播新闻特写同样需要具有及时性、真实性、典型性和思想性。但是广播新闻特写侧重于描绘新闻事件瞬间的发展变化，它往往选取新闻事件发生发展过程中的一个横切面，以浓墨重彩集中进行刻画和勾勒，它具有类似于广播新闻现场报道那种再现新闻事件发生即时状态和较强烈的现场感的功能特点，但在注重现场的及时解说和充分运用音响来表现现场的气氛方面，两者之间在很多具体的情况下可以兼容，但同样不能把两者等同和混淆起来。

（3）广播新闻现场报道与广播新闻现场直播的联系与区别：广播新闻现场报道和广播新闻现场直播相同的地方表现在，两者都以表现新闻事件及其发生的现场情景为报道的诉求和指向。不同处在于：从报道题材上，一般直播要重大一些；从报道的时间上看，直播要与整个新闻事件或新闻事件的核心部分共始终，而现场报道可以只是整个事件的某个片断；从播出的空间上看，直播一般都必须在新闻事件的现场与新闻事件发生发展同步播出，而现场报道则不一定从新闻事件发生的现场直接播出，可以根据报道的需要选取现场的主要过程和场面，对其中的典型细节和情节进行必要的加工整理，可以同步也可以在新闻事件发生稍后安排播出。

根据以上分析比较，我们可以得出这样一个结论：广播新闻的现场报道，就是广播新闻工作者凭借现场的实况音响和环境音响，在现场进行即时解说评述和访问的一种报道体裁。

这种报道形式，与诉诸视觉的报纸的同类报道形式的区别，在于它借由声

① 曹璐、吴缦：《新闻广播研究》，北京广播学院出版社 1997 年版，第 312 页。

音诉诸人们的听觉，而在这个基础上形成了自己的传播个性。与广播新闻的其他邻近报道样式的关系，有互相兼容的一面，也有明显不同的一面，那么广播新闻的现场报道的独特之处究竟表现在什么地方呢？我们可以看一下1997年11月8日由湖北人民广播电台播出的广播新闻现场报道《三峡工程胜利实况大江截流》。

【出录音】

记者播报：各位听众，我是湖北台记者王彬。现在，我是在三峡工程大江截流现场向您报道。现在是8点30分，此时的长江风平浪静，薄雾笼罩着江面。在上游围堰左岸钱堤堤头，依次排列的48台自卸车上满载着各种石料，他们在等待着合龙的冲锋号令。

各位听众，现在是上午8点50分，三峡工程大江截流总指挥部总指挥陆佑楣同志走到了李鹏总理前面。

【出录音】

陆佑楣："现在葛洲坝集团已经做好了龙口合龙的准备，大江截流总指挥部同意龙口开始合龙，请总理下达合龙命令！"

李鹏："现在，我宣布大江截流合龙开始！"

（鸣弹声、欢呼声）

记者播报：上午9点，随着李鹏总理一声令下，3颗绿色信号弹腾空而起，大江截流龙口合龙之战打响了。

各位听众，三峡工程是当今世界上最大的水利水电工程，大江截流最大水深为60米，最大流量为每秒11600立方米，施工难度之大，在世界上前所未有。三峡建设者迎难而上，到10月27日，将790米宽的江面束窄为40米宽的龙口，合龙就是将这40米的龙口填平。

今天的截流之战是在长江左右岸4个堤头共11个工作面全面展开。400多辆巨型装载车紧张有序地轮番在4个堤头向龙口抛投石料。我们看到，大江两岸车如梭，人如潮，4万多名当地群众和移民载歌载舞，在迎接一个伟大的时刻的到来。

各位听众，我是记者刘应欢。现在是11月8日下午3点18分。三峡工程大江截流已经进行了6个多小时，现在，龙口已经缩小到3米左右，我们看到，随着龙口的缩小，水流越来越急，溅起的浪花也越来越高。

（截流音响）

各位听众，现在是下午3点28分，最后几辆装载卡车聚集在龙口进行合龙攻坚战，最激动人心的时刻要到了！（合龙音响）好，合龙了！现在是11月8日下午3点30分。

（音响）

李鹏："现在我宣布：长江三峡工程大江截流成功！"

（汽笛声、欢呼声）

李鹏总理向全世界宣布合龙成功以后，大江截流现场一片欢腾。

各位听众，下午3点36分，出席截流仪式的江泽民总书记发表了重要讲话，对三峡工程大江截流给予高度评价。

（音响）

江泽民："今天，举世瞩目的三峡水利枢纽工程胜利实现了大江截流。这是我国现代化建设的一件大事，也是人类改造和利用自然史上的一个壮举。这必然给正在满怀信心地进行改革开放和现代化建设的全国各族人民以巨大的鼓舞！"

长江三峡实现大江截流举世瞩目，在记者云集、强手如林的新闻竞争中，这则现场报道与新华社记者采写的同一题材文字稿，一起入选中国新闻奖，其难能可贵之处就在于充分发挥了广播新闻现场报道的基本特长和优点，记者在"龙口"现场即时捕捉了极其宝贵的现场音响，巧妙地把现场音响、现场解说和背景资料有机串合起来，动静结合，层次分明，听了报道使我们既能想象"长江风平浪静，薄雾笼罩着江面"的静态场面，又能与记者一起感受到"大江两岸，车如梭，人如潮"的热火朝天的动态场景，特别是报道中的鸣弹声、欢呼声、汽笛声以及党和国家领导人发表讲话的声音，仿佛把我们带到了大江截流的现场。

通过这篇报道我们可以把广播新闻现场报道的特点归纳为这样几个方面：一是记者必须在新闻事件发生的现场同时进行采访录音和口头播报；二是一般在报道的开始要向听众清楚地交代报道的特定时间和地点，进行对空定位；三是报道的诉求始终指向展示新闻事件及其发生现场的瞬间状态和情形；四是记者在现场要善于及时捕捉鲜活典型而富有表现力的实况音响即时进行采录；五是以面向听众的语境设定，以第一人称在现场进行口头播报，使记者的口述解说与现场的事件进程浑然一体，并使之成为整篇报道的主导。

第二节　现场报道的定义

广播新闻现场报道作为具有浓厚广播风味的一种报道方式。历史不长，影响很大，已经为广大听众所喜闻乐见，国内不少专家学者对其外延内涵进行了界定，这里有选择地介绍几种代表性的观点：

新闻广播的现场报道，是报道者（记者、主持人）在新闻现场利用实况音响（包括伴随事物发生的音响、环境音响和访问录音）和报道者的现场解说、述评组合而成的报道形式。①

现场报道是广播、电视新闻特有的一种体裁，它是广播、电视记者在新闻事件的现场直接报道新闻的一种形式。同一般文字新闻（通过播音员变成语音）、录音、录像新闻等相比，不仅具有更强烈的现场感和真实感，而且形式活泼、感染力强，更能体现广播、电视的优势。②

现场报道是广播记者在新闻事件发生的现场，一边观察、一边叙说、一边采录的一种报道形式。它减少了一般新闻广播节目的中间环节，可以把现场情况直接告诉听众，投合听众"先听为快"的心理。同步性、现场感强，是这一报道形式优于其他广播形式的特别之处。③

现场报道是记者在特定的现场、特定的时间，对当时发生的事件进行直接口头叙述所录下来的录音报道。④

以上几种有关广播现场新闻报道的定义，从不同侧面阐述了现场的特定含义，一是这个现场一定是记者所要报道的那个新闻事件发生发展的现场，事件是核心，现场是基础，事件因现场有了依托、氛围、节奏和色调，现场因事件而显著；二是记者一定要亲临这个现场，把自己所见所闻所感，在现场用生动的语言描述出来；三是记者的叙说、各种音响，包括现场的访问一定要在现场录制完成。由于以上设定，广播新闻的现场报道形式对适宜于这一报道形式的题材和记者的语言表达提出了比之其他音响报道形式更加严苛的要求。

第三节　现场报道的适用范围和题材要求

广播新闻现场报道适应了广播听众在及时获得最新信息的同时，能够有更强的真实感、真切感和参与感，所以中外广播新闻的同行也都非常乐意采用这种报道方式。这样又带来了另一方面的问题，即不管题材是否合适，也不问现场条件是否具备，盲目地照搬照套现场报道的程式，结果把内容和形式的关系搞颠倒了。在这里需要指出的是广播新闻现场报道需要有合适的题材和具

① 曹璐、吴缦：《新闻广播研究》，北京广播学院出版社 1997 年版，第 317 页。

② 任文礼：《录音报道基础》，中国广播电视出版社 1995 年版，第 197 页。

③ 李岩：《广播学导论》，杭州大学出版社 1997 年版，第 216 页。

④ 梁巾声：《现代广播学》，暨南大学出版社 1999 年版，第 197 页。

有新闻性、音响丰富的现场条件，提出这个问题，实质上就是使报道的形式和报道的内容尽可能完美和谐地统一起来，来自两个方面的倾向都是背离这一原则的：一是当题材和现场条件具备的时候，因为我们的主观认识能力不够和主观能动作用不到位，与现场报道失之交臂，从专业工作的角度来看，不能不说是很大的遗憾。比如讲，不少地方电台的记者近年来经常遇到重大工程竣工，本地劳动模范、人大代表或国内外重大赛事及夺冠体育运动员载誉归来，在工地、车站、机场这样一些特定空间，本来搞成现场报道既能保证新闻的时效性，在新闻发生的第一时间里进行报道，又能最大限度地满足听众求真、求变的心理需要，可惜因为种种原因，有的采取了录音新闻，还有的只发了文字消息，这是对我们广播报道形式资源的一种浪费；另一种倾向就是不考虑题材和新闻现场条件是否具备，把本来不适宜的新闻搞成现场报道，这叫"削足适履"，有的甚至离开现场在电台录音室里人为合成所谓的现场的音响，这样出来的效果不好，而且也有违广播新闻报道的真实性原则。

从广播新闻现场报道的基本特征和近年来中外优秀现场报道作品的分析来看，适合广播新闻现场报道的题材内容可以归纳为：所普遍关心或者说能够引起人们极大兴趣的事情。主要是由于这种报道方式在提供即时性信息的同时，传递给了他们现场的真切感，在一定程度上满足了他们的参与欲望。而要做到这一点，除了现场报道本身清晰晓畅外，所报道的事件和事实应该是听众所关心的，能够引起他们注意的，只有这样才能使听众在接收信息的同时，有一种闻其声如身临其境的参与感。《三峡工程顺利实现大江截流》这则现场报道，之所以受到听众和专家的一致好评，除了题材事件重大，也因为三峡工程本身的论证过程、建设资金筹措、工程前期移民、工程与生态等问题与老百姓的关系太密切了，整个社会对其相当关注。

1. 新闻事件和新闻事实赖以展开的现场有比较强的新闻性，能够引起人们的注意。例如，美国哥伦比亚广播公司记者威廉·舍勒 1940 年 6 月 21 日所作的《法德两国在贡比涅谈判》的现场报道，就以自己丰富的历史积淀和流利的口才在报道现场中突出了两次世界大战中德法两国同在贡比涅谈判签约的不同蕴涵和巨大反差，突出了事件现场贡比涅的非同凡响——在这里时光如何倒退，历史如何颠倒！

> 我们在贡比涅城以北 4 英里，巴黎城以北 45 英里处的林间空地上，通过麦克风向各位报告现场。今天下午德国时间 3 点 30 分，在离我们几步远的一辆客车车厢里，法国和德国开始谈判，以结束两国当前的战争。这车厢正是在 1918 年 11 月 11 号那个寒冷的早晨，第一次世界大战各交战国签订停战协定的地方。今天下午，在贡比涅美丽的林地里，我们亲眼

看到了时光如何倒退,历史如何颠倒!连今天的天气同22年前的那一天相比,也形成了鲜明的对照!甚至连天气也完全相反。今天这里风和日丽,是六月间巴黎附近的典型气候。

我们站在这里,目睹阿道夫·希特勒、戈林元帅和德国其他领导人今天下午向法国使节提出停战条件。

此时此刻,人们很难想象,就在贡比涅这块小小的林间空地,也就是我们正在播音的地方,1918年11月11号凌晨5点,在那个寒冷的早晨,这里签订了一个停战协定。那节火车厢——那是富赫元帅的专用车厢——离我们不过几码远。它所在的位置,同22年前那个阴沉的早晨分毫不差。唯一的——这个唯一的非同小可——区别是,在当年法国元帅富赫就座的椅子上,希特勒端坐在那里。22年前,希特勒在德国军队里是个无声无息的伍长……所不同的是一切都颠倒过来了,透过车厢的窗户,我们看到,这一次是希特勒提出停战条件。历史经常发生颠倒现象。然而,像这次这样,在同一个地方发生颠倒,却十分罕见……德国元帅声称,他选中的贡比涅这个地方来谈判停战,不过是为了纠正一个历史错误,绝不是为了报复。

……1918年11月11号德国代表接受了同盟国提出的停战条件。今天,在同一个地方,法国政府代表接受了德国元首阿道夫·希特勒提出的停战条件。

2.新闻事件和新闻事实内容相对单一,发生发展的时间跨度有限,空间比较集中,现场的音响比较丰富且具有特点,这些都是适合作现场报道的题材条件:比如大型纪念活动、群众性庆祝活动,重要的又适宜于公开报道的会议,重要的演出和重大的体育赛事,重点工程项目的开工竣工,有重要新闻价值为听众所关心的特别仪式,国家领导人的外事活动,新闻人物有预先安排的一些重要活动,一些突发性的社会新闻和灾害性事故等都适合做广播的现场报道。请看北京电台1993年8月13日播出的一则现场报道:

【录音:汽车行进声,混播】

听众朋友,现在是8月12日晚上11点5分,我们刚刚接到一位听众的电话说隆福大厦起火了。现在,我们正赶赴现场。

【录音:火灾现场的各种声音,混播至结束】

(记者气喘吁吁地说)我们现在站在隆福大厦的南口,整个隆福大厦的上空被一股浓烟团团围住,这里停有几十辆救火车。现在,我经过很多房间,我走得更近一些了,也就是说来到了隆福大厦的楼底下。据我们知道，李其炎市长在这里担任现场指挥，而且还有苏中祥局长。

记者：李市长，您是什么时候赶到这个火灾现场的？

市长：哎呀，现在你还来采访我，等我把火救完了，算了吧，小伙子。

记者：苏局长，您作为现场的总指挥，您对火情的情况是否了解呢？

局长：我们看一下子，现在正往里面……前面冒烟这个实际不是火。是后楼火漫过来的烟，现在新楼里边没有起火。这个地区呀居民房子比较狭窄，消防车进来有困难，水源也不太足。

【录音：火灾现场的声音突出】

现在我已经接近火源(记者被烟呛的咳嗽声)。

消防队员先用石块砸了顶棚的玻璃，然后用水舌去扑灭火舌。现在我已经完全接近了火源，也就是靠近大火燃烧的地方10米左右(烟呛得咳嗽声)浑身已经真正感到了有灼热的感觉。在火势凶猛的隆福大厦后楼，一、二、三、四，我们看到消防员，也就是探险队员已经搭上云梯，砸碎玻璃，正准备在四楼接出还没有撤出的人员。

他们正在抢救被围困在屋子里的人【现场声音：快，快！接她一下，往这里来，好啦，好啦……混播】一位消防队员登上云梯搂住了那位戴眼镜的女同志。据隆福大厦介绍说，这是一直坚守岗位的隆福大厦总机的值班员。

听众朋友，我现在冒着滚滚浓烟(记者咳嗽声)闯进刚刚扑灭的一楼货场，一楼货场里充满了浓烟，消防队员正在努力地搜索每一个最后的火点。

这则现场报道能够成功，原因在于救灾题材扣人心弦。隆福大厦在当地的知名度高，记者报道时的情感急切，口语表述一气呵成，除此之外，新闻事件内容单一、主线清晰——隆福大厦起火消防队员急救；新闻事件的现场非常集中；事件发生的时间跨度有限——从12日晚11点05分记者接到起火电话到大火被扑灭；现场的音响既丰富且有典型意义，汽车的行进声，消防车的鸣叫，砸碎玻璃的声音，灭火现场的人群发出的呼叫和喝彩声，甚至记者被烟呛着时的咳嗽声，给人以鲜明的声音形象和强烈的现场感觉，而这些是文字新闻稿无法实现的。

请看一则2010年获得第二十一届中国新闻奖一等奖的现场报道《高举国旗，呼唤救援》。

请听新疆台记者赵萌，阿勒泰台记者杨树赛采制的录音新闻：高举国旗，呼唤救援。

【出直升飞机声音压混】各位听众，我现在在阿勒泰机场，一架营救雪灾中受困群众的直升飞机刚刚降落，我看到7位牧民陆续被救援人员扶下飞机。

吉木乃县托普铁热克乡波拉提·别克激动地说：【出录音】"今天直升飞机过去以后，我们的牧民没有不哭的人，偏僻的少数民族这么(被)关注嘛，党和国家没有忘记我们。"【录音止】

65岁的哈萨克族牧民恰克巴斯躺在担架上，流着眼泪说：(出录音压混)"要是没有党和政府，没有解放军，我就病死了，太感谢他们。"【录音止】

被救牧民阿依恒说，他和28户牧民在北沙窝冬窝角困了15天，1月22日，在乡亲们快要绝望的时候，突然听到了飞机声，所有的乡民都紧紧抱在一起，拼命向天空呼喊、招手，但是由于天气恶劣，机组人员没有发现他们。这时，阿依恒迅速抓起一面国旗，骑着马向山顶跑，阿依恒说：【出录音】"我们的牧场离边境很近，中心站每天都插有国旗，危急时刻，我想到了国旗。我就骑着马拿着国旗，跑到山顶上，才看到我们的。"【录音止】

雪海中的五星红旗引起了救援人员的注意。直升飞机驾驶员、新疆军区陆航部队飞行大队长张晓中说：【出录音】"降雪很厚，风速特别大，找起来如大海捞针一般。有个牧民骑着马，拿着红旗一直朝我们招手，我们当时心里很感动，潸然泪下，我们就一路上加大马力，安全地把他们送回来了。"【录音止】

作者：赵萌　杨树赛

(新疆人民广播电台2010年1月22日)

这则现场报道能够成功，原因在于救灾题材扣人心弦。国旗字眼本身一说就足以引起人们的关注，除此之外，新闻事件内容单一、主线清晰——牧民因雪灾被困解放军救援；新闻事件的现场非常集中；事件发生的时间跨度有限；现场的音响具有典型意义，直升飞机的轰鸣声，给人以鲜明的声音形象和强烈的现场感觉，而这些是文字新闻稿无法实现的。

3.新闻事件和新闻事实一定是处在发生、发展的阶段性过程当中，便于记者观察、评述和把握，也能够给听众动感和节奏。比如中央台记者录制的现场报道《朱建华再次打破男子跳高世界纪录》中有这样一个片段：

【混播】：开始助跑了，助跑快速有力，起——跳——过——，过去了！成功了！朱建华再一次打破了世界纪录！他再也抑制不住自己高兴的心情，他高兴地跑起来了！记者是随着事件的核心部分的瞬间展开而同步解说的，节奏和动感非常强烈，而且把现场的气氛逼真地传递给了听众。

第四节　现场报道的结构特点和语言运用

现场报道从结构上看，通常也分成消息型的现场报道和通讯型的现场报道。消息类型的现场报道同文字消息的结构相对应，也可以大致分出导语、主体、背景和结尾几个部分；通讯型的现场报道同文字通讯的要求相似，比较注重有一个鲜亮的开头，材料的安排穿插精巧，内容丰富有层次，展开和推进跌宕起伏富于变化，结尾亦能给听众留有回味的余地，这些方面现场报道的结构同相近的广播新闻的其他报道形式都是相同的。

不同的是，因为现场报道受报道题材和报道对象的限制，必须严格遵循特定场所、特定时间里新闻事件和新闻事实发生发展的顺序，所以和文字报道比起来，它缺乏安排结构穿插材料方面的机动性，事件的发生都是即时状态的，记者就处在事件和事实发生的那个特定时空中，而且记者不能错过这个即时状态，看到的、听到的，亲身感受到的、需要在“第一时间”里说出去，录下来，如果错过了这个时间无法补救，也就失去了搞现场报道的机会。所以现场报道结构上的最大特点是与新闻事件发生发展同步来组织自己的结构。不能想象在现场报道中你可以把后面发生的事情提到前面去作解说和介绍。

现场报道在给我们严格限制的同时，也提供了可以发挥我们能动性的方面去考虑安排整个报道的结构。首先，除了突发性的事件外，记者一般要对所进行的现场报道提前进行调查了解，包括搜集与报道事件有关的直接材料和间接材料，从其中可预先知道整个事件的重点和核心环节、事件的背景情况，在进入现场之前着手构思怎样在报道中作出取舍。这就是说，一方面我们必须遵循新闻事件发生发展的逻辑关系，另一方面我们可以提前构思、提前设想。其次，记者可以根据前期准备，精心构思现场报道的导语。因为在全部现场报道结构中只有导语相对超脱于事件发生发展的时间序列，当然并不是所有的现场报道都必须像广播文字消息一样有一个规整的导语，但是一旦在现场报道中有导语的需要时，如果没有这种事先的构思酝酿，记者进入现场之后手忙脚乱无论如何是来不及的。第三，记者按照新闻事件发生发展的顺序，在现场依次进行报道，中间可以穿插和介绍新闻事件的背景资料，这对于揭示新闻的意义，深化报道主题，增加现场报道的厚度是大有裨益的，但需要用十分简洁的语言点到为止，不宜拉杂拖沓，挤占现场事件解说的篇幅。

现场报道的记者和听众之间的关系，就如同向导和游人一样，他要把现场看到的、听到的即时地告诉听众，把听众带领到现场当中。因此记者的语言要直观、通俗。要用交谈式的口吻和话语，短句子，简洁明快清楚，同时还要十分流利。记者不仅要十分准确地说明现场新闻事件的即时状态，有时还需作必要的简短的解释说明，而且需要随机应变，即兴发挥，要具备这样的口才和素养需要下一番苦功夫。

现场报道中记者的语言必须是符合现场环境的语言，是即时解说状态下的语言，也是直观式的语言。记者只说那些他目力所及的事物，没看见没听见的不说。比如在现场报道《法德两国在贡比涅谈判》中有这样一段：

> 3时15分，在1918年签订停战协议的同一个地方，谈判开始了，希特勒在他的使节陪同下出现了。在离我们200码贡比涅林间的那一头，有一座法国人树立的阿尔萨斯—洛林纪念碑，就在这个纪念碑前，希特勒下了汽车。这个著名的用雕像装饰起来的纪念碑上挂满德国军旗，因而你既看不见雕像，也看不见碑文。第一次世界大战结束以来，记者曾多次看过这个纪念碑——毫无疑问，许多听众也见过它，碑上雕着一把剑，这是协约国的象征，这把剑插进一只鹰胸部，这只鹰，代表昔日的德意志帝国……
>
> 在望远镜中，我们看到了元首（指希特勒），在纪念碑前停了下来，用眼扫了一下雕像，并向印有卐字标志的德国军旗致敬。接着，他缓步向我们这个方向走来……

这就是现场的语言，它是记者对于那个特定时空中他所见闻的描述。

现场报道当中的访问、提问作为语言的一个重要组成部分同样应体现简练明快的原则。现场报道是一种主题比较单一的报道形式，因此，现场报道中与被采访对象的谈话时间要短。有限现场报道，记者在采访前可以做些组织工作。如在事先了解清楚采访对象的情况，根据他的实际情况，提出一些谈话要点，请他准备一下，说得更有条理、更清楚一点。但是，大多数现场报道来不及做组织和准备工作，因此在采访中要根据采访对象的职务、心理和其他方面情况确定采访话题，提问简练准确，不能似是而非，不能想到哪里问到哪里，这样才能突出重点，节省时间，保证采访成功。

一般来说，记者在作现场报道之前，都应该在思想上有所准备，尽量使提问贴近被采访者的实际，让被采访者简短的回答能充分表达主题。所提问题要小而具体，容易回答，有话可说。比如中央人民广播电台播出的现场报道《中央领导同志和群众在一起》，反映中央领导和群众一起参加植树活动。采制这篇现场报道时，记者不仅善于捕捉现场，而且善于用简练并带有艺术性和肯定性的语言提问，引出中央领导同志精彩而深刻的谈话。在现场实况音响中，记者向邓小平同志："您说植树要坚持 20 年？"小平同志答："要坚持 100 年。"接着，小平同志又笑着说："再坚持 1000 年。"记者："好，好，好！"小平同志向身边同志说："这棵差不多了吧？"工作人员答："可以了，到那边去吧。"中央领导这两句简短的谈话，不仅增强了现场报道强烈的思想性和指导性，也使广大听众在现场报道中感受到了小平同志的音容笑貌和对植树造林工作的决心，从而受到激励和鼓舞。

现场报道中记者的描述性语言应当力求做到具体形象。要使现场报道真实而生动、可信而感人，单靠音响还不行，还要靠记者对现场准确、具体、形象的描述和描绘，给听众以视觉、嗅觉和触觉，从而加强报道的感染力。记者来到现场，首先应当介绍自己所处的位置和方位，然后仔细观察并抓住现场主要特点，对环境和场面进行描述。描述要实事求是、言之有物，以形象、生动、气氛浓厚的现场感抓住听众，使听众有身临其境之感，即现在你要领着听众走进现场，你需要向听众说明在现场即时状态下由近到远的场景和事件变化情况。实践证明，现场记者描述语言的可贵之处在于能够迅速准确地抓住事件和事物的典型细节及其特点，讲述越具体就越能给听众留下深刻印象。

语言是传达感情的，是为内容服务的。现场报道是记者靠语言声音来向听众表达报道事物的感情的，语言声音的表现直接关系到报道的成败。因此，记者现场报道的语言和解说要有感染力。现场报道的解说必须与现场实况紧密结合，感情基调和解说节奏要与现场事件相吻合，这样，才能使现场报道更加真实、生动、完美而富有感染力。

因为现场报道中记者的描述性语言和现场的音响紧密融合在一起，所以记者语言的基调和节奏也应该和现场事件的基调节奏一致。例如，20 世纪 80 年代获奖的现场报道《朱建华打破男子跳高世界纪录》，当朱建华准备试跳时，现场出现短暂的安静，因为观众的目光和注意力都集中过来了，记者解说的语调也显得稍平缓一些，当记者几乎同步说到开始助跑——跳——过了，成功了，记者的语调变得高亢洪亮激越，语速很快，与现场的欢呼声融合在一起，给听众留下深刻的印象。

第五节　现场报道的音响运用和背景介绍

音响是现场报道的骨架，一则现场报道除了记者的口述包括背景情况的介绍之外，主体部分是事件和事件发生环境的音响，因此音响情况的好坏，音响质量的高低，记者在现场采录音响的优劣，以及对音响的选择，直接影响和决定着整个现场报道的成败。

音响在现场报道中的功用，首先在于它直接表现和反映新闻事件、新闻事实的主题和原貌，而且表现和反映得非常直接、真切，如果采用的被报道事件和事实的音响是现实生活中人们所熟悉的音响，现场记者不需多说只要稍加点到，经由听众的听觉就会转化为清晰的听觉形象，有时不加任何解说也能马上真切地感受到新闻事件和事实发生的情形；其次，现场音响还能够清晰地透视出现场的气氛和人们的情绪，是欢快热烈的，还是悲伤凄婉的；是激越亢奋的，还是舒缓暗香的，听众通过音响就能够感知；第三，音响能够调动听众的听觉兴趣，给听众以丰富的联想。

音响在现场报道中有这样突出的作用，所以要最大限度地发挥音响的作用。我们知道广播的长处是声音，广播中现场报道根本要求也是声音，报道中听众最感兴趣的还是声音。说到声音，播音员的声音，主持人的声音，记者口述的声音，这些无疑都是声音，但广播中现场报道的声音首先强调的是能传达现场事件情境的音响，要抓住能反映事件事物本质特征和生物细节的音响，让音响来说话，中央台记者张梦薇曾经采制《中国卫生城市大检查结束之后——河西区宾西路自由市场见闻》这则现场报道。报道的背景情况是全国卫生城市大检查刚刚结束，一些路段检查之前的那种“整洁干净”很快被乱摆乱放、脏乱不堪所代替，宾西路就是这样的例子。由于一些小贩随意把摊点设在马路中间，致使这一段路堵塞近一个小时，给当地居民和过往车辆及行人造成极大不便。人们怨声载道，一些司机不停地按喇叭，甚至开始骂街，于是这条路上形成了一种强噪音大合唱，其中有小贩的大声吆喝，有司机不耐烦的按喇叭声，有拥挤不堪的人流中夹杂的争吵声。记者刚好路过，用随身携带的录音机录下了现场的声音。

让我们看一下这篇报道中的几个片段：

> “我现在就在宾西路的马路正中间，不过您不必担心，我不会被任何车辆撞到，因为这条路已经挤得每个人都不能动弹了，这种状况到此刻已持续了40分钟了，您听……”
>
> 这时的音响是现场司机强刺激的按喇叭声，因互相挤撞而发生口角的争吵声，当然还有始终如一的各种叫卖声。这种现场的极富感染力的声音立刻给人一种身临其境的感觉，无须记者描述，无须多言，听众会从这些现场所特有的声音中了解到这是怎样的一个现场，接下来是记者和现场一位司机的对话：
>
> 记者：“您每天走这条路吗？”
>
> 司机：“对。”

记者:“始终是这样的吗?”

司机:“不是,这不大检查完了吗!”

接着是现场居民的怨声,又大声大气的、也有自言自语的:“这都太不自觉了,光靠检查有什么用!”对这些记者没有任何评论,只找到了一位在背景声中一直吆喝不停的卖汤圆的老大爷:

记者:“大爷,您怎么把车放在马路中间卖呀?”

老大爷:“这得卖呀!”

记者:“您得卖了,您没瞧见这道路都堵死了吗?”

老大爷:“那我就管不着了!”

以上这些声音应该说几乎没有什么理性说教,也没有新闻分析,完全是靠现场本身所提供的声音素材以及“此时此刻”这一事件所产生的声音特点在顺序上稍作编裁而成,篇幅很短,没有过多记者口述,但从效果看确实起到了以一当十的作用,这便是声音所体现的魅力。在这里,需要记者对现场声音所特有的表现形态有超常的敏感度,换言之,虽然塞车、塞路很常见,但从新闻的角度,大检查之前整洁、干净、秩序,而大检查刚刚结束就恰恰相反,这就不寻常,因而,这现场表现出的强噪音就不寻常,就表现了人们对这种现象的反感、无奈以及不满,这就需要重视,记者选择并强化了这些声音,实际上最大限度地发挥了现场音响的突出作用,一下子使现场的音响效果淋漓尽致。

现场报道中的音响采录、应用还必须保证真实自然。真实是新闻的生命。作为体现广播新闻特色的现场音响报道必须绝对真实,不能有任何虚构。那么怎样才算真实呢?从现场报道的特殊性来说,音响素材、人物讲述包括记者的口述都必须从事件发生的现场录制下来。一是不能以甲地空间代替乙地空间;二是不能让人物离开赖以活动的真实环境到另一个地方去录音;三是现场实况一般不能事前录音和事后补录;四是在制作现场报道时,无论是音响还是人物谈话或烘托气氛的音响,都是实事求是地再现事物发生发展的本来面目,不能张冠李戴,移花接木。

对于现场报道音响的要求,当然也不应当是纯客观和自然主义的,而应当在坚持真实原则的基础上,对音响进行筛选,选择最能反映事物本质的、最具有代表性、最能说明问题、现场感最强的典型音响,这样才能使现场报道生色增辉,效果更佳。比如,中央台播出的现场报道《我国有一颗人造地球卫星发射成功》,记者捕捉的音响就很具有典型性。报道是这样的:

“各位听众,您好!现在我们在祖国西北戈壁深处的火箭发射实验基地,向大家报告我国第十三颗人造地球卫星的发射实况。”

接着，记者用80多个字介绍了现场的一些情况后，马上突出现场典型音响。

【口令实况："5分钟准备……"】

"各位听众，现在大家听到的'5分钟准备'的口令，是担负发射指导任务的指导员刘普德在地下指挥所下达的。"

记者利用发射前短短的时间介绍了发射基地的简单情况，之后又是典型音响。

【口令实况："1分钟准备"……混播】

"各位听众，这是'1分钟准备'的口令，火箭就要飞了。"

【口令实况："牵动！开拍！点火！"火箭轰鸣声实况，混播】

"随着指导员点火的口令，24岁的技术员赵明果断地按下了点火的按钮。"

【突出轰鸣声实况，混播】

"各位听众，现场火箭的尾部喷射出巨大的火焰，发出了排山倒海的轰鸣声，连我脚下的大地也剧烈地抖动起来。火焰冲起的排排气浪，簇拥着火箭庞大的身躯拔地而起，开始不断上升，速度越来越快，就在我们说话工夫它已经升到了空中并且开始转弯。我们看到火箭喷着明亮的火舌在蔚蓝的天空中拉出一道长长的白烟，一直向着东南方飞去。

各卫星跟踪站，正在向指挥所报告着火箭飞行的情况。"

【报告实况："火箭飞行正常"、"雷达跟踪良好"、"游动关机"、"形体分离"、"卫星入轨"】

"卫星准确入轨的报告(混入欢呼声、掌声实况)给发射现场带来一片欢腾(突出欢呼实况)。"

现场感，是现场报道的基本特征。现场典型音响和记者现场口述又是构成现场感的两大要素。一则现场报道能否成功，关键要看两大要素表现得如何。《我国又一颗人造地球卫星发射成功》这篇现场报道，记者在操作上突出重点，突出了个性。他所采录的口令实况、火箭升空的轰鸣、运行报告实况、卫星入轨后的众人的欢呼声等，都是重点环节的音响，同时又具有区别于其他现场的个性特点。所以这个报道充分表现了"卫星发射成功"这样一个现场报道的重要特征，显示性非常强，把听众带到了卫星发射现场，使听众也像现场工作人员一样亲眼看到了卫星发射过程。

现场报道中的音响采制要比录音新闻、录音通讯中音响的采制难度大得多。因为其他录音报道在后期制作过程中可以对音响素材进行适当处理。其他录音报道形式，记者在现场只要把事件音响、环境音响和人物访谈的声音录下来，录清楚就行了，之后所配文字稿由播音员播读或记者自己播读复制完成，对音响选择处理的灵活度比较大，特别是在混播部分，音响什么时候扬起来，什么时候渐渐压低，突出哪部分音响，弱化哪部分音响，无论在过去磁带编辑条件下，还是现场音频工作站的剪辑效果下，都很容易处理完成。而现场报道的记者，他是一次完成包括口述、现场人物谈话、访谈、事件音响等综合音响混合工作的，所以同一时空中不同音响的混比调控对作现场报道的记者来讲，如果经常性地坚持训练，使自己的口头表述像体育比赛现场解说员那样口若悬河、滔滔不绝，是现场报道技巧的第一需要的话，那么娴熟掌握在不同音响环境中的录音技巧也是同样重要的。这样记者在现场如果想要突出某人的讲话，他就知道怎样调整自己话筒的方向和与讲话人的距离，如果记者需要让现场的音响作为他口述的背景音响，他就知道自己手持话筒与口边的距离、自己口述的音量以及与现场音响声源的距离多远和多大为宜。

现场报道中的音响同录音新闻和录音通讯一样都需要注意保证音响的完整性，录音新闻和录音通讯中音响，可以在后期制作过程中通过逐渐压低背景音响音量以至让它最后消失的方法去解决，而在现场报道中这些只能靠记者临场把握了，特别是在有歌唱或有乐曲的音响环境中，记者不能口述结束马上停止录音，这样后期制作就比较困难。

现场报道中背景材料的运用要根据现场报道的题材和在现场中事件发生发展情况灵活运用。这些材料一般是记者提前采访了解到的。例如，珠海电台播出的“珠海市重奖科技人员大会纪实”这则现场报道，记者对背景情况的介绍，既是现场的有机组成部分，又是这则报道的主题、主要元素，请看这则报道的前半部分：

听众朋友，你们好。今天是 3 月 9 日，珠海市 1991 年度科技奖励大会就要在珠海影剧院召开。现在会场外鲜花锦簇，鼓乐齐鸣，在这次大会上，珠海市将以百万元重奖科技工作者。这一举动，在中国科技史上前所未有，真正体现了“科学技术是第一生产力”的精神。

今天，珠海电台记者殷亚敏在现场向各位进行报道。

【录音：去年 11 月 12 日发出申报重奖通知，到 12 月 12 日申报截止的 21 天时间内，有十多个单位和个人提出申报要求】珠海市副市长、市科技奖励评委会主任梁耀明在会上介绍了这次获奖项目的特点。一是技术水平高；二是经济效益明显，获特等奖的项目，利润都在 500 万元以上。

记者：今天一共有 5 个项目获奖，5 个项目的获奖者分别是：珠海特区汉胜特种有限公司研制的藕芯电视电缆获四等奖，首席获奖者寿伟春同志和他的助手共获奖金 8 万元；

珠海市江海电子股份有限公司研制的盒式磁带收录机机芯获一等奖，首席获奖者查雁群同志和她的助手们共获得奖金 244320 元，还奖给查雁群同志香湖胡椒园村 6 幢住宅一套；

珠海特区丽珠制药厂的丽珠得乐冲剂获特等奖，首席获奖者徐庆中同志和他的助手们共获得奖金 1112136 元，还奖给徐庆中同志奥迪牌小轿车一辆，香洲胡椒园新村 15 幢住宅一套；

珠海特区通信技术开发公司的系列程控用户交换机获特等奖，首席获奖者沈定兴同志和他的助手共获奖金 219804 元，还奖给沈定兴同志奥迪牌小轿车一辆，香洲胡椒园新村住宅一套。

记者：现在中外摄像记者纷纷把镜头对准了 5 位获奖者。现在正在由中央、省市领导同志把现金支票、获奖证书以及住房证、住房钥匙和汽车的钥匙交给这些获奖者。

3 位特等奖获得者他们应该得到的小轿车现在就停放在珠海影剧院外面，听众朋友，现在全场的观众以热烈的掌声向 5 位获奖者表示衷心的祝贺。感谢他们在珠海特区的经济建设当中推动经济发展作出的重大贡献。

在这则现场报道中，一开头显然是报道的导语部分，时间、地点、事件都讲述得很清楚，接下来现场录音之后，记者对 5 位获奖者的情况介绍应该说带有背景色彩，当然我们不能苛求于作现场报道的记者，在这里如果现场的情况允许，当 5 位获奖者走上领奖台或以某种方式出现在现场时，记者应立即分别进行即时性的介绍和描述，譬如介绍说现在寿伟春同志走过来了，现场的情形、人物的表情和那个时刻会场当中的气氛都可以活灵活现地告诉听众，然后在中间随时插上一两句话，介绍寿伟春同志是因为他在珠海特区汉胜特种有限公司研制成功了藕芯电视电缆而获奖的，灵活穿插，即时性穿插，体现了广播新闻现场报道中背景材料穿插的一般要求。假如 5 位获奖者背景情况的穿插都按这一要求处理，则整篇报道现场感会更强些，报道的内容也更鲜亮鲜活。反过来讲，现场报道中背景资料的使用不宜死板，不宜死背稿子像拼贴画似的贴上去，记者应该对背景资料烂熟于胸、了如指掌，至少是通过前期工作，准确地了解现场当中将要发生的新闻事件、事实以及与事件、事实相关的人物的主要情况，到了现场再根据情况随时脱口而出。经验证明，现场报道中的背景资料，不应该也不可能长篇大论，这是由现场事件瞬间变化的情况所决定的，报道火箭发射的现场，报道的切入点只能选择在火箭点火前数分钟开始，当火箭点火已经进入倒计时 5 分钟、1 分钟，在这非常有限的时间里，你要描述现场情况，可能还需介绍现场的几位关键人物，把握的重点是现场情况介绍，当然少不了有关火箭发射准备工作、火箭性能种类、过去发射的历史、本次发射的意义等背景情况的介绍，但是显而易见，这里的介绍是非常扼要的点睛似的介绍。

有些现场报道的背景资料，在穿插引用的时候需要说明一下出处，这样显得自然合理，比如报道杭州雷峰塔重新修造工程，记者在现场解说："我们看到这座塔在一天天增高，已经进入结顶阶段的施工，塔身和斜对面山上的保俶塔遥相呼应，塔高 45 米，塔宽 35 米……"听众可能有疑问，记者真是好眼力，竟能自测出塔的尺寸，其实问题也是出在背景材料的引用上，在这里只要加一句话，"据施工人员介绍"或"根据雷峰塔修复工程实施计划"，这样既有权威性，又能避免误解。

任何新闻事件和新闻事实都是在特定条件下形成的，也都有其纷繁交错的社会历史、自然地理上的联系，为了在现场报道中帮助听众了解新闻的实质，扩大视角，加深印象，有必要对不同类别的背景加以识别。从要素上分，现场报道的背景材料可分为人物性背景材料和事件性背景材料；从逻辑角度可分为对比性的背景材料和非对比性背景材料，相对来说在现场报道中，对比性的背景使用得要更普遍一些，即用过去和现在、正面和反面、中国和外国、此地和彼地等的对比关照，来映衬出所报道事实的内涵来。从语用学角度还可以分为阐述性和注释性两类背景材料。所谓阐述性就是尽可能使用所报道新闻事件和新闻事实中的政治社会含义，不同阶层人们对同一事件、事实的不同反映的材料，包括事件、事实的历史沿革等材料，来着重说明新闻事件和事实的社会价值；所谓注释性的背景材料就是围绕新闻事件和新闻事实作出方方面面解释的那类材料。无论哪类材料都需要现场报道的记者"见缝插针"，要与现场的解说融为一体，成为一张皮，而且尽可能简短、贴切、自然和流畅。

第六节　现场报道的采制

从广播新闻现场报道的采录、制作和播出方式上，我国广播界目前把现场报道氛围录音播出的现场报道和直接播出的现场报道两类，简称为录播的现场报道和直播的现场报道。

所谓录播现场报道，是指记者在现场运用实况音响、现场访谈音响、现场解说的现场一次性完成制作，即使需要后期进行加工，也只限于作小的剪接、修饰。它相对于实况广播、现场直播报道，相同之处在于都是一次性在现场完成的，与事件同步进行的，以追求事件现场的即时状况为报道特征和报道诉求，强烈逼真的现场感是这种报道方式的优势所在。不同的是直播报道的采录、解说接近实况广播，一般适用于可以预先知道的一些重大活动和重大事件的报道，直播报道又比实况广播灵活一些，它不必像实况广播那样，按照时间的顺序作全程性的报道，直播报道可以只选取事件的某一部分，当然两者都需要电台预先安排出专门的时间，报道与播出同步。录播的现场报道不必安排专门时间，它通常在现场录制成为磁带或者是数字化的录音光盘，在电台最接近的一次新闻节目中播出，录播现场报道相比较来说，适应性强，不必预先安排专门的播出时间，既能和直播现场报道一样适应预知性事件，又能独自用来报道各种突发性的事件。要搞好现场报道的采制需要注意这样几个方面的问题：

第一，要重视做好现场报道的前期采访和前期工作。

一则成功的现场报道的采制涉及许多方面的因素。但是前期记者深入扎实的采访，广泛占有资料，反复提炼主题，明确报道重点，准备现场可能出现的各种问题的应对方案、决定背景资料的取舍并且使之烂熟于胸，包括自我心理的准备，所有这些不能不影响和决定报道的质量。文学写作有“厚积薄发”经验之谈，很多老记者也有“长期积累，偶然得之”的收获，现场发生的新闻能不能报道得精巧、独到、灵动鲜活，在很大程度上取决于记者平时的积淀和报道前的准备。

第二，记者在现场要有自己的独到视角和关注点。

很多现场报道中的事件、任务、场景、气氛都处在急速的变动和变化之中，现场犹如战场，瞬息万变。要在稍纵即逝、纷繁复杂的情况下，准确果断、干净利索地作出取舍，分毫不差地把握切入的时机，丝丝入扣、鲜明生动地再现现场的情景，处在现场的广播记者就必须要有自己独到的视角和关注点，不失时机地捕捉到最能表现与反映新闻事件和新闻事实的典型场景、典型人物、典型语言和音响，不失时机地发现和报道现场中最传神、最动人的细节。记者手中的录音机要跟着关注点转动，不能消极被动地跟着现场新闻事件的脚步，手中的话筒始终指向一个方向。

第三，记者的情感和全部官能都要投入到报道中。

现场报道不像别的报道形式，绝大多数情况下不可能为报道者提供相对从容和宽松的报道条件，一旦进入现场，即使是有程序设定的现场，即使是你已经提前作了采访和准备，拟就了各种应变方案，瞬间展开的新闻事件和各种意外情景、细节会一下奔腾出来，所以对于广播记者来讲，只有全身关注，眼观六路，耳听八方，保持头脑的高速运转，迅速理解、判断现场人物、事件每一个瞬间变化的含义是什么，我如何作出取舍，我怎样去描述和采录，只有这样，才能在现场始终保持机敏的应变能力，即使现场发生的情况和我们的预案“腹稿”不相同，也能在瞬间里迅速进行调整和补救。例如，中央台记者刘振敏又一次随同我国代表团访问日本，按照中日双方确定的访问日程，代表团将去日本岚山周恩来总理诗碑进行瞻仰活动，刘振敏提前获知这次瞻仰活动的程序安排并准备作一个现场报道。在准备的方案中，瞻仰活动的最后一项程序由日本女青年合唱怀念周恩来总理的歌作为重点环节来采录。可是当记者还在离诗碑比较远的上坡上的时候，已经听见歌声响起来了，原来是胡耀邦等同志脚步快了些，已经赶到诗碑前了，日本女青年见到中国领导人瞻仰诗碑便触景生情，提前唱起了这首歌。这时候，记者立即边跑边开动录音机，终于将这首中日两国人民耳熟能详而又最能表现主题的歌曲完整地录了下来。就是在这则现场报道中，当日本老人吉村孙三郎介绍修建诗碑的情况后，日本女青年延长的《怀念周总理》的歌曲逐渐突出来。那激动人心的歌曲里饱含着时代的精神和人民的浓烈情感，也使记者的全部身心情感都沉浸在现场之中。当记者口述到“我们默默地读着周总理的诗，敬仰周总理的革命生涯”时，声音带着颤抖，使得报道的气氛、情感和听众的情感产生了共鸣，给听众以极大的感染和留下了深刻的印象。

第四，后期制作要精心、精良。

尽管现场报道的音响和解说多数是在现场进行的，但因为时间的仓促，又受到现场条件的限制，不少地方可能是粗糙的，无论是现场解说还是现场音响录音，对于录播的现场报道还需要经过加工整理，在进入后期制作之前，这些在现场完成的带子相对于成品来讲还只是素材，再加上现场音响和解说的录制要与现场进程一致，所以不免带有随机性和间歇性，这些同样需要在后期制作中寻求它们之间的最佳组合点，以期把音响和解说紧密地结合起来。在后期制作中，需要特别注意的是一要从真实准确再现现场新闻事件和新闻事实出发，精心挑选现场采录的音响材料，不要贪多，该舍的坚决舍弃，使剪辑进报道的音响成为“以一当十”的精品音响；二是要仔细推敲和考虑已经在现场完成的解说，如果发现个别地方确有不当而又不致影响解说录制的整体结构，可以进行适当的调整、修补和增删；三是依循现场音响和记者解说之间的时空联系和逻辑联系，使它们之间水乳交融，没有什么空隙，避免音响和解脱的脱节、重复、错位；四是注意现场录制的不同声响之间的混比和谐以及整体的音量、节奏，使重要的音响突出出来。

第七节　现场报道对记者提出的要求

广播新闻现场报道的记者除了具有文字记者的理论素养、政策水平和知识水平以及敏锐的新闻嗅觉、较强的写作能力之外，还需要具有这样一些素养和能力：

第一，良好的心理应激状态。

对于预知的现场报道题材，不少情况下场面宏大、人数众多，身处现场的记者需要面对和应付许多不熟悉的人和事，也可能记者自己成为人们注意的一个焦点，需要有平和沉着的心态，克服胆怯和羞涩心理，不受来自自身心理状态和周围环境的影响，把握时机，该解说的地方，落落大方，旁若无人。对于不可预知的现场报道题材，因为客观上没有进行先期采访的条件，很多情况下当记者进入报道现场的时候，心里是没底的，着急是一种自然状态，处理好了，可以促使记者在最短的时间里利用自己过去的经验积淀，抓住关键的核心人物，撷取最重要的核心资料，以掌握整个现场报道的主动权，若是让这种摸不着头绪的着急心理演变为一种慌乱状态，势必会错过现场新闻事件和新闻事实瞬息间的精彩场景。

第二，要做到反应灵敏、动作快捷。

现场最有特点的场景、最能表现主题的典型细节、最能反映新闻事件和新闻事实本质的音响，瞬息变化的情况下又不能有遗漏，这就要求身处现场的记者保持高度的机警状态，眼快耳灵，手快脚快，包括站位跑动，及时口述和及时采访，保持高度的协调。

第三，说话流利流畅，能够随机应变即兴发挥。

现场报道的记者应该用普通话或者略带方言的普通话进行现场描述和讲述，但是描述讲述的语言一定要流利晓畅，根据现场的气氛节奏保持一定的速率和一定的张力，准确通俗地说明在现场的所见所闻，及时穿插和介绍一些和现场新闻事件、新闻事实有关联的背景材料，所以搞现场报道的记者不仅要有笔头写作能力，更重要的是要有一副好口才，要能滔滔不绝地即兴发挥，这需要平时的磨炼和接受专门的训练。

第四，要有熟练的录音制作技术。

目前，大多数电台都采取录音师和机房节目人员和记者一同完成现场报道的现场录制和后期制作工作，即使这样，仍然需要作现场报道的记者共同来配合，而且记者始终处于主导的位置，所以只有记者自己懂采录和制作的技巧才能配合好。也有一些台采、录、播、制都是由搞现场报道的记者独自一人完成的,在这种情况下,记者如果不掌握录音制作技术或者不熟练,是做不好现场报道的。

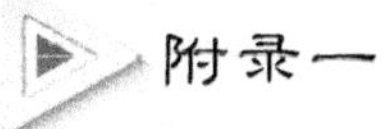

附录一

警报,不忘"9·18"

听众朋友、听众朋友,我是记者李慧敏,我在辽宁大学门前向您作现场报道。

今天是9月18号,现在的时间是22点20分。您听到了吧?此时我市夜空响起震耳的警报声。64年前的这个时刻,日本军国主义炮击沈阳北大营,拉开蓄谋已久的侵略中国的序幕。沈阳市委、市政府决定,这个时刻在全市13个县区同时拉响150个警报器,以告示人民,不忘"9·18"。

在警报拉响的时刻,我看到,许多人推开了门窗,一些正在行驶的车辆缓缓地停下来,散步的、赶路的也停了下来;有些人相互议论着,还有些人凝视着夜空。大家脸上露出肃穆、庄重的神情。

"这位司机师傅,这位同志,您等一下,对不起,打扰您一下,我是沈阳电台的记者,您知道今天晚上拉警报是怎么一回事吗?"

"知道,'9·18'纪念日嘛,天天听电台广播。"

在今天晚上拉响警报,这是沈阳胶带总厂退休干部郝松青提出的建议,他向记者表述了他的初衷:"我想,这个想法并不是我一个人的。'9·18'是我们国家蒙受耻辱的日子,从这天晚上的10点20分这一刻开始,中国人民陷入了深重的灾难之中,这一天、这一时刻任何人都不能忘记。"

我的同事王文堂,现在正在皇姑区北陵小区的郑殿起老人家里。

王:"听众朋友,郑殿起老人原是省政府参事,今年88岁,这位老人是'9·18'事变的历史见证人。警报声响,老人想起64年前的这个时刻的情景,非常激动。"

郑:"9·18"的当时,我是设在东大营东北讲武堂的上尉队副,住在东院。当天的夜里10点多钟,忽然听到北大营方向的枪炮声响,就知道这是日军进攻北大营了。住在北大营的东北陆军步兵第七旅三个团有一万多人,在武器装备、官兵素质方面都是一流的,而进攻北大营的日军只有五六百人,我们用20比1的比例,很容易就能够把日军消灭,但是实行蒋介石不抵抗的命令。第七旅的官兵,含着眼泪、跺着脚,边抵抗、边撤退。住在东大营的讲武堂师生在9月9日的上午9点多,发现日军由北大营向东大营进攻,就撤到东部山区去了。这是个国耻！

听众朋友，有亲身经历过的人，不会忘记那段血和泪的历史，那么青年是怎么想的呢？辽宁大学校门口几位同学聚集在一起。这是二十几岁的年轻人，大概是第一次听到空中的警报声。

"这位同学您叫什么名字，哪个系的？"

"我是哲学系的，我叫郭霞。"

"谈谈你的感受好吗？"

"听到这刺耳的警报声，给我一种深深的刺痛。我们国家过去落后、挨打，那是因为贫穷。那么现在我们国家要强盛，我们大学生就肩负着历史使命。我们应该从现在开始好好学习，奋发向上，为祖国的将来更好地服务。"

（警笛……）

作者：李慧敏　王文堂

（沈阳人民广播电台 1995 年 9 月 18 日首播）

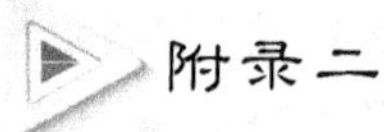

附录二

南京大屠杀死难者国家公祭仪式的现场直播特别节目

男主播：听众朋友们，您正在收听的是南京大屠杀死难者国家公祭仪式的现场直播特别节目，公祭仪式马上就要开始。那么，公祭仪式是由中国全国人大常委会委员长张德江主持，那么南京的公祭活动，还包括召开史学专家的研讨会。12 月 9 号上午，侵华日军南京大屠杀遇难同胞纪念馆举行了国家公祭视域下的南京大屠杀史研究暨侵华日军南京大屠杀史研究会 2014 年学会年会。

女主播：那么今天下午呢，侵华日军南京大屠杀遇难同胞纪念馆和南京市民族宗教局也将邀请中日韩三国宗教团队在纪念馆哭墙前举行世界和平法会。

男主播：那么，另外呢，还有国家公祭日邮资纪念明信片以及纪念封的发行活动，江苏省南京市邮政公司将配合中国邮政集团公司在侵华日军南京大屠杀遇难同胞纪念馆举行南京大屠杀死难者国家公祭日邮资纪念明信片以及纪念封的首发仪式。

女主播：此外，类似的活动还有很多很多。我们现在呢，把信号切到现场。

【现场混响】

【中共中央总书记、国家主席、中央军委主席习近平步入纪念馆集会广场。仪式由全国人大常委会委员长张德江主持。一万名各界代表佩戴白花静静肃

立。公祭以中共中央、全国人大常委会、国务院、全国政协、中央军委名义举行,体现出国家公祭最高规格。】

【出录音】[中共中央政治局常委、全国人大常委会委员长张德江]南京大屠杀死难者国家公祭仪式开始。奏唱《中华人民共和国国歌》。

【现场混响】军乐团演奏,全场齐唱国歌。

男主播:听众朋友们,南京大屠杀死难者国家公祭仪式已经开始。

【出录音】[张德江]向南京大屠杀死难者默哀。

【现场混响】仪式现场拉响防空警报,全场默哀。

男主播:刚才公祭仪式现场,整个南京市拉响了防空警报。

女主播:听众朋友,现在是我们的直播节目。

【出录音】[张德江]默哀毕。向南京大屠杀死难者敬献花圈。

男主播:在默哀之后呢,现在进行的是向南京大屠杀死难者敬献花圈的仪式。

【现场混响】全场肃立,军乐团演奏《安魂曲》,16 名礼兵抬 8 个花圈敬献于公祭台上。

女主播:各位听众朋友,现在为您直播的是南京大屠杀死难者国家公祭仪式的现场,此刻在侵华日军南京大屠杀遇难同胞纪念馆集会广场,在军乐团演奏的《安魂曲》中,正在进行的是向南京大屠杀死难者敬献花圈仪式。

男主播:今天,作为首个南京大屠杀死难者国家公祭日,这是继 7 月 7 日党和国家领导人到中国人民抗日战争纪念馆同首都各界人民代表一起隆重纪念“七·七事变”全民族抗战爆发 77 周年。9 月 3 日,首个中国人民抗日战争胜利纪念日,党和国家领导人再一次来到中国人民抗日战争纪念馆与首都各界代表一起向抗战烈士敬献花圈,隆重纪念中国人民抗日战争暨世界反法西斯战争胜利 69 年之后,又一个重大活动,充分表明中国共产党、中国政府和人民勿忘国耻、铭记历史、面向未来、奋力崛起的愿望越来越浓厚升温,其行动也越来越坚定不移。

女主播:在首个南京大屠杀死难者国家公祭日来临之时,中国大地掀起了举证讨公道、伸张正义、控诉日本帝国主义野蛮侵华、惨无人道、大肆屠杀南京和各地同胞罪行的怒潮。在 12 月 10 日,世界人权日当天,南京大屠杀死难者遗属致联合国人权机构公开信,在南京向社会公布。近 700 字篇幅的公开信,一共有 3361 名南京大屠杀遇难者遗属和幸存者联合起草,以中国人权研究会、南京大屠杀死难者遗属的名义,分别寄到联合国秘书长潘基文、联合国人权理事会主席波德莱尔·恩东·艾拉和联合国人权事务高级专员扎伊德·侯赛因。

男主播：南京大屠杀死难者遗属致联合国人权机构公开信字里行间都是剜心般的血泪控诉，让世人进一步看清了南京大屠杀的历史真相，全人类不可忘记那阴森恐怖、令人发指的黑暗日子。

女主播：历史之痛，警钟长鸣。今天，全国各地和南京一同奏唱中华人民共和国国歌，鸣笛致哀，默哀缅怀。首个国家公祭日继续唤醒人类和平发展强烈意识，坚定反对战争、反对杀戮、反对践踏人权，坚定走和平发展、合作共赢道路，坚定抵制日本帝国主义魔影重现。

男主播：国之大事，在祀与戎。这一次，悼以国之名，追忆逝者，缅怀英灵；这一次，以立法铭记历史，祈愿和平。听众朋友们，欢迎继续收听南京大屠杀死难者国家公祭仪式现场直播。

【现场混响】[张德江]南京市青少年代表宣读《和平宣言》。

【在朗诵台上，77 名南京市青少年代表宣读《和平宣言》】

巍巍金陵，滔滔大江，钟山花雨，千秋芬芳。
一九三七，祸从天降，一二一三，古城沦丧。
侵华倭寇，掳掠烧杀，尸横遍野，血染长江。
三十余万，生灵涂炭，炼狱六周，哀哉国殇。
举世震惊，九州同悼，雪松纪年，寒梅怒放。
亘古浩劫，文明罹难，百年悲叹，警钟鸣响。
积贫积弱，山河蒙羞，内忧外患，国破家亡。
民族觉醒，独立解放，改革振兴，国运日昌。
前事不忘，后事之师，殷忧启圣，多难兴邦。
二零一四，国家公祭，中外人士，齐聚广场。
白花致哀，庄严肃穆，丹忱抒写，和平诗章。
大道之行，天下为公，大德曰生，和气致祥。
和平发展，时代主题，民族复兴，世代梦想。
龙盘虎踞，彝训鼎铭，继往开来，永志不忘。

【现场混响减弱】

女主播：和平宣言的作者呢，是冯亦同，也是南京市作家协会的顾问，是江苏省中华诗学研究会顾问。

男主播：刚才是南京的高中学生宣读《和平宣言》。

【现场录音】

[张德江]请中共中央总书记、国家主席、中央军委主席习近平和南京大屠杀幸存者代表、少先队员代表为国家公祭鼎揭幕。

男主播：现在国家主席习近平将和一名南京大屠杀幸存者代表、一位少年儿童代表共同为南京大屠杀国家公祭日的公祭鼎进行揭幕。

女主播：那么也是为了营造国家公祭仪式的一种庄严气氛，铭记这一历史事件，是在首次国家公祭现场也设置了国家公祭鼎这一尊，并作为侵华日军南京大屠杀遇难同胞纪念馆纪念物呢，要永久性地陈列。

男主播：鼎在中国传统文化当中是国家重器、是国家政权的象征，也是祭祀时重要的祭器和礼器。那么，中国呢，为南京大屠杀死难者进行国家公祭仪式是体现国家意志的最高规格的祭祀仪式。使用鼎来纪念这一具有历史意义的事件，有利于突出祭祀主题，体现国家礼仪，营造庄重的氛围。

女主播：气氛也是非常庄重和肃穆。我们刚才介绍了这一尊国家公祭鼎呢，它是三足两耳的一种形状，铜质的鼎身和铜质的底座呢，重达 2014 公斤，实质的底座重是 1213 公斤，象征 2014 年 12 月 13 日进行首次国家公祭。

男主播：国家主席习近平和两位市民代表呢，扶着深蓝色的飘带呢，共同将铜鼎展示在大家的面前。

女主播：这里是我们直播公祭的特别节目。

【出现场音】

[张德江]请习近平总书记发表重要讲话。

男主播：现在国家主席习近平将发表重要讲话。

女主播：国家首次的公祭日呢，全世界人民都在举目关注着，那么在这样的庄重肃穆的气氛当中，我想我们的心情是一种非常沉痛的缅怀。

【现场混响】

[习近平]同胞们，同志们，朋友们：今天，我们在这里隆重举行南京大屠杀死难者国家公祭仪式，缅怀南京大屠杀的无辜死难者，缅怀所有惨遭日本侵略者杀戮的死难同胞，缅怀为中国人民抗日战争胜利献出生命的革命先烈和民族英雄，表达中国人民坚定不移走和平发展道路的崇高愿望，宣示中国人民牢记历史、不忘过去，珍爱和平、开创未来的坚定立场。

1937 年 7 月 7 日，日本侵略者悍然发动了全面侵华战争，给中国人民带来了前所未有的巨大灾难，中国城乡战火连绵、硝烟四起，中国人民生灵涂炭、苦难深重，中国大地赤地千里、饿殍遍野。

1937 年 12 月 13 日，侵华日军野蛮侵入南京，制造了惨绝人寰的南京大屠杀惨案，30 万同胞惨遭杀戮，无数妇女遭到蹂躏残害，无数儿童死于非命，三分之一建筑遭到毁坏，大量财物遭到掠夺。侵华日军一手制造的这一灭绝人性的大屠杀惨案，是第二次世界大战史上“三大惨案”之一，是骇人听闻的反人类罪行，是人类历史上十分黑暗的一页。

令人感动的是，在南京大屠杀那些腥风血雨的日子里，我们的同胞守望相助、相互支持，众多国际友人也冒着风险，以各种方式保护南京民众，并记录下日本侵略者的残暴行径。他们中有德国的约翰·拉贝、丹麦的贝恩哈尔·辛德贝格、美国的约翰·马吉等人。对他们的人道精神和无畏义举，中国人民永远不会忘记。

日本侵略者制造的南京大屠杀惨案震惊了世界，震惊了一切有良知的人们。第二次世界大战胜利后，远东国际军事法庭和中国审判战犯军事法庭，都对南京大屠杀惨案进行调查并从法律上作出定性和定论，一批手上沾满中国人民鲜血的日本战犯受到了法律和正义的审判与严惩，被永远钉在了历史的耻辱柱上。

历史不会因时代变迁而改变，事实也不会因巧舌抵赖而消失。南京大屠杀惨案铁证如山、不容篡改。任何人要否认南京大屠杀惨案这一事实，历史不会答应，30 万无辜死难者的亡灵不会答应，13 亿中国人民不会答应，世界上一切爱好和平与正义的人民都不会答应。

同胞们、同志们、朋友们！中国人民和中华民族历来具有不畏强暴、敢于压倒一切敌人而不被敌人所压倒的英雄气概。面对极其野蛮、极其残暴的日本侵略者，具有伟大爱国主义精神的中国人民没有屈服，而是凝聚起了同侵略者血战到底的空前斗志，坚定了抗日救国的必胜信念。在中国共产党号召和引领下，在全民族各种积极力量共同行动下，中华儿女同仇敌忾，视死如归，前仆后继，共御外敌。

经过 8 年艰苦卓绝的浴血奋战，中国人民付出了伤亡 3500 万人的沉重代价，用生命和鲜血打败了日本侵略者，赢得了中国人民抗日战争伟大胜利，也为世界反法西斯战争胜利作出了重大贡献。

中国人民抗日战争的胜利，谱写了中华民族不屈不挠抵抗外来侵略的壮丽史诗，彻底洗刷了近代以后中国屡遭外来侵略的民族耻辱，极大增强了中华民族的自信心和自豪感，也为中国人民在中国共产党领导下开辟实现民族复兴的正确道路创造了重要条件。

同胞们、同志们、朋友们！自古以来，和平就是人类最持久的夙愿。和平像阳光一样温暖、像雨露一样滋润。有了阳光雨露，万物才能茁壮成长。有了和平稳定，人类才能更好实现自己的梦想。

历史告诉我们，和平是需要争取的，和平是需要维护的。只有人人都珍爱和平、维护和平，只有人人都记取战争的惨痛教训，和平才是有希望的。

我们为南京大屠杀死难者举行公祭仪式，是要唤起每一个善良的人们对和平的向往和坚守，而不是要延续仇恨。中日两国人民应该世代友好下去，以史为鉴、面向未来，共同为人类和平作出贡献。

忘记历史就意味着背叛，否认罪责就意味着重犯。我们不应因一个民族中有少数军国主义分子发起侵略战争就仇视这个民族，战争的罪责在少数军国主义分子而不在人民，但人们任何时候都不应忘记侵略者所犯下的严重罪行。一切罔顾侵略战争历史的态度，一切美化侵略战争性质的言论，不论说了多少遍，不论说得多么冠冕堂皇，都是对人类和平和正义的危害。对这些错误言行，爱好和平与正义的人们必须高度警惕、坚决反对。

同胞们、同志们、朋友们！“疑今者，察之古；不知来者，视之往。”近代以后的100多年时间里，中国人民无数次经历了战争磨难，更加懂得和平的珍贵。弱肉强食不是人类共存之道，穷兵黩武不是人类和平之计。和平而不是战争，合作而不是对抗，才是人类社会进步的永恒主题。

刚才，我们为南京大屠杀死难者国家公祭鼎庄严揭幕。我们设置这尊鼎，就是要向世人宣告“昭昭前事，惕惕后人”、“永矢弗谖，祈愿和平”的心愿。

此时此刻，我们要告慰所有在南京大屠杀惨案中不幸罹难的同胞们，告慰所有在日本侵华战争中不幸死难的同胞们，告慰所有在近代以来中国抗击外来侵略中英勇牺牲的同胞们，告慰所有在为争取民族独立、人民解放和国家富强、人民幸福的伟大斗争中英勇献身的同胞们：今天的中国，已经成为一个拥有保卫人民和平生活坚强能力的伟大国家，中华民族任人宰割、饱受欺凌的时代已经一去不复返了，中国人民正在意气风发地沿着中国特色社会主义道路，为实现“两个一百年”奋斗目标、实现中华民族伟大复兴的中国梦而奋斗。中华民族的发展前景无比光明。

此时此刻，中国人民也要庄严昭告国际社会：今天的中国，是世界和平的坚决倡导者和有力捍卫者，中国人民将坚定不移维护人类和平与发展的崇高事业，愿同各国人民真诚团结起来，为建设一个持久和平、共同繁荣的世界而携手努力！

【现场混响减弱】

男主播：各位听众，刚才国家主席习近平在南京大屠杀死难者国家公祭仪式上发表了重要的讲话。习近平主席特别强调，我们为南京大屠杀死难者举行公祭仪式是要唤起每一个善良的人对和平的向往和坚守，而不是要延续仇恨。中日两国人民应该世代友好下去，以史为鉴，面向未来，共同为人类和平作出贡献。

【背景音：现场混响掌声】

女主播：听众朋友，您现在收听的是南京大屠杀死难者国家公祭仪式的现场直播特别节目。那么接下来呢，我们会继续关注。

【现场混响渐强】

[张德江]撞响和平大钟，放飞和平鸽。

女主播：现在6位来自南京各界的代表共同撞响和平大钟。在侵华日军南京大屠杀遇难同胞纪念馆集会的广场上，我们会看到，3000余和平鸽腾空而起，现场嘉宾及全体民众也会把目光投向天空中展翅飞翔的和平鸽。

男主播：慎终追远，以国家公祭形式缅怀死难者，寄托哀思，不忘历史，汲取教训，有助于开拓未来。

女主播：好，听众朋友，您现在正在收听的是南京大屠杀死难者国家公祭仪式的现场直播特别节目。

男主播：听众朋友，77年的时光啊，转瞬即逝，那么77载沧桑巨变，历经劫难的南京呢，正在改换新颜。

【现场混响渐强】

[张德江]南京大屠杀死难者国家公祭仪式结束。请大家参观“人类的浩劫——侵华日军南京大屠杀史实展”。

女主播：南京大屠杀死难者国家公祭仪式呢，现在已经结束了。那么刚才我们也说过呢，77年的时光荏苒，77载的沧桑巨变，历经劫难的南京呢，正在改换新颜。

男主播：南京的中华门，南京的中华保卫战战斗最激烈的地方之一，当年日本侵略军第六师师团在此突入南京城，其他几个城门也相继失守。屠城惨案，由此兆始。

【音乐渐起】

男主播：如今的中华门周边车水马龙，一派繁荣的景致。

女主播：变化的不仅是中华门，今年8月，第二届青奥会在南京举行，全世界都在为这座城市的繁荣与活力由衷地赞叹着。

男主播：南京的新生，南京的巨变，也是中国高速发展的缩影，改革开放30多年来，中国奇迹，世界瞩目。重回世界舞台中央的中国，正以自身的发展繁荣为世界发展带来新机遇，注入新活力。

女主播：13亿中国人迎来民族伟大复兴的关键时刻，举行国家公祭，重温苦难历史，在全民族逐梦圆梦的道路上凝聚起团结奋进的磅礴之力。

男主播：从南京大屠杀幸存者的一声证言到中华儿女的共同记忆，从纪念馆哭墙前一束束鲜花到国家公祭网上的万千寄言，首个国家公祭日，亿万中华儿女的心中涌动着一个共同声音，让我们铭记历史，珍爱和平，勿忘国耻，圆梦中华。

（中国国际广播电台2014年12月13日播出）

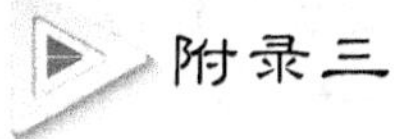

附录三

盟军在法国海岸线登陆

各位听众:乔治·郝克斯现在向各位播音。现在,我自美国海军旗舰信号台上面的一座塔楼上向各位播音。这艘旗舰离法国海岸线只有几英里,在那里,欧洲登陆战已经打响了。现在是5时40分,登陆艇都已离开了母舰,向着法国蜿蜒的海岸线进发。纵目望去,海岸线尽收眼底。

我军炮击舰队摆在旗舰周围,开始猛烈炮击对面的海岸,我们能清楚地见到黄色火焰不断地升起,尽管由于距离太远,我们听不到炮弹爆炸的声音。与此同时,岸上的纳粹炮火也开始还击了,他们炮火喷射的光焰依稀可辨。

今天空中有一层薄云,飞机从这云层上隆隆飞过。这云层像是一层灰色的屏幕,既不浓,又不厚,距地面不太近,因而不妨碍航空兵实施轰炸。

步兵登陆舰和坦克登陆舰现在开过来了。它们都是两栖作战船只,其任务是把坦克、卡车、推土机和各种人员运到对岸。它们在英吉利海峡起伏的波涛中向前冲击。在我舰周围,到处都是锚泊中的运输舰,较小的船只就是由它们装载的。登陆舰乘风破浪蜿蜒前行,陆续在不规则的海岸线行驶——这海岸线像是有人用黑铅笔在大海里画出来的。各舰艇都全速前进,向着法国本土,向着诺曼底半岛海岸前进。

现在快到1944年6月6日早晨6时了,天快亮了……我们已能听到炮弹或炸弹在法国本土爆炸的声音了,这声音大约离我们八到十英里。英、美战列舰和重巡洋舰在我乘坐的旗舰后一字儿排开。各舰重炮都在开火,把我们脚下的钢铁舰桥震得直颤。我数了一下,在我面前有24艘载有各种车辆的……方头大肚的登陆舰,它们正在起伏的波涛中排好队形,等待着向对面冲击的命令。

在我军第一(干扰)……纳粹的海岸炮火朝我们开火了(干扰)……我们的海军炮击分舰队已予以还击。

一艘战列舰离我们很近,只有3英里。美国著名战列舰"德克萨斯"号正在(干扰)……终于进入炮击位置(干扰)……其他战列舰现在离法国海岸只有2英里了,在向敌军纵深阵地射击。对岸的德国兵打照明弹了,我军战列舰立即用全部舷炮轰击。各舰被炮火映照得通明,我们看到的棕色和灰色的硝烟从炮口中喷射出来……现在,敌人的岸炮又开始射击了,我舰再次还击……在空中,飞机在咆哮……它们来得正是时候……猛炸岸上的敌人……

美国的一艘巡洋舰冲上前去了……"德克萨斯"号也上去了……现在是

"尼瓦达"号,还有"阿肯色"号……都是些老家伙! 它们都在岸边抛了锚,直接轰击德军海岸炮兵阵地……盟军第一支舰队靠近了法国海岸……

乖乖,那家伙飞得真低!

刚才我似乎说过,到目前还没有见到过德国飞机,现在终于见到一架了……它刚从我这艘军舰烟囱上空飞过去……它用曳光弹扫射了……不过什么也没有打中。

(军舰的汽笛声)

我这艘军舰拉警报了,高射炮开火了……

各位听众,你们听到的是飞机飞临我舰上空的声音,是纳粹飞机马达的声音……炸弹呼啸,正在落下来……

(爆炸声)

一枚炸弹,又是一枚。空中浓烟滚滚……曳光弹在天上扫出一条弧线。

舰尾炮密集射击……炮火猛烈,高炮喷出团团硝烟(干扰、杂音太大,有几个词儿收听不到)……

(爆炸声)

现在炮火停了下来……我们见不到飞机了……来了一架……高炮打得更狠了……德军仍飞得很低,他们的飞机几乎擦着我舰尾部了……它们发射的曳光弹形成了几乎同海平面平行的一条直线。(嘈杂的声音)……它们发射照明弹了。各位听众,这是机枪扫射的声音。整个海面上曳光弹横飞……对空射击……炸弹……机枪扫射。飞机来了,又近又低(飞机的轰鸣声)……低空扫射……烟……几英里外法国海岸那边燃起了熊熊烈火,不晓得是岸上阵地着了火呢,还是一艘军舰中弹着了火。

高炮火力非常密集(高炮密集射击)——右边,一架飞机简直是一头向我们俯冲下来……(飞机的轰鸣声、机枪和高炮射击声)

我们这艘旗舰终于也开火了,大炮就在我们头上,打德国轰炸机。

舰上人员声音:那是啥? 炸弹吗?

舰上人员声音:那艘巡洋舰开火了。

赫克斯:各位听众,你们刚才听到的,是舰炮密集射击的声音,是 20 毫米和 40 毫米口径大炮射击的声音……

噢,现在可真紧张……

对不起,各位听众,我得喘口气儿了,请允许我暂停片刻……

空袭看来结束了……天上什么也没有了……

它们又来了!(杂音)又来了一架飞机,就在左舷上空……曳光弹在舰首上空形成了一条弧线,它们穿入云层,旋即爆炸……

看来天永远不会亮了。等一等,伙计们,又来了一架飞机……一艘巡洋舰开火了……有个什么东西着火了,大约是一架飞机被击中了,一头栽了下来……(极大的杂音)……又来了一架……打中了!(欢呼声)打中了!(有人问:打中了吗?)当然打中了!一团大火从天上掉下来,一头栽进我舰左舷大海里……烟和火升起来了。(各种声音和人说话的声音混杂在一起)……那架栽进大海的飞机沉没了,烟火消失了……

让我复述一遍:第一架被击落的德国飞机是一架容克-99型低空飞机,它是带队长机,是被我军护航舰队突然击中的,它飞得很低——边飞边开火——真叫人吃惊,我们连飞行员都见到了,大约他也见到了我们,因而也很吃惊。敌机不断朝我舰左方的一艘巡洋舰发射火箭,有一枚炸弹击中130码以外我舰尾部,但没有造成破坏。那架落到我舰左舷大海里的敌机,是左舷42号炮击落的,这门炮就在我使用的麦克风旁……炮长是来自德克萨斯州休斯顿的斯凯纳,来自马里兰州巴尔的摩的汤姆斯·斯奈德是瞄准手。他们技术高超,由于击落敌机而兴奋异常。这是一门40毫米双管高炮。

水兵们想在战果统计表上涂上一层五角星,明天早上就涂……

现在,天亮了!

作者:乔治·赫克斯

(美国广播公司1944年6月6日播出)

第六章 直播报道

第一节 直播报道的现状和界定

通常讲到广播新闻的直播报道，广播界的同行们往往有不同的称谓，有的叫作“现场直播报道”。多了“现场”两个字，其实意思是相同的，因为直播报道不能离开现场，现场是直播报道的存在空间；早一些时期，人们也把直播报道称为“实况广播”、“现场实况广播”和“现场实况转播”，也有人把这种报道方式称作“新闻同步报道”。从称谓上讲，要考虑到约定俗成和称谓本身的科学性、规范性两个方面，现在一般大家习惯叫成“现场直播”或者“现场直播报道”。

随着我国开始从温饱型进入小康型社会阶段，也伴随着大众传媒业的快速发展，受众不仅想要知道新闻事件在第一时间如何发生变化，而且有一种想要身临其境、耳闻目睹、探索未知的强烈参与愿望，所以电台和电视台对于国内外或本地的一些重大事件、重大题材进行现场直播报道，具有满足人们的精神渴求的双重意义。另一方面，通信技术、卫星技术、光缆数字化技术在广播电视传播领域中的快速普及，也为电台、电视台更多地采用这种具有传播优势的报道形式提供了技术保障。

最近五年来，现场直播报道被运用得越来越普遍。1996 年 7 月 20 日至 8 月 5 日，第 26 届奥运会在美国亚特兰大举行，中央电视台派出我国奥运报道史上最大的报道团，在亚特兰大新闻中心租用 300 平方米建起奥运直播中心。拥有世界一流的数字设备，包括 40 路信号分配系统、20 套收录机、2 个配音、2 个演播区、10 套编辑机、11 套摄像机、93 台监视器。全时租用一条国际卫星线路和与亚广联共有的两条卫星线路，保证奥运报道迅速发回国内。在这期间的报道中，首次实现了国际卫星异地双向传送直播节目。

1997年，重大事件连续不断，现场直播大显身手，仅中央电视台就先后直播了“日全食——彗星天象奇观”、“中俄哈吉塔五国裁军协议签字仪式”、“香港回归”、“第八届全运会”、“黄河小浪底水利枢纽工程截流合龙”、“三峡工程大江截流”、“党的十五大”等重大新闻和体育赛事。中央电台、电视台及国际台组织的有关香港回归的特别报道均获中国新闻奖特别奖。

中央电台的现场直播报道《百年长梦今宵圆》，是我国广播史上罕见的规模大、时间长、横跨多区域、技术传输复杂、多兵种作战的宏大作品。它以回归期间香港、北京为中心，辐射内地六城市及海外多国，以记者现场报道为主，辅之以专家评述、要人采访、主持人背景介绍、历史音响回放等手段，融新闻、历史、文学、音乐于一身。这次直播实现了持续时间长、规模宏大、内容广泛、广播形式多样、技术手段先进的突破。事前，中央电台进行了精心策划，解说脚本创作费时近3个月，二十五易其稿，搜集素材、采访、制作各个环节均投入精干力量。直播期间，香港报道组与北京、内地六城市以及海外报道组密切配合，把广播特长发挥得淋漓尽致。

国际电台的香港回归特别报道使用英语、汉语普通话和广州话在香港、北京两地连续直播政权交接仪式、特区政府就职仪式和北京庆祝活动等。这种多语种、连续性、长时间、大规模的现场直播开创了我国对外直播的显赫。这场直播从主题构思、方案设计，到收集资料、采访有关人士，直到现场播出，历时数月。直播过程中，不但充分反映香港主会场情景，还调集国内及驻外记者站力量，报道北京、南京、重庆、广州、深圳等多个城市的欢庆场面，以及英国、美国、泰国、澳大利亚、巴基斯坦等国对香港回归的反映，使节目做到内容充实、形式活跃、隆重热烈。世界各地听众对这场直播反映强烈，来信盛赞节目精彩、信息量大、观点公正，并称国际电台的节目主持人在全世界听众面前是最优秀的讲演者。

1998年我国发生了百年不遇的特大洪灾，在最危险、最紧急、最关键的时刻，一大批广播新闻记者迎难而上，争取第一时间到达现场，以最快的速度播发新闻。

当时长江、松嫩两大流域抗洪战役已到最紧要关头，经过近两个月鏖战，抗洪大军已是人困马乏，极易松懈，最需要的是亲人们的鼓励和支持。

随着抗洪战役的深入和各种媒体的报道宣传、鼓动，全国人民乃至海外华人纷纷捐款、捐物，热潮一浪高过一浪。妻子送郎上前线，兄弟、父子前赴后继的事例也层出不穷。民众向抗洪军民表达了敬佩、关怀、支持的愿望强烈。

中央人民广播电台根据情况临时决定开办了大型直播报道《抗洪热线》。

这次大型直播，纵横数千公里，把战斗在哈尔滨、大庆、南京、九江、武汉、嘉鱼、洪湖、岳阳、宜昌、内蒙古的一线记者用电话联络起来，同时向亿万听众开通热线电话，在广袤的国土上织成强大的直播网，直接广播各地抗洪前线的实况，传达人民群众对抗洪英雄们的热爱和勉励之情。

1999 年中央人民广播电台成功地完成了国庆五十周年庆典的现场直播。这是中央人民广播电台自新中国开国大典以来，无一遗漏地第 13 次记录国庆阅兵仪式。这场广播现场直播从上午 9 点 04 分切入现场音响，到中午 12 点 05 分结束，充分发挥广播"说"和超越时空的特长，对庆典主题、历史背景进行深度开掘，使现场音响与现场解说和谐相融。通过现场音乐、现场语言、画外音旁白、现场描述，把听众带到了一个无比宽阔的想象空间。为了突出重点，创作者在对游行队伍设计思想认真研究以后，没有像电视那样一一对应地介绍，而是大胆取舍，对重要部分留足表现时间。直播中插入毛泽东、邓小平、江泽民三代领导人的讲话录音，使之统领"开国创业"、"改革辉煌"、"世纪腾飞"三个主题，既概括了我国人民 50 年来的奋斗历程，又给听众营造了不同历史时期的典型画面，收到了增强直播魅力、强化主题表现的效果。在介绍大学生等方队时，也集中笔墨作了适当的描写和议论，并留出了加入现场典型音响的空间。通过恰如其分地删繁就简，腾出时间集中表现重点，从而使直播的主题和典型音响更加明确、突出。

1999 年 12 月 20 日，在香港回归祖国两周年后，澳门又回到祖国的怀抱，这是中华民族在 20 世纪实现祖国统一大业的又一桩盛事，令世人瞩目。

中央台从 1999 年 12 月 19 日 12 时 15 分起到 20 日 16 时 20 分止，在一天多的时间里，作了 5 场现场直播报道：江泽民主席率领中国政府代表团抵达澳门国际机场，中葡两国政府澳门政权交接仪式，澳门特别行政区成立暨特区政府宣誓就职仪式，澳门特别行政区政府成立庆祝大会，澳门特别行政区庆祝澳门回归招待会，报道非常成功，据来自不同方面的收听率调查，收听现场报道的人数较之往常直线上升。主题重大固然是首要因素，但是现场直播报道能够吸引人也是一个重要原因。继澳门回归的成功报道后，中央台又先后搞了申办奥运会、黄河小浪底工程、中国足球冲出亚洲闯入世界杯的现场报道，都产生了广泛的传播效应。

当时，在中央台的带动和影响下，各地方电台采用现场直播报道的积极性自觉性也越来越高，以至出现了现场直播报道热，其中也产生了一些有较高水准的现场直播优秀作品。比如，黑龙江人民广播电台的《中国哈尔滨国际冰雪特别节目——冰雪情》，生动展示了黑龙江特有的冰雪艺术、冰雪风情、冰雪产业和黑龙江人在冰雪环境中形成的豪爽、壮美的人文精神，主题重大、地域特色鲜明。节目直播完全在冰雪节现场进行，既有冰雪节大场景的描述，又有游人参观冰雪节活动的一个个特写；既有对黑龙江籍的著名冰雪运动员的现场采访，又有对爱好冰雕艺术的一家人的访谈；访谈还通过越洋电话与这家人在国外求学的孩子对话，深化了哈尔滨冰雪节的国际影响。这种有点有面、点面交叉的现场直播，使听众如临其境，立体地感受到了冰雪节的盛况和围绕冰雪所产生的“情”。整体听来，节目把现场活动、现场采访和深厚的历史背景有机地融汇在一起。主持人没有刻意去宣讲主题，而主题却尽含其中。听广播看不到画面，而画面似乎尽在眼前。

湖南人民广播电台、新疆人民广播电台联合直播的《挑战世界　跨越衡山》，内容是说哈萨克族青年阿迪力在两座高山之间空中走钢丝的全过程。100 米至 400 米的高空，1300 多米的距离，阿迪力手握一根平衡杆，稳步走完全程。这个内容新闻性很强，直播从阿迪力准备阶段开始，随时介绍不利和有利的天气变化，穿插描述现场人们包括阿迪力妻子的关注神情，阿迪力走钢丝时，现场记者就目所能及生动讲述了这位哈萨克青年走在钢丝上的身影和技艺。整个直播扣人心弦。一个个悬念的出现及化解，使这个直播节目具有很强的可听性。

毋庸讳言，与这些优秀作品形成对比的是有些现场直播报道题材适用不当；有的从根本上违背了新闻的真实性原则，解说与现场音响不同步，现场的报道采录与播出不同步；有的一听就没有预先的采访准备，没有策划文案，结果在现场真做起来没有章法、层次和节奏，形成解说、音响两张皮。所以首先需要搞清楚现场直播报道的内涵和特征。

中国广播电视学会对直播报道有一个界定：“新闻性现场直播是指广播电视利用信号把新闻现场的声音或图像直接发送并同步播出的节目形式。它在记录新闻事件发展变化的同时，把记者的现场报道、播音员或主持人的现场描述或背景介绍同步传输，集报道新闻、提供知识、分析事态于一体。”应该说，这个界定基本上是准确的。这就是说，现场直播报道的对象必须具有新闻性，报道中一定要有新闻事件发生的现场。记者要在现场，边看边说边采，与现场的实况音响一起，直接播送出去。

第二节　直播报道的特点

现场直播报道是广播记者或播音员主持人在新闻事件发生的现场，即时访问、即时观察、即时解说、即时录音、同步播出的报道形式。这种报道方式与录音新闻、录音通讯、录音访问和录音特写等录音报道方式的最主要区别在于，前者的解说、录制是在现场完成的，而后者的录音部分在现场完成，但解说和制作主要还是非现场的；现场直播报道与现场报道比较接近，区别在于播出方式上，现场直播报道不仅采录解说与现场事件同步，而且现场与播出同步，而现场报道则缺少后一个同步。

从以上的比较中我们可以清楚地看到，现场直播报道有四大要素：一般情况下报道题材的可预知性、有事件发生的新闻现场、广播工作者的现场解说和直接播出。与其他新闻题材和报道形式相比，它的稳定性、快捷性、真实性和生动性就更加显著。稳定性源自可预知的报道题材，快捷性来自播出方式，真实性决定于现场，而生动性则由解说所造就。

一、稳定性

我们知道，现场直播报道因为播出方式上的特点，需要预先在新闻节目中作出安排，所以常态条件下，也相应要求它的题材是可以预先确知的，诸如现场在什么地方将要发生的时间和新闻事实是什么，以及以什么方案同步播报出去，反过来讲，只有在新闻报道题材预先被确知的情况下，而且这些题材完全符合直播报道的要求，才能够着手安排直播报道。录播的现场报道在这一点上与直播的现场报道区分比较明显，录播的现场报道不一定非要预先获知报道的题材，也就是说，一般情况下预先从有关方面获知报道的题材应该是直播型现场报道的先决条件。事实上很多吸引听众的录播型现场报道，其线索及题材都是在非常突然和偶然的情况下得到的。比如，北京电台记者所作北京隆福大厦发生大火，消防人员紧急出动扑救的录播型现场报道，就是记者在编辑部从一个临时打进来的电话中得到这一重要线索的。所以说，直播型现场报道的题材来源不如录播型现场那样广泛和丰富。虽然直播型现场报道的题材来源在某种程度上受到了限制，但另一方面题材来源又具有稳定性，电台可以根据预先确知的报道题材，提前在相应新闻类节目中辟出专门时间，采编人员可以提前采访和撰写现场当中的解说词，播音和技术人员同样可以根据分工需要做好直播前属于自己的准备工作。

二、快捷性

现场直播报道集采访、编辑、播出于一体，最大限度地简化了新闻的生产过程，具有很强的时效性。不管是在整点、半点新闻节目播出，还是中断正常节目播出，新闻事件发生与播出间的时差被缩至最短，有的几近同步，如此快捷的新闻传播速度，除电视外，其他媒体难以做到。甚至有时电视也不及广播现场直播来得快捷，因为电视的技术装备比起广播毕竟要复杂一些，广播的现场直播报道可以说把新闻的时效性推向了极致，也是在与其他媒体新闻时效性竞争方面的一把利器，在实际的应用中值得我们很好体味和把握。

我们都不会忘记2001年7月13日，这天晚上10点08分，国际奥委会委员投票表决结果公布，北京赢得了2008年奥运会的主办权，中央人民广播电台记者王延辉当晚正在天安门广场报道群众庆祝活动的情景，他和他的同事看到欢乐的人流和鸣着喇叭的车辆不断从四面八方涌来，广场成了欢乐的海洋。很多人特别是年轻人在不停拨打手机，都想尽快把广场热烈庆祝的情景转告家人、朋友，可惜，由于使用手机的人太多，电信通路"拥堵"，呼叫声此起彼伏。就在这时，广场上的扬声器响了：

"同志们，现在广播一个重要消息，请大家静一静，请大家静一静，江泽民主席和党和国家其他领导人将走上天安门城楼同大家一起欢庆北京申奥成功！"顿时整个广场欢声雷动，人们欢呼着涌向广场的北面，涌向金水桥。出于记者的职业敏感，王延辉马上意识到，有重要新闻了。多年的采访经验提醒他，发挥广播快速、灵活优势的机会来了，他决心已定，要以最快的速度直播这一重要消息。于是抱着采访机和同事一起，努力不被人流卷走并寻找能够观望城楼的有利位置，同时不停地用手机与台里联系，请求台里届时直播。由于广场通信线路繁忙，联系十分困难。经过10分钟的努力，终于联系上了。台领导立刻决定：在直播节目中插播。此时，江泽民主席已经走上城楼，正在向欢乐的人群挥手致意。王延辉克服困难站在天安门广场中央国旗杆旁，远望天安门城楼，在没有任何文字材料的情况下做了现场直播报道：

> （背景）听众朋友，我是记者王延辉，我现在是在北京天安门广场的中央向您作现场报道。10分钟以前，天安门广场上的扬声器广播了一个重要消息，国家主席江泽民将和党和国家其他领导人一同登上天安门城楼与大家一起庆祝北京申奥成功。现在江泽民主席等党和国家领导人已经走上天安门城楼，江泽民主席不停地向广场上欢庆胜利的人群挥手致意，广场上成千上万的群众欢呼雀跃，欢呼声、锣鼓声响成一片，广场成了欢乐的海洋。
>
> 我看到江泽民主席从城楼的西侧走向东侧，并不停地向人群挥手，江泽民最后站在城楼的中央，挥动双手指挥大家高唱《爱我中华》，与广场上的群众一同庆祝北京申办成功。

三、真实性

现场直播报道在这方面更有特殊的体现。一是记者在新闻事件现场，接受的是第一手材料，减少了新闻事实多次传播过程中可能产生的信息衰减；二是记者在现场是边看边说，以叙述为主，不可能对新闻事实进行太多的概括提炼，人为损害新闻真实的环节减少；三是记者和被采访对象在当时对所发生的新闻事实的感情是最真实的，是任何后续采访和追忆都无法完全复原的。

四、生动性

现场直播报道中往往比录播报道的时间跨度大，信息容量也更大。除了现场新闻事件和人物的典型音响以外，记者的解说描述、有时穿插即兴发挥现场瞬间出现的动人细节，特别是一些重大事件的现场直播报道，精心写作的现场解说词语经过播音员和记者现场的"二度创作"就更显得生动传神。比如中央人民广播电台在澳门回归报道中有这样一段：

> 女：在宽阔的广场上平地而起的花园馆，是专门为政权交接仪式设计建造的。此时此刻，光芒四射、晶莹亮丽的花园馆就像一艘昂首待发即将驶向祖国的巨轮，雄踞在东望洋海滨，把澳门今晚的夜色装点得分外美丽。
>
> 男：在宽敞高大的花园馆内，此刻花灯齐放，流光溢彩。在主席台的对面，是观礼席和记者席，整个礼堂的阶梯式设计看上去就像一朵盛开的莲花。主席台的地毯和座椅特意选定和澳门特别行政区区旗一样的绿色。

播音员在现场以饱满的感情，用欢快、跳跃的语调向听众介绍和描述政权交接的场馆——花园馆的基本情况，加上现场的丰富音响，就给了听众一幅非常生动鲜明的现场画面，而这是其他报道形式很难企及的。

正如有的专家所指出的那样，现场直播报道兼有实况广播和录音报道的双重特点和优势，因此，从未来广播新闻的发展趋势来讲，这种报道方式应用的前景非常广阔。

我们谈论广播优势，常常提到的是快，但这个优势并没有发挥到极致。在很长一段时间里，广播新闻记者采访、写稿、编辑编稿、领导审稿、播音录制到播出，操作周期长，影响了广播快的优势的发挥。改革开放以后，广播在深化改革、探索发展中，对节目进行了重大调整，增加了整点新闻、半点新闻，实行新闻滚动播出。有些电台开始尝试现场直播报道这种形式，尽一切可能缩短新闻事件发生与新闻播出时间差。广播新闻变得快起来了，活起来了，吸引了不少的听众。

但是，不可否认，由于种种原因的限制，真正"滚动"起来的整点新闻、半点新闻为数还不多。在现实生活中，一些记者编辑仍习惯于传统的操作模式。

一方面，编辑部“巧妇难为无米之炊”，整点新闻、半点新闻节目处于内容的“饥饿”状态；另一方面，大量的动态题材没有被充分利用起来，造成新闻题材的浪费和新闻时效的延误。

现场直播报道的快捷性，无疑能让广播新闻快起来，让整点新闻、半点新闻真正“滚动”起来。广播应该更好地利用这一优势，在激烈的新闻竞争中，赢得主动，赢得听众。

第三节　直播报道的解说

现场直播报道的解说是整个报道的灵魂和主导，它承载着再现重大新闻事件真实风貌的功能。我们这里所说的解说包括现场直播报道的解说词和在现场根据解说词由播音员、记者或主持人的现场解说。解说的前期和后期都需要统一在解说的再现功能和感情共鸣上。

为什么要突出解说在现场直播报道方面的再现功能呢？可以从以下三个方面去理解：

1. 重大新闻事件发生的场景是客观存在的，而生动准确地反映和再现现场的情景画面，是记录历史、反映真实的需要。现场解说词面对的往往是重大新闻事件，而重大新闻事件往往具有比现实世界更精彩动人的画面。描绘或再现这些画面是我们的历史职责。

2. 广播听众相对于电视观众少了一个信道——视角信道去感知丰富多彩的现场情景，作为广播记者应该千方百计去满足听众对于重大事件现场情景的感知需要。

3. 再现现场情景是由广播的传播特性所决定的。通常人们感知丰富多彩的现实世界，总是通过视、听、触、味等多种感觉途径去完成的，无论是客体还是主体都是复合形态的，而在广播直播中是录下并呈现了其中的声音和听觉一个方面、一种元素，所以应该对没有被表现出来的特别视觉画面部分给予特别的关照。

中央台记者陈代泽在《中国广播》2000 年第 10 期《试论广播现场直播解说词的再现功能》一文中提出看法，认为广播现场解说具有补缺、再现和共鸣三大功能。补缺功能居于第一层次，让新闻事件的事实完整起来，使人明白，是“初级阶段”；再现功能居于第二层次，展现新闻事件的重要画面，引人入胜，是“高级阶段”；共鸣功能居于最高层次，反射新闻事件的闪光“亮点”，引起听众情感共鸣，是“升华阶段”。这三大功能客观上形成骨架、血肉与灵魂的关系，它们互为表里，在各自的层次上，层层递进地展现新闻事件的真实面貌。再现功能处在这一链条的连接点上，起“承上启下，左右传递”作用。没有再现，我们的现场直播只停留在“初级阶段”；没有再现，抒情共鸣成为“无源之水”。现场直播解说要注重再现能够提示新闻事件主题的现场画面；再现那些有特点的新闻事件的现场画面，再现重大新闻事件的重要情节、关键瞬间；再现那些缺乏现场音响而又是听众应该知道的重要场景。正确处理现场描绘与现场实况音响的关系，现场解说和描绘要服从、让位于有明确含义的现场实况音响，要让现场情景的描绘灵活服务于现场实景。

重大新闻事件现场直播报道的解说，必须提前精心准备解说稿，俗话说“预则立，不预则废”，现场直播报道特别是大型现场直播报道，出彩不出彩甚至是成败得失在很大程度上要看前期现场解说词的写作水平。1999 年国庆五十周年中央台大型现场直播报道在中央台历次大型现场直播报道中堪称出彩和成功的一次报道，而中央台写作班子创作的解说词为这次报道奠定了重要的基础。他们的成功经验有这样几个方面：

(1)重大新闻事件现场直播报道的解说词基调定位要准确。定得准，就成功，就有可能富于新意；定得不准，或者不预先考虑，就容易造成简单重复、面貌陈旧。只满足于不出差错，最终未必失败，但没有新意。

(2)现场直播报道解说词的基本风格必须一开始就要明确下来。中央台国庆五十周年大庆直播稿改变了以往按行业划分游行队伍的惯例，以五十年历史发展为线索，划分出“开国创业”、“改革辉煌”和“世纪腾飞”三个历史阶段，同时选用了不少各个历史时期最具代表性的优秀音乐作品，作为群众游行的背景音乐。

(3)广播新闻现场直播报道解说词面对丰富的文字材料和音响资料要敢于大胆作出取舍，突出直播报道的亮点。

(4)对已经草就的直播解说稿只要时间允许，必须精益求精，反复推敲修改。每句话、每个字都力求准确，达到最优化。中央台国庆五十周年直播解说词写作组九易其稿，多次集体讨论，他们的修改经验在于把握两点：第一，该庄重时必须庄重。有些段落现在看上去并无新奇，但实际写起来是难的，难在特定场合下特有的分寸感的把握。比如升旗，从国旗护卫队开始行进，到五星红旗升起来，过程很长，典型音响不多，大量的空白必须用文字填补。写起来颇有难度。气氛异常庄重，政治性要强，风格、节奏又要和全篇相吻合，既要准确、恰如其分，又要保持美感，的确不容易。有时一种表达丝毫没有错，但放在当时当刻，却是不恰当。请看国庆五十周年报道中的两段话：

(男)五星红旗代表着我们伟大祖国的尊严，天安门广场上的升旗仪式，每天都吸引着来自祖国各地的人们。每一个清晨，国旗护卫队都以严整的队列、整齐的步伐，走出天安门，通过金水桥，在旗杆下肃立，庄严地升起五星红旗。鲜红的国旗，伴随着共和国的每一个早晨升起来，飘扬在亿万中国人民心中。

（女）为庆祝中华人民共和国成立五十周年，今天的升旗仪式将在这个举国同庆的时刻进行。现在，国旗护卫队正步行走，即将到达旗杆前。

上面两段，就是反复修改的结果，比如“今天的升旗仪式将在这个举国同庆的时刻进行”一句，修改前是这样的：

“今天的升旗仪式从早晨临时改到现在，即将开始。”

“今天的升旗仪式改在五十周年庆祝大会开幕时进行。”

(5)直播解说稿写作要充分利用广播声音传情的传播优势，最大限度地开掘情感的共鸣点，根据不同题材和不同时间以及现场的气氛，使直播解说稿尽可能多地带有感情和抒情的色彩。同时注意虚实结合，把握主题，活用背景材料和与现场的音响紧密结合。中央台国庆五十周年直播稿在上述这些方面都不失为成功的典范。情感与现场结合得很紧，感情充沛。直播稿不少段落几乎是诗，播音员的播音几乎就是朗诵。整个报道激情洋溢，跌宕起伏。试举“小平画像”部分为例：

【《春天的故事》音乐过门儿】

（女）各位听众，游行队伍的第二部分“改革辉煌”开始了。

【《春天的故事》音乐扬10秒压混】

（女）在《春天的故事》优美、深情的旋律中，我们看到了春意盎然、充满生机的图景。上千名少女身穿绿色的长裙，挥动绿色花束，像报春的天使，簇拥邓小平同志的巨幅画像走来了。广场上洋溢着春的气息。

（男）“1979年，那是一个春天，有一位老人在中国的南海边画了一个圈。”这是一位不平凡的老人。他放眼看世界，把握时代的风云，荡起改革的春潮。让我们重温邓小平同志1978年的一段话：

【邓小平讲话：“今天，我主要讲一个问题，就是解放思想，开动脑筋，实事求是，团结一致向前看。”“如果现在再不实行改革，我们的现代化事业和社会主义事业就会被葬送。”】

（女）那是一个隆冬，冰雪还没有消融，但人们已分明感觉到了早春的脚步。解放思想，拨乱反正。

一扫阴霾，走过风风雨雨的历程，我们迎来了改革的春天，谱写春天的故事，共和国的历史翻开了更加辉煌的一页。

有了精心编写的直播解说词并不等于有了好的现场直播解说效果，担任现场直播解说的记者、播音员要能够根据现场的具体情况即时进行微调，亲眼看见了这一情况，口头解说才能跟上去，也就是说解说必须跟着现场的场景走。比如：

女：各位听众，现在入场的是由澳门警察担任的澳门特别行政区区护旗手和澳门市政厅旗护旗手。双方护旗手也分别为3人，他们从主席台两侧入场。现场，他们已经走到主席台前。

男：现在护旗手向江泽民主席展示澳门特别行政区区旗。双方护旗手分别走到澳门市政厅和澳门特别行政区区旗旗杆前，等候降旗、升旗。

比如某次亚运会开幕式上，外国广播记者是这么解说的：

中国的运动员走过来了，他们的步子体现着中国人的美德：整齐、轻松、舒心、稳重……

现在日本人也走进了体育场，他们从头到脚一身白色，领队昂着头，走在太阳旗前面。昨天，他们向新闻界发誓：一定要拿到60枚金牌。

这是两段动作性很强、但又没什么典型音响的场景介绍，如果照本宣科，最多介绍30秒，但实际走下来，最少也得5分钟。假如把这两段文字一股脑儿全部念完，那么剩下的4分多钟全是静场，就很容易造成收音机旁听众的误会。所以这就要求现场的记者、播音员不能受文字束缚，播音要跟着场景走，一边观察，一边述说。播音员的解说与场景同步进行，这样可以引导听众的思路与报道同步，在稍微空场之时又可以给听众留下想象的空间。

第四节　直播报道对记者提出的要求

现场直播报道要求记者在新闻事件现场一气呵成完成报道，没有任何修改、重做的余地，因此对记者素质的要求更高。

一、要有较高的政策理论水平

面对纷繁复杂的事件，什么该说，什么不该说，该说到什么程度，什么最能表达报道的主题思想，这些选择，无不透出记者理论修养的高低。特别是在一些突发事件中，情况不明，事实不清，如何把握好直播报道的尺度，关键还得靠政策理论水平。

二、要有较强的观察能力和口头表达能力

新闻事件的发生往往时间很短，有些突发事件时间可能更短。在这么短的时间里，记者必须观察到最精彩的内容和细节，并描述给听众。有些动人的细节还可展开、细化，加入了解到的背景材料中。这些过程都是在瞬间完成的，没有敏锐的观察力很难做到。在口头表达上，首先要能说基本标准的普通话；其次，就是要把看到的新闻事实条理清晰地告诉观众，让他们跟随你的叙述走进正在发生的新闻事件现场。

三、要有稳定的心理素质和临场应变能力

现场直播报道一般选择比较重大的事件，各新闻媒体都派出记者，场面比较大，有时甚至还很混乱，极易发生意想不到的情况，这时记者首先要处乱不惊，排除干扰，对于没有预料到的情况，迅速果断地作出决断，保证直播任务的完成。

现场直播报道虽然是一种新的报道形式，但已日益显现出它的优势，用好这种形式，对提高广播的竞争力，将起到积极的作用。

附录一

庆祝中华人民共和国成立50周年大会现场直播

中央电台　集体创作

男：中央人民广播电台！

女：中央人民广播电台！

男：各位听众，香港特别行政区同胞、澳门同胞、台湾同胞、海外侨胞，节日好！

男：我是丁然。

女：我是于芳。

男：现在我们在北京天安门城楼上播音。10点钟，天安门广场将举行“首都各界人民庆祝中华人民共和国成立50周年大会”。我们将现场直播这盛大而隆重的庆典。

女：今天是中华儿女喜庆的日子，我们向全国听众，向所有中华儿女，致以节日的问候！让我们共同祝福伟大的祖国！

男：金秋十月，节日的首都，雨后初晴，阳光明媚，到处繁花似锦，五彩缤纷。

大街小巷。处处飘扬着国旗、彩旗，洋溢着欢乐、喜庆的气氛，200 多盆鲜花早已把首都装点成一座花城。

十里长街经过全面整治，更富有艺术性和现代感。街道两侧现代化的建筑和美观的绿化带，使历经数百年风雨的长安街，显得更加庄重、典雅。

女：此刻，中国的北京，北京的天安门广场，成为使人瞩目的地方。天安门城楼红墙中央，悬挂着开国领袖毛泽东的画像。从城楼上放眼望去，天安门广场气势雄伟，景象壮观。人民英雄纪念碑、中国历史博物馆、中国革命博物馆和人民大会堂，装点一新，气度恢宏。

伟大的革命先行者孙中山的画像竖立在广场的南面。画像两侧是两排标语："庆祝中华人民共和国成立 50 周年"、"高举邓小平理论伟大旗帜迈向新世纪"。

男：广场上 10 万青少年已经排列整齐。他们将伴随着阅兵仪式和群众游行，用手中不同颜色的花束，组字、组图，形成巨大的背景图案。现在显示的是红底黄字："国庆"。

这支壮观的队伍前面，是几千名头戴五彩花冠的小学生，远远望去，万紫千红，色彩斑斓，他们为广场增添了喜庆的气氛。

女：今年的国庆群众游行第一次由军乐队现场配乐。我们看到，有 1000 人组成的大型军乐队，已经在国旗旗杆下就位。

男：各位听众，经过修缮的天安门城楼，金碧辉煌。金水河喷泉经过改造，更加别致多变，广场地面新铺装了 10 万平方米的天然花岗石，增添了 9600 平方米的绿地，扩音系统更新了，照明改善了，整个广场神采奕奕，焕然一新。

女：在今天这个举国同庆的日子里，天安门广场格外引人遐想。50 年前的今天，30 万群众以无比喜悦的心情聚集在这里，举行开国大典。1949 年 10 月 1 日，中华人民共和国成立，是中国现代史上具有开天辟地意义的大事，它标志着中国人民从鸦片战争以来为民族独立和自身解放进行的伟大斗争，终于在中国共产党的领导下取得了胜利。

男：新中国成立后的 50 年，是中国发生翻天覆地变化的 50 年。50 年来，迈着矫健步伐的中国人民，在中国共产党的领导下，万众一心，艰苦奋斗，使贫穷落后、百业凋零的旧中国，变成一个蒸蒸日上、大踏步走向繁荣富强的新中国。特别是改革开放 20 年来，我们在建设有中国特色社会主义的经济、政治、文化等方面，取得了举世瞩目的伟大成就。新中国 50 年的沧桑巨变，谱写了中华民族 5000 年文明史中最灿烂的篇章。

今天，国庆 50 周年纪念日，英雄的中国人民将展示前所未有的英姿，以豪迈的情怀，接受历史的检阅。

女：各位听众，现在，观礼台上已经站满了各界代表。

人们情绪饱满，热切期待着，广场上欢庆的气息越来越浓。

男：各位听众，新中国成立以来，天安门广场举行过多次盛大的阅兵仪式和群众游行，最近的一次是在1984年。15年前的今天，邓小平同志检阅了受阅部队，在改革开放的东风里，天安门广场充溢着欢乐、舒心和自信，人们度过了一个难忘的国庆节。

女：相隔15年，一个千年的纪元行将结束，当新世纪即将来临的时候，与共和国一起走过50周年庆典，缤纷多彩，隆重热烈。

10点05分将举行阅兵仪式。江泽民同志将乘坐国产红旗检阅车检阅受阅部队。英雄的中国人民解放军陆军、海军、空军、第二炮兵、人民武装警察部队和民兵预备役部队，军容严整，将接受党和国家领导人的检阅。

女：阅兵，是军威的展示，是军人向祖国的汇报。一个个威武雄壮的徒步方队，一排排坦克、导弹汇成的钢铁洪流，显示的是国力，振奋的是军威。世纪之交的大阅兵，将再次以不容辩驳的事实证明：中国人民完全有能力依靠自己的力量，发展国防技术，保卫国家安全！

男：今天，国庆50周年的阅兵，将向世界展示我军革命化、现代化、正规化建设的巨大成就，展示我军威武之师、文明之师、胜利之师的崭新风貌，展示我军维护祖国安全统一，促进世界和平与发展的坚强决心和强大力量。

女：阅兵仪式结束之后，群众游行将在11点10分开始。14万人组成的游行队伍气势磅礴，队伍中91辆彩车设计新颖，主题鲜明。当一个个方队潮水般通过天安门前，展示的将是一幅幅气壮山河的历史画卷，表现了共和国50年的奋斗足迹。

男：今年的国庆群众游行，改变了过去按行业划分的设计，第一次采用了全新的思路：以共和国创建、发展历程为主线，分三个主题，代表不同的历史阶段。这三个主题是："开国、创业"、"改革、辉煌"和"世纪、腾飞"。

女："开国、创业"部分，将展示以毛泽东同志为核心的党的第一代领导集体，带领中国人民浴血奋战、开创新中国的伟大历程，舞动的雄狮，象征着东方睡狮的觉醒，鲜艳的红旗，预示着光明灿烂的未来。

男："改革、辉煌"是群众游行的主体部分。游行队伍将组成蓝色的航船队列。象征改革的航船在邓小平理论的指引下，乘风破浪，一往无前。改革开放的巨大成就，浓缩在五彩缤纷的游行队伍中，令人欢欣鼓舞。

女："改革、辉煌"部分还将以无比绚丽的图景，展示中国人民的崭新风貌。龙舟竞渡、花团锦簇，第一次出现在国庆游行中的圆形队伍，组成一个流动的牡丹花坛；第一次在国庆游行中亮相的时装表演方队，将展示中华文化的神韵。新婚夫妇队伍温馨浪漫,三口之家队列其乐融融,体育大军精神抖擞,大学生方队热情活跃,沐浴在改革的春风里,欢庆节日的中国人民朝气蓬勃、意气风发。

男:群众游行的第三部分"世纪、腾飞",将以"十五大报告单行本"彩车为灵魂,展示的是全国各族人民紧密团结在以江泽民同志为核心的党中央周围,满怀信心奔向21世纪的豪情壮志,展示的是中华民族大团结的盛世景观。

女:游行队伍中将有34辆彩车分别代表31个省区市和香港、澳门、台湾,他们都是第一次参加国庆游行,各省区市的彩车千姿百态、异彩纷呈,尽显山南海北的风土民情、建设新貌,表现了伟大祖国的美丽富饶,各族人民团结和睦。高楼林立的香港彩车,让我们回忆起东方明珠回归祖国的难忘日子;澳门彩车上的倒计时牌,让我们期待有一个历史性时刻的到来;台湾彩车上"统一祖国,振兴中华"的标语,道出了亿万中国人民的心声。

男:各位听众,我们现在在天安门城楼上播音。从这里向东望去,东长安街宽阔的街道上,准备接受检阅的部队已经列队完毕;群众游行队伍也已经整装待发。长安街两旁,观看阅兵和游行的群众翘首以待。

女:中央人民广播电台,各位听众,现在是10月1号上午9点57分,盛大而隆重的50周年国庆庆典马上就要开始了!

中共中央、全国人大、国务院、全国政协和中央军委负责人来到了天安门城楼主席台。

各位听众,国庆50周年庆祝大会马上就要开始了。天安门广场旗杆下,1000人组成的大型军乐队,正在演奏《迎宾曲》。

男:现在,党和国家领导人江泽民、李鹏、朱镕基、李瑞环、胡锦涛、尉健行、李岚清来到天安门城楼中央。

女:各位听众,中共中央政治局委员、中共北京市委书记贾庆林主持今天的庆祝活动。

【实况:"首都各界庆祝中华人民共和国成立50周年大会,现在开始。鸣礼炮。"】

【礼炮声扬起10秒】

男:各位听众,隆隆的礼炮声在天安门广场上空回荡,人们凝神肃立。一声声礼炮在回响,隆重庄严的"国庆50周年大会"拉开了序幕。现在,广场上巨大的背景图案是两个红色大字:"国庆"。

女:现在,200名国旗护卫队的战士护卫着国旗,开始从人民英雄纪念碑前,向国旗旗杆行进;战士们步伐严整,行进在红色的地毯上。

红色地毯从人民英雄纪念碑基座前延伸旗杆下,象征着中国革命走过的艰难而伟大的历程。

男：各位听众，现在，国旗护卫队的战士们，护卫着五星红旗，正步走来，庄严的升旗仪式即将开始。

女：五星红旗代表着我们伟大祖国的尊严，天安门广场上的升旗仪式，每天都吸引着来自祖国各地的人们。每一个清晨，国旗护卫队都以严整的队列、整齐的步伐，走出天安门，通过金水桥，在旗杆下肃立，庄严地升起五星红旗。鲜红的国旗，伴随着共和国的每个早晨升起来，飘扬在亿万中国人民的心中。

男：为庆祝中华人民共和国成立50周年，今天的升旗仪式将在这个举国同庆的时刻进行。现在，国旗护卫队正步行进，即将到达旗杆前。

女：五星红旗是人民的旗帜，是团结、胜利的旗帜。50年来，中国人民积累了建设社会主义的宝贵历史经验，取得了举世瞩目的辉煌业绩。在新的世纪，中国人民将在中国共产党的领导下，向着更加光辉的目标前进，五星红旗将永远高高飘扬在神州大地。

男：各位听众，现在，国旗护卫队到达旗杆前，升旗仪式马上就要开始了。

【实况："全体肃立，升国旗，唱国歌。"扬起10秒】

男：在雄壮激昂的国歌声中，五星红旗冉冉升起。人们庄严肃立，凝神注目。广场上出现了中华人民共和国国徽的图案，图案两边，是金色的年号1949—1999。

女：50年前的今天，毛泽东主席亲手按动电钮，升起了第一面五星红旗。今天，这面用无数革命先烈鲜血染成的旗帜，更加鲜艳夺目。

【《国歌》再扬起。实况："阅兵开始!"】

男：中央人民广播电台！各位听众，庆祝中华人民共和国成立50周年阅兵，举世瞩目！世纪之交，英雄的中国人民，英雄的中国人民解放军将向世界展示迈向新世纪的崭新风貌。

雄壮激昂的《中国人民解放军军歌》回荡在天安门广场，庄严、自豪的激情在人们的心中荡漾。

我们看到，解放军三军仪仗队标兵一字排开，守护在金水桥畔长安街一侧，整齐的队列，严整的军容，衬托着此时此刻的庄严。

男：阅兵分为两部分，先进行阅兵式，江泽民主席将乘车检阅受阅部队，阅兵式之后，受阅部队将以分列式队形通过天安门城楼前，接受党和国家领导人的检阅。

女：现在，江泽民主席走下天安门城楼，即将登上检阅车。

从天安门城楼上向东长安街望去，受阅部队军容严整，气势壮阔，他们将代表我军全体将士，接受中共中央总书记、国家主席、中央军委主席江泽民的检阅。

男：72 年前的光荣历史，72 年的战斗历程，人民军队前仆后继，浴血奋战，为中华民族的解放和新中国的诞生作了不可磨灭的贡献，今天，这支光荣的部队又将以革命化、现代化、正规化的最新成就，自豪地接受祖国和人民的检阅。

女：各位听众，现在，江泽民主席乘坐国产红旗检阅车，驶出天安门，通过金水桥。现在，阅兵总指挥、北京军区司令员李新良乘车迎上前去：

【实况："主席同志，受阅部队列队完毕，请您检阅！阅兵总指挥李新良。"江泽民："开始！"李新良："是！"】

男：军乐队奏起《检阅进行曲》，江泽民主席乘检阅车，向东缓缓驶去，北京军区司令员、阅兵总指挥李新良乘车陪同检阅。

女：检阅车在缓缓行进，人们的目光集中到检阅车上，国庆 50 周年阅兵，这个庄严的时刻，将载入史册。

江泽民主席将首先检阅徒步方队，受阅部队向江泽民主席行注目礼。

【实况：江泽民："同志们好！同志们辛苦了！"指战员："首长好！为人民服务！"】

（江泽民主席高声问候："同志们好！同志们辛苦了！"指战员们齐声回答："首长好！为人民服务！"）

男：洪亮的声音，表达了人民子弟兵对党、对国家、对人民的无限忠诚和热爱，表达了人民军队紧密团结在以江泽民同志为核心的党中央、中央军委周围，建设有中国特色的现代化、正规化革命军队的坚强决心。

女：今天接受检阅的有：中国人民解放军军事院校，陆军、海军、空军，中国人民武装警察部队和民兵预备役部队组成的徒步方队，由陆军、海军、空军和第二炮兵部队组成的坦克装甲车、火炮和各种导弹方队，一共 42 个方队，1 万多人。分列式之后，10 个空中梯队组成庞大的空中降客，包括歼击机、强击机、轰炸机、空中加油机、空中受油机和武装直升机，共 132 架战鹰，将编队飞过天安门上空接受检阅。

男：阅兵，是显示国威、军威的隆重仪式，是国家军事实力的集中展示。伴随着共和国的成长，人民军队也走过了不平凡的 50 年。

开国创业之初，高歌凯旋的人民军队以胜利之师的英姿，多次走过天安门广场，接受以毛泽东为核心的党的第一代领导人集体的检阅。

改革奋进之时，人民军队又以迈向现代化的崭新军容，参加国庆 35 周年庆典，接受以邓小平为核心的党的第二代领导集体的检阅。

世纪腾飞之际，人民军队在此列队十里长街，接受以江泽民为核心的党的第三代领导人集体的检阅。

女:人民解放军72年的光辉历程,是在党的绝对领导下战斗、发展和胜利的历史。

从南昌起义的枪声到开国大典的礼炮,毛泽东等老一辈无产阶级革命家亲手缔造的人民军队为建立新中国浴血奋战,百炼成钢。

男:改革开放的新形势下,人民军队肩负起新的历史使命,邓小平同志放眼世界风云,提出要建设一支强大的现代化、正规化的革命军队。

女:进入90年代,江泽民主席向军队提出了五句话总要求:“政治合格,军事过硬,作风优良,纪律严明,保障有力。”人民解放军贯彻落实军委新时期军事战略方针,走科技强军之路,走有中国特色精兵之路,准备着跨世纪的飞跃。

【军乐、口号声扬起10秒】

男:各位听众,现在,江泽民主席正在检阅受阅部队。

作为显示国力、振奋军威的一种形式,新中国历史上一共举行过12次国庆阅兵。每次阅兵,都是对人民军队成长壮大的一次自豪的展示。

女:当年,开国大典第一次阅兵,我们的海军方队只有两个排,步兵方队还背着“三八大盖”步枪,汽车、大炮大都是缴获的日式、美式装备,空中受阅的仅有17架老式螺旋桨飞机。开国大典,我军的装备虽然简陋,但却令人难忘。

从战火硝烟中走来的人民解放军,第一次以陆海空三军的阵容展现于世人面前,人民与领袖无比兴奋。

毛泽东在自己的飞机掠过时,兴奋地用手遮阳向天空凝望。

朱德后来自豪地说:“我终于当上名副其实的三军总司令了。”

男:15年前,35周年国庆阅兵,我们的装备发生了质的变化。新一代自行火炮和各种坦克、装甲运兵车隆隆驶过,各种导弹威风八面,我国自主研制的战略导弹,更是令世界瞩目。驾驭这些现代化装备的新时期的中国军人意气风发,斗志昂扬。

女:今天,世纪之交的大阅兵,人民解放军将以阔步迈向新世纪的豪情,第13次接受祖国和人民的检阅,受阅部队的各类武器装备,从步兵枪械、装甲战车、战略导弹,到空中翱翔的战机,都采用了许多先进技术。这些我国自行设计制造的现代化武器装备,汇成了无坚不摧的钢铁洪流。人民军队已成为保卫祖国的威武之师,成为维护世界和平的重要力量。

【军乐、口号声扬起10秒】

男:各位听众,现在江泽民主席继续检阅受阅部队。指战员们军容严整,英姿勃勃,战车和导弹威风凛凛,陆海空三军浑然一体组成强大的阵容。

女:各位听众,现在江泽民主席已经检阅完部队,检阅车开始向天安门返回,指战员们向江泽民主席行注目礼。

【军乐、口号声扬起10秒】

男:历史与未来,光荣与辉煌,在这一刻交汇融合。

当年,开国大典的前夕,毛泽东就坚定地说:“我们将不但有一个强大的陆军,而且有一个强大的空军和一个强大的海军。”表达了站起来的中国人民富国强兵的决心。

女:今天,人民解放军已经从单一的陆军发展成为陆军、海军、空军、第二炮兵等诸多兵种合成的强大军队,我们不仅有较为先进的常规武器,还有原子弹、氢弹,人民解放军完全有能力捍卫祖国主权和领土完整,有能力粉碎任何分裂祖国的图谋,维护祖国统一!

男:1985年,邓小平宣布了一个令世界震惊的消息:人民解放军裁减员额100万。

1997年,江泽民主席向全世界宣告,中国将再裁减军队员额50万。

12年里,裁减军队员额150万。这是我国政府和军队有能力、有信心的表现,人民军队,开始向着精兵、高效、合成到现代化军队的目标迈进。

女:世纪之交,以江泽民同志为核心的党中央、中央军委,高瞻远瞩,提出新时期军事战略方针,由打赢一般条件下的局部战争,向打赢现代技术特别是高技术条件下的局部战争转变。

科技强军为人民军队插上腾飞的翅膀,人民军队在科技大练兵的熔炉里磨砺锋芒,锻造迈向新世纪的雄师劲旅。

男:从冰封雪裹的北疆哨所到烈日炎炎的南国边陲,从风沙弥漫的大漠戈壁到劈波斩浪的海军战舰,江泽民主席的足迹遍及大江南北、长城内外,谆谆教诲播撒在三军将士的心中,对军队建设的关心期望,对基层官兵的关怀爱护,三军将士将永远铭记。

【军乐声扬起10秒】

女:各位听众,现在,江泽民主席乘坐的检阅车,正在向天安门广场返回,指战员向江主席行注目礼。

(江主席检阅车返回天安门广场)

男:各位听众,现在,江泽民主席乘坐的检阅车已经进入广场,正向天安门城楼驶来。江泽民同志将在天安门城楼上发表重要讲话。

【军乐声扬起10秒】

女:现在,受阅部队正在调整队形,在江泽民同志讲话之后,徒步方队和车辆方队将以分列式队形,依次通过天安门广场,空中梯队的飞机也将飞过天安门上空接受检阅。

男:天安门广场上,无数花朵组成的长城,巍峨雄伟,雄壮有力的军乐,激荡着人们的心扉。

女：从历史走来，人民军队从小到大，由弱到强，向未来奔去，人民军队阔步前进，再创辉煌！

伴随着共和国的50年，人民军队忠实履行着保卫祖国的神圣使命，也积极投身于建设祖国的伟大事业。

三峡工地，大亚湾核电站，特区建设工地，处处活跃着绿色的身影。

唐山抗震救灾，大兴安岭扑火，长江、嫩江、松花江抗洪抢险，人民军队始终冲锋在前。

生命和鲜血，书写着对祖国、对人民的忠诚。

男：今天，来自中国人民解放军、中国人民武装警察部队和民兵预备役部队的1万多名优秀儿女，代表全军指战员、武警部队全体指战员和全国民兵预备役人员，接受祖国和人民的检阅。让我们向他们致以崇高的敬意！

女：在举国欢庆国庆佳节的时候，人民解放军的边海防部队、中国人民武装警察部队和民兵预备役部队，正百倍警惕地守卫着祖国千里边防、万里海疆和神圣的领空，让我们向他们致以节日的问候！

各位听众，现在，江泽民主席已经登上了天安门城楼。

【实况："请中共中央总书记、国家主席、中央军委主席江泽民同志讲话！"】

（讲话略）

【实况："分列式开始"】

男：中央人民广播电台！各位听众，阅兵仪式的第二部分——分列式已经开始。

女：各位听众，天安门广场组字区出现了一面鲜艳的"八一"军旗图案。军乐队走起了《分列式进行曲》，接受检阅的部队由东向西，向天安门广场行进。

【音乐扬起5秒】

男：仪仗队方队护卫着八一军旗，走在最前面。

八一军旗是中国人民解放军的象征，她诞生在南昌起义的炮火硝烟中，已伴随我军走过72年的光辉历程！仪仗方队前面，一名英俊魁武的陆军军官，高举着八一军旗，两边是一名海军军官和一名空军军官。在他们身后，陆海空军仪仗队员，护卫八一军旗，威武矫健，阔步走来。

……

女：各位听众，17个徒步方队已经通过了天安门广场。

威武严整的军容，排山倒海的气势，人民解放军展示了豪情满怀、斗志昂扬的精神风貌。向世界表明，中国人民解放军永远是一支不可战胜的力量！

男：各位听众，徒步方队通过以后，车辆方队将以更加宏大的气势滚滚而来，参加受阅的车辆方队共有25个，各种装甲火炮导弹等地面重装备409台，数量超过以往任何一次阅兵，是我军装备水平和现代化建设最新成果的集中展示。

女：共和国的50年是各项建设取得辉煌成就的50年，也是国防现代化取得巨大成就的50年。

今天，我军陆军作战装备实现了骡马化、摩托化到机械化的跨越，基本形成了立体机动作战的装备体系和配套的支援保障体系。

人民海军逐步形成了海上机动作战、基地防御作战和海基核反击作战的装备体系。

人民空军一批批新型作战飞机和防空导弹装备部队，防空作战、空中作战和空降作战手段显著提高。

我军战略导弹部队已形成核导弹与常规兼备、近中远程和洲际导弹齐全的武器系列，能够独立或协同其他兵种对敌实现自卫核反击和纵深常规打击。

【坦克音响扬起10秒】

男：各位听众，隆隆的轰鸣声由远而近，在威武雄壮的《战车进行曲》中，最前面的中型坦克方队开过来了。

这个方队由18辆坦克组成，三个身披黄绿色的伪装迷彩，前面是两辆指挥车，后面组成四乘四坦克方阵。

女：这个方队的队长金九龙、政委王宝生，15年前作为坦克学院的学员参加了国庆35周年阅兵。今天，他们已经成长为我军中级指挥员。能再次接受党和人民的检阅，他们感到十分自豪。

男：现在，第二个坦克方队正在通过铁门前，带着坦克帽的指挥员，向城楼上的党和国家领导人敬礼，党和国家领导人向他们挥手致意。

【坦克音响扬起5秒】

（以下略）

（中央人民广播电台1999年10月1日首播）

附录二

濠江欢歌动九州

——澳门回归直播报道

中央电台　集体创作

男：中央人民广播电台！

女：中央人民广播电台！

【主题曲扬起，压混】

女：各位听众、香港同胞、澳门同胞、海外侨胞

男：澳门回归特别直播：《濠江欢歌动九州》

女：澳门回归特别直播：《濠江欢歌动九州》

男：各位听众，今天是公元1999年12月19日，再过三个半小时，我们将迎来中华民族本世纪的又一盛典，澳门回归祖国的怀抱！

女：为了迎接和庆祝澳门回归这一世纪盛事，从现在起，我们中央人民广播电台开辟长达七个半小时的大型现场直播特别节目：《濠江欢歌动九州》，我们的广播将陪伴您欢度今宵。

【海涛声、海鸥声，伴随着汽笛声舒缓音乐扬起】

男：此刻，侧耳倾听，我们好像听到了游子回家的急切脚步；举目四望，我们看见了祖国母亲带泪的笑颜。辽阔的南海，波涛起伏，浪花飞舞。"祖国亲爱的妈妈，漂泊在外的儿子就要回来了……"

女：此时此刻，祖国母亲张开了温暖的臂膀。亿万中华儿女翘首期盼，心潮激荡。就要归来了，莲花般的美丽岛屿！就要实现了，梦寐以求的骨肉团聚！

男：什么叫斗转星移？什么叫沧海桑田？公元1999年12月20日零点钟声就是答案，钟声里饱含着中华民族几百年的期盼和夙愿。

女：请记住发生在公元1999年12月20日零时的世纪盛典，这是几代人的梦想，是中华民族如椽巨笔挥就的历史画卷。

【抒情音乐及汽笛声淡出，出节奏较快音乐】

男：各位听众，今天晚上到明天凌晨，将有两项重大仪式，一项是中国政府和葡萄牙政府举行的澳门政权交接仪式，这项仪式将在澳门文化中心花园馆进行。另一项是澳门特别行政区成立暨特区政府宣誓就职仪式，这项仪式将在澳门综艺馆进行，澳门多处场点将同时举行大型庆祝活动《万众欢腾迎回归》。

女：普天同庆日，天涯共此时。今天晚上，中华大地变成了一片欢乐的海洋，北京天安门广场将举行规模盛大的焰火晚会和文艺演出，3万多群众将在澳门回归倒计时牌下载歌载舞。天津、上海、重庆、广州、珠海、香港等地也将举行各种形式的庆祝活动，全球各地的华人、华侨也将以不同形式表达他们的祝福。

男：现在，中央人民广播电台参加澳门回归报道的记者已经各就各位。

【记者亮相，简短报名和所在地】

【衔接紧凑，声音短暂，叠加式】

女：各位听众，澳门回归的脚步声越来越近，神州大地的欢庆气氛越来越浓，人们在等待着这个历史性时刻的到来。

【直接切换到内地有关分点】

各位听众，我是中央人民广播电台记者王鑫（我是杨璐）。现在距澳门回归祖国还有三个多小时，我们在北京天安门广场向您作现场报道。

男：为迎接澳门回归，首都人民以最大的热情迎接远方的游子归来，从19号起连续三天，北京市在天安门广场、长安街和城近郊八区开启重大节日彩灯及夜景照明灯饰，首都体育馆周边地区建筑也加设了灯光，现在我所在的天安门广场长安街附近灯火通明，千万盏彩灯簇拥下的天安门、人民大会堂和历史博物馆，今天似乎比以往更加高大庄严，这几天全市各主要地区都升挂国旗，西单、王府井等商业繁华地区还悬挂起大灯笼，整个北京城笼罩在一片喜庆祥和的气氛中。

女：在我的身后，回归倒计时牌上的数字还在不断地变化，数字显示现在距我国政府恢复对澳门行使主权还有11523秒，我们看到，倒计时牌下已经搭好一座莲花状的舞台，今晚23：30将在这里举行北京市人民庆澳门回归联欢晚会，届时一台主题为《澳门你好》的文艺节目将跨越回归的历史时刻，天安门广场还将在澳门回归前后两次燃放礼花。

男：虽然现在天气寒冷，但是仍有三三两两的群众自发地来到广场上，他们按捺不住激动的心情，希望能够在祖国的心脏、天安门广场上见证澳门回归历史时刻的到来，一位女同志面对我们的话筒表达了她高兴的心情：

【出音响】

“澳门的回归将在我国历史上记上浓重的一笔，能够在新千年来临前夕迎来澳门回归我觉得很幸运，这也是我们国家的大喜事，所以我来到天安门前，希望能同大家一起，见证这个历史时刻的到来。”

女：我们在天安门广场看到，联欢的场地已基本准备就绪，人民英雄纪念碑前的“迎澳门回归”的灯箱已经点亮，联欢区的灯光布景已经搭好，倒计时牌上不断变小的数字预示着回归的历史瞬间正快步向我们走来，倒计时牌前已经有了很多热心的群众驻足观看，他们正热切地等待着那庄严神圣的一刻。

……

男：各位听众，中央人民广播电台迎接澳门回归前方报道组，现在在澳门文化中心花园馆向您现场直播中华人民共和国政府和葡萄牙共和国政府共同举行的澳门政权交接仪式。

【进入程序】

女：随着时针飞快跳跃，激动人心的时刻到来了。

女:葡方司仪正在用葡萄牙语介绍葡萄牙共和国主要代表名单。

(等待听到江、朱的名字讲话)

女:葡方司仪现在开始用葡萄牙语介绍中华人民共和国主要代表名单。

(中方司仪念名单)

男:各位听众,现在,中国人民解放军陆海空三军仪仗队和葡方仪仗队开始入场。

男:中方的这支仪仗队曾经在1997年香港政权交接仪式上出色地完成了任务,他们以自己威武雄壮的英姿,扬我军魂,振我国威。

……

男:各位听众,现在是1999年12月20日凌晨,我们在激动和欢乐中迎来了东方的曙光。澳门这艘航船,终于穿过了历史的风雨,破浪向前,它把百年漫漫长夜,永远留在了昨天。

女:如今我们站在世纪之巅回眸,古老的中华民族曾拥有悠久的辉煌和灿烂。追求国家统一、民族尊严是永不改变的传统和信念,硝烟弥漫的中国近代史上虽然书写着数不尽的内忧外患,但中华儿女不屈不挠、自强不息,终于赢得了国家的独立与富强,昨天的香港团圆,今天的澳门回归,既诉说着过去,又展示着今天,更昭示着未来。

男:狂欢夜,回归情,赤子心,此刻,我们无限思念海峡对岸的台湾同胞,血终究浓于水,华夏之脉源远流长,我们坚信中华民族大团圆的日子不会再遥远。

女:20世纪即将过去,人类也将跨入另一个千年,遥望东方的大海,正是曙光初露,让我们迎着即将升起的太阳,为中华民族21世纪的复兴和腾飞引吭高歌!

(中央人民广播电台1999年12月19日～20日播出)

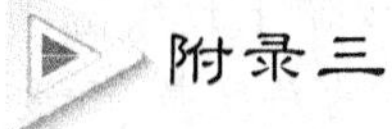

附录三

拥抱世纪曙光

——海岛军民迎新世纪现场直播报道

甲:舟山人民广播电台,调幅684千赫,调频99.8兆赫。

乙:舟山人民广播电台经济台,调幅1098千赫,调频97兆赫。

甲:听众朋友,早上好!我是节目主持人张巍。

乙:早上好,听众朋友,我是节目主持人乐然。

甲:听众朋友,今天是世纪第一天,我们将为你推出《拥抱世纪曙光——海岛居民迎新世纪特别节目》,欢迎收听。

你我共迎世纪曙光,百年更迭续写辉煌(片头)

乙:听众朋友,随着世纪钟声的鸣响,一个崭新的时代诞生了,从昨天晚上开始,我市各地纷纷举办了各种活动,激情拥抱新世纪的到来,下面先请听前方记者从岱山县发来的报道。

记者:听众朋友,我是记者叶军,我现在在岱山本岛海拔最高的磨心山上向你作现场报道。

昨天晚上11点50分,岱山县在磨心山山顶举行了迎接新世纪敲和平钟仪式。各界人士怀着喜悦的心情,参加了这一活动,许多岱山市民为了能有幸敲上世纪钟,整夜等候在山上,岱山县旅游局组织的一批上海游客,刚下船就顾不上旅途劳累,特地赶到山顶,参与了这一千载难逢的敲世纪钟活动。

悬挂在岱山磨心山顶慈云禅院钟楼上的青铜大钟,重4吨,直径1.8米。

今天零点,大家满怀跨入新世纪的喜悦,缓缓敲响了激动人心的和平钟。(出钟声:当当当)当浑厚洪亮的钟声敲响的时刻,大家兴奋地说,新世纪来了,祝祖国繁荣富强,祝福新世纪世界和平。(出鞭炮声)伴随着洪亮的钟声,象征祥和和喜庆的烟花爆竹也同时在山顶腾空而起,将人们带入了欢乐的新世纪。

这祥和的钟声飘荡在蓬莱岛的夜空,也回荡在人们的心里,这钟声预示着新世纪的到来,这钟声孕育着无限的幸福。

甲:各位听众,据中科院上海天文台测定,我市的东福山是祖国大陆有人居住的岛屿最早迎来新世纪第一缕曙光的地方。前两天,本台记者沈燕瑾专程到中国科学院上海天文台,采访了著名天文专家王家骥研究员:

沈:王教授你好,对新世纪的曙光,大家都比较关注,请您介绍一下新世纪第一缕曙光的测定情况。

王:我们天文上计算的是日出时间。在天文上日出是这样的,如果是在平地上,它的上边缘刚出地平线,这就叫日出,我们天文上计算,太阳上边缘出现在地平线上,太阳离开天顶,头顶上的这部分天叫天顶,离天顶的角度是90度58分,是有规定的,是很死的。根据这个要求,太阳在天空中的位置就可以算出它是什么时间升起来的,这个升起来时间的早晚,主要是取决于两个因素,一是观测地方所处的纬度,二是所处的经度。1月1日是冬天,太阳偏在地球的南半球,对北半球来说,越往北的话时间越晚,也就是说,纬度越高日出时间越晚,经度的影响比较简单,每向东一度早4分钟,根据这个计算,新世纪第一天日出时间最早,不限制在大陆,包括海岛在内,台湾岛不考虑在内,考虑现在一般的旅游者比较方便就能够去的地方,这样算下来在舟山群岛的东福山。

沈:东福山具体的日出时间应该是什么时候?

王：计算下来是在2001年1月1日6：43：37，但要说明一点，这个时间是根据天文上的很死的规定计算出来的，没有考虑其他的因素，主要两点，一是周围地形的影响，二是大气的影响。

乙：新世纪的第一缕曙光，给人们带来吉祥，也带给人们新的希望，那么，在我们舟山，观看第一缕曙光的最佳位置在哪儿呢？据多年从事天文研究的高级工程师刘瑞延介绍：

刘瑞延：观看新千年曙光，舟山有两个概念，首先，最早在普陀区的东福山，那个时间曙光是最早的，另外一个概念呢，最佳的观赏点有好几个，有朱家尖的大青山，桃花岛的对峙山，也就是舟山群岛的最高峰，海拔539米，还有普陀山的佛顶山，这是最佳的观赏点。

甲：各位听众，今天呢我们特地在普陀区东极镇的东福山上设立了直播点，现在我们就把信号切向东福山，听听那里的情况。

东主：听众朋友早上好！我是舟山电台节目主持人叶华，我现在就在东福山的山顶上向大家直播当地军警民共迎新世纪的曙光的情况。早晨我们上山的时候还是满天星斗，现在东方已经破晓，站在山顶朝东看，是一望无际的大海，虽然现在云雾还是重，但是灰白色的天空已渐渐亮起来了，蓝起来了。站在山顶上，寒气袭人。但大家极目向东方远眺，要分辨出何处是天、何处是水很不容易，可以说是天水一色，水天茫茫，再过一会儿新世纪的第一轮太阳将从海平线上冉冉升起，激情拥抱世纪曙光昂首奔向崭新时代。（片头）

东主：各位听众，现在是早晨6点41分，离专家测定的日出时间还有1分多钟，今天的天气特别好，使得人们迎接新世纪曙光的兴致十分高昂。

现在在我们的周围已经点起了篝火，人们跳起了舞，唱起了粗犷的渔歌。（出渔歌声、鞭炮声、锣鼓声……）

东主：各位听众，现在是6点43分，离日出时间还有37秒。现在，我们看到东方已经亮起来了，山顶上，人们开始燃放烟火，渔民们敲起锣打起了鼓抒发他们喜悦的心情。

各位听众，现在是6：43：37，我们看到初露的阳光穿过浓密的云雾，透出了光亮。

曙光出来了，在前面的小树林里，狭长的山间小道上，闪闪发亮的灌木丛中，都布满了清新的晨光。第一缕阳光透过云缝，终于露出了光亮，它给黑云镶上了金边，虽然这里阳光不像平常看到的具有夺目的光亮，但是它照射在大地上，照射在大海上，给人们带来了光明带来了希望。

东主：各位听众，参加今天迎接新世纪曙光活动的，既有部队官兵、当地干部，也有渔民和教师。他们在新世纪曙光的沐浴下，都有一个好心情。站在我身边的一位守岛部队领导显得特别激动。房站长你好,今天我们在东福山迎来了新世纪的曙光,此时此刻你的心情如何?

房站长:我心情特别的激动,我在东福山当兵14年了,我看到过无数次的日出,但今天的日出比任何时候的日出都美,因为今天的日出是新世纪的第一缕阳光,在新的世纪里迎来了第一缕阳光,给我们带来了希望,作为守岛官兵,在新的世纪里,我们决心按照江主席五句话的总要求,严格管理部队,乐于奉献艰苦创业扎根海岛,为祖国的东大门站好岗,放好哨,请祖国人民放心。

东主:今天呢,东极边防派出所的华汉杰所长也来到新世纪曙光的现场。华所长你好,人民警察担负着为海岛建设保驾护航的重任,您能通过我们的广播给听众朋友说两句吗?

华所长:收音机前的朋友大家好,我代表东极边防派出所全体官兵恭祝大家新年愉快,万事如意,东极边防派出所是驻守在东海最前线的一个模范边防派出所,20年来,我们一代又一代的边防官兵奉献自己的青春和热血,在平凡的工作岗位上铸就了辉煌,创造了许多可歌可泣的业绩,赢得了祖国和人民的赞誉,曾先后被公安部、人事部授予东海模范边防派出所的荣誉称号,在新的世纪我们决心为保一方平安为发展地方经济作出新的贡献。

东主:新的世纪万象更新,新的世纪前程似锦,但是新的世纪也需要人们付出新的努力。下面我们请东极镇委书记金文龙说几句。

金文龙:今天我的心情十分激动,新世纪的第一缕曙光最早在我们东福山升起。它将带给我们新的希望,在新的世纪里,我们将坚定不移地按照党的十五届五中全会精神,把发展作为主题,把结构调整作为主线,把改革开放和科技进步作为动力,把提高人民的生活水平作为根本出发点,充分发挥东极在渔、港、景等方面的地理优势,为开创东极工作新局面而努力工作。

东主:这位是渔民兄弟吧?请您和大伙说两句好吗?

渔民:阿拉东福山渔民啦介热闹的日子也没大碰到过,今天新世纪里祝愿大家平平安安快快乐乐,祝愿大家年年丰收有余年年发大财!

东主:各位听众,现在在东福山上聚集了200多个观看新世纪曙光的群众,有很多外地朋友,来自川、江、浙、沪的朋友们都来到这里,我们请他们也跟听众朋友们见个面。

东主:你好,你是从哪儿来的呢?

外地游客:我们是从江苏来的。

东主:你们是从哪里了解到我们这是第一缕曙光的照射地呢?

外地游客:我们是通过因特网。

东主:这次来到这里,你了解了东极,看到了这儿的秀美风光,希望能把这里的美丽风景带给更多的朋友。

外地游客：好的。

东主：各位听众，现在阳光正在努力地脱出层层云雾的束缚，太阳透出了红色，给云雾镶上了道道金边，霞光映红了海面，在海面上撒上了一层碎金。此时此刻的情景让人看了心动不已。好，听众朋友，现在太阳已经露出了它的脸庞，金色的太阳给人们带来了希望，它的光亮越来越明显，完全脱出了云雾的束缚，脱出了云层，此刻的阳光具有耀眼的光芒，把周围的一切燃成了金色。海面上波光粼粼，我们看到，四艘渔船正迎着曙光向东驶去，是人们看到丰收的希望。

东主：各位听众，东福山上新世纪曙光的直播活动就到这儿了，谢谢大家收听。

一缕金色的阳光

一幅恢宏的画卷

一个崭新的时代

一片丰收的希望（片头）

甲：听众朋友，您刚才收听的是来自东福山上的现场直播，下面请听前方记者从普陀山发回的报道。

记者：听众朋友，我们是舟山台记者王少星、谭国放。现在在普陀山南海观音铜立像朝拜广场上空，有 4 只大彩球，4 只大彩球写着的条幅是：沐浴世纪曙光，共绘中华蓝图，维护世界和平，促进共同发展。我们看到许多僧侣已经来到朝北广场，做着法会准备，许多香客游客也来到了这里。

听众朋友，普陀山千名僧侣迎新世纪祈祷世界和平法会将由普陀山佛教协会常务副会长、普济寺监院戒忍法师主法，据戒忍法师介绍，法会将祈祷世界清静祥和，祝愿祖国繁荣富强，祝愿人民奔大康，法会祈祷将举行一个半小时。

好，记者在普陀山的现场报道就到这里。

乙：听众朋友，接下来请听前方记者从普陀区朱家尖发回的报道。

记者：各位听众，我是记者洪阳，现在我在普陀朱家尖大青山山顶向您作现场报道。

听众朋友，现在我所在的大青山海拔高度 376 米，从这里我看到我的正前方东方海面已是朝霞满天，千岛新城正沐浴在新世纪的阳光之中。站在这里由近往远看，是朱家尖的五大沙滩，青沙、里沙、千步沙、南沙、东沙，他们就像镶嵌在海边的五条金色项链。现在在山顶上聚集了 100 多名青年朋友，他们在这里手持火把共同迎接新世纪第一缕曙光的到来，同时他们在这里担负着

“十里金沙迎新世纪曙光”活动的第一项仪式。记者在这里看到，当太阳从海平面升起的一刹那，这里同时升起了3颗红色信号弹，从这里点燃的世纪之光希望之火火炬由5位小姑娘小伙子以火炬接力的形式传送到主会场，下面就请听记者徐洲在东沙主会场的报道。

记者：听众朋友好，我是舟山台记者徐洲，现在我和我的同事王巍正在朱家尖的东沙迎新世纪曙光主会场向你报道。

东沙是朱家尖十里金沙中的最大沙滩，“东沙涌日”历来是我们舟山的一大景观，因此今天来这里迎接新世纪第一缕曙光的游客也就特别多。记者看到，东沙海天台边关外面的观赏台上早已挤满了人，沙滩上的游人也有很多，估计约有近万人。

此刻的东沙已成了欢乐的海洋，从大青山采集来的火种点燃了7堆篝火，渔家姑娘、小伙子们围着篝火跳起了欢快的迎曙光舞，喧天的舟山锣鼓、翻舞的蛟龙更是肆意挥洒着海岛渔民昂首迈入新世纪的喜悦豪迈。就在这传统而独特的仪式中我们迎来了新世纪的第一缕曙光。

在我们的前方，大海已经把一轮圣洁的太阳托出了海面，太阳也深情地把海水沙滩染成了金色。旭日东升，天水一色，此时此景仿佛将喜悦定格成了永恒的时刻，为了迎接新世纪的第一缕曙光，我们已经在这里等候了一个多小时，但随着新世纪第一轮太阳的冉冉升起，我们的劳累早已烟消云散。身边近百万名游客也怀着与我们同样的心情，沐浴着新世纪的阳光，人们都在互相祝福着。

几分钟之后，许世纪之愿海上漂流瓶起漂仪式也将在这里举行，装有中国海洋新世纪曙光见证人签名的漂流瓶将从这里飘向世界。

另据了解，在我们的东南方——金庸笔下的桃花岛现在正在举行盛大的迎接新世纪曙光庆典仪式，在舟山最高峰对峙山上敲响了世纪大钟，把最美好的祝福织入新千年的阳光中。

甲：听众朋友，下面是本台记者发自定海区的报道。

记者：各位听众，我是舟山台记者金舟军，我现在在定海游山公园向您报道，这是新世纪的第一天，千年一遇的好日子，这里人流如潮，登山的青年、跳舞的大妈、散步的老人、晨读的学生在公园里随处可见，他们感受着旭日东升的绚丽景象，沐浴在新世纪柔和、美丽的霞光之中。

千年交接，金蛇开元，新世纪已向我们走来，定海城区迎新世纪的活动丰富多彩，我现在所在的海山公园，将要举行迎新世纪青少年主题活动和“舟山移动杯”支持北京申奥万人签名的仪式，在市博物馆的展厅里，近年来我市中青年画家的一些上乘之作已经布展在那里，正等着您前去参加这个“迎新世纪美术作品展览会”。从今天起，在市体育场举行全市迎新世纪军民足球友谊赛，那里来自舟山部队和地方的运动员将在绿茵场上进行角逐。

好，各位听众，在定海迎接新世纪的一些活动我就向你介绍到这儿。

乙：千年交替，世纪更迭，上一个千年过去了，新的千年已经到来，在新的千年，新的世纪，我们更渴望和平，更渴望幸福，渴望人类一切美好的东西。

甲：但我们深深地懂得，这一切的一切，不会诗意地走来，要实现人类的幸福，全靠我们自己！

乙：新世纪的太阳升起来了，新世纪的太阳是我们中华民族的太阳，也是全人类的太阳，我们共同拥有！

甲、乙：让我们迎着新世纪初升的太阳，昂首走进新时代！（音乐《走进新时代》扬起）

甲：各位听众，《拥抱世纪曙光》特别节目到此结束，谢谢收听。

作者：王联国　张浩　殷国飞　周翔　徐丽霞等

（播出日期：2001 年 1 月 1 日）

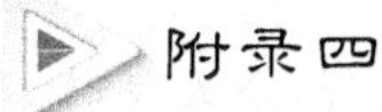

附录四

万众一心，众志成城，奥运火炬传递中国银行特约直播（摘录）

中央人民广播电台、全国奥运广播联盟联合推出

主持人：点燃激情，传递梦想！这里是中央人民广播电台、全国奥运广播联盟联合推出的《万众一心，众志成城，奥运火炬传递中国银行特约直播》，本节目由白沙文化全景呈现。听众朋友，大家好，我是中央人民广播电台主持人姜姗。

主持人乙：上午好，听众朋友，我是山西广播电视台综合广播主持人肖晓。

主持人丙：大家好！我是大同人民广播电台主持人如岗。北京奥运合作伙伴中国人保财险提醒您，今天是 2008 年 6 月 27 日，距离北京奥运会开幕还有 42 天，距离北京残奥会开幕还有 71 天。

主持人：祥云火炬昨天在山西省省会太原传递之后，今天来到塞外明珠大同。为了让大家共同感受大同人民对 2008 北京奥运会的热切期待，在接下来的 4 个小时里，我们将在大同人民广播电台的直播间为您全程直播奥运火炬在大同的传递盛况，多路记者也将第一时间现场连线报道火炬接力传递进程，让您在声音的世界里感受祥云火炬行进在大同的每一个精彩瞬间。

主持人：听众朋友，今天，祥云火炬大同站的接力是从同煤集团晋华宫矿出发，208 名火炬手经过 4 公里传递，最后到达大同标志性旅游景点、我国三大石窟群之一、世界闻名的艺术宝库——云冈石窟，并将在那里举行庆典活动。

主持人：欢迎听众朋友通过发送手机短信的方式积极与我们互动，把您对大同的印象和希望，您对火炬传递的期待与祝福发送给我们，发送方式是：编辑手机短信内容发送到10669500168，短信资费每条0.5元，不含通讯费。

主持人：今天将会有10位幸运听众分别获得大同人民广播电台送出的收音机一部。

主持人：同时，今天直播中发送的最精彩短信将获得中国金币总公司提供的奥运彩色银条。让我们共同见证奥运火炬闪耀大同的一天，感受奥运火炬带给你我的激情。

主持人：我们的起跑仪式马上就要开始了。我们把信号切到现场。

主持人：我是全国奥运广播联盟山西台主持人，我们来自大同各界的朋友，正以无比激动的热情，期待着奥运火炬在我们的家乡传递。

主持人：现在火炬传递仪式已经开始了，让我们听听现场主持人的主持。

【出录音】

尊敬的各位领导，各位嘉宾，女士们，先生们，朋友们，大家好，今天我们怀着无比喜悦的心情迎接象征着和平、友谊、文明的奥运圣火的传递在中国煤都同煤集团举办火炬传递起跑仪式，出席今天起跑仪式的领导有：北京奥组委火炬接力中心常务副主任张明女士，山西省政协主席金银焕女士，山西省副省长、山西火炬传递活动主委会主任张平先生，中共大同市委书记、大同市火炬传递活动主委会名誉主任丰立祥先生，出席今天起跑仪式的还有北京奥组委有关负责人，山西省主委会有关负责人，大同市委、市人大、市政府、市政协的领导，大同同煤集团公司和兄弟城市的领导，国内外新闻记者朋友们，让我们对这些领导嘉宾的到来表示热烈的欢迎和衷心的感谢。

主持人：不论荣耀与困难，不论欢喜与悲伤，我们中国人在一起。现在我们是正在大同的同煤集团现场进行报道。下面请大同市委书记丰立祥(声音)致辞——

【出录音】

丰立祥：尊敬的各位领导，各位来宾、各位火炬手代表，女士们，先生们，今天将是载入史册让大同人民永远铭记的美好日子，象征和平、友谊、梦想的奥运圣火即将在历史文化名城大同点燃奥运激情，传递百年梦想，此时此刻我代表大同市委市政府和全市人民对北京奥组委省主委会的亲切关怀表示衷心的感谢，对各位嘉宾、各位火炬手的到来，表示热烈的欢迎。大同作为国家首批公布的历史文化名城，作为两汉明清北魏的重镇，具有悠久的历史和灿烂的文化，大同作为国家重要的能源基地，在全国的经济发展中具有重要的地位，发挥着重要的作用。今天奥运火炬传递到充满生机与活力的古城大同，我们感到无比荣耀与骄傲，大同人民将和全世界人民共同奏响北京奥运会“同一个世界、同一个梦想”的嘹亮乐章，更快、更高、更强的奥运精神，将激励大同人民奋发向上，顽强拼搏，我们希望今天的传递活动能够充分展现大同作为历史文化名城和国家重要能源基地的风采，我们相信奥林匹克圣火将因今天的传递而更加光彩夺目，大同因今天的传递而更加和谐美丽，让大同走向世界，让世界走进大同。最后预祝今天的传递活动取得圆满成功，预祝北京奥运会取得圆满成功，预祝我们伟大的祖国蒸蒸日上，繁荣富强，谢谢大家！

下面请北京奥组委火炬接力中心常务副主任张明女士点燃第一只火炬，并交给山西省政协主席金银焕女士。

主持人：听众朋友，我们现在正在同煤集团晋华宫矿广场前向你直播奥运火炬正在传递的盛况，正在进行的是火炬的交接仪式，此时此刻，晋华宫矿广场锣鼓阵阵，彩旗扬扬，处处洋溢着喜悦之情。

主持人：我们收音机前的朋友一定也能听到，火炬现在已经点燃，今天在我们的起跑仪式现场有来自大同的各文艺团体的表演方阵。

下面请第一位火炬手，大同煤矿集团公司的全国劳模、全国青年标兵田利军上台接受火炬。

主持人：现在田利军已经走上了舞台，他接过了火炬，标志着奥运火炬在大同的传递正式开始，现在我们现场的群众都是手里挥舞着彩旗和奥运五环旗，每个人的脸上都洋溢着笑容。

我宣布北京2008年奥运会火炬接力山西大同传递活动现在开始！

（中央人民广播电台2008年6月27日播出）

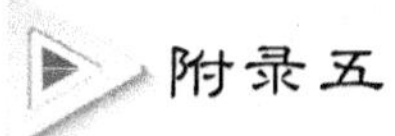

附录五

挺进映秀

主持人：现在我们中央台的记者王亮已经进入了汶川映秀镇的灾区最震中的地方，我们马上接通王亮的电话，因为连日来他不断跟我们连线，他的电池已经快不多了，赶快接通王亮的电话。王亮，赶快给我们介绍一下前方情况。

记者：好的，我们已经到达了这次地震的最震中的部分，也就是汶川县的映秀镇。冲锋舟登陆之后我们又徒步前行了两个多小时，这两个多小时确实特别艰难，可以说一路上，只要稍有不慎，我们就可能掉到岷江里边，岷江河流特别湍急。在前往映秀镇的路途当中，我们的右侧就是贡嘎山，我们左侧就是岷山，整个山体滑坡已经把公路全部覆盖和掩埋了。而且桥梁呢，我们看见有一座大桥，叫作百花大桥，也已经整体地坍塌了。我们就是从夹缝当中，从峡谷里边爬过来的。现在我们浑身都是泥，而且有的战士陷在泥潭里边，这个泥已经都到了他腰的这个地方，我们一起把他拉上来，如果说再陷下去的话，他可能生命就保不住了，这一路确实是非常非常的艰难。

总而言之，不管有多么艰难，现在我们已经到达了这次地震的震中，就是汶川县的映秀镇。我们看到这边有很多房屋已经倒塌了，而且地上躺着很多的伤员。就在我们到达映秀镇的同时，我们看见有两架陆航的直升机也已经飞到了映秀镇的上空，而且在映秀镇开辟出了一块比较空旷的场地，划了两个直升机的停机坪，两架直升机都已经降落，而且拉走了第一批伤员，所以说我们看到了希望！

作者：王亮

（中央人民广播电台 2008 年 5 月 14 日播出）

第七章　广播通讯

第一节　广播通讯的共性特征

广播通讯作为广播新闻报道方式和体裁，与广播消息一样是历史最久的广播报道体裁之一，尽管目前还没有专家考证最初的广播通讯体裁是什么时候在哪里形成，但是有理由相信从有广播新闻开始就有了广播通讯这种报道方式和体裁。直到今天，无论在中国还是在国外，这种体裁与消息一起依然是广播新闻报道最常用、最主要的报道体裁。正因为如此，它受到中外广播记者的高度重视。

广播通讯是从报刊通讯逐渐脱胎和演进过来的。报刊通讯适应读者的视觉诉求，为阅读而写作；广播通讯体裁适应广播媒体的传播特点，向着为听而写作的方向发展，为听而写和为读而写的报道体裁，两者之间是有区别的。正如鲁迅先生所说的，诉于耳的方法和诉于目的时候，是全然两样的。所谓听众者，凡事都没有读者似的留心。简洁的文字有着穿透读者心胸的力量，然而在听众头里，却毫不相干地过去了，听众者，是从赘辩之中拾取兴趣和理解的。广播通讯形成自己的个性化的品格的过程，也就是报刊体通讯式样与广播的历史融合过程，当然这一融合不是简单的拼装组合，无论今后怎样演变，我们仍能从广播通讯与报刊通讯的历史联系和共性规定中找到理解和把握它的正确途径。

报刊通讯先于广播通讯很多年就存在了，在广播媒体出现之前，报刊上的新闻文体，基本上就是消息和通讯两大类，当然国外报刊没有“消息”和“通讯”分法，而只有简体新闻和繁体新闻，实际上同我们国内报刊的分法并没有实质的区别，他们所指的简体新闻，就是以电报体的形式，用最简洁的文字带有刚刚发生或正在发生的事情而报纸发表的消息，而繁体新闻指的就是比简体新闻要详尽一些，生动一些，反映新闻事件和新闻人物的通讯。

那么，什么是通讯呢？一般来说，通讯就是一种比消息详细、生动的报道客观事物和典型人物的新闻题材，可以用描写、议论、抒情等多种手法写人记事，常被用作评价人物、事件、推广工作经验、介绍地方风貌等。

在报刊的历史当中，通讯这种体裁是由消息派生演变来的。早期的通讯更多地借鉴了古代传记、游记的写作手法，现代通讯一方面注意保留文字和政论的传统，另一方面则注重迅速反映现实，篇幅明显缩短。在我国20世纪三四十年代，由于日本侵华和爆发抗战，许多报刊发表了大量为读者所关心的战事通讯，及时回答了人民群众所关注的各地战况，对边远地区和大后方情况也有详尽介绍，这些报道因为其突出的新闻性，而使通讯体裁真正开始走向成熟。

我们党所领导的人民新闻事业，在新闻报道特别是这种通讯形式趋向成熟的基础上，进一步发展了这一体裁的民族性和大众化。解放区的报刊上刊登了为广大干部、群众所喜闻乐见的新闻小故事，为通讯题材的扩展、通讯角度的选择以及通讯的表现手法都提供了新鲜的尝试，一直影响到全国解放之后，发展出除人物、事件、风貌通讯之外的"工作通讯"的形式。

党的十一届三中全会以来，全国新闻界不断地解放思想，开阔眼界，大胆借鉴，不断创新，在通讯的内容方面，坚决摒弃空洞说教和夸饰成分，努力追求通讯表现和反应的深度价值，以多维视角透视分析社会热点、难点和焦点问题，表现出博大的人文关怀和厚实的理论积淀，表现形式和技巧也新颖别致，出现了通讯与散文、杂文、政论到文体杂交的作品。现在这个时期，作为通讯写作的突破和创新，表现在深度报道的兴起，在20世纪80年代中期从西方引进对新闻事件作深入分析并预示着其发展趋势的通讯报道方法，被包括广播在内的各种媒体广泛采用，形成了一个体裁热点。

通讯体裁在我国新闻现代事业史中的简要历程表明，共性寓于个性之中，个性同时体现着共性，这其中也包括了广播新闻通讯的发展轨迹，广播新闻通讯体裁当中所包含着的所有通讯体裁的共同的质的规定性。这些规定性表现在以下四个方面：

一、新闻性

新闻通讯与新闻消息同属新闻报道范畴，所以它必须严格遵循事实第一，新闻工作者的采写报道活动第二的原则，也就是说，新闻通讯的报道对象，表现内容都必须以事实为起点，以事实为核心，新闻性是新闻通讯体裁的本质属性，而新闻通讯的新闻性又具体表现为：

1. 新闻通讯的报道对象，必须是现实生活中的典型人物，它所反映的世界必须是新闻事件，具有一定和重大的新闻价值，为受众所普遍关心，能够提供给受众以满足他们对新闻信息的需求并了解和感知现实世界和他们的现实生活中所发生的变化情况。

2. 新闻通讯的表现手法也必须完全真实。在反映和表现具有新闻价值的真实人物和事件的时候，通讯体裁同文学样式的最大区别在于，文学可以借助想象，合理发挥和进行必要的夸张，而通讯体裁的表现方法和表现手法，则要求百分之百地忠实于被报道客体的原型，不能有任何人为的拔高、夸张和虚构，通讯中所报道的人物、事件和事实不仅是真实存在和客观发生的，而且通讯中所表现的这些人物、事件和事实的细节、场景、情节、氛围和环境以及其他人物适时的联系都必须完全真实。即新闻理论中所说的本质真实与细节真实、宏观真实与微观真实的统一。文学作品的作者不会有这样的顾虑，担心读者在现实世界里寻找不到他作品中的人物与事件，但是作为通讯报道就会完全不同，假如你写作采制的通讯报道所表现反映的人物事件，在现实当中不能对号入座，假如人物的语言、事件的情节等细节方面与真实的情形有距离，那么结果是不难想见的，轻则报道失败，传媒的形象受到影响，重则导致司法诉讼，影响社会的安定，损害党和政府的形象。所以，通讯中所反映的所有的人与事，都应该是有出处的，包括引用的间接材料、统计数据，都应该是有据可查的。

3. 新闻通讯的报道时效，必须做到迅速及时。在这一点上，新闻通讯同消息一样，反映报道都要快捷；反映现实要十分敏锐，不能游离于现实生活之外。两者的不同在于，消息更简短，语言更精练，反映和表现的人物、事件更简略，时效性上也更强一些，而通讯报道则要求比消息更生动、更详尽、更全面和更具体。

二、形象性

新闻通讯在注重用事实说话的同时，也十分注重用形象来说话。好的通讯作品会给读者和听众一种如闻其声、如见其人、如临其境、如历其事的形象感受。因此，一些有丰富采写经历的新闻工作者在采写制作新闻通讯的过程中，一方面注重基本事实、骨架性材料的发掘采集，另一方面像沙里淘金，一般注意筛选能够增强形象表现力的生动细节和典型情节，用以表现主题、再现事件和展示人物的内心世界。请看下面这段通讯的细节描写：

徐仙凤自己更清楚，预产期就这几天，但她不愿放弃这个机会，拉起杏英的手,上了路。

行走在高低不平的山路上,中途又下起雨来。两人一步一滑地向前走去。碰到陡坡,徐仙凤一手拉着路边的树枝,一手扯住点宋杏英的衣服往上挪。实在走不动了,就喘着粗气,捂着肚子,歇一下。十几里的山路走了两个多小时。

这是浙江人民广播电台1996年4月15日播出的广播通讯《优秀山乡广播员——徐仙凤》中的一个片断,不多的几句话,一个山乡广播员不顾自己临产,为残疾青年婚恋搭桥的质朴热情的形象十分清晰地展现在听众的眼前,吸引听众不能不听下去。

一段时间里,她总觉得鼻子里像塞了团棉花一样,喘不过气来。那是1992年10月27日,凌晨4点多,徐仙凤准时来到播音台前。她猛觉得嗓子眼里涌进了一股腥味的液体,使劲一咳,鼻子里淌出了一大摊血。她一惊,马上拿出一块湿毛巾敷在脸上,仰面靠在椅背上。

早上播音结束,她就去了卫生院。医生说,是慢性鼻窦炎。徐仙凤就配了点"滴鼻净"等药,又回来忙开了。

病情只见严重,不见减轻。壮实的徐仙凤越来越消瘦了。以前,跑几十里的山路,不觉得累;如今,走不多远,就气喘吁吁。

播音也越来越困难了。往往广播一个通知,都要往鼻孔里滴上几滴药水。但徐仙凤依然起早落夜地干着,全不放在心上。

在领导和家人的再三催促下,1993年7月24日,徐仙凤终于在丈夫老金的陪同下,来到衢州市人民医院做CT检查。次日,夫妻俩早早地来到医院。医生来了,把老金叫进了办公室,告诉说:徐仙凤患的是鼻咽癌,而且已经到了晚期。

面对残酷的现实,老金的脸一下子变得煞白,拿着诊断书的手剧烈颤抖起来。

徐仙凤透过玻璃窗,看到了这一切。她已预感恶兆出现在面前,不顾一切冲了进去,夺过丈夫手中的诊断书。当她看到"鼻咽癌晚期"几个字,泪水情不自禁地涌了出来。她一把拽住老金的手臂,夫妻相对凝视,一句话也说不出来。两人拼命地克制自己,不让哭出声来,只凭泪水不停地滴落在两腮。回开化的路上,夫妻俩坐在汽车里,依然欲言无语,只是默默地紧握着手。直到跨进家门,两人终于抱头痛哭起来。

我们可以从通讯的这几段文字中,听到、看到和感受到一个普通而平凡的山乡广播员,她对事业的执着追求,她对家人和生命的深沉眷恋,丰富细腻的情感以及她那崇高而又朴实无华的精神境界，甚至给予我们的要远比通讯在这里已经告诉我们的多得多的思想、情感和意愿。这就是形象的作用，它告诉了你确定的东西，同时又能够让你借由这些确定的东西去感知那些更加丰富的不确定的东西。

又比如，录音通讯《依依战友情》中有这样一段："被苏宁舍命救下的十二连连长修柏岩，此刻仍陷入巨大悲痛中，（出录音）在投掷中，当时引弹用力过猛，手臂撞到后面的墙壁上。这时我没感觉到手榴弹脱手……当时脑袋一阵空白，不知怎么办才好，这时听参谋长喊了一声：快卧倒！参谋长拽我一把，我就着惯性趴下了，趴下后，我下意识地看了一下，参谋长一手推三连连长，一手捡手榴弹，没投出去就爆炸了。"短短 100 字，有叙述有描写，通过当事人饱含感情的生动叙述，展现给听众的是一个为了战友的安危，不顾献出自己生命的活生生的英雄军人苏宁的形象，感人至深。

三、说理性

通讯作品在报道事实、介绍人物和描述事件的过程中，不可避免地会穿插一些作者的主观议论，以表明作者的见解、看法和思想情绪。对于很多成功通讯作品的作者来说，议论与叙述、描写、抒情一样是他们经常喜欢用到的一种手法，它是通讯作者主观能动性在作品中的真切自然的流露。浙江人民广播电台 2000 年 10 月 30 日播出的广播通讯《披肝沥胆写忠诚》，在介绍了金华军分区政委范匡夫关心他人、帮助官兵的许多事迹后有这样一段话：

> 范匡夫深深地爱着他的亲人们，但为了人民的利益，他宁愿牺牲自己和家人的利益与幸福。
>
> 10 月中旬，记者跟范政委来到他老家。很久没回去的范匡夫，看到自己年老的哥哥、姐姐依然清贫，感到非常内疚。他说，等自己退休后，准备好好照顾帮助他们。
>
> 【出录音】"过去他们也找过我，但我处在领导干部岗位上。不是我不想帮他们，有些事情，在亲情和原则之间，总是要发生矛盾。亲情和原则发生矛盾时，我只有服从原则，服从党的规定。党的利益高于一切，人民的利益高于我个人和家庭的利益。"【录音止】
>
> 这就是范匡夫，一个真正共产党人的真情流露。

再比如，安徽人民广播电台农村广播 2009 年 11 月 18 日播出的广播通讯《小岗村的好书记——沈浩》，在介绍了沈浩同志六年扎根小岗，为村民呕心沥血、艰苦工作，终因操劳过度英年早逝的先进事迹和高尚情怀后有这样一段话：

> 11月12日，狂风夹杂着雨点，小岗村的公墓里立起了一块新制的石碑。小岗村民满含热泪，第三次为沈浩摁下了“红手印”，把沈浩的骨灰永久安置在这块他奋斗了六年并终身热爱着的土地上，让沈书记永远见证小岗村的发展和繁荣。
>
> 金杯银杯不如老百姓的口碑。沈浩走了，永远地离开了我们。他用实际行动践行了党全心全意为人民服务的宗旨，赢得了小岗人永远的赞誉，更在他眷恋的民众心头，铸立起了党的时代丰碑！

通讯当中的议论常常可以起到点题和升华主题的作用。议论也是通讯题材必不可少的表现方法，但是通讯中的议论是在描写和叙述的基础上进行的，确切地讲是当被描写、叙述的事件、情节进入到高潮阶段，作者情不自禁地点睛化的表现处理。议论常常穿插在叙述与描写之间，而且与叙述描写紧密地结合在一起，有时你很难分清彼此。这同评论体裁中的议论是完全不同的。评论中议论重在说理，评论中特别是夹叙夹议类型的评论也讲求叙议合一，但这里的叙述是为议论作铺垫的，评论的议论一般要比通讯中议论的篇幅长一些。另外在感情色彩上评论中的议论一般没有通讯强烈和浓厚。

新闻通讯作为一种主要的新闻报道体裁，它所表现出来的上述特征，同样为广播新闻通讯所具有，与此同时，还需要从通讯体裁与消息体裁、通讯与特写的区别中来把握和认识新闻通讯的不同特点。

1.通讯与消息

通讯与消息作为新闻报道体裁家族中的两个主要成员，两者既有相同的地方，也存在着不少不相同的地方。相同的地方表现为：两者的报道内容都必须是新鲜的有重要认识价值和实际价值的客观事实。为公众所感兴趣，具有典型社会意义和体现导向功能的真实人物；两者都必须恪守真实性的原则，所报道的对象必须绝对真实，没有任何虚构欺瞒；两者报道都要有时效性，都以追逐与新闻事件同步为体裁时效的最高诉求。两者的区别也非常明显，主要有：

(1)从适应题材上看，消息常用于报道事件，向公众报道新近发生的事实。而通讯体裁更擅长于人物题材。对于能够反映和体现时代精神的典型人物、先进人物的思想活动以及他们所取得的成就、实践结果，通讯反映回旋的空间比较大。通讯选题如果是事件，一般也往往围绕事件而突出刻画其中的人物形象，展示人物精神风貌和内心世界。

(2)从结构上看，消息因为篇幅短小，同时也为了吸引受众，在安排报道材料的时候，往往把最重要、最新鲜的事实部分放在最前面介绍，把精华集中在第一个自然段或第一句话的导语部分。通讯则完全不一样，它有足够的篇幅和安排材料的空间，常常在同一个主题下，把丰富的事实材料组合起来，有故事情节，有典型细节，有描写、叙述，也有议论和抒情，可以一气呵成毫不停顿，也可以分成几个不同的部分，相互呼应照应，但各部分之间同等重要。通讯结构材料的形式比较灵活，可以按照时间顺序安排材料，也可以用倒叙的方法来反映事件和人物；可以用逻辑关系考虑材料安排，也可以用逻辑和时序相结合的方法构思层次和段落，只要受众和听众便于接受，通讯体裁都会有尝试。

(3)从语言特点上分析，消息多以叙述性语言为主，讲求简单洁净透明快捷，用尽可能少的语句和通俗化的言辞来提纲挈领性地报告事实。消息只要求用最快的速度向受众报告发生了什么事件和事情，以及事件、事情发生梗概性的经过，并不要求展开这些事件和事实作冗长的报道，至于事件当中所涉及的人物的形象描绘，通常也不是消息体裁所担当的。而通讯则要求生动形象地描写叙述被报道的事件和人物，事件要求要有情节、场面，人物要求要有形象和细节，而且作者在表达的过程中还要有自己的思想感情和观点倾向，相应地，通讯的表达手段也要比消息多一些，这就是叙述、描写、议论和抒情等。

(4)从新闻的时效性上分析，两者都要求迅速及时，在保证事实准确真实的情况下，通讯也同样需要争取时间，那种认为通讯只要注重详尽生动而不必讲求时效性的认识是不正确的。但是有专家强调时效性中的时间这个方面，最大限度地缩短事件发生到事件被报道之间的时间差，追求与新闻事件同步发生同步报道；通讯特别是与新闻事件联系紧密的通讯作品，一般更加注重时效性中的时机这个方面，也就是说要通过对采访素材的梳理，使报道的主题更能切合时代的要求，更能体现出“主旋律”，切合社会生活的实际需要以及广大受众的实际需要，准确地反映社会生活的变化以及人们精神世界所出现的最新发展变化。通常不少的通讯作品在报道速度的竞赛中甘居消息之下，但在因强烈的现实针对性引起社会的广泛关注度方面，并且使报道具有一定程度的预见性方面，消息可能又是望尘莫及的。

2.通讯与特写

通讯与新闻特写同属新闻报道体裁家族，相同之处都具有新闻性，不同之处在于：

(1)新闻特写是一种现场感强烈的目击式新闻体裁。特写的“特”如同电影的特写画面，主要表现在对事实的局部如实地加以“放大”。它截取新闻事实的横截面，即抓住富有典型意义的某个空间和时间，通过一个片断、一个场面、一个镜头，对事件和人物、景物作出形象化的报道。特写侧重于向受众说明新闻事件最精彩、最有意义的即时状态是怎样的，而新闻通讯侧重于报道新闻事实和新闻事件产生演化的时序状态，侧重于全过程的报道，讲求事件和事实的完整性，所以通讯写作要求新闻的五要素都要俱全，特别在报道事件方面，要向受众讲清事件是怎样开始怎样演变最后怎样收场。

(2)材料的选择和安排不同。新闻特写要求选材高度集中，抓住典型的即时状态和富有表现力感染力的场面，浓墨重彩，集中进行刻画描绘。材料选择的时间跨度比较小，场面相对集中，时空比较狭窄。通讯与特写恰好相反，取材灵活自由和丰富，取材的时空范围也比较大，适宜于表现人物、事件和事实的单侧面和多侧面，可以写单人，也可以写多人；可以写比较简单的一件事，也可以多件事混合起来写。

(3)表现的方法和技巧不尽相同。逼真传神地再现现实生活中富有特色的场景、画面，使之活灵活现、细腻生动，使听众和读者借由报道而能够看到和生成一系列运动画面和镜头，这就是特写所追求所拥有的表现手法和技巧。通讯也需要描写人物、描写场景，但这种描写没有特写那样细致和具体，往往是粗线条的勾勒。

通过以上分析比较，我们可以认为，通讯体裁的特点在于：它有较大的适应题材的自由度，兼具多种表现手法，它所报道的人物、事件比消息更全面、更具体、更生动，相比较更适宜于报道人物；与特写比较起来，更概括更宏观一些。

最近几年来，国内关于新闻通讯和新闻报道的其他体裁相互关系的界定，有一些新的研究成果，实际上报道体裁也在逐步的演变之中，要泾渭分明地划清一种新闻报道体裁与另一种新闻报道体裁的严格界限，事实上很难做到也完全没有必要，包括通讯在内的各种新闻报道体裁之间，常常呈现你中有我、我中有你的情形。不过这些年来有关专稿、新闻性专稿(专题)和广播专稿、新闻性广播专稿(专题)需要说明一下，目前这种称谓和提法已经不只停留在教科书和有关讨论界定问题的文章中，实际上新闻性专稿(专题)和新闻性广播专稿早已被称作全国和地区性评奖的固定奖项。

"专稿"是西方新闻界引入过来的一种称谓和概念。专稿有两层含义，一是与"通稿"相对应的稿件，称为专稿。通稿就是通用稿，是通讯社向所有用户提供的各种新闻稿件；专稿，则是指专用稿件，是指通讯社专门为某一新闻单位提供或是新闻单位自己采写的稿件。专稿的第二层含义，是与消息和新闻评论相对应的专稿，它指的是一种报道的体裁。而我们所提到所讨论包括列为政府新闻奖项的"新闻性专稿(专题)"概念正是这里所讲的"专稿"的第二层含义。

至于广播的新闻性专稿(专题),则是借鉴报纸的通讯这一新闻体裁发展而来的,它实际上是除消息、新闻评论之外的一切新闻报道体裁的总称。作为体裁的一个大的类别而不是一种体裁形式,它又按口播和录播的不同表现形态,具体分为广播通讯、广播专访、广播速写、广播特写、广播讲话、实况广播和录音剪辑等报道体裁。值得指出的是广播通讯曾经在相当长的时间里涵盖了从报刊移植过来的其他专稿形式,如专访、特写等,只是后来广播新闻中的专访、特写发展了自己的音响方面的个性,逐渐以致最终从广播通讯体裁中分离出去而作为一种独立的广播新闻体裁形式。由此可见,这一系列演化的源头还是在报纸的通讯体裁。

第二节 广播通讯的个性特征

广播通讯与广播消息同属电台的两种主要的常用的新闻报道体裁和新闻报道式样,它兼具新闻性、形象性和说理性这些新闻通讯的共有特征,因为它依附于广播媒介,适应广播媒介的传播方式,即为听而采写和制作,借由听觉频道而诉诸它的共性规定,因而它也带有相当鲜明的个性化的烙印。

一、通俗易懂,明白如话

通讯体裁是从报纸移植到广播中来的,所以和其他任何形式的广播新闻稿一样,广播通讯同样要求语言要晓畅通俗,广播通讯应该像人们平时说话那样,一听就明白,听起来自然,没有任何书面语的痕迹,正如有的专家所提出的要用 9 岁的孩子一听就能明白的语言来讲述所要报道的事件和人物。

所谓广播通讯,简单地说,就是适于播(说)、便于听的通讯。它与报刊通讯的根本区别:一个是出声的,一个是显形的;一个是给人听的,一个是给人看的。二者宣传手段不同,表现形式各异,各有各的优势,也各有各的弱点。作为广播,有其对象广泛、时效迅速、功能多样、感染力强等独家优势,但也有瞬间即逝、过耳不留、不容思考、难于查对的短处。因此,广播通讯要达到良好的宣传效果,就必须扬其所长,避其所短,充分发挥听觉形象的感染力,在“说”(播)字上下功夫,围绕听字做文章。要善于化“形”为声,以声夺人,变“播”为“说”,以“情”感人。充分运用语言艺术,施展“说”的魅力,把我们要说的人和事,说清,说明,说巧,说妙,说活,说俏。要做到这一点,功在“说”,巧在“活”,“妙”在塑造听觉形象,强化听觉的感染力。要做到这一点,广播通讯不仅要贴近生活,贴近群众,贴近实际,用群众的话,说百姓之事,而且要源于生活,又高于生活，比现实生活中的语言更生动，更形象，更活泼，更富有感染力。

其实，在我国，“说”这门学问的造诣是很深的，不少古典小说，特别是口头文学的写作，都充分地体现了“说”的艺术，而且形成了独特的民族风格。早在北宋年间，就出现了《宋人评话》，到了明清时代，我们北方又出现了“说功”极强的评书、大鼓书、坠子书、山东快书，南方也出现了评弹，等等。一时间，这种足以表达人民思想感情、宜事达理的说唱文学非常盛行。不少作品已成为当时文坛上的主流，比如，先由民间传说、再由艺人说唱、后由文人加工整理的长篇巨著《水浒传》，以及后来的《西游记》、《三国演义》等作品，都具有适于“说”、便于“听”的特点。值得我们在采写制作广播通讯时学习借鉴。

二、顺乎听觉，线性传播

广播通讯是为听而采写制作的报道形式，所以广播通讯的作者首先要有为听而写的观念，要经常问自己诸如这样一类问题，我这样写和说，听众听得明白吗？这样来安排材料谋篇布局符合听觉的接受习惯吗？广播通讯的作者应该很好地研究听众的心理，要顺着听众的听觉习惯去安排组织材料，通讯写就或制作完成以后，应该自己多听两遍或者邀请身边的人员从听觉感知上挑挑毛病，这样采制的广播通讯就容易被听众所接受。有人讲，报纸通讯它是一个面，广播通讯好像一条线。这话很形象，很有道理。报纸通讯是用文字表现的，它不担心读者不懂，可以在主题主线之外安排很多的场面和线索，互相穿插，读者读到相应的句子和段落一时弄不明白，待读完全篇之后，再回过头来重新跳跃捡读拼接，仍能得到一幅清楚的不同场景、不同线索真实联系的画面。而广播通讯就不能这样组织材料和安排布局，而应该依循声音传播的特性——线性规律，从事情前因后果的逻辑联系，事件的发生、发展、结局的时间顺序，由浅入深一步步写下去；而依报纸通讯的写法，为了揭示重要事件和重要的见闻，给读者造成视觉的冲击效果，经常使用蒙太奇式的画面剪辑方法，把相同相近的场景和事实材料高密度叠加起来，如果把用这种方法写出的通讯读给听众听，效果肯定是不好的。大家可以先读一下 2002 年 7 月 5 日路透社记者在阿富汗首都坎大哈写就的一篇通讯稿，题目是《美国人毁了我们——阿富汗平民对美机轰炸的血泪控诉》

录音机里传出美妙的歌声，18 岁的钦娜拉和朋友们在狂欢，她的姐姐明天就要出嫁了。

突然，她听见飞机的轰鸣和爆炸声。“接着我就不省人事了，等醒来时已经躺在了医院里。”

6 月 30 日夜，美国战机轰炸了阿富汗中部乌鲁兹甘省的这个偏远村庄,参加婚礼的人有25人丧生。与此同时,附近另外几个村庄也遭到了轰炸。

按照传统,新郎阿卜杜勒·马利克和新娘都不在欢庆现场,因而逃脱了劫难。新郎的父亲穆罕默德·谢里夫和几个兄弟姐妹被炸死。据传,谢里夫是卡尔扎伊总统一位密友的兄弟。

阿富汗人通常要在婚庆时鸣礼炮,但幸存者说,美机轰炸前几个小时内绝对没有鸣过礼炮。他们说,他们听见了美机从头顶掠过的声音,但谁也没有在意,因为他们早已见惯了这种飞行。

艾哈迈德·贾恩·阿加当时正在为彻夜狂欢的人们敲鼓,他说:"第一发炮弹落在女人堆里,第二发落在男人堆里。大家奔的奔,跑的跑,飞机又追着人群开炮。"幸存者躲进果园和旷野,轰炸时断时续,持续了四个小时。

8岁的卡科听到爆炸声跑了出来。"我看见院子里的池塘染成了红色,到处是尸体。有个女人的头不见了。""那个女人就在我前面",15岁的纳西玛说,"一块铁片飞过来,瞬间就削断了她的脖子"。

14岁的西达卡·比比说,30日晚上11点左右遭到袭击时,她正在清点客人数目,以便安排住宿。"满地是血,接着墙和房顶倒塌了,我们被埋在下面。"

上了年纪的哈利玛说:"有的人跟稻草似的飞了起来,我跨过6具尸体才逃出来,左耳朵被震聋了。"

村庄里的人说,他们已掩埋了至少30人,但废墟下恐怕还有一些人。

穆罕默德·谢里夫的院落千疮百孔,弹片和残肢随处可见。房子大门口依然摆着几十双鞋——按照阿富汗传统,客人进屋前必须脱鞋。旁边堆放着女人的衣服,一个小男孩站在衣服堆前面哭泣。大约有500人前来参加马利克婚礼,庆祝活动已经进行了5天。美机轰炸时,有的客人已酣然入睡。坎大哈医院收治了大批伤员。有人声称,阿富汗和美国军人在路上拦住他们,试图阻止他们前往医院。

马阿穆尔·阿卜杜勒·加尧姆眼睁睁地看着11岁的儿子死在自己面前,"不知什么东西飞过来打中了他"。睡在屋顶上的另外一个儿子幸免于难。

"美国人毁了我们,"他说,"我们这里没有'基地'组织的人,也没有塔利班,却遭到他们的轰炸,我们做错了什么?"

这次轰炸大概是美国在阿富汗追剿"基地"组织和塔利班激进分子过程中最严重的一次事件。五角大楼答应进行调查,但迄今为止不承认有错，声称美军发动袭击时因为当地联盟部队看见了他们认为是防空炮火的东西。

这篇通讯是比较典型的报纸通讯，读起来尽管有场面和空间的跳跃感，但形象很鲜明，像是电视的纪实镜头，通过一个个遇难者亲友的回忆控诉，展现了美军飞机轰炸给无辜的阿富汗平民百姓所带来的深重灾难。通讯当中，场景比较分散，有乌鲁兹甘省被轰炸的村庄，有新郎父亲穆罕默德·谢里夫的院落，有村庄附近的果园、池塘和旷野，有坎大哈医院，而且场景和场景之间的转换过渡跳动性比较大，缺乏紧密的有秩联系。通讯在叙述事件的时候，先推出一个结果的镜头，然后再讲原因，之后又回到结果的叙事当中。作为报纸通讯，这样打乱事件的因果和时间顺序，跳跃式穿插安排材料，并不影响读者的阅读效果。但是把这篇通讯拿来作为广播通讯，场景转换过多且缺乏场景之间的紧密联系，跳跃式穿插安排材料和不按因果时间关系进行叙述，就可能造成听众听知的一个现实的障碍。按照广播通讯的顺乎听觉、线性传播的要求，这篇通讯可以修改成下面的样子：

6 月 30 日夜里，美国战斗机轰炸了阿富汗中部乌鲁兹甘省的一个偏远村庄，在这里参加婚礼活动的 500 人当中，有 25 人当场被炸死。

婚礼是在新郎的父亲穆罕默德·谢里夫的院落里举行的，远近前来参加婚礼的亲朋好友有 500 多人。按照阿富汗的传统习惯，一般婚礼要进行一周，这是第五天。阿富汗人通常会在婚庆时鸣放礼炮，增强喜庆的气氛。但是在美国战斗机轰炸前几个小时，人们绝对没有鸣放过礼炮。人们听见了美国军用飞机从头顶掠过的声音，但谁也没有在意，因为他们早已习惯了这种飞行。

悲惨的事情发生了，飞机轰炸后新郎的父亲穆罕默德·谢里夫和他的几个兄弟姐妹被炸死，据有人讲，谢里夫是现任阿富汗总统卡尔扎伊一位亲密朋友的兄弟。按照传统，新郎阿卜杜勒·马利克和新娘都不在婚礼现场，因而逃脱了这次劫难。

被轰炸过的谢里夫的庭院千疮百孔，弹片和人体的残肢随处可见，大门口依然摆着几十双鞋，这是前来参加婚礼的客人按照习俗进门前脱下来的，旁边堆放着女人的衣服，一个小男孩站在衣服堆前面哭泣，很可能他的妈妈已经在这次轰炸中遇难了。

轰炸过后，人们仍然处在惊魂未定的噩梦当中。艾哈迈德·贾恩·阿加当时正在为彻夜狂欢的人们敲鼓，他说："第一发炮弹落在女人堆里，第二发炮弹落在男人堆里。大家奔的奔，跑的跑，飞机又追着人群开炮。"

听到爆炸声从屋子里跑出来的8岁男孩卡科说："我看见院子里的池塘染成了红色，到处都是尸体。有个女人的头不见了。""那个女人就在我前面"，在一旁的15岁的纳西玛补充说，"一块铁片飞过来，瞬间就削断了她的脖子"。

新娘的妹妹、18岁的钦娜拉回忆："当时我和朋友们一边听着录音机中的美妙的歌声一边跳舞狂欢，突然有飞机的轰鸣和爆炸声，接着我就什么都不知道了，等醒来时已经躺在了医院里。"

14岁的西达卡·比比说，30号晚上11点左右遭到袭击的时候，我为了安排住宿正在清点人数，一瞬间"满地都是血，接着墙和房顶倒塌了，我们被埋在下面。"同村的上了年纪的哈利玛说："我看见有的人跟稻草似的飞了起来，我跨过6具尸体才逃出来，左耳朵被震聋了。"

在轰炸当中，马阿穆尔·阿卜杜勒·加尧姆眼睁睁地看着11岁的儿子死在自己面前，他悲愤地说，"我们这里没有基地组织的人，也没有塔利班，却遭到他们的轰炸，我们做错了什么？"

这篇通讯经过改编处理后，与原文有三个不同的地方，一是首先把美军飞机轰炸使阿富汗平民造成重大伤亡这一中心事实放在最前面，一方面符合新闻传播的规律，另一方面给听众一个"听觉先导"、"先声夺人"，吸引听众的注意力，也在逻辑关系上减少层次，先讲原因，后讲结果。二是减少场景转换，被保留下来的场景就是村庄和谢里夫的庭院，这样听起来比较清楚，没有跳跃的凌乱感，同时注意到了同一场景不同的具体空间的说明。三是按时间顺序来安排材料，逐层推进，摆脱了穿插所带来的跳跃感，也更符合听知规律。

广播通讯当中，常见的转换方法有这样几种：

1. 以时间的变化作为主线轴，来考虑材料的安排和组织。比如2001年12月30日宁海人民广播电台播出的通讯《一位普通农民的追求》。作品真实地记录了一位普通农民金中北20年来自己出资30万元研制出既无毒性污染又可杀虫增效的新型农药的曲折历程。作品从1979年8月的一个夜晚金中北萌生研制新农药的愿望写起，写1991年9月他的实验有阶段性成果；写1995年分别找到南京和石家庄的两位教授指导这一课题；写1996年到1999年，他的这项经过上千次实验失败的项目终获突破取得专利和国家发明大奖。

再比如山西省长治市广播电台2013年3月15日播出的人物通讯《刘保追梦——说的是一个农民26年环保助学的事》。作品详细地讲述了主人公——一个农民26年从收集废纸变卖为钱资助山里娃读书到带动影响当地46所学校班班设立废纸箱的故事。作品从自身贫困的刘保为何萌生"环保助学"念头的缘由开始写起，写他在宣传环保助学时遇到的阻碍，写他的行动逐渐得到认可，写他 26 年来通过自己的坚持和努力影响越来越多的人主动参与到"环保助学"这件事中，既保护了环境，又资助了贫困学生，同时让学生养成了良好的节约习惯。通讯按照时间顺序进行讲述，听起来十分清晰。目前，无论是写人物还是反映事件的广播通讯大都采用这种方式来组织材料。

2.以地点的转换为主要线索，来安排和穿插材料。比如，永嘉人民广播电台播出的通讯《楠溪江古村落》，介绍的是楠溪江人文景观中最为迷人的古村落的古居：通讯先从在楠溪江举行的第十二届中国民居学术会议暨温州民居国际学术研讨会写起，介绍了楠溪江古村落的特点，然后从楠溪江古村落中有侧重地挑出了三个有代表性的村落，这就是林坑、苍坡和芙蓉，分别一个个给予介绍，三个村落分布在三个地方，转换完全按照地点这条线，十分清楚明白。

又比如，江西人民广播电台 2011 年 7 月 1 日播出的《永恒的记忆永恒的爱》，讲述的是在作为"爱在党旗下红动中国心"大型系列活动之一的"同走红色道路"活动中，9 名志愿者一对一结队帮扶 9 名残障人士，同走"上海、遵义、延安、西柏坡、北京"五个党史重要节点地的事迹。通讯先从江西综合新闻广播录播间活动现场写起，介绍了活动的内容，然后依次讲述了活动队伍在 13 天里依次在上海、遵义、延安、西柏坡、北京五个地方的所见所闻。转换完全按照地点这条线，十分清楚明白。

3.以人物出现的先后顺序来安排和组织材料。比如，北京人民广播电台播出的通讯《老照片收藏始末》，讲的是一位旅居伦敦近 40 年的老华侨，历尽艰辛周折自费收购八国联军侵略北京时留下的一批珍贵历史照片，并且辗转送国家历史档案馆的经历。作者在介绍这篇通讯的构思和写作时谈道：这篇通讯在内容上，重点展现事件经过、人物内心感受、人物的经历和身份以及历史背景的交代上等；在选材上，紧紧围绕照片撷取有关事实，特别突出生动的细节，即使是人物的感受和议论，也要依托事实有感而发；在写作和材料的安排上，完全以两个中心人物的交替出现来叙述整个事情的原委经过及蕴含的思想内容。

4.以事物和事件本身的内在逻辑关系来组织和安排材料。比如，镇江人民广播电台播出的通讯《"订单风波"使雨云蔬菜厂一季亏损 200 万》，讲的是浙江省榨菜加工行业中唯一一家拥有"绿色食品"标识的农业龙头企业宁波雨云蔬菜厂，已经连续四年与农民签了订单，以保护价收购农民种植的榨菜，结果却是一年收不满一年收不完。通讯报道的由头就是正在发生的订单风波差点把企业拖垮的事件。记者按照发生这一事件的因果联系来组织材料，深刻剖析了农产品订单为什么难以兑现的各种原因；记者在蔬菜厂的现场采访，对企业经营者、农民和政府部门官员的采访，都是围绕"事件"与原因的因果联系而展开的，因而对听众有很强的吸引力。

比如北京人民广播电台 2011 年 8 月 24 日播出的《日坛边上的大型会所，你到底从哪儿来？》，讲的是北京公园里经营性、非公益性的建筑越来越多、规模越来越大，已经到了很难发现某所公园没有这些建筑的程度。报道选题来自电台新闻热线，听众反映拥有全国重点文物保护单位"日坛"的日坛公园内正在兴建一处大型建筑。记者到现场后发现了问题的严重性，立即着手调查。在近一个月的采访过程中，记者不放过任何疑点，不折不挠、全面深入地采访了相关监管方各具意味的回应，层层披露的事实，为听众抽丝剥茧，触及谜底。

三、以情动人，以情感人，情景交融，声情并茂

广播通讯与广播消息的一个重大不同表现在，广播消息以简洁的语言告诉听众发生了什么事情，并同时通过对事实材料的取舍传达给听众一种倾向和观点；而广播通讯则要以生动的情节、富有浓烈的人性关怀的事实去感染和影响听众，使之产生共鸣。为了做到这些，广播通讯不宜进行抽象化的概括和空洞的说教式的叙述，不能讲大话、空话和套话，要用听众熟悉的语言和活生生的典型事实，像拉家常、讲故事一样，让听众脑海里产生一幅幅活动的画面。

广播通讯要做到以情动人、以情感人、情景交融、声情并茂，具有鲜明的听觉形象，需要注意以下几方面的问题：

1. 要注意选取较为完整的故事情节，用来写人或是叙事。有故事情节和没有故事情节，通讯被听众所接收的效果是截然不同的。没有故事情节，难以给听众留下具体的印象，也会流于空泛和枯燥。浙江人民广播电台播出的人物通讯《心里装着老百姓的好干部、共产党员毛泽平》就是一篇以生动故事情节取胜的好的广播通讯作品。通讯主要介绍了浙江省淳安县严家乡土管员毛泽平的感人事迹。全篇都是小故事、小情节，但都展现了一位心里装着老百姓，为广大群众谋福谋利的好党员、好干部的形象。没有卓著成就，没有豪言壮语，整个报道只有四个小故事，四个不同层面的故事，四个很平凡的故事，中间流畅自如地穿插了一些相关的材料，就使一位普普通通基层干部默默工作无私奉献的形象表现得栩栩如生。一是土管员毛泽平坚持原则，面对自己多年的至交燕川村党支部书记詹龙光的软缠硬磨，始终没有把那半分地批给詹龙光作宅基地；二是在一场百年未遇的大洪水过后，严家乡几个村的村民们为炸不炸影响行洪的永乐桥而闹得不可开交的时候，毛泽平挺身而出，说服群众炸掉了永乐桥；三是讲毛泽平带领板桥村栽种红枣皮树帮助乡亲们脱贫致富的事；四是讲述毛泽平生命最后几天里仍然一心扑在工作上的事情。四个部分独立成篇，但又相互照应，虽然都是平凡的故事，但因为具体，因为有出彩的

细节,人物形象就鲜活起来了。

陕西广播电视台2013年12月9日播出的人物通讯《用生命书写忠诚》也是一篇生动感人的广播通讯作品。报道主要介绍了在医患矛盾突出的今天,作为一名本应和患者接触不多的麻醉医生,陈绍洋却凭借自己对医学事业、对患者、对讲台的忠诚被患者信赖、爱戴的感人事迹。作为最早报道陈绍洋事迹的记者,可以听出,采访中记者下足了气力,投入了自己的真情实感。稿件情节充分,记者挖掘到了很多陈绍洋生前、身后工作生活中感人至深的故事,通过这些细节描写刻画出了陈绍洋将医学事业当作自己毕生追求的光辉形象。

整篇报道从四个角度来塑造形象。同事们眼中,陈绍洋是拼命三郎,工作就是他生活的全部。1997年6月30日,西京医院为一名7岁女孩实施国内首例活体肝移植手术,由于是国内首例,对麻醉技术的要求相当高,在一无外援、二无经验的情况下,陈绍洋从术前一个多月起就开始查阅大量国外文献,收集病例,制订了一套完整的麻醉方案。西京医院麻醉科主任董海龙当时是陈绍洋的助手,据他回忆,那场手术整整经历了18个小时。直到手术结束,陈绍洋依旧待在重症监护室,监测患者生命体征,三天三夜没有回家。患者眼中,陈绍洋是生命的守护神,尽管已是国内"响当当"的顶级麻醉专家,但他对任何患者却都是平等的。他常常就一个习惯性动作,只要站在手术床旁的第一时间、第一项动作就是把病人的被角掂一下,要把病人的肩盖得非常严实,他说如果把温饱做得不好的话,病人手术后会引起咳嗽,咳嗽会伤口疼痛,而且有可能引起肺炎等。学生们眼中,陈绍洋是一道永不熄灭的生命烛光,照亮着他们前进的道路。2012年12月中旬,因为癌细胞已经转移,即将做股骨头置换术的陈绍洋仍忍着剧痛,每天都把研究生叫到病房里,一遍遍地删改他们的论文。而家人眼中的陈绍洋则是他们心中永远的痛。

2.要有比较典型的细节描写。广播通讯反映人物要求有鲜活的形象,反映事件和新闻事实要十分具体,给听众留下印象,就必须要有人物和事件的情节,而情节又需要典型的细节来加以充实。如果说情节是广播通讯这株大树的枝杈的话,那么典型的细节就是枝杈上的叶片。所以细节描写是广播通讯中必不可少的一个重要部分。例如,中央人民广播电台1984年7月10日播出的通讯《田三万分家》,说的是河南省中牟县草场村农民田金汉一家十九口人分家的事情,从一个侧面表现了田家四个媳妇多年来照顾婆婆孝敬婆婆的事迹。通讯在展开分家会议这个情节时有这样一个细节描写:

……大儿媳妇说:"俺是长门儿,咱妈自然得跟着我。"四儿媳妇说:"俺是老小,按照乡里习惯,咱妈应该由俺来养活。"老二媳妇和老三媳妇一听着了急:"你们说得不在理,是您的妈,就不是俺的妈?"四个媳妇各持己见，互不相让。最后只得采取了个折中办法：妈妈在四家轮流吃饭，每家一轮 10 天；一家买一个钢丝床，做上一套新铺盖；十天内改善生活两次，平时呢，各尽孝心，每家给老人买一个电扇，一个电褥子，从存款中拿出 1000 元给妈妈做养老金，另外每月给老人 8 块零花钱，逢年过节增加到 20 元。

这一段描写，把四个儿媳妇平日孝敬婆婆，到分家时相互抢着赡养老人的形象一下子刻画出来了。

3. 要创造出适宜于表现人物和叙述事件、事实的真实氛围。广播通讯对人物的描写介绍和对新闻事件、新闻事实的叙述展示都是在特定的环境中来进行的。离开了具体的环境，人物就会干瘪乏力，事件和事实也没有依托而显得孤零凋敝，所以广播通讯应该十分注意去表现和刻画与人物、事件紧密联系在一起的环境、场景和气氛。例如：上海人民广播电台播出的通讯《鸟语花香的陆家嘴金融贸易区》，其成功的地方就在于用音响表现优美的环境，以环境作为背景来显现城市建设不能以牺牲环境为代价的主题。通讯一开始就对想要介绍的新闻事实的环境、场景作了描绘。

【实况：鸟鸣……】（渐隐）

这些鸟鸣不是在浦东的田间地头，而是在高楼林立的陆家嘴金融贸易区的中心绿坑里，这里已经建成和在建的大楼有 160 多幢，就是在这寸土寸金的地方辟出了一块 10 万平方米的“中心绿地”，被上海市副市长兼浦东新区管委会主任赵启正称作为陆家嘴的“绿肺”。

有了这样一个环境的描绘，有了这样一个氛围的刻画，接下来记者在这个特定场景中和几位被采访对象的交流很自然就进入了环境保护与经济建设相统一这个主题，鸟语花香和高楼林立组成了一幅和谐的画面，两者互相衬托对比，显示了浦东开发的环保决心和规划者的远见卓识。

应该具有浓厚感情色彩，作者应该充满激情。广播通讯有音响和声音的双重表现手段，而声音最善于表现人的情感。广播通讯一方面要靠带有感情色彩的事实打动听众，另一方面也要靠通讯充满激情、充满温情的语言去感染听众。比如新疆人民广播电台 1999 年 5 月 6 日播出的录音通讯《可可西里大追捕》就是这样一篇以情动人、以情感人、声情并茂的好作品。通讯用大量珍贵的音响资料和夹叙夹议的手法，表现了新疆林业公安干警同非法盗猎集团进行殊死搏斗的献身精神。通讯当中很多出彩的部分，既来自生动的事实，但更主要的是情感，是激情。请看这样两个片断：

在这支追捕的队伍中，只有一位女性，她就是担负后勤保障任务的女警官徐新荣。正当队员们与盗猎分子交手的时候，她随生活供应车进了山。不远处一群低空盘旋的老鹰引起了她的注意，当汽车靠近目标时，她看到一片血淋淋的场面：一只母藏羚羊被活活剥皮，肚子被开膛，已成型的小藏羚羊还没有钻出胞衣，滚落在妈妈的身旁；几只被枪打中的藏羚羊倒卧在乱石堆里，发出撕心裂肺的哀鸣。原来，盗猎分子忙于屠杀、剥皮时，又怕受了伤的藏羚羊跑了，竟然残忍地用石头把一只只藏羚羊的细腿砸断……

看到这情形，泪水从徐新荣的两颊流了下来。她拿出药箱，给一只微微睁着双眼、痛苦地蜷缩在一块石头后面的藏羚羊包扎伤口。然后，这位年近50的女警官像妈妈照顾自己的孩子一样，弯下腰把受伤的藏羚羊抱在怀里。

4月26日，部队完成拉网清剿，开进青海省境内。在青海省边界一个叫作花土沟的小镇上，总指挥王生有在一家饭馆定了四桌饭菜，靠干馕、压缩饼干度过了十几天的战士们终于吃上了一顿像样的饭。口中嚼着香喷喷的饭菜，回想起出发前家人们送行时那担忧又充满期待的目光，回想起一次次追击时的情景，68名战士、5名随队采访记者情不自禁地流下了眼泪。席间，不知是谁带头唱起了《梦驼铃》，歌声中，大家紧紧拥抱在一起……

【出现全场合唱《梦驼铃》，接《梦驼铃》乐曲，混播】

这是一批多么可亲可敬的林业公安干警啊！

第三节　广播通讯的结构方式

广播通讯同广播消息比起来不仅篇幅容量大，音响材料和所要表达反映的内容材料多，而且展示人物和展开事件的情节线索也多，时间和空间的跨度也要大得多。要把这些庞杂的材料、多线头的情节汇合成一个有机统一的整体，同时还要考虑到音响和文字部分的和谐。广播通讯的作者一方面要很好地分析消化、归纳和提炼采访当中所获取的全部文字资料、音响资料、明确报道的主题，另一方面还要根据报道主题的需要，筛选和安排事实材料的音响资料，巧妙地安排通讯的结构，使听众听后能感到整个报道的结构很紧凑，逻辑很严密，虚实结合，错落有致，富于变化而又条理清晰。

内容决定形式，形式为内容服务。广播通讯组织材料、安排结构的过程实质上也就是作者对报道对象、对采访当中所获取的全部材料，去粗取精、去伪存真、由此及彼、由表及里的认识过程，这种认识越全面、越深刻，就会直接影响和决定结构的安排，使得整个结构的思路越加明确、具体。

一、广播结构安排的基本原则

广播通讯在结构安排上可以有不同思路和方法，但下列几个方面应该作为基本的原则来把握。

1. 应该使音响和文字形成一个有机的整体，共同为表达主题服务。音响不能游离于主题之外，在能鲜明地刻画人物形象、绘声绘色的描述事件和强烈地烘托环境气氛的前提下，尽可能在广播通讯中多用、用足音响资料，这是广播通讯的一个独特优势。尽可能做到在通讯中使音响和文字互为补充、互为依托、互为照应、互为说明，缺一不可。

2. 全篇统一完整，有头有尾，首尾呼应，整篇通讯要紧紧围绕一个中心、一个主题而展开，一气呵成，浑然一体。切忌主题分散，中心二元和多元化，像空中的礼花，散开来收不拢；切忌有头无尾、有始无终，让人听了觉得丈二和尚摸不着头脑或刚想知道下文又戛然而止没有声的那种情况，是广播通讯结构安排所应极力避免出现的。当然完整性是对任何文体的写作要求。广播通讯结构安排所要求的完整，是同时包含首尾一致和内容集中两层意思的概念。广播通讯无论是反映人物还是报道事件，都要让人听后对事件的前后经过、人物的思想变化、生活变化、伦理关系变化等情节，清清楚楚，明明白白。

3. 无论是广播的文字通讯还是录音通讯，都应该严谨，层次清楚，讲究过渡和照应。这由广播声音的易逝性所决定，过渡照应上的任何闪失，都可能产生听知障碍，影响整个通讯的收听效果。每一个层次向下一个层次过渡，要环环相扣，层层深入，逐步推进，根据表达主题的需要和全篇的基调，掌握节奏，需要快的时候不能拖泥带水，一板三眼；需要慢的时候，不要去抢时间、赶进度，以免给听众造成突兀和跳跃感。

4. 要使整篇通讯报道富于变化，亮点迭出，妙趣横生，耐人寻味，引人入胜，使听众听后有鲜明的听觉形象，并且认同这一形象所代表的思想内涵、人文价值和情感类型。

二、广播通讯常见的几种结构形式

广播通讯常见的结构形式有以下几种：

1. 纵式结构。通讯的材料组织和结构安排，完全按照新闻事件、新闻人物在时间上发生发展变化和变化的先后顺序来考虑。纵式结构的通讯更适合于广播线性传播的特点，线的一端是起始，另一端是终点，有一个时间上的先后顺序,时间上先发生的事情先说,后发生的后说,听起来不乱,正因为如此,这种结构方式在广播通讯的几种常见结构中使用最多,比较适合于表现那种事件完整有故事情节的新闻事实,也适合那种单一人物或人物关系简单的报道题材。

还有一些见闻式的、旅游式的广播通讯,把参观、游历的不同地点和场景按照时间的先后顺序,罗列起来谋篇布局,当然事实材料和记者的采访都是有时序性的,这种形式的结构仍然属于纵式结构的类型。

2. 横式结构。是把在空间排列和逻辑排列中属于平行和并列地位关系的人物及事件材料,在一个主题的统驭之下而组织起来的结构方式。也有人把这种结构称为并列式结构。与纵式结构相比较,横式结构有两个突出的地方,一个是没有中心事件和中心情节,通讯中的每一部分都可以独立成篇;二是各个部分中的事实材料可以不受时间顺序的制约。这样就给了作者安排材料上更大的机动和灵活,可以把同类或相近的材料集中在一起,从不同侧面去反映事实和描写人物,可以把反映现实的触角伸向更广大的空间领域;由于横式结构各部分不受时间的限制,所以广播记者采制起来也更自由一些。

3. 纵横交错式结构。这种结构形式实际上就是纵式结构和横式结构交织组合的一种结构。其中既有纵式结构所包含的时间顺序,又有横式结构当中所包含的逻辑顺序、空间并列顺序。当然在同一篇广播通讯中,这两种结构并用的时候,一定要有一种为主的结构形式,或者以时间顺序为主来安排全篇的材料,或者以横式为主,主要以逻辑顺序、空间并列顺序考虑音响和材料的布局。纵横交错式的结构长处在于容量大,能兼有两种结构的优点,能增加报道的深度和厚度。不足之处也是很明显的,内容庞杂和线索繁多后,报道题材会受到一定限制,另外,如果采制不够精良会造成听觉疲劳。

三、广播通讯的开头和结尾

广播通讯的开头,总的来讲,有用音响和文字两种方式开篇的,比较起来文字开头的居多。广播通讯的起始,在功能上要作为全篇叙述的基础,引起听众的注意,吸引听众专注地谛听下去,所以就必须十分精彩、生动。

一位英国广播公司布什工作室的督导是这样认识这个问题的:

广播新闻的第一句话是至关重要的。在一定程度上,它必须具有标题的特点。它必须立即在听众的脑子里确立主题,让他们明白为什么这个报道值得听,并提出故事的取向。①

---

① 见[英]安德鲁·博伊德著:《广播电视新闻教程》,新华出版社 2000 年版,第 57 页。

美联社记者查尔斯·A.格拉米奇认为：

一开头就要引起读者的兴趣；顺着这条思路向读者提供他确实应该知道的事实；回答逐步展开的事实所体现出的任何问题，使读者保持信心。

英国奇尔特恩广播电台新闻编辑卡特里娜指出：

新闻报道应该在第一行就"推销"自己，这一行要简洁有力。我的哲学是新闻的生动性胜于它的价值。即使是严肃新闻也不一定就枯燥乏味，关键是……如果你欣赏这个报道，听众也会欣赏。①

澳大利亚广播公司自由撰稿人麦克尔·多德说过：

一个好的新闻报道能立即让听众进入事态最新发展的核心，它使用的语言任何稍有知识的人都能理解。报道要用一种能反映新闻风格的方式来讲述——或者悲伤，或者兴奋，或者有趣之类的。②了解一下外国同行对写好广播通讯和其他广播新闻报道开头的想法对我们是有好处的。

美国的安德鲁·博伊德在《广播电视新闻教程》③中还陈述了一个好的开头的多重作用：

陈述最重要的论点；

吊起胃口；

引出接下来的文章内容；

文章开始的二三十个单词就像是垂钓者的鱼饵。报道开头要明快、吸引人、组织精巧且值得深究。一旦听众感兴趣了，就像是鱼咬钩了，你可以用下文把他们钓起。

目前国内常见的广播通讯的开头，有以下几种：

1.以细腻的场面景色描绘作为开头：请看海峡之声电台1979年2月23日播出的通讯《吴山脚下访台胞》的开头：

> 【悠扬音乐声起，压低混播】
>
> 清晨，东方逐渐吐出鱼肚白，浓妆淡抹总相宜的杭州西湖，在人们面前慢慢展露出她那山水秀丽、景色宜人的面庞。位于美丽西湖的东南面，有一座海拔约高100米的吴山伸入杭州市区，站在吴山之巅极目望去，波光粼粼的西湖、帆影点点的钱塘江历历在目，杭州全城一览无余，远处山峦伸展天际，景象十分开阔。
>
> 就是在这吴山脚下，住着台湾籍同胞林本川的一家。林本川20多年来，常常带着孩子们登上吴山游观。他在饱览胜景之余，也常面东南而

①②③ 见[英]安德鲁·博伊德著：《广播电视新闻教程》，新华出版社2000版，第57页。

望,盼望着他的故乡台湾早日回归祖国,完成国家统一大业。(音乐渐止)

通讯以台湾籍同胞林本川所居住的吴山一带清晨景色描绘作为开头,引出通讯的主人公,既点明了主题,又造成了悬念,引起听众进一步了解台籍同胞的生活情况以及他的家庭情况的欲望。

2.以一段进行时态的事实情节作为通讯的开头,例如河南人民广播电台播出的通讯《小村有大事》是这样开头的:

11月13号,一个普通的日子,西明义,鄢陵县一个普通的村庄。这天一大早,村委院里就吹吹打打,一问赶来的老少爷们,个个一脸喜气,都说:"选官喽!"

【出录音】记者:你们家里今天出来几口人?

农民:出来两口。

记者:18岁以上都来啦?

农民:嗯,都来了……【以下压混】

【出音乐】

听众朋友,西明义村委第三届换届选举就要开始了。村民王秀志挤在人堆里,今天他一家来了四口。

【出录音】

记者:你们家里人意见一致吗?

王志秀:不一致。

记者:你听谁的?

王志秀:我自己的想法。

记者:你家老爷子呢?

王志秀:他有他的想法,他是老眼光,想着差不多就行了。

记者:你们呢?

王志秀:在我心目中,村干部必须给大家办点好事,带头致富,这才中。

记者:你心里想选的和你孩子爸意见不一样,你是听他的,还是按照你自己的选?

农民:他有他的想法,我有我的想法,各人有各人的意见。

【录音止】

这篇通讯以西明义村村委换届选举酝酿阶段记者与农民的对话情节作为开头,很自然地会引来人们关注的目光。

例如昆明广播电视台2013年9月7日播出的《工人文化宫爆破特别

微周刊:一座城市的集体记忆》是这样开头的:

【音频】现在开始倒计时,5、4、3、2、1……起爆。非常成功!【音频完】

主持人:今天早上,伴随着一阵爆破,昆明的城市地标——工人文化宫不复存在。

对大部分昆明人来说,工人文化宫是小时候的兴趣爱好班,谈恋爱时的约会跳舞场所,工作后的"充电"宝地,节假日的联欢舞台。尽管多年前就已经知道要被拆除这个无法避免的事实,但当这幢大楼进入生命中最后的读秒时刻,很多人依然难以割舍。

【音频】甲:可惜。

乙:这下拆了有点可惜。

丙:这是我们从小长大的乐园,跳舞、跳绳、跳海牌、弹酸角核(老昆明的儿童游戏)都在这里。【音频完】

3. 以符合人物个性特征的活动描述写作开头。这样处理,对人物选题的广播通讯来讲,很容易给听众造成先入为主的印象,有利于后续材料的安排和人物活动全部情节的自然展开。浙江人民广播电台曾播出的广播人物通讯《步鑫生厂长的一天》的开头就是这样:

3 月 15 日清晨 6 点刚过,浙江海盐衬衫总厂厂长步鑫生照例已经在厂区花园里跑步了。他虽然有 50 多岁,但是 1.62 米高、41 公斤重的身子仍然充满了活力。步厂长曾经自豪地对我说:"我早晨跑步好比先把马达发动起来,保证我一天高速度的连续运转。"

当中央人民广播电台《新闻和报纸摘要》节目开始播出,步厂长已经吃过早饭,笑容可掬地在厂门口迎接工人上班。7 点整,铃声和机器声同时轰响,他快步回到三楼厂长室……

4. 以与通讯主题有关联又富有音响表现力的美妙音乐做开头。世间所有的声音中,音乐是最美丽的;音乐又是一种特殊形态的几乎对所有人都有强大吸引力的共同语言。以音乐做广播通讯的开头,可以同时收到吸引听众往下听,造成听众的听觉联想,打开听众的想象空间,增强报道的趣味性等多重效果。请看河南人民广播电台某一年播出的广播通讯《永远的东方红》的开头:

【出陕北农民吟唱《东方红》音响,压低混播】

1942 年正月的一个早晨,陕北佳县张家村农民歌手李有源,望着东方喷薄而出的朝阳,触景生情,用陕北民歌《骑白马》的调子,脱口吟唱出了《东方红》这首千古绝唱。从此,这首不朽的颂歌很快在神州大地唱响,中国人民唱着它,当家作主站起来。

【出洛阳拖拉机企业集团千人合唱《东方红》音响,压低混播】

1958年7月20日,是中国农机史上一个具有划时代意义的日子。这一天,中国第一拖拉机制造厂在九朝古都洛阳建成投产,从此,因《东方红》歌曲而得名的"东方红"系列农机产品伴随着她那不同凡响的品牌,驰骋在祖国的大江南北。

【千人合唱《东方红》音响扬起,渐混】

斗转星移,"人民歌手"李有源如今已长眠在家乡的黄土高坡上;而阅尽40年风雨沧桑的"一拖"集团,也正在经受着市场经济的严峻挑战和痛苦磨砺。佳县和洛阳,陕北高原和九朝古都,原本相隔千里之遥,然而,共同的"东方红"血脉,却使两地在一个偶然的机会结下了不解之缘,并由此引发出一段耐人寻味的"东方红"情缘。

5. 以今昔对比、异地对比、反差对比的方法做通讯的开头。中央人民广播电台1996年1月20日播出的通讯《英雄,魂兮归来》的开头就是这样:

各位听众,我是记者胡国华。30年前,中华民族的英雄榜上出现了一个闪亮的名字——王杰,30年后的今天,江苏省决定:把坐落在徐州的王杰纪念馆定为江苏省青少年教育基地。王杰的名字又一次随风传扬在中华壮美的山河之间。

步入中年的人们在重提王杰这个名字的时候,还能想起王杰那句"一不怕苦,二不怕死"的誓言,那幅王杰为掩护民兵战友扑向炸药包的油画,还有自己当年被王杰事迹激荡起来的山风海涛般的情怀,同时,也许会为自己现在的坚强、正直找到一个精神支点。而在现在青少年当中,王杰这个名字要么陌生,要么显得遥远。

这篇通讯因为在开头用了30年前后的对比联结,就为下文将要展开的新时期"王杰精神"的内涵和实质是什么做了很好的铺垫。

6. 以表现浓郁的环境氛围做通讯的开头。如河南人民广播电台播出的通讯《为了病人的欢笑》。开头是这样的:

【前奏、台号、节目名】

听众朋友,您好!欢迎您收听我们河南人民广播电台为您编排的节目。

【欢快的具有河南特色的《抬花轿》乐曲声,病人家属的笑声、掌声中混播】

听众朋友,这可不是我们河南农村娶媳妇的场面。笑得这样开心的是一群中、晚期食管癌病人和他们的家属,还有我们这次节目要介绍的主人公——洛阳医专附属医院核医学科主任张玉萍和离休干部、原护理部主任马玉清。

【音响扬起，渐隐】

听众朋友，我是记者陈明，这次节目由我来主持。前些日子，我到洛阳医专附属医院采访，和这些食管癌病人一起生活了一段时间。您要问我感触最深的是什么？那就是病人的笑声和医生的泪水。

（出采访实况）

陈明：咋样啊？今天？

李秀英：嘿嘿，怪好！

陈：好！吃了多少？

李：一顿一碗！

陈：吃了几顿？

李：我吃了四顿。

陈：四顿呵！哈哈！现在感觉怎么样？

李：没事啦！

陈：没事啦？

李：两个医生费心啦，这都是医生的功劳。

（笑声）

陈：你怎么样？

郭端芝：和她一样！她吃多少，我吃多少！

（笑声）

江玉南：各方面都好！

陈：各方面都好！

江：（笑声）

7. 以自问自答的解说做通讯的开头。作者所想要表达的主题用向听众发问的方式，开门见山表达出来，然后自己娓娓道来，这样直白明快，直点主题，使听众的听觉有一定的张力，同时又有一种交流感。比如，浙江人民广播电台 1985 年 12 月 14 日播出的通讯《鲁迅故乡的乌篷船》就是这样开头的：

【水声、桨声】

亲爱的听众，您坐过乌篷船吗？对，绍兴的乌篷船，鲁迅故乡的乌篷船。窄窄的船身，低低的船篷。船篷是用竹片夹着箬壳编成的，上用烟囱灰和着桐油漆成黑色。绍兴人把黑色叫成“乌”，它就叫乌篷了。多少年来，乌篷船一直是绍兴水乡的主要交通工具，它载人，载货，载过鲁迅的童年,也载过祥林嫂的哀怨。如今,它载着的又是什么呢?

【船埠湾头声响】

这是一个深秋的早晨,记者坐上乌篷船缓缓离开了喧闹的绍兴柯桥镇,同船的是一位从陕西西安来的购销员,姓陈。

【出录音】

记者:您过去来过这儿吗?

陈:"来过,来过四五次了。"

记者:"第一次坐乌篷船有什么感觉?"

陈:"哎呀,那真是别具一格,觉得这地方好特别。坐上这小船,挺优雅,想多坐一点时间。小船悠悠地摇着,宽宽的水面,岸上的绿树,心胸也宽阔了……"【压低混播】

8. 反映新闻事件的通讯和反映先进人物、英雄人物的通讯,往往需要一批故事情节和典型细节,才能使得事件完整,人物形象丰满,而抓住情节和细节的关键部分、中心部分,并用作通讯的开头,可以起到事半功倍的效用。请看山东人民广播电台曾播出的录音通讯《人间最重是真情》的开头部分:

1986 年 6 月,孙兆群所在部队从保卫祖国的南疆战场凯旋。当通讯员把辗转替他保存的 1300 多元工资交到他手上的时候,这位铁铮铮的汉子哭了!

【出录音】"这一仗打下来 11 个小伙子没了……一天 11 个!防御阶段牺牲了 5 个……那天下了一点小雨,地上流的雨水都是红的!我这一辈子什么都可能忘,这一幕我永远忘不了!"【录音止】

孙兆群忘不了战斗打响前的那个夜晚,一群年轻的热血男儿在中秋月下击掌盟誓:战争胜利后,活着的人要为牺牲的战友分忧尽孝。

如今,孙兆群活着回来了,他的 16 位战友没有回来。身为副连长的他被一种深深的责任感驱使着,他把这一年的工资分成 16 份,寄到了 16 位烈士的家中。他要让烈士的父母感到,他们的儿子还在,远方有一位亲人是他们的寄托!从此,孙兆群的生命中融进了 16 份亲情、16 份牵挂……

在孙兆群的通讯录上详细记载着烈士的家庭地址和经济情况。16 位烈士中,有 14 位家在山东,1 位在江苏,1 位在湖南。每年不管多忙,孙兆群总要给每位烈士的父母写几封信,一有机会,他就提上礼物去看望为祖国奉献了儿子的老人们。

9. 以对人物和人物所处环境的细致描绘作通讯的开头。通讯中借助文学的描绘手法，可以使听众对人物及人物所处的环境有具体的印象。如果放在开头，无疑将引起听众对人物和人物所处环境进一步关注的兴趣。比如北京人民广播电台采制的广播通讯《为首都“点睛”》，介绍了北京市几年来城市雕塑的发展情况。开头是这样的：

秋月，把它那银白色的光辉尽情地泻入莲花湖中。湖岸上，竹林边，月华里，一个妙龄少女正斜坐在石阶上吹箫。她发髻高悬，身着古装，面容文雅、秀丽、端庄。箫声驾着风儿飘荡，湖面掀动着细细的波纹，竹林发出了萧萧的低语，本来就十分幽静的园林，显得更加幽静了。

你也许要问：这少女是谁？是的，不少人都曾猜测过，有人说是林黛玉，也有人说是莫愁女，其实猜得都不对，她只是一件普普通通的雕塑艺术品，是北京城里近两年立起来的几十座“城市雕塑”中的一座。

再比如，包头广播电视台2013年12月播出的《为妈妈撑起一片蔚蓝的天》的开头：

冬至的清晨，月亮还高高地挂在天上，赵文龙已经帮妈妈穿戴整齐，推着妈妈出发了。今天他要陪妈妈去医院做透析。天气格外寒冷，龙龙不时帮妈妈盖盖毯子，掖掖衣裳，路灯照在这对母子身上散发着柔和的光芒。【出录音】妈妈：“最喜欢龙龙抱着我胳膊说，妈妈的胳膊好温暖呀！”【录音止】

10. 以开门见山的“点题”、直截了当的说明开头。采取这种方式开头，不绕圈子，直接进入主题，明快利落，中心突出。浙江省永康市电台播出的通讯《新疆有片“星月林”》就采用了这样一种开头：

7月31日下午2点，午后的阳光如火似的铺浇在水泥公路上。树上，蝉儿不停地鸣叫着。坐落在东永一线公路边的全国私营企业纳税百强排行榜名列第19位的星月集团董事长办公室内，董事长胡济深正埋头处理着公司事务。突然，桌子上的外线电话急促地响了起来。集团公司驻新疆办事处负责人俞智晓向他报告了万里之外新疆的干旱和因干旱即将枯死的100多亩胡杨林的情况。

7月的新疆准噶尔盆地古尔班通古特沙漠，就像一团烈焰，在炙热的阳光和滚烫的沙漠中，一切生命都显得无比脆弱。被称为“沙漠生命之树”的胡杨林也不例外。

今年，新疆遇到了百年不遇的旱灾，连续200多天没下雨。新疆准噶尔盆地古尔班通古特沙漠边缘的托克音村有100多亩胡杨林，因为干旱，因为没有资金调水浇灌而濒临枯死，新疆各报纸、电视台等新闻媒体纷纷发布这个消息。

胡杨林告急！托克音村告急！

再比如，蚌埠广播电台2013年12月21日播出的《砖窑厂破坏耕地何时休?》也采用了这样的开头：

昨天上午，在怀远县唐集镇山后村村民常辉的带领下，记者来到了他们所说的窑厂取土点。记者在现场看到，紧挨着窑厂的西北边有一个大土坑，约有七八米深，面积非常大，坑底里还有挖出的新鲜泥土。大坑周围的土地上，油亮亮的麦苗长势非常好。村民常辉说，这个大土坑原来就是耕地。【出录音】"这块地是我们山后村桥东组十几户村民的，在2009年四五月份开始挖的。大概有多少呢，有10亩以上。"

从大土坑往西走，记者看到还有一个同样的大坑。村民们说，这个大坑也是窑厂取土挖出来的。村民常辉说，这些耕地都已经被窑厂"剥了皮"，没有肥力，已经不能种庄稼了。【出录音】"挖的不能耕种，彻底抛荒了，最深的有10米左右。"

11. 以听众普遍关心的热点问题、焦点问题作为通讯的开头。足球比赛当中的黑哨、假球近几年来不仅是足球迷十分关注的问题，也成为百姓的一个热门话题。2001年12月14日，浙江人民广播电台记者将参加一次俱乐部和媒体的见面会，记者意识到在会上可能有重要新闻事件出现，因此对两个多小时的见面会全程录音。会议一结束，迅速整理了录音并作了补充采访，在第二天出了通讯《宋卫平怒揭足球黑幕》，把对足球黑哨、假球的揭露放在开头：

听众朋友，在中国的足球联赛中，黑哨、假球已经成为绿茵场上不和谐的音符。

昨天下午(12月14号)，浙江绿城足球俱乐部董事长宋卫平面对众多媒体记者，首次把收买裁判这样的黑色幕后交易拉到了台前："主场6万元，你必须要给的，天下都是这样的，从来都是这样的。"

在足球圈中，这样的行为有个特定称呼叫："场外活动"，宋卫平也给"场外活动"下了这样一个定义是："这个场外活动的定义：一个是对裁判的贿赂和收买，一个是对比赛对方，对对手的贿赂和收买。"

和宋卫平一起揭露黑幕的原广州吉利足球俱乐部的董事长李书福甚至有些愤怒："我可以这样讲，我从事经济活动也将近20年了，接触到的中国的其他方面，根本不像足球这样的，那是我从未见过的，开玩笑，那简直是天地之差。"

广播通讯的结尾对于通讯具有和开头同等重要的意义。一个成功和有亮点的结果,可以帮助听众回顾全篇,产生共鸣,使听众产生联想、想象和思索,好比余音绕梁,回味不绝,增强报道的连贯性、思想性。

英国的安德鲁·博伊德说过:"任何一个节目或一条新闻给人的长期印象通常都是最开始或最后的几个词留下的,对报道的结尾应该像对文章的引文一样重视。"①

这些都是经验之谈,值得我们认真汲取。目前国内常见的广播通讯的结尾有以下几种:

1.点评式、号召式地结尾。请看中央人民广播电台1996年1月20日播出的通讯《影响,魂兮归来》的结尾:

> 鲁迅先生说过:中国自古以来就有为民请命的人,有舍身求法的人,有拼命硬干的人,这些人才是真正的中国脊梁。历史证明,一个民族总是需要点气节和精神的。
>
> 如果被一些短期行为、急功近利蒙住了双眼或伤了心,忘却英雄,丢掉传统,到头来是要吃苦头的。我们现在所以大声疾呼公民意识、公民素质、社会公德,和淡忘英雄的情形不能说没有关系。不管于公于私,于己于人,于中华民族的现在还是将来,我们都要呼唤一句:英雄,魂兮归来。

这是一篇缅怀英雄王杰的通讯结尾,作者在前面叙述的基础上结尾部分展开议论评点,进一步深化了主题,并且发出了吁请与号召,给人一种振聋发聩的感觉,通讯播出后听众反应十分强烈,甚至引起了少见的大讨论。

2.预测式、展望式结尾。这种结尾方式有利于听众在了解了全部新闻事实后,对新闻事件的发展趋势和可能出现的情况,做到心中有数,感到透气和解渴。比如中央人民广播电台播出的通讯《明月照山河》的结尾就是这样:

> 明月照山河,山河日日新。新在哪呢?有两个数字,虽说枯燥点,可说明问题。1992年,山河村七算八算,产值不足50万,人均收入不足450元。而去年,产值突破300万,人均收入1800元。诚然,与明月村比,山河村还有差距。去年明月村产值过了亿,人均收入也达到2500多元。但是从目前的发展势头来看,山河村赶上明月村,甚至超出明月村也并非梦想。只要有心,再努把力,梦想也能成真,什么人间奇迹也能出现。

3.总结式、回顾式的结尾。对全篇的中心思想和所要表达的内容主题进

① [英]安德鲁·博伊德:《广播电视新闻教程》,新华出版社2000年版,第63页。

行归纳、集中、提炼和升华，以加深听众对主题的理解、对主题的印象。比如海峡之声电台 1979 年 2 月 23 日播出的通讯《吴山脚下访台胞》的结尾就是这样：

> 当记者结束采访时，林本川让他的孙女林虹、林燕朗诵了一首诗：（录音）
>
> 台湾啊，我们日夜向往的故乡，
> 阿里山、日月潭深深刻印在我们的心坎上，
> 台湾的小朋友，我们是多么想念你们啊！
> 我们真想长着燕子般的翅膀，
> 飞过高山，越过大海，
> 看望我们的小同胞！
> 也欢迎你们来到西子湖畔，
> 看看她那美丽的风光，
> 让我们共同携起手来，
> 和爸爸妈妈们一道，
> 把我们可爱的祖国建设得更加美好！
> 众：好！好！（笑声，鼓掌声）

4.呼应式、照应式结尾。这种形式的结尾就是重提开头的话题，或者重新回到开头时交代过的场景、情节中，前后呼应，两头照面。例如，浙江人民广播电台 1985 年 12 月 14 日播出的通讯《鲁迅故乡的乌篷船》在开头部分中说：

> ……多少年来，乌篷船一直是绍兴水乡的主要交通工具，它载人，载货，载过鲁迅的童年，也载过祥林嫂的哀怨，如今它载着的又是什么呢？
>
> 通讯的结尾处又回到这个话题上，在扎实有力的新闻事实的基础上，作者给予了明确肯定的回答：
>
> 【水声、桨声、岸边鸭叫声】
>
> 船又向前划去，两岸是金色的稻田，河水转弯处又是一家工厂，乌篷船晃晃悠悠似乎有几分醉意，乌篷船，依然是窄窄的船身，低低的船篷，如今，它载着的早已不是鲁迅回故乡时的忧郁，也不是农民对起码的衣食温饱的企盼，而是载着两岸的美景，农民的欢欣，更载着这样一个信息：农村的变革正在使乌篷船和他的主人获得新的内涵。乌篷船，很不起眼，但它也在发光。
>
> 【桨声渐隐】

5.回味式、思索式的结尾。比如,浙江人民广播电台播出的通讯《用生命点燃希望之光》就是一例:

> 一位学生写了一首诗悼念他们的赵加启校长:
>
> 你开垦,你播种,你浇灌,
>
> 却只为——
>
> 在每个春华秋实的轮回里,
>
> 酿造那满园的桃李芬芳。
>
> 有人说,你是一盏明灯,也有人说,你是一块基石。
>
> 学生们深情地唱起了他们最喜爱的歌:
>
> "长大后我就成了你,才知道那支粉笔画出的是彩虹,洒下的是泪滴;长大后我就成了你,才知道那个讲台举起的是别人,奉献的是自己;长大后我就成了你……"

6.启发式、引导式的结尾。例如:南京人民广播电台播出的通讯《合上时代的节奏》是这样结尾的:

> 古代思想家老子有一句话"自知者明",在我国流传很广,可是这句话却成了很多人遮掩自己平庸之气的借口!我更喜欢老子的另一句哲言"自强者强"!不是吗?只有战胜自己,挣脱束缚自己的旧观念、旧意识,你才能无所畏惧地在改革的大潮中搏击中流,合上时代的节奏。薛频的成功不正是一个最好的证明吗?

这篇通讯讲的是一位青年科技人员从原来的国有企业辞职,自己办起了一家计算机应用研究所并且取得成功的故事。作者在这里用启发式结尾,不仅赞扬了青年科技人员勇敢的改革精神,而且引导人们认识到了这样一个深刻的思想:人一旦挣脱了不合理体制和因循保守旧理念的束缚,就能释放出最大的能量。

7.诘问式、发文式结尾。如哈尔滨人民广播电台播出的通讯《纺织工人的胸怀》就是这种形式的结尾:

> 是的,在这场灾难中,哈尔滨亚麻纺织厂蒙受了巨大不幸,他们在几十分钟时间里,几乎承受了整整一个世纪的磨难!然而,这个厂有张红喜这样的好工人,有杨培玉这样的好党员,有成百上千个像马占武这样具有高尚情怀的工人群众。在具有这样博大胸怀的工人群众面前,还有什么困难能阻挡他们前进呢?!

8.含蓄式、寄托式的结尾。请看黑龙江人民广播电台播出的通讯《没有写完的放鹤日记》的结尾：

> 展翅高飞的仙鹤啊，从北方的扎龙，飞到江南水乡，找秀娟来了，可扎龙的女儿，年轻的共青团员，那娟秀的放鹤姑娘，你在哪儿呀？
>
> 她在那黄河之滨的滩涂上，埋着她的骨灰。在那墓地上，她心爱的鹤群，展开翅膀，向着蓝蓝的天，盘旋、上升……

作者在通讯中用已经牺牲的放鹤姑娘秀娟的日记原文和记者描述重合错落的手法，塑造了一个真实可信、为了自己热爱的放鹤事业而不惜奉献生命的人物形象，结尾处用这种平和含蓄、深沉寄托的话语给人以隽永的意味。

四、广播通讯的过渡和照应

过渡和照应是广播通讯谋篇布局、考虑结构、安排材料的重要组成部分。所谓过渡，就是运用句子和音响材料使通讯中的不同段落和不同层次之间的相互关系明晰起来。所谓照应就是不同段落和层次在内容上的相互呼应。精心构思、巧妙安排下的过渡和照应不一定产生优秀的广播通讯作品，但是优秀的广播通讯必定是那些精心和巧妙准备了过渡与照应的作品。目前，广播通讯有四种经常使用的过渡方法。

1.用广播通讯写作的一个自然段来做过渡，浙江人民广播电台 1995 年 8 月 6 日播出的广播通讯《访寻侵华日军罪行的日本人森正孝》。通讯开篇介绍了这样一个日本人，他没有参加过侵华战争，也没有做过任何有害于中国人民的事情，可他从 1985 年起，先后 12 次利用暑假自费到中国，调查日军当年侵华的罪行，这位日本人叫森孝正，通讯播出当年是 54 岁，是日本静同中学的历史教师，特别是他 1991 年 8 月和 1994 年 8 月两次率日本细菌战受害情况调查团到杭州、宁波、金华、东阳、义乌、衢州、江山和余杭调查，并且制成了实验调查专题片，两次在日本朝日电视台收视率最高的新闻台中专题播出，在日本国内引起了强烈反响。通讯写到这里，紧接着另起一段：

问起森正孝先生为什么要来中国调查日军当年侵华的罪行，森正孝先生说(森正孝先生录音，翻译)："我现在担心的是，掩盖历史和篡改历史就意味着将来这段历史还会重演，我们现在所做和所想的就是把历史的真实情况无误地传给下一代，尤其年轻人。"

通讯通过这个自然段的过渡，很自然把重点转向森正孝的介绍，诸如最近几年来日本一些极右势力篡改历史教科书的情况，森正孝开展调查工作的情况以及他在日本国内所面临的压力和困难等情况，有了这个自然段，听众在听的时候，提前有心理准备，知道下面要讲什么了，这样通讯也流畅，听众也明白。

2.用句子作为段落、层次之间的过渡。例如,浙江省桐乡市电台播出的通讯《国税局行政不作为被推上被告席》,讲的是桐乡市公民沈李龙,同时向桐乡市国家税务局和桐乡市地方税务局举报了原桐乡市云龙建材厂厂长郭云的偷税漏税问题,结果呢,桐乡市地税局接到举报后马上组织力量展开调查,并及时把调查结果告知了沈李龙,还按比例兑现了举报奖励。而桐乡市国税局的做法却与桐乡市地税局形成了鲜明的反差。他们在规定的80天期限内,既没有调查,也没有告知举报人不去调查的原因,通讯开篇通过律师的口说出,公民告税务机关不作为案子,在当地是首例,在全省也十分少见,通讯到这里另起一段,头一句写道:"事情还得从2000年5月21号说起。"接着通讯把这起诉讼的始末原委和最终结果逐个作了交代。由此可以看到案件的特殊和重要与案件的由来原委及诉讼结果,在这两层不同意思之间"事情还得从2000年5月21号说起"这句话起到过渡作用。

例如,2012年5月20日新疆人民广播电台播出的《我把光明献给你》,讲的是在苏州驻霍尔果斯援疆办的推动下,2012年5月11日,31岁的苏州姑娘笪秋香的眼角膜移植给了新疆伊犁哈萨克族年轻母亲巴依拉。笪秋香的父母痛失爱女,却拥有了来自新疆的女儿——巴依拉。远隔千山万水的两个地区、不同民族的两个家庭的命运,就这样与新一轮的援疆战略联系在一起。报道开头是这样写的:

主持人:5月13号母亲节,在苏州大学附属理想眼科医院四楼病房里,一位头发花白的老妈妈眼含热泪,轻轻地为一位来自新疆的哈萨克族年轻母亲巴依拉,揭开左眼的纱布。

【出录音】

医生:"巴依拉睁开眼睛看一看,睁开看一下。好了。"

笪秋香的妈妈:"看得见吗?"

巴依拉:(哈萨克语)"看见。"【录音止】

主持人:这位家住苏州昆山的老妈妈名叫吴义平,不久前失去了31岁的女儿笪秋香。女儿的眼角膜无偿捐赠给了眼前这位素不相识的哈萨克族年轻母亲巴依拉。

见到巴依拉的第一眼,老妈妈无限的思念涌上心头……

在巴依拉的眼睛里,老妈妈仿佛看到了女儿盛满真诚、盛满笑意的大眼睛,情不自禁地亲吻着巴依拉的额头,泪水潸然……

【出录音】笪秋香的妈妈吴义平、巴依拉相拥:哭声……

主持人:老妈妈强忍着泪水说自己又多了一位来自新疆的哈萨克族女儿。

【出录音】

笪秋香的妈妈吴义平："我第一个大女儿走了，现在又多了第二个女儿，是新疆的，她长得跟我女儿也差不多，也很好的。"

巴依拉："妈妈，谢谢秋香姐姐给我带来的光明，我很感谢。我一辈子都不会忘掉苏州的妈妈和爸爸，弟弟、姐姐，还有我还要来找我妈妈的。"

【录音止】

报道到这里，通讯另起一段，写道："一个是远在新疆伊犁的哈萨克族年轻母亲，一个是江苏苏州的老妈妈，相隔万里，从未谋面。是什么让她们紧紧相拥在了一起，拥有了亲人般的情感？我们先来说一说27岁的巴依拉。"接着将这次捐献事迹的始末展开叙述，讲述了两个地区、不同民族的两个家庭的情缘。"是什么让她们紧紧相拥在了一起，拥有了亲人般的情感？我们先来说一说27岁的巴依拉。"这两句话起到了过渡作用。

3.用一些表示连接、转折、递进关系或并列关系的关联词来做过渡。浙江人民广播电台1988年4月3日播出的广播通讯《带着沉重的翅膀飞翔》讲的是浙江省一家老企业在改革中所面临的严峻挑战和困难抉择。通讯一开始写道：

在我们省里，浙江麻纺织厂，多数人恐怕不会陌生。就是在国外黄麻纺织行业中，人们也熟知它的名字，它是我国最大的黄麻纺织企业，已经走过了37年的路程，给国家留下将近14亿元的利税，曾经是浙江社会主义国营企业的荣耀。

接着，记者笔锋一转，另起一段，转而介绍这家老企业在改革中所面临的一系列问题：

然而，近几年来，它似乎在悄悄地隐没。

在这里，"然而"这个关联词起了过渡的作用。在广播通讯中像这样使用关联词作为过渡的情况比较多，因为相比较用段落和句子，用关联词轻巧，节省篇幅，也比较灵活。

4.用富有事件现场氛围的音响或人们熟悉的具有象征意义的音响作为过渡。例如，河南人民广播电台1999年9月8日播出的通讯《为了共和国的承诺》，就是用音响做过渡的。

【警钟长鸣……混时钟音响，时钟急促的嘀嗒声渐扬，压混】

1995年8月，李鹏总理郑重签署了《淮河流域水污染治理暂行条例》，在这个文件里，中国政府向全世界庄严承诺：到1997年年底，淮河流域所有排污企业必须实现达标排放；到2000年，千里淮河要重新变清！

一张非同小可的时间表，一纸不同寻常的军令状，拉开了千里淮河限期治污达标倒计时的序幕。

【时钟急促的嘀嗒声扬起】

接下来通讯一一列举了淮河流域水污染，给全流域一亿五千万人民以及生态植被带来的严重危害，造成污染的原因以及治理的现状，其后又四次出现具有治淮工程倒计时象征意义的时钟滴答作响的音响，作为通讯不同段落之间的过渡，这样处理使段落之间显得紧凑，全篇的节奏配合了主题的要求，给听众留下了比较深刻的印象。

广播通讯中的照应，一般有两种情况：

1. 首尾照应。这种类型的照应要求出现在通讯开头的话题和内容，在通讯的结尾处应该再次出现，前后有一种呼应的关系。例如，黑龙江人民广播电台播出的通讯《山的女儿》，介绍了一位小学校长的先进事迹，她扎根山区 31 年，把自己的美丽青春和宝贵生命都奉献给了山区的教育事业。通讯的开头写道：

在穆棱县西南一个贫困偏僻的山区小镇里，女校长苏桂琴用她 31 年的时间，终于在山坡上开垦出了一座标准化小学。就在刚刚被评为全省改善贫困山区办学条件优秀校长时，她累倒了。1 小时后，不满 47 岁的苏校长被突发性心肌梗塞夺去了生命。

在通讯的结尾处，又以不同的话语重提“31 年”、“大山”和苏桂琴校长“累倒了”这个场景和话题：

遥望老爷岭，云雾蒙蒙。31 年前，苏桂琴一个人从城里走向山区小镇，大山哺育了她；如今，她又融入了大山里，她就是山的女儿。

再比如，中央人民广播电台 2010 年 4 月 15 日播出的《玉树地震：无论你在哪里我都要找到你》，记录了玉树地震发生时，在一处废墟中被发现的四名幸存者，最终全部获救的“惊心动魄”的历史时刻。报道开头写道：

记者：今天一早呢，中国国家地震救援队是兵分两路来展开救援，现在我跟随其中一个小分队，所处的位置就是玉树县城的有一个叫作西北牛宾馆的位置，这个宾馆现在还没有开始启用，在地震的时候，有一支施工的装潢队伍，(在这里)被掩埋了。现在呢，在半个小时之前，已经听到了里面有微弱的敲击的声音。

报道结尾处，以搜救结果、搜救队员的表现呼应了开头的“已经听到了里面有微弱的敲击的声音”和救援队展开救援：

记者：现在第四位被困的群众也已经救出来了，他的身体状况相对于前三个可能稍微有点差,可能是有一些受伤,现在用一个简易的担架把他固定在上面,现在他已经被成功地抬出了废墟。

今天,五个小时之前,探测到的四个活生生的生命现在已经被全部救出来了!而整个从洞口被抬出来的时间只用了5分钟。尤其是最后,马上还有3分钟就要出口的时候,一次非常强的余震,所有的人都往外撤,我们看到洞口里边拉着被困群众手的这个搜救队员非常勇敢,他心理素质也非常好,他一直待在里边,一个一个地把里边的四个被困的群众救出来,他可以说是冒着生命危险。现在搜救队员就在我的旁边,我们来让他说两句。

搜救队员:我们在6个小时内打通了四层楼板,当我的手跟下面幸存者的手握住的那一刻,我的心情特别激动,这就是我们的职责,我为我的工作感到自豪!

2.前后照应。通讯在前面提出了什么问题,后面要对号入座进行交代,使问题有答案、有结果、有回应。这样照应,有利于增强广播通讯的可听性、变化性和完整性。例如,浙江人民广播电台1996年4月15日播出的通讯《优秀山乡广播员徐仙凤》在前后篇、上下文的照应上就处理得非常成功。通讯说的是在山区广播站的平凡岗位上,默默奉献了26个春秋的优秀广播员徐仙凤的先进事迹。通讯一开始就提到徐仙凤"心系父老乡亲,情注广播事业",把"为乡亲们送去党的声音"看作是一项神圣的事业。实际上就点出了徐仙凤与广播的主题。随着通讯情节的展开,徐仙凤平凡的工作和崇高的精神境界逐步展现出来了。但是不管表现内容怎样深入下去,通讯始终抓住徐仙凤与广播这个问题展开叙述、议论和描写。在迷恋广播这一节里,通讯谈到徐仙凤18岁那年,曾经面对是当公社妇女主任还是当广播站广播员这个选择时,她选择了当广播员,随后26个春秋,她的工作生活就圈定在了这个山乡广播站里。艰苦的条件、繁重的任务、众多的困难都没能让她改变。随后在"运用广播"中,介绍了她卓有成效的广播宣传工作,其后的"情融广播"、"心系广播"、"难舍广播"从不同侧面把一个山乡广播员的形象表现得栩栩如生。通观全篇,前后照应,听众也会围绕徐仙凤与广播这条主要线索而了解和感受一名普通广播员的崇高精神境界和伟大人格力量。

第四节　广播通讯的标题写作

一篇广播通讯,听众最先听到的首先是标题,标题就好像是人的眼睛。当你第一眼看过去的时候，就能肯定地知道，在它的背后蕴藏着无数的珍宝，或者被它的灵动和美丽所吸引，如果是这样，就应了一句古老的谚语："好的开始是成功的一半。"最近几年来，在广播优秀作品的评选过程里，不少专家总是有这样的感慨，本来蛮不错的一篇通讯让题目给抹黑了，真是太可惜。所以一个好的广播通讯的标题，可以先声夺人吸引听众，可以增强作品的表现能力和新闻价值，应该引起我们的足够注意。

一、广播通讯的标题形式

广播通讯的标题如同广播通讯的选题一样，丰富多彩、千姿百态，这里列举一些常见的标题形式。

1. 总结工作经验，引发人们思考的类型。例如，浙江人民广播电台 1997 年 4 月 6 日播出的通讯《不信东风唤不回》，通讯回顾和总结了温州平阳矾矿作为一家国有特困企业盈利的经验，从标题中就能看出它属于那种启发人们思考的通讯类型。又比如，浙江人民广播电台 1996 年 2 月 28 日播出的通讯《温州巨变启示录》，1993 年 11 月 29 日播出的通讯《中国乡镇企业第一桩反倾销官司启示录》都属于这种类型。

2. 直接点明主题，概括全篇内容的类型。比如，广州人民广播电台曾播出的通讯《蛇口的透明度——蛇口民主建设纪实》，这样一个标题直截了当地告诉听众，通讯所要介绍的正是特区如何赋予人民以知情权和监督权，促进政务公开，促使广大群众积极参与议政。湖南人民广播电台播出的通讯《村办企业里的大学毕业生》，宁海人民广播电台播出的通讯《一位普通农民的追求》，都属于这个类型。

3. 含而不露，委婉曲折地表达通讯主题的类型。例如，河南人民广播电台播出的通讯《众里寻"他"千百度》，这个标题就比较含蓄。平湖人民广播电台播出的通讯《先当"包公"再做"红娘"》，这个标题同样比较婉转，听众不可能根据标题马上得知通讯所要表达的内容。

4. 设置悬念，提出问题，亮出矛盾的类型。例如，浙江人民广播电台播出的通讯《宠儿对簿公堂说明了什么》，标题里就设置了悬念，引发听众的思考和听下去的愿望。河南人民广播电台播出的通讯《怎一个"情"字了得》，也就是悬念类型的标题，是什么样的"情"？谁有这个"情"？在这个"情"之外还有什么更珍贵的东西？一连串的问题使听众不能不去思考。

5. 显明所报道的人物的标题类型。即在通讯的标题里面，就把通讯所表现的人物突出出来。例如，中央人民广播电台播出的通讯《锐意改革的带头人——王亚忱》，山东人民广播电台播出的录音通讯《一个最可爱的人——记扎根农村隐功埋名33载的战斗英雄孙明芝》,都在标题中显明了所要报道的人物以及他们的事迹类型。

6.显明所要报道的新闻事件和核心事实的标题类型。这种类型的标题一开始就把所要报道和表现的新闻事件和新闻事实的主题部分说明白。例如,浙江人民广播电台播出的通讯《省重点工程杭甬高速公司杭州彭埠立交配套工程因粉煤灰运输受阻,已停工待料三个月》,攀枝花人民广播电台播出的通讯《盐边移民大搬迁》,这两个标题,突出的都是通讯所要报道的新闻事件。

7.显明新闻事件,新闻事实发生发展或新闻人物活动的时间。这种类型的标题,是把时间要素在标题中突出出来。例如,四川省南江县人民广播电台播出的通讯《三十五载黄羊梦》,中国国际广播电台播出的通讯《走过四分之一世纪的中美贸易》。

8.显明新闻事件、新闻事件发生发展或新闻人物活动的地点空间。这种类型的标题,是把空间地点和场景因素放在标题中加以突出。比如,河南人民广播电台播出的通讯《大墙内的"绿洲"——河南省第一监狱改造教育罪犯纪实》,河南台播出的通讯《挑战小浪底》都属于这一类型的标题。

9.显明事件发生和人物所处的特定环境及氛围。这种类型的标题突出特定的环境和气氛,用以强调事件的意义和从特定的角度去表现和刻画人物。比如,新疆人民广播电台播出的通讯《大漠深处的年轻人》、河南人民广播电台播出的通讯《浓雾中的向导》都是这种类型的标题。

10.把形象化的比喻运用到广播通讯的标题中,形成标题的亮点,可以加深听众的印象。例如,达川人民广播电台播出的通讯《月亮公司月儿圆》,反映了改制之前四川达川的一家月亮食品公司的特困企业改制后,这家公司制订了一个背水一战扭亏为盈的"圆月计划",后来实现了计划,作者巧妙地用月儿圆这个比喻来反映这一事实,十分形象。又比如,中央人民广播电台播出的人物通讯《"豆腐神"曲立文》,标题也是借用了比喻。

11.用通讯所要表现的典型人物的典型语言做通讯的标题,一方面可以突出典型人物的精神品质、性格特征;另一方面也能够收到彰显写通讯的中心内容的效用。40多年前,新华社记者采写的著名人物通讯《"小车不倒只管推"》,通讯报道了杨水才烈士鞠躬尽瘁、无私奉献的动人事迹,通讯的题目就是杨水才烈士生前留下的话。

12.在通讯的标题中使用设问句式,可以引起听众的注意。这种类型的通讯标题报刊和在广播当中时常可以见到,例如,1995年1月25日《光明日报》刊登的通讯《部长同志:您办公室里有国旗吗?》,曾获得当年的中国新闻奖。与此同时,1995年7月2日《经济日报》刊登的另一篇通讯《深圳特区还能

"特"下去吗?》,也同时获得了当年的中国新闻奖。又比如,河南人民广播电台播出的录音通讯《你可记得这支歌》都属于这种类型的标题。

二、广播通讯标题的写作要求

不少广播通讯的标题并不是一开始就明确起来的,而是在构思和写作的过程中逐步清晰起来的,甚至一些作者做了多次修改,这都是十分正常的。当然也有一些标题在采访阶段已经确定和基本确定,或者作者处于积累和灵感的闪现阶段,未加多少思索信手拈来,这种情况也不排除。但是,要写出有亮点,不仅作者自己满意,同时也受到听众欢迎、肯定的通讯标题,是需要下一番功夫的。有这样几点需要注意:

1. 广播通讯的标题特别在语言方面要体现原创性,有鲜明的个性化风格,新颖、别致、精彩,避免雷同化和人云亦云的东西,让人听了觉得是第一次听,或者过去听到过类似的话语,那今天在这里听到比较奇特,过耳不忘。能够把整篇通讯的精华表现出来,正如美国南方大学传播学教授特德·怀特所说:"标题是一种吸引听众的手段。标题出现在新闻节目的开头,它应该荟萃即将报道的新闻事件中最有趣、最精彩的部分。"①

2. 标题应该与通讯所报道和反映的内容高度统一和融合起来。标题可以而且应该就实论虚,但在抽象过程中需要注意不要脱离了通讯所报道的新闻人物和新闻事件的原型。有些广播通讯的标题,会出现离开原型,主观拔高或不适当夸张,都会影响到整篇通讯的传播和评奖效果。

3. 广播通讯的标题要准确、恰当、符合实际。不能超出于所报道人物和事件的事实范围,把本来不属于事实范围内的评价、概念都套上去同样会损害这篇通讯的传播和评奖效果。比如,一篇通讯介绍某地农村依靠农业科技,大力引进优质良种和农业新技术,发展绿色农产品,标题可以围绕这一点来做文章。但是如果把这篇通讯的题目写成《农村产业结构调整带来的新变化》那就显得大而不当。

4. 要简略和短小,避免在标题中出现拖泥带水的情况。这里包含两层意思,首先,简练和短小是一切广播新闻报道体裁的共同要求,包括广播通讯,而标题又好比是报道的眼睛,所以我们应该很好地体现这一原则;其次,标题提炼得越精练、越短小,说明我们对整篇通讯所要表达的主题思想的把握越准确、越谙练。

---

① 特德·怀特:《广播电视新闻写作与报道》,新华出版社2000年版,第60页。

第五节　广播通讯的表现方法

一、叙述

叙述包括记叙和说明，是一般通讯写作的主要表达方法，也是广播通讯写作的主要表现方法，广播通讯比起广播消息，在表达上显得更多样化，为使报道内容清楚明白，仍以叙述方法为主。但因为广播通讯的篇幅比较短，因此要求叙述要清楚明白、主线单一、形象生动和有叙述气氛。

1.清楚明白

广播通讯的叙述虽然比广播消息带有更多个人化的色彩，但仍需严格遵循新闻要素俱全的原则。通过叙述，把所要介绍和说明的人物及事件的时间、地点、原因、经过、结果交代清楚。使听众在听了通讯后对人物的经历、事迹，对所发生的事件的来龙去脉，心里清清楚楚，浙江人民广播电台播出的录音通讯《用生命点燃希望之光——追记黄岩逸夫小学校长赵加启》中，一开始就有这样一段叙述：

【出孩子读书录音，压低混播】

听众朋友，您现在听到的孩子读书声，是记者在黄岩一个叫沙埠的贫困山区小镇上录到的。也许你不会想到，为了让这些山里的孩子受到良好的教育，让这贫穷的小镇早一天走上富裕之路，一位教育工作者不惜以自己的生命作为代价。

他，就是黄岩逸夫小学校长、共产党员赵加启。

【出打字录音，2秒，压低混播】

赵加启，男，汉族，1941年出生于浙江黄岩沙埠镇前路村。1957年9月开始执教，历任前路小学扫盲教师、校长，沙埠中心小学校长，黄岩逸夫小学校长。1980年入党，1995年荣获全国优秀教育工作者奖章。1996年9月，赵加启负责的总投资达210万元的沙埠中心小学改建工程如期竣工，沙埠中心小学正式改名逸夫小学。1996年11月13日因直肠癌晚期去世，终年56岁。

这段叙述，把一个在山区从教近40年，鞠躬尽瘁、死而后已的小学校长的主要经历和业绩，介绍得十分清楚，便于听众继续听下去。

岳阳人民广播电台2013年9月28日播出的《“焚假哥”的坚守》中，一开始也有类似的一段叙述。

> 他投身食品行业20年，面对一次次利益诱惑始终坚持道德自律；他痛恨假冒伪劣产品，不惜花巨资收假购假，"焚假反假"，大家都亲切地叫他"焚假哥"；他看重企业声誉，更期待社会诚信的重构，以星星之火聚集着中国食品安全领域的正能量。
>
> 他，就是现年44岁的临湘市十三村食品公司经理李国武，先后获得全国"五一劳动奖章"、全国孝亲敬老之星、中国公益事业卓越贡献奖等180多项荣誉。9月26日，第四届全国道德模范评选在北京揭晓，李国武被评为了"全国诚实守信道德模范"，并受到习近平总书记的接见。

这段叙述，把下岗职工李国武用道德标准挑战行业潜规则、守护食品安全的感人故事和获得的荣誉介绍得十分清楚，便于听众继续听下去。

2. 主线单一

广播通讯在叙述中要删枝去蔓，在许多事实的线索中保留一个主线，并且沿着这条主线展开叙述，把新闻事件发生、发展和最后的结果介绍清楚。例如，1983年中央人民广播电台播出的人物通讯《"豆腐神"曲立文》，请看第一段：

> 今年5月12日，在山东省牟平县龙泉公社的马家都，召开了一个别开生面的现场会。什么现场会呢？是介绍怎么做豆腐的现场会。嗬！来的人真不少，你就看吧，有面包车、吉普车、自行车，一辆接一辆，像条龙似的。一位50多岁的农民，在现场会上讲得挺生动，他就是曲立文。他向大家介绍，别人用1斤大豆只能做2斤多豆腐，他是怎么做出3斤多来的，为什么他做的豆腐"鲜嫩好吃，还有弹性，有韧劲"。他当场表演，一块2斤重的豆腐，用秤钩一钩，就钩起来了，一点儿不碎；再用一根马尾，拴在半斤多重的豆腐块上，一提就提溜起来了，人们都知道有句歇后语，叫作马尾拴豆腐——提溜不起来"。今天你看曲立文做的豆腐就提溜起来了。人们一看简直惊呆了，都愣住了！半晌，才爆发出热烈的掌声。大家赞叹："曲立文能做出这样的豆腐，真是神了。"打这以后，"豆腐神"这个绰号就跟曲立文的大名连在一起了。
>
> 接下去通讯始终围绕曲立文和豆腐这条主线展开叙述，讲到1944年才10岁的曲立文寒冬腊月天，流浪在外，风雪交加，饿昏在路边，被一个卖豆腐的老汉用豆腐救了他，从此开始了他与豆腐的不解之缘。1962年生产队办起了豆腐坊，曲立文领头干。他经过无数失败，终于总结出了"巧用水，缓净浆，巧点卤水慢闷缸"的做法。通讯讲到在"割资本主义尾巴"的"左"的政策下，曲立文英雄无用武之地，党的十一届三中全会为曲

立文充分施展自己的一技之长提供了条件，他不但自己发家致富，还把封锁了几十年的秘诀传授给乡亲们。通讯叙述的每一个层次都是扣住曲立文和他的豆腐这条主线，听起来清清楚楚，明明白白。

3. 形象生动

广播通讯的叙述无论是对新闻人物还是对新闻事件，都要求鲜活鲜亮，能够使听众在听的时候有一种活灵活现的"听觉形象"。中央人民广播电台1993年12月28日播出的通讯《人们崇尚这颗星》中一开始有这样一段叙述：

8月17日，在云南、四川交界的乌蒙山下，一辆黑色伏尔加轿车在公路上疾驰。车内后排座位上躺着一位身穿迷彩服的解放军战士。他浑身是血，脸色苍白，呼吸困难。一位地方干部跪在旁边，双手托着他的头部，随行的医护人员一只手举着吊瓶，另一只手按着他的脉搏，不停地催促司机开快点，再开快点！

这位身负重伤的战士就是徐洪刚。十几分钟前，在乌蒙山下一个叫巡司镇的地方，他同歹徒搏斗，倒在血泊中，被乘车路过的四川省筠连县税务局副局长詹本芳一行人遇上，紧急送往医院抢救。

通讯通过这个动感强烈、形象鲜明的场景画面的叙述，一下就吸引了听众的注意力。在这里叙述的具体、真切是实现形象生动的前提。你看解放军战士，身上的着装，血迹、脸色、呼吸，再看在他旁边的地方干部都是跪着的姿势，双手托着解放军战士的头部，而医护人员两手分别"举着"吊瓶，"按着"脉搏，嘴巴不停地向司机发生催促，都非常具体。请看这篇通讯下面的叙述：

那是8月17日早晨，徐洪刚回云南彝良县探亲归队，踏上了开往四川宜宾的长途汽车。汽车在连绵起伏的乌蒙山区行驶。突然，车内一个歹徒拔刀向一名女青年勒索财物，滋事寻衅。车上的旅客一时愣住了。这时，徐洪刚"腾"地站起来，跨前一步，推开歹徒，用身子护住女青年，大喝一声："住手！"歹徒的3个同伙手持匕首同时向徐洪刚扑了过来。徐洪刚凭着一腔正气和在军营里练就的本领，徒手和4名歹徒搏斗。

徐洪刚的壮举震动了全车旅客，整个车厢群情激愤，一片呐喊。司机猛踩刹车，转身扑上去，死死抓住一个歹徒的手腕夺刀。正义压过了邪恶。惊慌的歹徒拼命挣扎，跳车逃窜，徐洪刚忍着身上14处刀伤的剧痛，用背心兜着流出体外的肠子，和乘客一起猛追不舍。滴滴热血洒在当年红军战斗过的土地上。10米、20米、50米……由于伤势过重，他一个踉跄倒下了。

4. 有叙述的气氛

广播通讯的叙述应该具有强烈的对象感和现场感。所谓对象感，就是心里要装着听众，面向着听众在叙述，有一种"潜交流"的关系在里面，叙述的口气、语调、词汇和句式以及角度都要尽可能适应这种"潜交流"的需要；所谓现场感，就是尽可能用音响的形式叙述人物和事件在特定时空中的状况，换句话讲就是把叙述放到人物活动的现实舞台和事件发展的现场背景里，而且特别注意用音响的方式来完成叙述，以增强广播通讯叙述的感染力和真实性。事实上，多年来很多广播通讯的作者已经自觉地在追求这样一种叙述风格。下面是河南人民广播电台 1996 年 12 月 11 日播出的录音通讯《755 次快车的深情》中的一个片段：

【出火车鸣笛、运行声，压混】

当第一趟 755 次快车于 1962 年 12 月 11 日从郑州北站开行，至今已整整 34 年了。34 年中，755 次快车单程运行距离达 1800 多万公里，可绕地球赤道 450 多圈，把 30 多种鲜活冷冻食品源源不断地运往香港，其中生猪 1350 多万头，活牛 64 万多头，还有不计其数的鸡、鸭、鹅、鱼、蛋和果品、蔬菜。

34 个春夏秋冬，12000 多个日日夜夜，不知载去了中原父老的多少情和爱。为了体会 755 次快车所经历的风风雨雨，品味其中的艰辛，1996 年 11 月 26 日凌晨 2 点，记者登上了南下的 755 次快车。

【出火车起动、运行声】

【出记者同期声】

听众朋友，我是河南台记者曹迪，现在，我和我的同事郭飞侠就在这趟刚刚启动的 755 次快车上。车外一片漆黑，刮着刺骨的北风，气温在零下 5℃左右，我们和押运员一块儿，挤在装满猪和牛的车厢里。尽管我们穿着厚厚的皮衣，仍冻得浑身发抖。

【记者同期声止】

【出火车运行声渐止】

经过一个多小时的运行，列车正点到达许昌车站。

夜，依旧是那样黑；天，依旧是那样冷。在又冷又臭的车厢里，记者同正在清理牲畜粪便的押运员聊了起来。

【出录音】

记者：这位老先生，请问你们是什么地方的？

押运员：我们是开封市通许县的。

记者：噢！这是你们自己养的牛？

押运员:自己养的。我们办了个养牛场。

记者:你这养牛场规模有多大呀?

押运员:现在投资有40多万。

记者:你们这次提供给香港的牛有多少头?

押运员:20头。

记者:路上挺苦的吧?

押运员:押运嘛,不管押运猪,押运牛,比较艰苦。

【录音止】

二、描写

广播通讯中的描写范围与报刊通讯相同,包括对人物、事物、景物和特定场所的描写。描写有白描和细描之分,新闻写作包括广播通讯中的描写一般多用白描;广播通讯与广播消息比较起来,描写要细致一些,因此可以适当展开细描。人物的描写又可以细分出肖像、神态、行为行动、言谈和心理的描写。事物景物的描写可以分为宏观的社会背景、自然环境以及场面情景的描写。事物景物还可以按发生发展的时间分为远景、中景和近景的描写。

描写是一种对人物、事物和景物进行刻画和描绘的文学表现手法,也是广播通讯的一种重要表现手法。描写在广播通讯中的作用集中体现在,它通过对人物、事物和景物的准确、传神的描摹刻画,使被报道的人物、事物和景物还原为原生态的生动形象,再现给广播听众,使之产生共鸣和联想,同时满足听众的欣赏性的要求。这一点广播通讯与广播消息存在着很大差别。广播消息以讲清主要事实为诉求,运用描写的手法十分有限,而广播通讯除了具有报道职能,又要通过描写等手法去实现它的美的鉴赏功能。

描写在造就听众的"听觉形象"方面具有比其他表现方式更大的优势,怎样才能调动和发挥这一优势的表现力呢?美国传播学家D. C.雷特迪克在《特别写作》中提出:"在人们心中,蕴藏着各种各样的记忆,如果你能唤起他们心中的这些形象,你的描述就具有了激动人心的力量。"他还说:"人们心中那些深刻的印象并不只是从视觉得来的,他们也来自人们的触觉、嗅觉、味觉、听觉。经验表明,初学描写的人大多只写自己看到的一切,而实际上,要反映一个场景,仅仅运用某一种感官是不够的。想一想我们在海滨度过的时光吧。除了你看到的一切以外,你一定还记得那徐徐吹来的海风,那一阵阵海浪的拍击,你的嘴唇上还留着海水的咸味,那沙粒也还曾抚摸过你的双脚。如果仅仅写出你看到的景象,不就会遗漏掉许多生动的记忆吗?所以,要是你想在报道中使这一切重现的话,你就一定要记住那种声音、滋味的感受。"

广播通讯中常见的描写是人物和景物的描写。

1. 人物描写

广播通讯中所报道的人物，有各行各业的先进模范人物，有见义勇为、为祖国、为事业勇于献身的英雄人物，有新思想、新观念、新文化、新风俗的代表人物，有在平凡岗位上做出不平凡的探索的成功人士，也有存在不同社会评价的争议人物，以及边缘群体、弱势群体的不知名的人物，而描写的人物，就是要把上述这些人物的外貌特征、言行举止、生活习惯、语言特征、心理活动和精神世界，鲜明、生动地刻画反映出来，给听众一个鲜活的形象。

人物的描写又可以分成几个更小的部分。

(1)人物肖像的描写。就是对人物的面部表情、服饰、神态进行具体可感、细致入微的描绘，通过对人物的外表形态的刻画，重在表现和反映人物的思想品质和精神面貌。辽宁经济广播电台 2000 年 11 月 15 日播出的通讯《菜头、鱼头、蟹头当了村头》中有这样一段：

【出扣大棚音响，压低混播】

在小洼地的村尾巴上，菜头赵书本领着村民扣大棚，棚场上你拽我拉地忙得正欢。有人告诉记者，那个喊号子的就是赵书本。从面相上看，40 来岁的他红脸膛有些老成，满是老茧的大手交替搓着，属于地道的庄稼汉那种。这样的人竟然是远近有名的种菜大户，能领着大伙赚大钱……

不多的几笔描写，就把赵书本这样一位朴实、憨厚、勤劳和乐于助人的农民形象表现出来了。“红脸膛”是经年累月忙于农活晒出来的，“满是老茧的大手”是因为不停歇的劳动，这些都揭示出了赵书本作为农民的特质和特点。

再比如哈尔滨广播电台 2013 年 11 月 19 日播出的《泥腿子支书高希英》中也有这样一段：

只见 48 岁的三邻村党支部书记高希英身材瘦弱，身穿着牛仔裤、脚穿农田鞋，梳着短发，十分干练，也许是为全村老少操心，这位女支书的脸上过早地爬满皱纹，她手法娴熟，2 分钟内就利索地移栽完一个营养托盘，高希英边干活边风趣地和大家唠着村里的未来，猛一抬头……

不多的几笔描写，就把高希英这样一位朴实、憨厚、勤劳和干练的形象表现出来了。

(2)行为行动的描写。写人必须通过写事来表现，而事情又是人做出来的，所以人物的行为和行动在通讯中也是一种很重要的方面。比如，浙江人民广播电台播出的人物通讯《高原赤子——陈金水》中有一段是描写陈金水带领安多气象站的同志在高原缺氧的情况下自己打井的事情。

> 1978 年 5 月，陈金水和同事们在坚硬的冻土上开始掘井。“嗨！嗨！嗨！”挥镐掘土的号子在空旷的高原上回荡。陈金水身先士卒，带头苦干。他脱下了棉袄，只穿一件绒衣，奋力挥镐挖土。剧烈的劳动耗氧量大，一会工夫，陈金水的嘴唇开始发紫，脸色苍白，但他没有停下手中的铁镐。在他的带领下，站里除了生病的女同志，几乎人人上阵，每天从早干到晚。安多的冻土层深达 3.5 米以上，坚硬如石。他们用钢钎凿，炸药炸，一个多月过去，终于见到盼望已久的水。
>
> 挖井越深，施工难度也越大，氧气也更加稀薄，干不了多久就头痛难忍。加上地下水冰凉透骨，人在井底干上十几分钟，就冻得瑟瑟发抖。年龄最大的陈金水下去干的次数最多，干的时间也最长。有一次，他下井挖了两个多小时不肯上来，上面的同志急得直跺脚，向着井底高喊：“老陈，你别硬撑啊，快上来。你再不上来，吊绳就不放下来了。”老陈这才停止作业。
>
> 这样一段对陈金水同志打井活动的描写，表现出了陈金水同志不畏艰难，重活累活苦活抢着干的情节和场面，给人的印象很具体。
>
> 再比如，江苏广播电台 2011 年 10 月 11 日播出的人物通讯《“福分”书记周广智》中有一段描写周广智收土豆的场景。
>
> 格龙要感谢的县委周书记就是援藏干部周广智。顺着格龙手指的方向，记者见到了蹲在土豆堆里的周广智：一双黑布鞋，一顶藏式圆毡帽，说话略带江南家乡口音，时不时还夹杂着几句藏语。
>
> 周广智抓着土豆，爱不释手。因为这艾玛岗土豆是在他精心调研论证后引进的；也正是这些土豆给曲水百姓带来每亩四五千元的收入，是以前种植青稞的好几倍。

这样一段对周广智收土豆的描写，表现出了他援藏的诚意和对西藏人民的深情厚谊，重活累活苦活抢着干的情节和场面，给人的印象很具体。

(3)人物言谈的描写。中国古语说：言为心声。马克思也有句名言：“语言是思想的直接现实。”广播通讯当中各类人物的现实追求、价值取向、思想品格和精神观念，在很多情况下，是由人物的言谈直接表现和反映出来的。辽宁经济广播电台的通讯《菜头、鱼头、蟹头当了村头》有这样一段话：

> 【出录音】
>
> 赵：群众拥护我的意思，认为我能给他们带头，能为他们致富。既然你能带我们致富你就能做我们的头。现在市场经济情况下，农民都把经

济看得特别重要了，不挣钱，你是穷光蛋，那你就不好使了。

赵书本从扣棚种菜到种菜大王，村民们是眼巴巴地看着他富起来的。后来心眼活一点的开始向他请教扣棚种菜的经验、侍弄方法；蔬菜有了病请他诊治；种的品种不对，积压了，他帮着倒腾出去。你有求，他必应，一来二去的人们发现他不是那种“笑人无”的人，“恨他有”的人有点赞成他了。再后来更多的人认准了一个理：大伙要富，得他当头。赵书本当头了，村里家家户户扣大棚，400 多万公斤的大棚菜县内县外销个旺，仅此一项村里人均收入增加了 3000 多元。大伙钱多了，菜头的钱却少了，原因是自己的棚菜没工夫种了，挣的是一年几千块的工资。对这赵书本倒不以为意，也许是他收获了另一种心情。

【出录音】

赵：我想大伙富了，我个人多有两个钱少有两个钱，我给你说，没有啥；大伙都富了，都乐哈哈，你这个人再富没有啥意义。刚开始都比较困难，村不像村，路不像路，房不像房，家里连点积蓄都没有，需要俩钱时这张罗那借，有的群众啊手里头花一分钱再想花那分就没有了。这回我们村特别是南洼屯，家家都富了以后，村道乡道都修得比较好，心情都比较舒畅。

通讯中作者采用对赵书本自己的两段言谈的描写，活脱脱地反映出一位农村基层干部的不顾自己先顾别人的胸怀和风采。

(4)心理描写。就是对人物在特定情况下的心理活动、思想状况和情绪变化所作的细致化的揭示。人物通讯当中，常常通过对人物心理的描写，把人物心理的描写，把人物推到复杂关系和尖锐矛盾的背景下来展示人物的精神境界和思想品格。湖南人民广播电台 1986 年播出的广播通讯《乡长请我去赴宴》中，一开始就把通讯的主人公“我”的心理活动表现出来了：

接到乡长陆之友请我参加“告别宴会”的请柬，我心里一喜：想不到乡长离任之前，还记得我这个普通工作人员！惊喜未定，又添一份愁云，俗话说，佛到门前哪能不烧香，亲戚朋友办个红白喜事，还得出份人情，何况堂堂的一乡之长请我去赴宴，哪有不应酬之理？爱人似乎看透了我的心思，塞给我一叠“工农兵”，再三叮嘱我：“你肝炎刚好，千万别喝酒，还有，别人出多少，你也别做矮子！”

10 月 8 日，我准时赴宴。来到乡政府会议室，只见男女老少，济济一堂，欢声笑语，此起彼伏。主人陆乡长正挨个儿为客人倒茶敬烟，忙个不停。我一打听，嗬，都是本乡一些部门和单位的负责人。我心里一惊：乡长啊乡长，你怎么能在这个时候，摆这种场面？

"诸位同志，组织上决定，本人即将调离古贲乡，今天特备清茶一杯，聊表心意，请各位畅饮。"主人风趣的开场白引得笑声飞满屋，我悬着的心这才归了位。

这段心理描写，刻画了通讯的主人公参加乡长"告别宴会"前后的矛盾心态和思想变化，从一个巧妙的角度表现了农村基层干部带头转变社会不良风气的实际行动。

广播通讯当中的人物描写，要考虑到广播篇幅短小的制约，尽可能用粗线条几笔勾勒出来，借用名家写作方面的经验之谈，要惜墨如金，挤干水分。

2. 景物描写

广播通讯所报道的人和事，都不是孤立的，总是与特定的时空场景联系在一起。而景物描写就是对新闻人物和新闻事件活动的场所、发生发展的现实环境所进行的刻画，目的是为了更好地表现和反映报道的主题思想。

(1)对社会历史环境的表现，即对新闻人物活动的社会现实舞台以及新闻事件发生发展所凭借的社会政治、经济、文化背景进行描绘和揭示，帮助听众找到理解通讯所报道的事件和人物的钥匙。例如，萧山人民广播电台2001年7月7日播出的人物通讯《徐传化三交入党申请书》，介绍了浙江传化集团董事长、67岁的徐传化老人25年里要求加入党组织的曲折经历。通讯表现和反映了在社会主义制度下的私营企业者对共产党的深厚感情和为社会所作出的突出贡献。通讯的作者不是就事论事，就人写人，而是注意从社会历史环境的描写中去表现和反映人物与事实，请看：

的确，徐传化要求入党几十年来矢志不渝，这次他已是第三次提交入党申请书。徐传化第一次提出入党申请是在1967年，可那时正值"车船归队"、"劳力归田"、盛行割资本主义尾巴的年代，而徐传化凭着一身的力气和手艺，常年在外做建筑小包工，不仅入党不成，反而在运动中被当成资本主义道路的活靶子批斗……

党的改革开放政策让一向不安分的徐传化终于可以一展身手了。1986年6月，徐传化从亲戚那里借来了2000元钱，找来几口大缸办起了洗洁精作坊，第二年便注册了私营企业，在15年的创业过程中，徐传化的企业像滚雪球一样越滚越大，目前，已成为拥有5亿资产，形成精细化工和日用化工及现代农业开发区三大支柱产业，成为年产值达7亿多元的全国最大私营企业之一……1996年6月，他再次向党组织提出申请，可因他是私企老板而被拒之门外……2000年5月12日，前总书记江泽民亲临集团视察，谈话中对传化集团的私企党建工作给予肯定，这使老人激动不已。党委书记陈捷回忆说：【出录音】"那天晚上已经快12点了，董事长突然打电话来，说睡不着要跟我谈谈，我说，好的，我马上过来，董事长说，不不，我过来，你等着。他过来以后，显得很兴奋，我们两个一直谈到天亮，他谈自己的人生经历，谈到对共产党的感情，谈入党的愿望，那份对组织的执着，令我十分感动。"

(2)对自然环境的描写。是指与通讯中所报道的人物事件有关联的自然环境。有没有这种环境的描写、介绍对表现和反映新闻人物、新闻事件的影响是直接的。请看浙江人民广播电台曾播出的录音通讯《高原赤子——陈金水》，通讯中有这样一段描写陈金水所在的安多地区的自然环境情况：

……安多地势高气压低，水到80度就开了。由于那时还没有高压锅，一餐饭煮了三四个小时仍然半生半熟。煮面条，表面都糊了，里面仍生的。常吃这样的夹生饭，胃都受不了。高原农产品少，运输不便，站里只能常年吃不易变质的咸菜、腐乳和海带。吃不上新鲜蔬菜，牙龈都出了血。氧气稀薄，使那些常年走青藏线的司机，也往往宁愿多赶180多公里夜路，到海拔较低的黑河镇去，不愿在安多过一夜。

数月后，几名藏族同志分配进来，站里仅有的两顶帐篷里住不下了，陈金水就自己动手挖了个地窖，与新婚不久的妻子一起搬了进去。地窖里夏天潮湿，衣被都霉迹斑斑。春、秋季节，寒气逼人。到了冬季，更是严寒。入夜，妻子冲个热水袋，睡在被窝里仍瑟瑟发抖，陈金水起床看挂在墙上的温度计，乖乖，银珠已滑到摄氏零下27度。早晨起床一看，地窖顶上竟然挂着长短不一的冰凌，床上的垫被都与床板冰在了一起，想将垫被抱出去晒晒，撕也撕不下来。

(3)对具体场景的描写。即对新闻人物活动的现场和对新闻事件发生的现场所进行的描述。例如，江苏人民广播电台1989年2月19日播出的通讯《进入南极圈的中国女性》有一段独白式的录音，既有主人公的心理描述，也有现场场景的描述，而且特别真实可感。

金：我现在确实感到孤寂了。白色的冰雪世界，只留下我一个人。战友们远离我了，亲人们远离我了。在这荒漠的冰雪世界，只有我才是唯一的生物在这儿活动(摔跤声)。刚才我摔了一跤，只好爬起来再前进！现在的时间已经是下午五点半了。我还要到山头去工作。千万不要掉进冰裂缝，否则是没有人来救的。我干了二十七年的地质工作，也跑了二十多年野外，可我从来没有一个单独留下过。可是，现在只留下我一个人，一个人,静静的一个人……现在我多想念自己的亲人们。我感到非常孤单。我的胆子本来挺大的,现在都有点害怕了。我的心情非常复杂。我多么想跟他们向文森山主峰冲击。很可惜!我不能登文森山主峰,把这机会留给后来的妇女,也不知道这个时间往后拖多少年,多么遗憾!这大概是我一生中最大的憾事了。

四周万籁俱静,这里没有城市的喧闹,没有飞机的轰鸣声,没有火车汽笛声,没有汽车喇叭声,也没有自行车的铃铛声,没有生意的叫卖声,也没有人们的吵闹声,没有歌声,没有音乐,没有噪音,这是世界上最安宁的一片土地,是一片最纯洁的土地。(金庆民脚步声,南极风声)

三、议论

广播通讯中的议论是记者对自己所报道的人物和事实所表达的看法和感受。议论可以出现在通讯的开篇、中间或结尾。开篇的议论可以为整篇报道确定基调,表明记者的观点、态度和倾向,放在结尾也可以概括全文,引起回味与思考,起到升华主题的作用。广播通讯中适当地发表议论可以增强通讯的思想性。

在广播通讯中可不可以发表议论,有两种不同的看法。有一种意见认为,既然新闻是对事实的报道,而议论又属于记者主观方面的意见和看法,不能和事实搅在一起融进报道中。而另一种意见则认为,反映事实和发表看法两者之间并不是相互排斥的,可以使它们相互补充,事实为议论提供依托,议论为事实增添思想的厚度。我国老一代著名新闻记者邓拓认为:"新闻可以夹叙夹议,在要紧的地方,记者可以出面画龙点睛地说自己的见解。"我们党的新闻事业的老领导人胡乔木同志也同样认为,通讯和其他新闻报道中可以发表议论和评论。

广播通讯中的议论一般比较简短,往往与叙述结合在一起进行。叙述的高潮或关节点上,加几句记者的议论,一般整段的议论在广播通讯中是很少见到的。广播通讯常见的议论方式有这样几种:

1. 直接议论,即记者对事件或人物直接所发表的议论和见解,它往往是记者切身能感受的直接流露。例如:黑龙江人民广播电台 1998 年 9 月 5 日播出的通讯《大浪丰碑》,通讯中有一个动人的细节描写,共产党员徐云峰在洪水面前顾大局舍小家,作者在事实的基础上发表了简短但是铿锵有力的评论,请看:

洪峰来前,徐云峰一直吃住在大坝上。一天,回家取换洗衣服,他见到 8 岁的女儿。孩子一看爸爸回来了,一下从炕上爬起来,扑到徐云峰怀里，紧紧搂着爸爸的脖子。望着病痛中的女儿，徐云峰多想在这个时候尽一个父亲的责任。可是滚滚而下的洪水就像一道道战书，催人行啊。徐云峰忍住心中酸痛，轻声哄着女儿：好孩子，大水要进村了，等抗洪完了，爸爸就来陪你。听说爸爸又要走，孩子哇哇大哭起来。妻子李春英流着眼泪搂过孩子。孩子不停地喊着："爸爸，爸爸，早点回来，早点回来！"钻心的刺痛撕扯着徐云峰的心，他强忍着泪水冲出了家门。

徐云峰怎么也没有想到，当他再进家门时，女儿的小手已经冰凉了。爸爸回家了，可女儿却再也睁不开双眼了。回想起当时的情景，徐云峰心里充满了愧疚。

【出录音】"当时我根本没有寻思她怎么地，孩子躺那儿就摸我的脸。想起我作为一名党员，想起村民需要我的时候，我觉得做出这些也是应该的。"

这就是大水中的共产党员。在这次抗御特大洪水中，广大党员以超人的毅力和勇气，不怕牺牲，冲锋在前。

2.间接议论，即记者不直接出面，而是借由别人对所报道的人物和事件发表感想和看法，对此来强化通讯的思想内涵。例如：新疆人民广播电台1986年播出的通讯《情满天山路》，记者在通讯的结尾处引用了一个战士的话，对在天山筑路中牺牲的战友表示了深切的缅怀之意，同时也发出了深沉和真挚的倡议。

在纷纷扬扬的大雪中，记者驱车来到天山公路135公里的地方，在这苍松环绕、云雾缥缈的神奇之地，矗立着一座令人肃然起敬的英雄纪念碑。碑上写着："为天山公路工程献出生命的同志永垂不朽。"128名战士的名字，镌刻在纪念碑上。看着用战士年轻的身躯筑起的纪念碑，记者想起了一位战士的话，他说："500公里的天山路，到目前为止，平均每3.1公里，就有一个战友的英灵昼夜守护在这条五彩路上。请记住他们吧。"

3.结尾处评点。通讯结束时，在篇尾对全篇所报道和反映的人物与事件进行评论、点拨和议论。比如，山东人民广播电台1995年1月7日播出的人物通讯《孔繁森——90年代的焦裕禄》，结尾处的点评是这样的：

记者在西藏采访时，曾多方寻找记录孔繁森生前谈话的录音带，遗憾的是一直没有如愿，他最爱唱的那首《说句心里话》，说着大家都唱了起来：

"说句心里话，我也想家，家中的老妈妈，已是满头白发……"

孔繁森是一个普普通通的人，也是一个伟大高尚的人；

> 孔繁森是母亲的好儿子，也是党和人民的好儿子！

广播通讯议论应该注意的问题：

1.议论要恰到好处，要与叙述紧密结合在一起，该议则议，水到渠成。那么，怎么样才算恰到好处？什么时候才是合适的发表议论的火候呢？请看新华社曾发表过的一篇人物通讯《人民的好医生李月华》中的一个片断：

> 李月华强撑着要起床，可是一阵眩晕，又倒了下去……“老赵，快扶我起来，救病人要紧！”李月华的声音十分微弱，但语调是那么刚毅坚定，赵斌把她从床上扶起来，同丁持东一左一右搀着她走出门外。
>
> 淮北平原上的初秋深夜，大地沉寂，清风凉爽。持续高烧41度的李月华，被凉风一吹，“哇”的一声吐了。从宿舍到门诊只不过20来米，可是，李月华接连呕吐了三次。看着这情景，丁持东激动地说：“李医生，你回去吧！”李月华艰难地走着，轻轻地摇摇头。她以顽强的毅力走完了那20米——这是不能用普通尺子衡量的20米，这是她生命途中光辉的20米！

我们在这里看到的最后两句话，正是通讯借由议论的点睛之笔，人物形象一下高大起来，人物的精神境界一下子上升到一个新的高度，而且你会感到，如果没有这两句议论，读到这里或听到这里你会感到情感不能得到抒发，总是少了什么。但在通讯写就准备发表的时候，原稿中并没有这两句后来成为经典的通讯议沦，是由新华社的编辑添上去的，通讯的原作者在谈写作这篇通讯的体会时说：“我们认为添得好，正是我们想说而未说的话。”事实上从接受的角度，也正是我们读者听众想要说的话。

2.议论要紧扣事实。议论的基础是事实，离开了事实的议论就是空谈议论。议论也不是一般地阐明事实的意义，而应立足于揭示事实中所蕴藏的深层内涵。例如，河南人民广播电台播出的通讯《755次快车的深情》有这样一个事实叙述和记者议论结合在一起的片段：

> ……押运员的生活绝不是“艰苦”两个字所能表达的。一上车他们就成为了“猪保姆”、“牛保姆”，要不停地送水上料，不断地清理车厢卫生，时间紧的时候，就是人不吃不喝，也不能让这些宝贝蛋子断水缺料。押运员也有家，也有情有爱，但当新春佳节举家团圆的时候，当亲人有病需要照顾的时候，当新婚燕尔欢度蜜月的时候，他们往往噙着满眼泪花向妻儿老母告别，咬咬牙登车远行。最让他们无奈的是，一年四季，无论寒冬酷暑，都要和牲畜同“居”一年，车厢里臭不可闻，他们的衣物总是用塑料袋包了一层又一层，可到站后一打开，还是臭味扑鼻。押运活牛的李师傅告诉记

者，他们每次到深圳，都要狠狠地洗上一次澡，但走到街上还是有人捂着鼻子躲开。遇到这种情况，押运员们总是微微一笑了之。那微笑，包含着苦涩，也包含着宽容。因为在他们的心里，时刻装的是香港。

读完这一段，你可以想象一下，如果没有最后点睛式的两句议论，事实就显得淡一些，所以缘事而发的议论可以大大增强通讯的思想性。

四、抒情

抒情是广播通讯记者对所报道的新闻人物和新闻事实带有感情色彩的主观感受的显露和抒发。广播通讯在表现方法上虽然以叙述和描写为主，但也不排除在叙述描写的高潮或关键部分抒发记者的情感，借以增强通讯的感染力。事实上成功的广播通讯在写作方面一般都留下了作者抒情的痕迹。正如白居易所说："感人心者，莫先乎情。"在传达作者的主观感受方面，通讯当中的议论和抒情，其功能和作用是相间的，两者的区别在于：作者是显露表达自己的观点、立场、态度和感受方面，议论是从说理、启迪和思辨的角度，更倾向于抽象和升华，诉诸听众的思索、联思，而抒情则是从情绪和情感的角度，更倾向于感性和感染，诉诸听众的情感活动，或喜乐或悲伤，或欢快或忧郁。抒情的表现方法在广播通讯当中运用得法，可以使广播通讯的人物形象更加丰满鲜明，使事物更加可感真实。

广播通讯中抒情手法的运用是一个自然的过程。记者在采访阶段，采撷到大量有关资料，在提炼主题、孕育构思通讯的结构过程中，随着对所报道的人物、事物的认识上的逐步深化，形象上的逐步清晰可感，作者本身也会被其中的一些情节和细节所感染和感动，有一个情感的酝酿准备阶段，一旦进入写作，这种情感就会随着人物、事物的有关情节、细节的展开跃然纸上。

广播通讯抒情的方式多种多样，现在常见的有三种。

(1)通过写景来抒情，寓情于景。就是说记者在抒发感情的时候，要有一个特定景物作依托，通常选取那些记者在采访中看到的景物，用来表达自己的情感，达到情景交融的效果。例如，新华社记者采写的通讯《为了周总理的嘱托》中，介绍植棉能手吴吉昌"文革"中被残酷迫害，不但不能正常从事他的棉花改良研究工作，而且身心受到严重摧残，请看下面这个片断：

从此，树影斑驳的村道上，人们每天都看见吴吉昌弯着残废的手，拖着打伤的腿，艰难地跪在地上打扫。人们记得，这街道两旁的白杨树，还是几年前吴吉昌领回来的奖品。那时候，县里要奖他一辆自行车，吴吉昌拒绝了。他说："成绩是大家的！"他要求改奖 1000 棵白杨树苗，让全村栽

> 树。如今,这些白杨树已经有碗口粗了。可是,为全村赢得这些荣誉的人,却受到了这样的折磨。白杨树在迎风呼号.那是为老汉在呜咽,还是为这不平而愤怒?!
>
> “呜咽”和“愤怒”是两个感情色彩非常强烈的词汇,作者在这里借白杨树表达了对植棉能手吴吉昌遭受迫害的深切同情和满腔悲愤。

(2)通过写事实、写事情来抒发作者的感情,寓情于事。不少的通讯题材中本身包含着感人的事实情节和细节,记者应该用饱含感情的笔,通过对这些事实情节、细节的叙述来抒发感情。例如,山东人民广播电台播出的人物通讯《红绿灯下的丰碑》,记述了一级英模、荣成市交警一中队二班班长张春雷的先进事迹。在讲述张春雷因病去世的情节时,通讯这样写道:

> 6月25号上午,张春雷把负责的路段巡视一遍以后,突然感到尿频,晕倒在红绿灯下的岗台上。队员七手八脚把春雷抬进了医院。检查结果,张春雷患了晚期MB型白血病。
>
> 当天下午,张春雷转院省城复诊。会诊很快结束了,结论是张春雷的生命仅剩下几天的时间。
>
> 队友们惊呆了,省、市交警领导赶来,大家望着他浮肿的面孔,千言万语,化作无声的沉默。
>
> 从大家躲躲闪闪的眼神中,从人们含含糊糊的语气中,张春雷也意识到了自己病情的严重,但他万万没有想到此时死神已经降临。张春雷望着寸步不肯离开的妻子,望着她那苍白的脸、红肿的眼睛,内疚地说:“你从没来过济南,等我病好了,领着你好好逛逛。”听到丈夫又在许诺,小连咬住下唇点点头,泪水簌簌地直落。
>
> 28号,张春雷失明了,接着讲不出话来。从警七年了,他从没有请过假,从没有耽误过一天工作,可是这一次,恐怕是要永远离开自己牵挂不舍的岗亭了。疼可以忍,血可以流,只要能让他再活下来,能够再一次站在岗台上指挥来往的车辆。下个月,班里有个伙计又要过生日了,彩云能替我送去一份蛋糕吗?春雷还想为社会、为别人做很多的事,他不愿离去,因为他还不满30岁呀。
>
> 当天下午4点50分,张春雷的心脏停止了跳动!
>
> 从住院到病逝,张春雷仅经历了三天时间。三天,他就匆匆地走了,匆忙得使所有得到过他帮助的人,还来不及对他说上一声“谢谢”;匆忙得使每一个了解他的人,依旧习惯地在交通街的岗亭上寻找他那消瘦矫健的身影……

7月1号，载着张春雷遗像和骨灰的车队，沿着他生前值勤过的岗区，缓缓地行驶着。当车队来到他生前最后一次值勤的岗亭时，妻子连彩云捧着他的遗像，失声痛哭："春雷，你一辈子爱岗、恋岗，今天就让你站最后一次岗吧！"

(3)通过议论来抒发感情。议论和抒情在不少广播通讯作品中是结合在一起的，议论当中有抒情的成分，抒情当中也有议论的成分，很难截然把它们分开。例如，山东人民广播电台播出的录音通讯《闪光的金盾　不息的警魂》，讲的是滕州市公安局离休干部孙风雷的事迹，其中一段这样写道：

1987年临近春节的日子，魏庄劳改队派人到派出所，要求协助他们抓捕越狱潜逃的杀人犯时某某。孙风雷考虑到春节将到，大家都在忙，于是不声不响地决定自己去完成这个任务。严冬季节，寒风刺骨，滴水成冰，孙风雷冒着严寒多次到凶犯家所在的村里侦查。57岁的人了，在零下十几度的寒夜里蹲到村民羊圈里，目不转睛地等待着目标的出现。大年三十晚上，儿子、儿媳、女儿、女婿都回家围着老人过年。但老孙怎能安心呢？他想到逃犯这个时候可能回家过年，不抓住他，人民群众怎能过上安稳年？他说服了老伴，带着儿子孙勇，又去逃犯村里蹲了一夜。孙风雷一连守候了几十天，终于在5月10日凌晨2点钟，将偷偷溜回家的逃犯时某某抓获归案。

听众朋友，面对敌人，无论生死关头，还是危急时刻，孙风雷从来没有含糊过，他带着人民卫士特有的执着、坚韧和忠诚，默默地履行着自己的职责，像利剑，永不卷刃，而在人民群众、在同志们面前，他又像一团暖人心肺的火，把自己赤子般的情与爱，无私地全部奉献了出来。

这两段话中，叙述、议论和抒情是结合在一起的，通讯中如"57岁的人了"、"像利剑，永不卷刃"、"像一团暖人心肺的火"都是比较感人的。

例如，福建省广播电台2011年12月18日播出的录音通讯《大爱无声——一位记者眼中的特殊馒头店》，讲的是石狮市一个特殊的爱心馒头店，只免费把馒头送给贫困的人，拒绝销售，馒头店2011年夏天开业，店里的伙计从不接受记者采访，店主一直默默献爱心的故事。报道最后一段这样写道：

我就要离开馒头店了，作为广播记者，我为无法采访到出资的店主感到遗憾，我为无法向听众播放店主心路历程的声音感到没有尽职，但是，我作为普通百姓的所见所闻，我不感到遗憾，我毕竟见证了一个低调的慈善举动——"大爱无言"，永恒阳光店送出的每一个热气腾腾的馒头都在温暖着领取人的心，它不为利、不为名，如同它的名字一样，像一缕“永恒阳光”，照亮着石狮这繁华的商业都市，无言的善举，还会再温暖着这个都市中富裕的人、小康的人、温饱的人、贫困的人以及充满爱心的人。我冒着寒风，离开了馒头店，但我的内心仍然涌动着一股暖流。

这两段话中，叙述、议论和抒情是结合在一起的，通讯中“永恒阳光店送出的每一个热气腾腾的馒头都在温暖着领取人的心”，“像一缕‘永恒阳光’，照亮着石狮这繁华的商业都市”，都是比较感人的。

(4)托物抒情。记者通过特定的事物，也可以通过想象和比喻把记者想要表现的情怀抒发出来。新华社 1997 年 3 月 2 日播发的通讯《在大海中永生——邓小平同志骨灰撒放记》结尾处，就是这种托物抒情的一个很好的范例。

……透过舷窗望去，水天一色，波翻浪涌。从那永不停息的涛声中，人们仿佛又听到了震撼过无数人心灵的声音：

“我荣幸地以中华民族一员的资格，而成为世界公民。我是中国人民的儿子。我深情地爱着我的祖国和人民。”

一个人的生命是有限的，而人民的事业是永恒的。

如同一朵浪花，他从故乡的山溪流入嘉陵江、长江，然后穿云雾、过三峡，奔腾而下，经过九曲十八折。最终汇入浩瀚的大海……漫长的征程，昭示着一个朴素的真理：敢向时代潮头立，沧海一粟也永恒。

邓—小—平

——一个铭刻在亿万人民心中不朽的名字，他在大海中得到永生！

第六节　各类广播通讯的写作要求

一、人物型广播通讯

人物型广播通讯的题材和报道对象应该是人，尤其是先进人物的事迹和成长过程。广播人物通讯可以用它丰富的表现手段，来生动展现人物的精神风貌，深刻反映时代的精神，从而起到鼓舞和激励广大听众投身于社会主义现代化建设宏伟事业中去的积极作用。

人物型广播通讯所要报道的人物，或者说题材来源大体上有这样几种类型：一是各条战线的先进模范人物。他们在各自不同的岗位，拼搏奋斗，开拓进取，建功立业，具有崇高的思想境界和忘我奉献的牺牲精神。二是为国家的社会主义现代化建设事业，为人民的自由和幸福，团结协作，业绩突出的先进群体、先进单位。三是平凡岗位上的平凡的人物。虽然他们没有惊天动地的业绩，但仔细观察和认真采访挖掘，能够从他们身上发现许多不平凡的东西，一些新的思想、新的观念、新的追求和努力、新的习俗和由他们所创造出的新的人际关系。四是社会上存在争议的人物。有争议的人物往往本身就是新闻人物。这些人物需要引起我们的注意，特别是在社会的转型期，随着文化的多元化、人们生活方式和活动方式的多样化、社会阶层的多元构成，对人物的不同看法是十分正常的，我们不应该回避这一类的人物选题，只要潜心观察发掘，很可能是一座产生好的人物通讯的“富矿”。五是边缘群体和边缘性的人物。这些群体和人物虽然不是居于我们社会的主流，但社会主义继承并代表着人类无数世代所集聚起来的良知以及人道主义的传统，应该对这些群体和人物体现出更多的人文关怀，所以我们广播人物通讯的选题同样不应该回避他们。六是广播人物通讯还可以接触某些有问题的人物，包括直接揭露和剖析某些反面的典型人物。最近几年，随着反腐败力度的加大，随着社会主义民主政治的稳步推进，新闻界揭露和报道了包括成克杰、胡长清等腐败分子在内的一批反面典型。另外，在反走私、反污染、反毒品、反盗猎、反黄毒等方面，我国的广播界，借助广播人物通讯这种方式，揭露了一批违法犯罪分子，动员了社会舆论，为有关部门的集中整治打击创造了良好的条件。

人物型广播通讯在写作上要注意这样几个方面：

1. 要注意突出人物报道的新闻性。要以人物新近的事实为依托、为依据，从中挖掘和整理新闻信息，而不要写成人物的工作总结和先进事迹汇报。虽然广播人物通讯的时间跨度要求不是像广播消息那样严格，但也应当是新鲜的。

2. 要注意把人物放到他所处的历史时期和时代背景中去观照，发掘出先进人物所具有的深邃的时代内涵。同时也要注意把人物放到他所身处的现实环境中，从各种社会联系中，去表现和反映先进英模人物成长的过程以及他们从周围世界所获得的精神养料。

3. 精心选材，用翔实的细节描写，去揭示人物的内心世界和人物的思想品格。恩格斯曾经说过：“我觉得一个人物的性格不仅表现他做什么，而且表现他怎样做。”这里的“怎样做”，应该包含两层意思，一是人物活动和人物事迹的细节；二是支配人物这样做的精神追求和精神动力，我们在学广播人物通讯的时候应该注意从这方面去着手表现人物的思想亮点，不能把人物通讯仅仅变成是人物事迹材料的堆砌或是一个好人做了很多好事的过程记录，如果是那样，那么，这篇人物通讯就会非常苍白，而不能给听众思想的启迪和精神的影响。

4. 要注意用人物的行动、人物的活动、人物的作为和人物的事迹去表现和刻画人物。新闻要用事实说话，这一点在广播人物通讯写作中也不例外。这就要求我们要缘事而起，因事及人。先进人物之所以是先进人物，主要是以他们的先进事迹来提供支撑和说明，离开了典型的生动的事实，我们对先进人物的反映只能是一番空泛的颂扬，或者是干巴巴的鉴定式的概括，也就是说，广播人物通讯应当通过人物自己的行为、作为——看得见、摸得着的先进事迹来表现和反映人物，只有这样才能把人物写活，才能使人物有形象、有血肉，也才能使听众信服。

5. 要注意去发现、发掘和表现人物的个性。一位哲学家说过，世界上没有完全相同的两片树叶。同样我们所要报道和反映的任务，具有无限丰富和多样化的色彩，有许许多多不同的侧面，都处在极其复杂的社会联系和历史背景当中，即便都是先进人物，都有差不多相同的业绩和作为，如果我们把他们放到这些不同的色彩、侧面、联系和背景当中，差异和差别就出来了，加之对他们以怎样的方式、在什么样的具体情形下去实现他们的追求进行考量，我们就不会认为现实当中缺乏这种人物的个性化的东西，而实际上缺乏的正是我们的发现。

6. 要写好广播人物通讯，还必须要对自己所报道和反映的人物有充分的了解。特别是对那些体现时代精神的先进人物，要通过采访、深入体察和理解，记者自己融入进去，在思想感情上与所报道的人物息息相通、产生共鸣。不少成功地报道先进人物的通讯作者，在谈到他们的创作体会时都有一个共同的感受：在整个酝酿构思和写作状态中，会与所报道的人物实现某种精神的契合，进而会有一种激情，为自己所报道的人物而欢笑、而流泪。穆青同志曾经指出："人物通讯的教育、激励作用，是通过思想上的启示和感情上的共鸣来打动读者的。特别是感动读者这一点更加重要。而要使读者动感情，首先记者自己要动感情。"①

优秀的广播人物通讯具有很强的感染力量，首先是先进人物自身的事迹、精神境界感人至深，而记者在反映和表现人物时，在字里行间所倾注的激情、深情打动和感染了听众，也是一个重要的因素。记者为自己所报道的人物而动情，听众才可能为人物所动容。所以记者应该深入了解、更应理解自己所采写的人物，同他们在思想上、感情上融合相通，与人物同哀共乐，这样才会在心

---

① 《中外记者经验谈》，中国人民大学出版社 1986 年版。

灵深处迸发出火一般的激情,而记者的激情往往又是人物与听众之间产生共鸣的感情纽带。

7.要注意选择人物报道的角度。角度选好了,可以为人物报道增添亮点,角度选择不好,往往给人以陈旧俗套和沉闷的感觉。在人物广播通讯的角度选择上,我们也需要解放思想,开阔视野。大胆摒弃一些固有的模式。角度选择事实上也是常作常新的创造性环节。角度选择所要解决的核心问题是从哪里切入,以什么方式来表现主题。广播通讯人物报道常用的几种角度包括:通过表现与人物有联系的事物来表现和刻画人物的性格、思想;通过结果而不是过程和经历来表现人物;通过别人的口来表现人物;通过平凡的小事、不起眼的典型情节和细节来表现人物。

二、事件性广播通讯

1.事件性广播通讯的特点

事件性广播通讯是指那些以反映现实生活中公众关注的重大事件和典型事件的报道形式。并不是社会上发生的任何事件都可以用来作广播通讯报道,它必须具备题材重大、富有时代特色、为广大听众所关心、具有某种典型意义。

事件性广播通讯以记录和反映事件、新闻性事实为主,结合写人。但写人不是主要的,尽管写事情离不开反映人,同时要形象地再现事件和新闻性事实的特征,完整地报道事件的全过程或者某个侧面,尤其对听众所关心的具有新闻价值的有关情节和细节加以具体的描述介绍。

2.事件性广播通讯的写作要求

(1)事件性广播通讯的作者要具有较强的新闻敏感,对可预知特别是突发性的重大事件,要给予迅速及时、充分连续的报道。因为重大事件是广大听众所关注的热点,人们不仅希望能借助广播的快捷先了解到事件发生的大致情况,而且希望知道得更详尽、更具体。特别是那些对整个社会、国家甚至对全世界的经济、政治造成重大影响的事件,当这些事件发生的时候,一个成熟的媒体和一个称职的记者应该毫不犹豫地争取在第一时间里尽可能充分、全面、连续地向听众报道事件发生、发展的情况,全方位再现事件的过程,最大限度地满足听众对重大事件知情的愿望和要求。比如说,2001 年 9 月 11 日发生在美国纽约的恐怖袭击事件,震惊了整个世界,对整个世界的格局,对国际政治、经济都产生了重大的影响,当时世界上的主要电台和媒体,对事件的过程和与事件有关的方方面面的情况进行了充分及时和详尽的报道。

(2)事件性广播通讯在写作中应注意使结构符合听觉习惯,对所要报道的事件的材料按事件发生、发展的时间顺序，或是事件发展变化的空间关系进行排列组织，这样听起来不乱，很有头绪。一般说来，多数事件性广播通讯是按照时间顺序安排结构的。

(3)事件性广播通讯在报道中要以反映事件的过程、事件的全貌为主。即使涉及人物，必须要反映人物，也要围绕事件来表现和反映人物，这与人物型广播通讯是有很大区别的。人物型广播通讯对人物的反应要细腻深刻和具体得多，它是通过事情来表现和刻画人物。不能因为人物而影响记者对事件的关注和描述，出现喧宾夺主的情况。

(4)事件性广播通讯要注意被报道事件过程中的不同阶段和有关情节，在选材的时候尽可能反映那些有变化、有波澜、有趣味、有冲突的部分，使整个事件报道富有生气和色彩。作者也可以通过设置悬念，以唤起听众的期待心理，不要一下子把事件的结果全部兜出去。比如后面所例《战火映红巴格达夜空》的事件性通讯，它按事件发生的时间顺序，"悬念"一直设置到底，始终吸引受众关注下去。

(5)事件性广播通讯在被报道事件的材料安排上，要有所侧重，突出事件的主体、精华部分，既要脉络清晰，按照事件发生发展的顺序安排材料，但又不能平均使用力量，让所有的事件材料平分秋色，这样很可能真正出彩、有亮点的部分就淹没在一般性的材料中了，听众听起来也会感到拖沓、不精炼、没味道。因为重点、高潮，让人兴奋、紧张、期待的东西没有凸显出来。下面请看《文汇报》1991年1月18日刊登的一篇事件性通讯：

战火映红巴格达夜空

郑若麟

是不是"狼来了"

1991年1月16日晚巴黎时间20点：法国总统密特朗发表电视讲话，宣布和平解决海湾危机已经让位于战争，法国已经做好一切战斗准备。

21点：法国总统签署了正式的作战命令。此时，美军对伊拉克部队进行的电波干扰已经进行了近19个小时。27架美军B-52重型远程轰炸机也已到沙特阿拉伯。

22点：法国军队正式进入战争状态。此对，法国主要的三家电视台都开始了海湾特别节目。电视台不顾法国政府的劝告，坚持派驻一名记者留在巴格达。

此间新闻界进行了各种各样的猜测，最主要的话题当然是什么时候开战。从各种迹象来看，美军的空中攻击似乎已迫在眉睫。但到了23点，仍然什么也没有发生。此间记者们相互打电话，是不是又一次"狼来了"？

23点50分：五台驻沙特阿拉伯利雅得附近美军基地的记者报道说，在我的左面，是一个民用机场，右面是一个军用机场。现在左面有一两架飞机起飞。话音未落，他就惊叫起来："右面也开始了，右面也开始了。你们听——"电视里传来飞机马达的轰鸣声。"一批飞机已经起飞，又一批飞机起飞了。我们现在还不知道是一次例行的演习，还是一次对伊拉克军队的攻击。"五台的特派记者说。由于美军对新闻进行严格的控制，因此根本不可能有任何画面。据美军的解释，这是为了引诱伊拉克方面启动雷达，以便进行干扰。

"这回可是真的！"

零点02分：法国新闻电台报道，"攻击伊拉克的'沙漠风暴'行动已经开始。"五台也宣布，根据美国CNN有线广播公司报道，5架预警飞机、2架F11歼击机、数量不清的F15战斗轰炸机、3架大力神运输机等大批飞机已经飞向伊拉克方向。另外，从红海、波斯湾和地中海的美国航空母舰也向伊拉克本土发射40多枚舰对地导弹，此时在巴格达还有45名西方记者。

零点30分：美国CNN有线广播公司派往巴格达的3名记者：约翰·霍利曼、伯纳德·肖、彼得·阿尔纳特在伊拉克首都中心的拉希德大饭店报道，巴格达已经听到爆炸声。霍利曼站在饭店窗口报道说："天空中一片白色和橙色的火光，爆炸主要在巴格达城的周围大概30～40公里的地方。从我们这里看上去就像一场令人难以置信的焰火晚会。"

零点45分：白宫证实美国军队已经对伊拉克目标开始进攻。法国军队的一名上尉说："这回可是真的了！"

五角大楼宣布攻击十分成功

1点06分：美国白宫发言人菲茨沃特正式宣布："我们的军事力量正在攻击伊拉克，解放科威特的战斗已经打响。美军的行动代号'沙漠风暴行动'，目的是实施联合国的决议。"同时，伦敦也宣布已经参与战斗。

2点08分：美国五角大楼宣布，美军成功地干扰了伊拉克军队的电波，使美国的攻击十分成功。美国打击的目标是：伊拉克核设施、化学武器基地、导弹基地和空军基地。美国宣布已经达到了预定的目标，美军没有任何损失。伊拉克部署在南部瞄准以色列的所有导弹都被一举摧毁，因此到现在为止，伊拉克始终没有向以色列进攻。

美军雷达干扰了“飞毛腿”

在沙特阿拉伯，利雅得再次响起了报警声。美军发现有不明飞行物朝利雅得飞来。美军立即启动雷达进行干扰，最后确认是伊拉克的导弹。其中四枚被转移方向掉在了沙漠中，另有一枚击中了利雅得附近的一个油井。这是战争打响以来伊拉克的第一个反击。

2点40分：攻击伊拉克的美军空军已经回到基地，并被允许对记者发表谈话。一位上尉表示进攻很成功，没有任何损失。但是与此同时，美国国防部长在华盛顿回答记者提问时，没有排除美国有一定的伤亡。据美军的公报，不仅上述目标已经被击毁，而且萨达姆·侯赛因最精锐的卫队也已经被全部消灭，总统府和国防部也被击中，国防部长遭到三枚炸弹的攻击，可能已经受伤。

3点整：美国总统布什发表讲话，战争仍在继续。

4点20分：CNN记者报道：太阳在巴格达升起。可以看见十几股黑烟在巴格达上空。大街上空无一人。

投在伊拉克的炸弹总量超过广岛原子弹

5点26分：巴格达电台作出第一个反应：号召人民起来反抗侵略，并声明要给美国和其他参与战争的国家以“一个沉重的教训”。

6点30分：第二次攻击开始。法国空军12架美洲虎对科威特境内的一个军事目标进行了攻击。任务顺利完成，但有4架飞机受到反击，略有损坏。其中有一名驾驶员受了轻伤。

这时，五角大楼宣布，共有150架飞机参加了对伊拉克的进攻，共击毁700架伊拉克飞机。

10点47分，伊拉克对沙特油田进行攻击，美军空军的战斗机起飞进行拦截，双方开始空战。

10点47分：伊拉克电台宣布，14架美国及其他国家的飞机被击落。这一消息既没有被美国和多国部队所证实，但亦没有被否认。显然，在战争打响10个小时之后，另一条战线也已经开辟。

11点45分：据美国方面的报道，在整个伊拉克国土上投下的炸弹总量已经超过投在广岛上的原子弹。

萨达姆跪地祈祷防空警报又响了

10点06分：萨达姆·侯赛因总统发表电视讲话，猛烈攻击了美国及其所有参战的盟国，特别警告沙特阿拉伯这个“叛徒”，要“加倍”偿还这笔血债。他说，伊拉克将从所有方面进行反击。

16点：天已大亮，伊拉克防空力量开始对多国部队造成严重威胁。

明天，地面交战开始后，将是这场战争的第二阶段，也是重要的阶段。美国和多国部队能否保持这样的战果，则很难说。

16点50分：萨达姆出现在巴格达电视台，他跪在地上，正在进行祈祷。就在这个同时，防空警报又响起来了，萨达姆起来，离开了祈祷的房间。防空警报沉寂下来，萨达姆在一个看上去像是防空洞的地方与他的军官们进行交谈。几分钟后，他走出办公室。士兵们向他欢呼。看上去，萨达姆脸色疲劳、神情严肃。一反前夜最后期限到期时，他看着手表时所露出的揶揄美国人的表情。但是，从他的脸上，也看不出任何恐惧和惊慌。

三、工作性广播通讯

1.工作性广播通讯的特点

以实际工作为报道题材，及时反映当前工作中的成就、经验和存在的问题，有针对性地提出带规律性的东西去指导和推动面上的工作，始终是工作性广播通讯的基本内核和主要特点。

工作性广播通讯类似于经验性消息，同样要求具有新闻性和普遍意义。经验性消息只是概括性的介绍，而工作性广播通讯对所报道的内容则要详细得多，既有对工作事实的介绍，又有描述和分析。它着眼于对工作的指导。当然这种指导是体现在政策性和思想性方面的。即使报道某项工作取得了什么成绩，某项改革获得了什么样的成功，某些工作办法和措施取得了什么成效，但也不是就事论事，不是仅仅从具体经验推广的角度去落笔，而是要着重给听众以思想方面的启迪，在通讯当中尽可能讲清事物的因果联系和取得成功、成效的具体条件。

具有理性色彩、有理论化的归纳和总结是工作性广播通讯的另一大特点。理论是对客观事实本质和规律性的认识概括，理论来自实践，反过来又为指导实践服务。工作性广播通讯既然以反映和指导现实工作为依归，就必然地在反映和报道工作的过程中，把那些属于分散、零碎、感性的事实材料加以分析、综合、归纳，上升到理性的高度，找到事物之间的因果逻辑联系，不仅给听众以鼓舞借鉴，而且给听众以启迪和教育，这样，工作性广播通讯就不再仅仅满足于告诉听众我们的工作处于什么样的状态，而同时必须告诉听众为什么是这样的状态，只有在报道中回答“为什么”这个层面的问题，才能使报道具有理论化色彩。

当然，工作性广播通讯中的理性化思考不能等同于理论和评论文章，其围绕工作展开的分析说理是通过具体事实的介绍剖析发现出来的。尽管不少工作性广播通讯所报道和反映的工作方面的事实，时间跨度比较长，时效性不是很强，但仍需注意它的新闻性，不过更多侧重于通讯所表达的内容的新鲜。

2.工作性广播通讯的写作要求

(1)要有超前的眼光，准确理解和把握党和政府的有关政策，熟悉国家大政方针和有关法规条例，特别是我国加入 WTO 以后，经济生活将逐步与国际接轨，还要熟悉世界经济与贸易方面的规则。熟悉和了解我国当前由计划经济向社会主义市场经济过渡和转变期间经济生活、社会生活当中出现的一系列新的矛盾和问题，以及各方面工作所面临的机遇与挑战。要善于从纷繁复杂的工作的矛盾现象当中，找到符合事物发展方向的客观趋势以及事物之间的深层联系。能够在报道中有新的视角、新的理念、新的思路和新的分析。

(2)要站在全局的高度，具有强烈的社会责任感，深入扎实地搞好调查研究工作。工作性广播通讯的着眼点要放在帮助工作、解决所提出的问题上面，而不能仅仅从报道方面去考虑，要反复掂量斟酌工作通讯播发之后的社会效果和对实际工作产生的正负影响。一方面对于那些违法乱纪、损害国家和人民群众利益的现象和问题，在反复核对事实无误的情况下，坚决予以报道，以引起政府有关部门和全社会的注意，尽快使问题得到解决，以发挥舆论监督的作用；另一方面该慢的则要慢，时机不成熟，火候不到，不报道或者等一段时间再报道效果可能更好些，就应该压下来。

(3)要有扎实过硬的材料准备，通过具体的事实，来说明通讯所要表达的观点和思想。记者要依凭自己所掌握的大量第一手资料，进行科学的比较分析，能够提示一般实际工作者已经感觉到但又没有系统化观点和对策的工作问题。对这些问题在通讯当中展开符合逻辑的严密分析推理，找出令人信服的出路，以推动实际工作的开展。

(4)要充分考虑照顾听众的广泛性，对通讯中所涉及有关方面工作的复杂问题，一方面要尽可能避开其中的一些专业性、技术性过强的报道内容；另一方面要找到一条易于被接受的稀释性的表达途径，使过于复杂的专业、技术性工作通讯仍然能让多数听众听明白。

青岛人民广播电台 1998 年 11 月 15 日播出的工作性录音通讯《凋零与崛起的背后》，就很好地体现了上述四个方面的写作要求。请看这篇通讯的原文：

凋零与崛起的背后

青岛电台　滕兆鹏　江瑾　汪君

即将跨入21世纪的全球经济，一体化的趋势逐渐明朗，为资产重组提供了更广阔的空间，一个世界性的产业结构调整热潮正如火如荼。

在国内，新的需求结构剧烈变动，与世界经济进一步融合。从产业结构的大调整中获取活力，以增强国际竞争能力，已成为上上下下的共识。

青岛，这个曾经和上海、天津并称为我国"上青天"的轻纺工业城市，一度为拥有金虎自行车、金锚手表和鹰轮缝纫机这些闻名遐迩的"老三件"而自豪。然而进入80年代，青岛的"老三件"凋零了，取而代之的是以冰箱、彩电、空调器为代表的新的家电群。青岛这个"弹丸"之地迅速崛起了海尔、海信、澳柯玛三个在国内外驰名的家电企业集团，从而拉动了青岛劳动密集的轻纺产业向科技密集的家电产业升级。

青岛市政府副秘书长、经委主任孙加顺说：【录音：80年代下半期，电视机、电冰箱、空调器作为新兴的家电产品的兴起，改变了我们过去的轻工纺织构成的局面，使我市的产业结构逐步向以家电为主的产业调整，这个结构调整给传统产业的改造带来了一个非常好的发展趋势，使我们比较传统的工业逐步向有一定新技术、新产品的产业和市场过渡。估计到今年底，这三大集团形成的工业总产值接近占到全市的1/4。】

那么，为什么青岛的"老三件"成为了"明日黄花"，而青岛三大家电集团却如日中天？追寻三大家电集团发展的足迹，我们发现，他们竟走过了一条惊人相似的发展之路：抓住了改革开放初期，家用电器需求结构升级的机遇。以技术的引进、创新和拓展为支撑，从而实现了集团发展的"三级跳跃"。

早在1984年，海信集团在国内同行业率先高起点引进了日本松下彩电生产线，向着家电集团迈出了坚实的第一步。同年，海尔集团引进了德国利勃海尔技术，生产出我国第一台四星级冰箱，澳柯玛集团紧随其后引进了新加坡的冰柜生产技术。海尔集团总裁张瑞敏认为，这次引进对企业今后的发展至关重要：【录音：作为海尔，到目前为止还是比较好地把握住了国家在改革开放大的政策下，把企业推向市场时候的几个机遇。包括最早的时候海尔还是一个很小的亏损企业，但那时候做了一个很重要的决策，就是引进国外设备，上电冰箱这个项目，很多人都反对，但当时认为，改革开放之后，这个行业肯定是一个大发展的行业，而这个行业所面对的市场也是巨大的。所以我们必须把这个冰箱项目上去，而且一定要

上好。抓住这个机遇,为日后的发展起到了很重要的作用。】

三大家电集团引进先进生产技术是集团发展的第一次跳跃,通过这次引进,三大家电企业在国内家电行业抢占了科技的制高点,但引进毕竟是步人后尘,企业要想真正壮大,还必须有自己的科技创新,才能真正适应消费者需求结构的变化,把握市场的主动。江泽民总书记曾经指出:"科技创新是民族工业的灵魂。"这一英明论断在三大家电集团的壮大中又一次得到了验证。青岛三大家电集团正是以科技创新为灵魂,开始了集团发展的第二次跳跃,从而夯实了"大名牌"战略的基石。

海尔、海信、澳柯玛的三位总裁在这一点的认识上可谓英雄所见略同。

张瑞敏说:【录音:对于企业来讲最重要的是科技开发,不断地开发出超出别人技术水平的产品。】

周厚健说:【录音:今后在市场能够取胜的将不再是产品的品种,任何一类产品都不再是短缺商品,关键在于你在这类产品中科技上能不能占先。】

鲁群生说:【录音:科技创新代表了企业的灵魂,它对企业今后的发展起到了非常重要的作用。】

如果说引进先进技术强健了三大家电集团的筋骨,那么,在消化了国外先进技术后的自主创新则赋予了这筋骨以血脉,他们凭借科技创新不仅创新了市场,也摆脱了低水平竞争。目前,海尔集团正以平均每一天半开发一个新产品的进度大踏步地向高科技迈进;海信集团在今年上半年实现的50多个亿的销售收入中,85%以上的增长是由新产品实现的;澳柯玛集团的产品也是逐步从电冰柜向科技含量较高的电子产品进军。

品牌做大了、叫响了,还要有相应的规模来巩固,这是三大家电集团面临的第三次跳跃。小平同志在南方谈话中"关于三个有利于"的论述,解除了企业思想上的禁锢,使企业放开手脚,资产重组成为扩张规模的常见手法。三大家电集团在资产重组这第三次跳跃中各显神通:海信集团运用资本运营的手段在全国范围内成功地进行了低成本扩张,周厚健说:【录音:当时,我们就提出一个观点,要用资本家的眼光来看待资产。海信从1993年开始运营资产,到1997年期间,海信并购了十几个企业,单纯的量的增加上,海信一分钱也没投,而是大量地利用经营资产的手段、手法来盘活社会的存量资产,就把某一方面的产业拓展开了。】

海尔集团利用品牌和管理的优势成功地兼并了16家企业,盘活了15.2亿社会闲置资产;澳柯玛集团也通过输出品牌和技术成功地控股了浙江益友电器和营口洗衣机厂。由此，三大家电企业集团通过资产重组，扩大了企业规模，增强了企业的市场竞争能力，从而奠定了青岛在国内家电市场中的领先位置。

如果我们对三大家电集团的三级跳跃进行纵向剖析，不难发现，第一次跳跃是科技的引进和消化，第二次跳跃是科技向创新这一层面做纵深发展，而第三次跳跃就是以科技为核心的品牌的横向扩展。正是通过这三次跳跃，三大家电集团实现了产品结构的优化，提高了产品的技术含量，从而带动了整个青岛家电产业从劳动密集向科技密集的提升，使青岛市新产品销售收入占全市工业销售收入的比重在10年中提高了近20个百分点。青岛社会科学院教授隋映辉评价说：【录音：我们青岛市的三大家电企业，带动了其他行业的技术密集型产业的比重越来越高，这对产业机构的调整非常有利。如果说，没有家用电器产业的发展，作为一个重要的支柱，我们青岛市迈向知识经济时代的再调整是相当困难的。】

然而，正当青岛市家电产业经过十几年的发展进入鼎盛阶段时，中国家电的消费结构在高科技的拉动下又开始了新一轮的升级：家电产业中模拟技术逐步被数字化、智能化、网络化的信息家电所取代已是一种必然趋势。青岛三大家电集团在这一轮家电技术革命浪潮中再次显现了他们的超前意识，不约而同地开始向信息领域进军：海信集团1996年从计算机产品进入信息产业，利用数字技术开发出了全国第一台图文电视，从而开辟了家电与信息产业的交叉领域。周厚健总裁对此早已是运筹帷幄：【录音：我们计算机产品虽然上得晚，但我们从事这个研究是比较早的，人才的储备、技术的储备搞了三四年，我们认为，一旦退出，后续的产品能够领先于别的厂家而推向市场。】

海尔集团刚从电冰箱这一白色家电领域开始了向以电视机为代表的黑色家电迈进，并开发出国内第一台全数字、全媒体计算机，海尔信息园的动工就是海尔全力挺近信息产业最明显的标志，在切入点的选择上，张瑞敏看准了软件：【录音：我们发现，软件这个产业可能是最好的切入点，我们就是以此为突破口，进入信息产业，当然这等于说是刚刚进入信息产业的第一步，今后我们想在这方面、在这个行业里能有更大的发展。】

以生产电冰柜起家的澳柯玛集团在这一席卷全球的信息浪潮面前也不甘人后，澳柯玛电视机、澳柯玛电脑已然问世，鲁群生总裁从中看到了希望：【录音：信息产业有很多相关联的产品，我觉得我们能够抓住几种，在适当的时候参与到这个行业当中来，在这个产业上能够施展我们的才华，是有希望的。】

无论是青岛三大家电过去的“三次跳跃”,还是目前迈向信息产业,其根本的支撑是通过对高新技术的跟踪来适应和引导新的消费需求。展望未来,青岛三大家电集团的进一步壮大仍然离不开科技。

有关专家指出,目前国际经济的发展正在从竞争走向合作。而青岛三大家电集团过度的相互竞争已经形成了一种内耗的局面,在科技创新上的各自为战,各担风险,影响了企业的进一步壮大。这就为青岛三大家电企业集团的再发展提出了更新、更高的要求。正如国家经贸委经济研究中心主任左太行所说:【录音:现在大企业之间的竞争,我觉得最本质的是科学技术、技术手段这方面的竞争,优秀大集团之间在技术上如能互通有无,可以根据不同情况、不同形式,开展一些技术上的联合、合作,是很有必要的。单靠一家企业科技上的投入数量还是比较少的,它和世界上一些大公司是不能相比的,他们为研制一项新技术可能需要投入好几十亿美元,这样的数字在我们国家是很难做到的。】

全球经济一体化迫使我们的企业必须走联合壮大之路,组建起我们民族工业的联合舰队,共同抵御国际市场的风浪。在这样一种大背景下,青岛三大家电集团合作远比竞争来得更加迫切。

回顾青岛“老三件”的衰落和新的家电群的崛起,如果说青岛“老三件”的凋零是科技落后于需求,结构更迭的必然结果,那么三大家电集团的崛起则正是抓住了这一产业结构变动的机遇,以科技为动力实现了企业发展的“三级跳跃”,而且这三大集团并没有就此停滞不前,在家电产业信息化的大潮面前,仍然紧紧把握科技这一主舵,开始了新一轮的结构调整。这是青岛三大家电集团过去和现在的发展留给我们的启示;而三大集团未来的技术联合,是三大集团,也是我们所有大中型企业不得不去深思的话题。

四、风貌型广播通讯

1. 风貌型广播通讯的特点

通过广播媒介所表现的风貌通讯同报刊的同类体裁一样,主要用来报道和反映某一地区、某一行业或某一方面所产生的新气象、新成就、新面貌,它取材于快速变化的现实生活,展示我国社会主义现代化建设事业的崭新景象、各地风光、今昔变化以及世界各地的民俗风情,也有人把这类通讯称作概貌通讯或旅游通讯,常见的形式有“见闻”、“巡礼”、“散记”、“记行”。它可以帮助听众开阔视野,增长知识和陶冶性情。风貌型广播通讯的体裁来源比较广泛,重点可以是国家的建设成就,以帮助听众了解各条战线各个地区所发生的变化,同时可以结合人们的休闲观光、旅游探险、户外体育、文化活动展开报道。

新闻史上风貌型报刊通讯可以一直追溯到20世纪二三十年代瞿秋白的《饿乡纪程》、《赤都心史》；邹韬奋的《萍踪寄语》、《萍踪忆语》；范长江的《中国的西北角》和《塞上行》，这批优秀的风貌型通讯不仅真实地记录了当时社会的风貌，而且还提供了历史研究的宝贵资料。

2. 风貌型广播通讯的写作要求

(1)风貌型广播通讯在写作上要着重于求“新”求“变”。风貌通讯的报道对象不是人物和事件，只是一个地区或行业的概括式的描写议论，反映事物的新面貌。因此，特点、新意比起人物和事件来有一定难度，这就要求作者要从不同角度，运用不同的表现手法，抓住具有个性特征的新闻事实，对某个地区、某个行业领域和某个方面作出整体性的描述评议，要通过比较对照，今昔比较对照，甲地和乙地的比较对照，行业地区之间的比较对照，找出差异变化，而且重点放在对“变化”的报道上。

(2)要具有直观性、形象性和现场感，要让听众能通过记者的极少描述以及音响的描述，也像自己亲眼所见一样，如闻其声，如临其境，如见其人。要充分发挥音响表现可感性强的优势，尽可能多地用音响去表现和反映逼真的事物形象。

(3)要尽可能赋予报道以更多的情趣性、知识性，体现快乐性原则。因为由题材所决定，风貌型广播通讯要反映各地的名山大川、名胜古迹、自然风光、旅游文化和民俗风情，视野开阔，题材丰富，记者可以融进很多自己的切身感受。所以要全力以赴，做到精力投入，感情投入，记者的笔端口头要常带感情和激情，并把这些通过话筒和声音传递给听众，产生共鸣。

(4)在风貌型广播通讯的结构安排上，不拘泥于既有的几种形式，相对于丰富的体裁，也应创造出丰富多彩的表现形式。较为常见的形式，是以记者的视点视线为序，来安排穿插材料和记者的感觉，长处在于主客观结合，叙述议论结合，现场和背景结合，能够在情景交融中去表现通讯的主题。

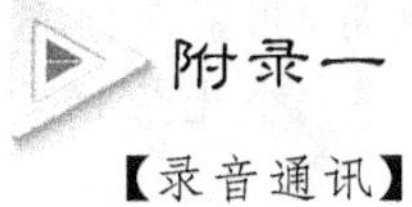

附录一

【录音通讯】

孔繁森——90年代的焦裕禄

西藏是祖国不可分割的神圣领土。历史上文成公主远嫁西藏，使藏汉民族结下了手足之情；新中国成立后，人民解放军挺进高原，解放了百万农奴；社会主义建设时期，一批又一批各族儿女离开家乡，扎根边疆。为了西藏的解放和建设事业,40多年来,成千上万的优秀儿女献出了青春、热血和生命,雪山高原凝聚着他们的英雄业绩。今天,我们要向您介绍的是一位山东籍援藏干部、西藏阿里地委书记孔繁森同志。下面请听山东台记者蒋小锋、初化臣、张涵采制的系列录音通讯:《孔繁森——90年代的焦裕禄》。

他永远留在了西藏高原

1994年11月29号中午时分。

新疆克拉玛依通往塔城的公路上。

西藏阿里地委书记孔繁森率领的边贸考察团分乘几辆"丰田"越野车向塔城疾驶。突然,孔繁森乘坐的车子发生翻车事故,汽车带着巨大的惯性摔出60多米远,致孔繁森9根肋骨折断,其中一根直插心脏。年仅50岁的孔繁森带着他未竟的事业因公殉职。在整理他的文件时,人们发现了4张新疆昆仑宾馆的便笺,上面开列了去冬今春阿里地区救灾款项、能源开发、交通建设等12个亟待解决的问题。这是孔繁森牺牲前的匆匆手书,也是离开这个世界的绝笔!

阿里,传到拉萨,人们悲痛欲绝!12月5号,阿里地区所在地狮泉河,天幕低垂,雪山肃穆。驻军、学生,藏族、汉族的干部群众,自发地涌向群英广场,为直到生命最后一刻还在为阿里操心的好书记送行。普兰县委书记含着眼泪说:"孔书记的去世,好像抽去了阿里的一根主心骨。"几个藏族老人扑倒在灵桌前,抚摸着孔繁森的遗像,号啕痛哭:孔书记,你对阿里人民恩重如山,阿里不能没有你呀。阿里的悼念活动,从上午10点一直延续了3个小时。为了给孔繁森修建衣冠冢,群众自发捐款14000多元。在西藏,藏族群众为修建寺庙捐款是常有的事,但是为了一位汉族干部的后事捐款,却是少见的,这笔捐款寄托了藏族同胞的无限深情。12月15号,悲痛同样笼罩了拉萨烈士陵园。前来参加孔繁森骨灰安葬仪式的人们,戴着白花,一轮又一轮地向孔繁森遗像鞠躬告别,再把圣洁的哈达一层层摞在孔繁森的骨灰盒上。

"他这么早就走了,他平时对人这么好。"

"1994年,国务院授予他为'全国民族团结先进个人',但是,孔繁森同志自己也没有办法佩戴上这枚金光闪闪的勋章了。我们将把这样一个光荣的荣誉给他全家和他的子女送去。"

"回忆和孔书记相处的日子,我们感到非常难忘。确实阿里的条件非常艰苦,号称世界屋脊的屋脊,海拔非常高。在这样的艰苦环境下,孔书记带领我们经常深入群众,研究阿里的稳定和发展问题,做了大量的工作。他的不幸逝世,我们感到非常悲痛,使我们的群众失去了一位好书记,我们地委、县委的同志也失去了一位好'班长'。"孔繁森骨灰下葬时,专程从新疆赶回来的通讯员小梁和小崔，将孔繁森的骨灰盒安放在墓穴里。人们呜咽着，跪在地上，捧起黄土，轻轻地撒在孔繁森的骨灰盒上。追忆着往事，孔繁森为拉萨、为阿里、为西藏的建设和发展，几次出生入死、忘我工作的情景，历历如在眼前。

"1990 年他到山南去开会的时候，在路途中也出了一次车祸。那次车祸，他也是昏迷了 3 天。在贡嘎县抢救了 1 天，然后送到自治区医院抢救了 3 天，到了第 5 天才脱离了危险。那次他主要是撞在头部，当得知其他同志没什么事的时候，他的脸本来肿得是面目全非的，他还是笑了。"

孔繁森在任岗县委副书记下乡时，途中老马失蹄，将他摔成严重脑震荡，昏迷在深山沟里，第二天早晨，才被藏族老乡用门板抬着翻山越岭 30 多公里路送往医院，当他醒来时，一位老大娘手捻佛珠不住地为他祈祷。

去年 2 月 27 号深夜，在革吉县海拔 5700 米的一座牧民帐篷里，前去救灾的孔繁森心跳加剧、胸闷腹胀，突然感到天旋地转，虚弱的身体承受高原反应的能力已到了极限。孔繁森吃力地打开手电，给已睡熟的通讯员小梁写了一张便条：小梁，人有旦夕祸福。万一今夜我有不测，第一你不要难过；第二不要把不幸的消息告诉我的亲人，尤其不能告诉我那 90 岁的老母亲；第三，你每月以我的名义给我家写一封平安信；第四，我死在这里，就埋在这里，丧事从简。

从病中熬过来了。可是万万没有想到，过了不到一年，车祸又从天而降。

他们不相信他会离去，舍不得离开他。孔繁森那充满活力的音容笑貌给西藏各族人民留下了无尽的思念。一副挽联表达了西藏干部群众对孔繁森的崇敬的爱戴：

一尘不染，两袖清风，视名利安危淡似狮泉河水；两离桑梓，独恋雪域，置民族团结重如冈底斯山！

藏族同胞血管里流着他的血

在拉萨农村、牧区采访，每当记者提起孔繁森，藏族老阿爸、老阿妈就拱起双手连连说：孔市长活菩萨、活菩萨。

1990 年夏天，随着江泽民总书记在西藏考察的迟浩田总参谋长得知孔繁森与藏族群众结下了血肉关系，十分感慨，挥笔为他写下了九个大字：心连心，同呼吸，共命运。

"他这个人呢，对我们藏族同胞特别好，对我们藏族同胞感情特别深。这不是口头上的，而是从行动上。他的每句话、每个行动我们都想着呢。他的每句话都有利于藏族人民，他所做的都是为西藏人民办的好事。"

"孔书记看到哪个帐篷，都要求我们停车，到帐篷里看望老百姓，有一次我们到日土乡，那天孔书记就是迟迟不下来，而且跟司机说把暖气打开，我们当时就感觉特别奇怪。我们怎么喊，书记就是不下来。等我们上车细细观察后才发现书记只穿了条秋裤,很薄的一个。阿里的冬天特别冷,在我们去的那天降到零下二十六七度。因为他冷,他就不敢下去。我们都不知道书记什么时候已把衣服脱给老乡了,都是背着我们,而且再三要求我们不要说这个事情。"

"我们从墨竹贡卡回来,到了达吉县的拉木乡。这个地方有个敬老院。他就一一告别。他说:'我要走了,伯拉、母拍,过来看你们。'他半用藏语,半用汉语的,还带了蜂王浆,有十几个。大家都哭了,而且抱着他,其中有一个是昌都地区的。那个老太婆讲:'咕叽咕叽(汉语:求求你)孔市长,您把我安排在拉萨吧,这里我亲朋好友都没有。'孔市长说:'我想办法,我尽最大努力。'据说他没走以前,就把老太太已经转到了拉萨市敬老院。"

"10月份我们组织部陪同山西、河北的同志到阿里考察对口支援问题。在孔繁森同志陪着他们在各个县考察时,发现了几次下乡他都带着几个箱子,里面有吃的、穿的、用的。他知道这几个县里有几个孤寡老人,这个老人在什么地方,他都要把这个箱子送过去。这是我们亲眼看到的。"

"在下去的当中每走到一地,他对群众生活有什么问题,能够解决的就地解决。他身上有什么钱全掏给人家,当场就给,回来自己一分钱都没有。"

孔繁森那颗善良的心似乎容不得人间的苦难。群众受穷他流泪,贫困户缺衣少吃他流泪。每当这时候,他恨不得掏出一颗炽热的心!

看到小学生在寒冷的教室里露着脚板,他从身上摸出了刚领来的工资1100多元交给老师:"快给孩子们买些袜子,别冻坏了。"

孔繁森在济南军区总医院当过兵,初懂医术。在西藏每次下乡他都背起那个旧药箱,自费购药,为农牧民防病治病。普兰县的一位副县长告诉记者:"只要孔书记一到,群众就围上来,诉说头疼脑热,一点也不陌生。特别是一次流感,山里的一位老太太和孩子病得很重,那一次如果不是孔书记及时赶到,这两个人就没命了。"小小药箱,把共产党的地委书记与藏族群众紧紧连在了一起。

在阿里、在拉萨、在西藏,人们一直传颂着孔繁森收养藏族孤儿的故事。

"1992年,一个星期天,我去找他,发现他那个家里有两个小孩在那坐着,穿着大人的衣服。进去一看,他正在给小孩洗衣服呢。我问这两个小孩是怎么回事,他就跟我说:地震以后,他去墨竹贡卡落实救灾、抗灾工作,就发现两个小孩没人管,他就收留了,领回来。他说,今天还得准备给他们联系上学。"

对藏族百姓孔繁森慷慨解囊,扶养藏族孤儿又倾其所有。他定时送他们上学,检查作业,增加营养。1993年5月,两个孩子相继得病,家里实在揭不开锅了,他隐瞒了周围的任何人,先后四次偷偷到医院献血,靠献血费渡过生活难关。当医务人员得知这位献血者竟是一位汉族地委书记时，禁不住掉下来了眼泪。孔繁森用自己的鲜血、自己的生命、自己的赤诚，换来了两个藏族孤儿生活的安宁和天真的笑容……前不久在拉萨孔繁森的家记者见到了12岁的曲英和10岁的贵桑。孩子们仿佛感到爷爷的死不是真的，不会的，爷爷一会儿就会推门回家。

“孔爷爷待我们好，爷爷带我买衣服。”

“我想念孔爷爷，我要好好上学，长大后不忘爷爷。”

在自治区领导与山东记者的座谈会上，说到孔繁森和藏族同胞结下的血肉之情时，西藏广播电视厅格桑朗杰厅长情不自禁地唱起这样一首藏族民歌：

太阳和月亮是一个妈妈的儿女，
她们的妈妈叫光辉；
藏族和汉族是一个母亲的儿女，
她们的妈妈，就是中国……

“越贫穷，越需要共产党人去奋斗”

孔繁森是个务实的人，在踏上西藏这块土地的第一天，他就对同行的山东援藏干部说：“越边远、越贫穷的地区，越需要我们共产党人去为之拼搏、奋斗、付出。否则，我们有愧于党，有愧于人民。”

从1988年的二次援藏到1994年因公殉职的6年中，孔繁森在西藏先后担任拉萨市副市长和阿里地区地委书记。从内地到高原，从海拔3600米的拉萨到海拔4300米号称“生命禁区”的阿里，只要是工作需要，就是再艰苦再困难，孔繁森也从来没有退却过，他始终忘我地工作着、拼搏着……

1992年6月的一天，拉萨市尼木县发生6.5级强烈地震。晚上7点，孔繁森接到电报，立刻准备启程。看到劳累一天的市长，司机心痛地说：“孔市长，你还没有吃饭呢。”“还吃什么饭，人命关天，赶快走！”孔繁森匆匆带上半盒压缩饼干，踏上了崎岖危险的山路，消失在茫茫的夜幕中。第二天晚上，汽车陷进了泥石流里，前进不行，退又退不出。前不见村，后不着店。孔繁森急了，挽起裤腿，跳进冰冷的泥石流中去推车。很快，他的两条腿被淹没了，全然不顾，心里只有一个念头：快！赶快赶到灾区去与藏族同胞一起抗灾！在尼木县指挥救灾，孔繁森连续50多个小时没能合上一眼，吃上一口热饭。

孔繁森在分管拉萨市教育工作期间，跑遍了全市7个县1个区的每一所学校。他采取一系列措施提高教师队伍的整体素质，集中资金改善落后的办学条件。仅三年，拉萨市教育事业就有了明显起色：全市达到了乡乡有公办学校，绝大多数村有了民办小学，儿童入学率由过去的45%猛增到80%。同时，孔繁森分管的卫生、计划生育和民政工作也深得同行们的称赞，多次受到全国的表彰。

西藏高原是祖国最艰苦的地方。那么西藏阿里地区的情况又是怎样的呢？自治区党委副书记巴桑等同志告诉记者：

“阿里，同志们没有去过。西藏号称‘世界屋脊’，阿里是西藏最高、最艰苦的地方。”

“阿里是西藏的西藏。地广人稀，高寒缺氧，平均5平方公里才一个人，30多万平方公里只有6万人。”

“阿里这个地方，在过去是藏政府对它的官员发配充军的地方。就是西藏人民也承认那个地方艰苦，藏族干部上那去也需要一股勇气。”

人们认为：在阿里生存下来本身就是一种贡献，更何况还要在那里工作。阿里的恶劣环境和危险程度，在援藏干部当中，孔繁森比谁都清楚。但是当1992年组织上决定让他担任阿里地委书记时，他勇敢地挑起了重担。

去年2月，一场百年不遇的特大雪灾，把本来就脆弱的阿里畜牧业推向崩溃的边缘，也给上任伊始的孔繁森来了个下马威。经济损失8000多万元，牲畜死亡100万头。群众悲观失望，干部手足无措。在严峻的考验面前，孔繁森站了出来，响亮地提出：“我们共产党人要创造奇迹，决不能冻死一人、饿死一人！”随后孔繁森紧急动员，先后抽调370名干部，组成79个工作组，接连5次深入灾区，组织抗灾，恢复生产，与人民共渡难关，并多方争取到了380万元救灾款。一天，孔繁森为了看望大山里的几户游牧民，边挖雪边行进，当赶到牧民帐篷时已是深夜。见到孔繁森，老百姓哭了……半年以后，当自治区工作组到阿里考察时，看到的是群众安居乐业，牛羊膘肥体壮。他们由衷地慨叹：这的确是高原上的一个奇迹。

阿里副专员扎西说：“对一个汉族同志来说，这是不容易做到的。他对越是艰苦、越偏远的地方，越愿意去。我们改则县有个地方叫察布区，那时我们阿里地区最贫穷的地方。那么艰苦的地方，作为一个汉族的地委书记，能够去两次我觉着那是很不容易的。像我这样一个副专员应该经常上那里去，可我一次也没去成。”

孔繁森明白，要振兴阿里经济，首先要振作起地委一班人的精神。在一次会议上，他恳切地说：“阿里的贫穷，是我们的耻辱，率领群众摆脱贫穷，是我们的天职。只要我们各级领导班子解放思想，更新观念，振奋精神，就一定能加快阿里地区经济发展的步伐。”孔繁森和他的一班人在调查研究的基础上，提出了一条适合阿里实际的经济发展路子：充分利用全国支援西藏的有利条件，北联新疆，南拓边贸，发挥区位、畜牧业、矿产业、旅游资源、特殊政策等五大优势，推进区域经济开发，从而带动全地区到本世纪末走出贫困。一幅壮丽的阿里蓝图展现在阿里人民面前，干部群众振奋了！他们下定决心要和这位实干的孔书记一起建设好自己的家园！

阿里是全国唯一不通电的地区。办电是孔繁森到阿里后抓在手上的一项主要工作。“我叫杨海滨，在自治区工业电力厅工作。阿里从和平解放以来，缺电问题一直没有解决。党中央、毛主席60年代都关照过。但是由于这里特殊的地理环境和恶劣气候条件，一直没有得到很好的解决。这也是阿里地区几届班子关心的问题。老孔到阿里去以后，就来跟我谈阿里电力如何解决的问题，首先要把郎久地热电站恢复发电。从今年6月开始工作到8月份，基本上实现了孔书记的生前愿望，已经打了一台机组，顺利投产发电了，给阿里地区带来了光明。”在阿里工作短短的一年半中，孔繁森风尘仆仆，行程1万多公里，走遍了全地区7个县、106个乡，为建设阿里留下了闪光的足迹。西藏为有孔繁森这样的好干部而自豪，藏族人民将永远怀念这位祖国边疆建设史上建立功勋的共产党人。

他保持着廉洁清正的本色

孔繁森去世后，阿里地委的同志整理他的遗物时看到：遗物清单上稍稍值钱的东西，只是一台100多元的袖珍收音机，那是西藏和平解放40周年时的纪念品。他的个人存款不足500元。这哪像一个月薪1100元的地专级干部应有的财产？捧着这份清单，同志们震动了，内心久久不能平静……

孔繁森是一个简朴的人。在对待个人生活问题上，这位地委书记从来不觉得寒酸，是那样的自然、坦荡。

“这天晚上，谈得特别多，孔书记真切地对我们说：我的确没有几件好衣裳，不像你周斌。说着，他就把壁柜打开：你看吧，这就是我所有的家当。我爱人就上去看了一下，当时就跟我说，他这里面有些毛衣，都是腈纶线的。”

“我和孔书记是1989年认识的。他毕竟是一个地委书记，如果说想改善自己的生活条件，完全有这个可能的。从拉萨每次回阿里，他车上带的不是其他什么东西，而是一车洗衣粉、卫生纸。我说：‘你带一车这么些东西，作为地委书记你丢不丢人啊？’他说：‘你不知道，这里比阿里便宜几毛钱呢。’他对别人从来不讲什么几毛钱、几块钱、几百块钱甚至几千块钱；但对他自己，几毛钱他算得非常清楚。”

“孔书记也抽烟。作为一个高级干部，他的工资也完全抽得起‘红塔山’。‘红塔山’在西藏这儿，价格在十三四块钱左右。但他抽的却是‘遵义’、‘黄果树’这一类价格在一二块钱的烟，的确很节省。”

“1993年，我带了奥地利的一个团进藏去，这是第二次见到他。身为一个副市长，请我一个远道来的同志，他不是在宾馆里或哪个娱乐场所，而是在他家里头，自己动手摆宴请客人，这说明他廉洁。我觉着这个饭吃得就更有滋味了。"

"在拉萨市，他权力算是比较大的，原来是管文教，后来是管公安、管旅游。你说他干点什么不行啊？他要吃饭，到这个地方天天吃饭，你说谁又能把他怎么样？从来没有。"

"1991 年高考，孔市长坐了三轮车到考场上转了转。好多同志说：'你市长坐着三轮车，你掉不掉价啊？'他说：'驾驶员礼拜天该休息，平时很辛苦，坐个三轮车有什么不好。'"

"我是办事处干部益西，去年大概八九月份，孔书记得了痔疮炎，病比较重。孔书记只好服从医生的意见，住在总医院。我当时提出住在好一点的高干病房里，最后书记讲不用了，住在一般病房就行了。因为高干病房钱那么贵，我们阿里那么穷，用不着花那么多钱。后来住在一般病房，集体形式的大病房。"

孔繁森对那些败坏我们党的优良传统、搞腐败的人深恶痛绝。

"我叫邹文杰，是纪委的。孔书记到阿里以后，一个包工头到那儿去了，说：'你看你们的房子不像样子，我给你们装修一下。'当时就掏出几千块钱，那个意思就是把这个工程给他。孔繁森同志当时就说：'共产党就是叫你们这些人搞坏了！包工程的话可以投标么，你搞这个名堂干什么？'当时就把这个钱给他甩了出去！从那以后，包工头再也不敢跑到他那儿去了。"

"孔书记经常提醒我们，咱们一定要按党员的标准办事。虽然咱们现在有点职务，人民给我们这么点权力，但是我们一定要把权力用好，不能用到歪门邪道上去。人呢，一辈子要堂堂正正地做人。"

几十年如一日，孔繁森用行动实践了他在党员登记表上写下的诺言：两袖清风、一身正气、勤政为民。人民从孔繁森身上看到了一个共产党员的高尚情操。

作为儿子，他要忠诚于祖国

家家都有一本难念的经。孔繁森家里的这本"经"就更难念了。在第二次赴藏前，已到中年的孔繁森上有 90 多岁的老母，下有三个未成年的孩子，妻子满身是病。但是当自己这个小家的利益和祖国这个大家的利益发生矛盾、需要做出选择的时候，孔繁森和他的家人毅然决然地服从了国家的利益。

1979 年孔繁森第一次援藏前，是聊城地委宣传部副部长。他工作突出，在这个位子上干下去是很有前途的。一天，部长找他谈话，告诉他："聊城有援藏任务，组织上考虑到你年轻有为，是合适的人选，看看能否离家 3 年到 3000 公里之外的西藏高原上去工作？"

离开部长办公室，孔繁森的心里矛盾开了，这一夜他没有睡好。得知此事的妻子为这个家也整整考虑了一夜。然而第二天一上班，孔繁森径直推开部长办公室的门，只说了一句话："我接受组织的安排。"

三年过去了。孔繁森没有辜负山东党组织和山东人民的期望，在西藏以出色的工作成绩在人生档案上写下了闪光的一页。

回到山东后的几年中，组织上先后任命他为莘县县委副书记、聊城地区林业局长，1988 年他当上了地区行署副专员。那一年，他才 40 岁。

人生就是这样的巧合。1988 年，省委组织部在考虑援藏任务时，权衡左右，最后还是把带队的任务寄托在孔繁森身上。"老孔可能又要去援藏了！"一时间成了同事们议论的热点。

消息同时传到了孔繁森的耳朵里。此时，他却异常地平静。他没有考虑自己的得失，想的只是如果再次援藏，怎么才能干好工作，让组织信任，让党放心。

20 天后的一个晚上，姜春云等山东省委的领导同志亲自到车站为孔繁森率领的这批山东援藏干部送行。孔繁森满怀信心地告别了领导、告别了家人、告别了哺育他成长的齐鲁大地，又一次踏上了西藏高原，去实现自己的报国之志。

西藏自治区党委常务副书记郭金龙对山东电台记者说："内地援藏干部都是好样的，按照组织的号召，到西藏来从事革命和建设。但坦率地说，两次援藏的不多。同志们都知道，一次进藏可以，进藏干了几年，知道这里的艰苦和困难之后，能再进藏，这需要一个共产主义信念来支撑。"

山东省委书记赵志浩在接受山东电台记者采访时说："我省援藏干部孔繁森同志，以一个共产党员的高度责任感，在党和祖国需要的时候，毅然到最艰苦的地方工作，两次进藏，长达 10 年，哪里最艰苦、最危险、群众最需要，他就出现在哪里，从不计较个人得失。我们每一位领导干部、每一名共产党员，都要学习孔繁森同志的这种崇高革命精神。"

为了工作，孔繁森可以奉献出自己的一切，甚至牺牲自己的家庭，舍小家顾大家。十年中，孔繁森对他的妻子老小却欠下了一笔感情的债。

"记得在去年八九月份，他妻子来看他，当时他已经调到阿里去了，来不及下来接她。这个期间，他妻子病得比较厉害：吐血。当时给他发电报，他也没回来。但是自治区党委听了这件事后，强行他必须回来看望她。当他进到楼道后，感到对不起她，就哭着说，请她原谅。"

孔繁森的妻子王庆芝，一个既温柔又坚强的女人。记者见到她时，发现她也没有一件像样的衣服，穿的是女儿的工作服。

“1979年放了假以后，俺跟俺老二一块去了。他说，你不放心就来看看。到那儿后，他就领着上了一个敬老院。他把他带的包子馒头都给那些老人了。我穿的一个白蓝色的褂子，他说你这褂子也不行了，给她穿上吧，我就脱下来给她了。他把钱都给老百姓呀，我说，你把家里所有的钱都带上，能叫他宽裕点，不能说让他不够，我跟孩子在家里怎么着都行，他奶奶有病，我给她接医生什么的，他就说：我欠你的情。我说，两个人你别说欠情什么的，你在那儿也不容易。我说，你看咱俩结婚这么多年了，经常不能在一块。他说，我回来就好了，回来我哪儿都不去了，我就在这个家。他是一个山东干部，到西藏去，不能给咱山东人丢脸，我支持他一定在那儿干好工作。我说，共产党人都像你这样的那都好了。”

采访中，许多人都对我们说：繁森是一个孝子，他爱祖国，同样也爱自己的母亲。遗憾的是忠孝不能两全。在藏10年他实在无法在90高龄的老母亲膝前尽尽一个儿子的孝心！

“我们走在路上时，西藏的气候变化特别大，突然下起了很大的冰雹，打在外头的车窗上劈劈啪啪，整个车里没什么声音了。大家的心情都很沉闷。这时孔书记告诉我们：此时，他最大的愿望就是回家，去照顾一下他的母亲。他的母亲都90多岁了。我们就说了，‘孔书记你在这继续干，以后还有提升的希望。’他说：‘这些我现在都看得特别淡，我现在最大的愿望就是能照顾母亲。’当时我们明显感到他的声音有点沙哑、哽咽。他又说：他母亲特别疼爱他。他好吃鸡蛋，有一次他通知家里他要回去，母亲对他准备了好多鸡蛋。他母亲对其他人说这鸡蛋不能动，这是给他儿子留的，一定要等他回来吃。到后来他也没有回去成，结果鸡蛋都坏了。”

在这里我们要告诉听众一件事情：孔繁森援藏的事一直瞒着母亲，怕她老人家经受不住夜夜想儿之苦。

孔繁森去世以后，妻子和家人商量：还是永远保守这个秘密吧，好让她老人家能够多活几年！

记者在西藏采访时，曾多方寻找记录孔繁森生前谈话的录音带，遗憾的是一直没有如愿。但是他的战友告诉我们：老孔生前歌唱得很好，他最爱唱的是那首《说句心里话》，说着说着大家都唱了起来：

“说句心里话，我也想家，家中的老妈妈，已是满头白发……”

孔繁森是一个普普通通的人，也是一个伟大高尚的人；

孔繁森是母亲的好儿子，也是党和人民的好儿子！

（山东人民广播电台1995年1月7日至12日播出）

附录二

历史就在我们眼前爆炸了

［合众国际社1963年11月23日电　记者：梅里曼·史密斯］

这是一个气候宜人、阳光明媚的下午，我们驱车紧跟在肯尼迪总统的座车后面驶入达拉斯市中心。车队穿过商业中心区，拐上一条像是环绕一座公园的漂亮的高速公路。

我乘坐的是所谓白宫记者团的专用汽车，这是电话公司的专用车，车上装有无线电话。我坐在汽车前排，两旁是电话公司的司机和马尔科姆·吉尔达夫——总统在得克萨斯旅行期间的代理白宫新闻秘书。记者团的另外3名记者则挤在后座上。

突然，我们清清楚楚听到3声响亮得几乎震耳的爆裂声。第一声像是放爆竹声音，而第二声和第三声则毫无疑问是枪声。

总统的专车大约在我们前方150到200码，它似乎突然停了片刻。紧跟在总统防弹轿车后面的是特工人员专车，我们看见，这辆车里一片混乱。

林登·B.约翰逊副总统的座车跟在特工人员专车后面，再往后是副总统的警卫车，我们这辆车在这辆警卫车后面。

我们的汽车大概只停了几秒钟，可这几秒钟却像一辈子那样难熬。我们眼见历史在我们面前爆炸开来。即使是一个最训练有素的观察家，也难以一下子判断出了什么事情。

我朝着总统座车那个方向看去，却看不见总统和陪同他的得克萨斯州约翰·B.康纳利州长。他们两人一直坐在从华盛顿调来的防弹轿车的后排座位上。我似乎看见那辆车里有个粉红色的身影闪了一下——那大概是杰奎琳·肯尼迪夫人。

在我们这辆车里，大家都冲着司机大喊大叫，要他把车开到总统专车跟前去。说时迟，那时快，只见那辆巨型防弹轿车和警卫车马达轰鸣，飞车向前开去。

我们冲着司机大叫："跟上，快跟上。"我们的汽车一个急转弯，绕过约翰逊的座车及其警卫车，沿着公路猛开下去，即使是这样，也只能勉强跟上总统的座车和紧跟在后面的特工人员警卫车。

这两辆车拐过一个弯后便消失了。我们的车也拐过这个弯时，才发现前方是一家医院——帕克兰医院。这是一座大型砖结构建筑，坐落在公路干线的左侧。我们的汽车急速左转，驶上医院的车道，没等车停稳，我们便纷纷从车里跳了出来。

我飞跑到防弹轿车跟前。

总统脸朝下倒在轿车后座上。肯尼迪夫人把胳膊垫在总统的头下，朝着总统弯下腰来，像是在轻声呼唤他。

康纳利州长躺在汽车的地板上，头和肩膀靠在他夫人奈丽的怀里。奈丽在啜泣，已经哭不出眼泪，只是在摇头。鲜血从州长的前胸衬衣里不断流出来。我看不见总统的伤口，可是看得见溅在轿车前座椅背上的大片鲜血；我还看见，总统深灰色外衣被鲜血染黑了，这块污痕在不断扩大。

我已经从装有电话的记者团专用车里把3颗子弹袭击总统车队的情况向合众社达拉斯分社报告了。现在，看到停在医院入口处的轿车里鲜血淋漓的场面，我意识到必须马上找到一部电话机。

负责照料肯尼迪夫人的特工人员克林特·希尔正要躬身钻进轿车。我问他："总统的伤势有多重？"

他只说了一句话："他死了。"

我记不清楚当时车道上的情景了，只记得我耳中充满了人们急切、紧张的话音："担架到底在哪儿？……叫医生到这儿来……他正往这儿跑呢……快，这儿好走。"以及什么人神经质的呜咽声。

我三步并作两步沿一小段过道跑进医院的走廊。首先映入我眼帘的是一间办公室——与其说是办公室不如说是个公共电话间。在这里，一个戴眼镜的男子正站着整理一堆医院登记表之类的材料。这间办公室的窗口很像银行出纳员窗口。我瞧见窗口搁板上有一部电话。

"这电话怎么往外打？"我气喘吁吁地说。"总统受伤了，我得赶紧打电话。"

"拨9"，那男的说，并把电话机推给我。

我拨了两次才接通合众社达拉斯分社。我赶紧汇报了总统的情况：在总统乘车从达拉斯大街经过时，有刺客向他开枪。总统伤势严重，很可能是致命伤。

在我打电话的时候，运载总统和州长的轮床正从我身边推过。但是，由于我背向走廊，直到它们被推到75～100英尺之外的急救室门口时我才看见。

窗口内那个男人的表情突然变了，这时，我才下意识地感觉到有人把他们从我背后推过去了。

我站在刷着单调的淡黄色油漆、直通急救室外的走廊里，心里打着腹稿，想把这次总统遇刺事件用电话汇报给合众社编辑，同时又得留心急救室发生的情况。就在这时，我面前突然乱成一团。

白宫新闻官员吉尔达夫在走廊里奔来奔去。警官大声叫嚷:“把没事儿的人都轰走!”两位神父跟在一个特工人员身后匆匆走来,手里拿着一团卷得紧紧的法衣披肩。一位警官捧着一大瓶输给伤员用的鲜血跑了过去。又来了一位医生,他说,有人通知他“所有神经外科医生”立即到这儿来。

两位牧师走出急救室,说总统已经接受了天主教的临终圣事。他们说总统还活着,但是昏迷不醒。这时,肯尼迪的随行人员也陆续赶到医院,在车队里,他们的汽车紧跟在我们后面,刚才发生了交通混乱,所以他们来迟了。

这会儿,医院里的电话机身价陡高百倍,我拼命护着我的那一台,不敢撒手片刻。我不敢离开小窗口一步,生怕跟外界失掉联系。

可没过一会儿,我就改变了主意。吉尔达夫和另一位白宫官员韦恩·霍克斯跑到我跟前,边跑边喊,说吉尔达夫在医院另一头二楼的护士室发表简短声明。

我丢下电话听筒,追上了他们俩,当我们来到开会地方时,只听见人们在叫:“肃静!”吉尔达夫竭力压抑自己的感情,他宣布说:“约翰·菲兹杰拉尔德·肯尼迪总统大约于一时去世。”

我冲进附近的一间办公室,这时,医院的电话总机忙得不可开交,外线打不出去。我突然发现合众社西南总分社社长的夫人维吉尼亚·佩耶特——她本人也是经验丰富的记者——于是我让她赶紧上楼去试打付费电话。

我费了九牛二虎之力也没叫通医院电话总机,万般无奈,只得求一位护士帮忙。这个护士领我穿过一个由弯弯曲曲的走廊和楼梯组成的迷宫,来到另一层楼上,找到了一个付费电话间,用这儿的电话,我接通了达拉斯分社,不过维吉尼亚在我之前就把电话打通了。

一放下电话机,我就穿过整个医院飞跑回会议室,白宫交通处官员吉格斯·福沃一把抓住了我,说吉尔达夫请 3 名记者立即乘总统座机“空军一号”返回华盛顿。

“他要你下楼去,他要你现在就去。”福沃说。

我赶紧跑下楼,来到大门口,只见吉尔达夫刚刚乘记者团的专车走了。

于是,《新闻周刊》查尔斯·罗伯茨、威斯汀豪斯广播公司的西德·戴维斯和我,只得央求一位警官用警车送我们去飞机场,特工人员要求我们在机场附近不得鸣警笛,然而这位达拉斯警官技术高超,驾车穿过我平生见到的交通最为混乱的大街,把我们顺利送到机场。

我们在跑道边距总统专机 200 码的地方下车。刚跨出警车,吉尔达夫一眼见到我们,向我们打手势,让我们快过去,我们一路小跑来到他跟前,他对我们说,这架飞机可能带白宫记者团的两个记者飞回华盛顿,约翰逊将在飞机上宣誓就任总统,随后飞机就起飞。

我看见跑道有不少变化,就问吉尔达夫我是否有时间给合作社打个电话。他说:"看在上帝的份上你可快点儿打。"这次打电话也费了好大的劲儿,达拉斯分社的电话占线,我就打往华盛顿分社,可所有线路全占线,最后我总算接通了合众社纽约分社。我把新总统即将在飞机上就职的消息通知了他们。

这时,吉尔达夫跑出机场拼命向我打手势。我砰地放下电话听筒,几步就跨过了跑道。一名便衣叫住了我:"您的小梳子掉了。"

我登上了"空军一号",只见所有主舱的窗帘都拉上了。舱内很热,光线很暗。作为专门采访总统的各新闻单位联合记者团记者,我曾多次乘坐这架飞机。

吉尔达夫推着我们来到位于机身2/3处的总统专用舱,这是个用来开会和休息的地方,可以坐八九个人。

我挤进舱门,数了数舱里竟有27人。约翰逊站在正中央,他夫人伯德女士站在他身旁。面容慈祥、67岁的美国地区法院女法官萨拉·休斯手拿两本黑皮《圣经》站在一边,等着领读誓词。

机舱里越来越热。看到还有不少肯尼迪班子的成员进不得舱来,约翰逊心里很着急。他要大家再往前挤挤。可是站在旮旯里一张椅子上的通信兵摄影师塞西尔·斯托顿上尉说,如果约翰逊再让大家往前挤,那就不可能拍下这个具有历史意义的场面了。

原来,约翰逊在等肯尼迪夫人,她正在飞机后部的一个小卧舱里设法使自己平静下来。最后肯尼迪夫人孤零零地出现在舱口,还穿着那件粉红色的羊毛衫。就是在今天上午,她穿着这件羊毛衫同丈夫一道同聚集在机场的欢迎者热情握手。

她面色苍白,眼中已没有了眼泪。她脚步略带蹒跚地走进舱来,朋友们的手都向她伸了过去。约翰逊握住了她的双手,让她站在自己的左边。伯德女士站在约翰逊的右边,脸上带着一丝僵硬的微笑,显得很紧张。

约翰逊向休斯法官点头示意;她是约翰逊一家的老朋友了,是肯尼迪任命的法官。

女法官对约翰逊说:"请举起右手,跟着我宣誓。"

飞机外,一架喷气式飞机正在降落,隆隆之声清晰可闻。

休斯法官捧着《圣经》的手伸了出去,约翰逊把他巨大的左手放在《圣经》上。他的右臂缓缓伸向半空,法官开始用舒缓的语调宣读宪法誓词:"我庄严宣誓,我将忠实地履行美国总统的职责……"约翰逊以低沉、坚定的语调跟着法官念到最后一句:"……愿上帝给我以帮助。"简短的仪式到此结束。

约翰逊先转向他的夫人，拥抱她的双肩，吻她的面颊。随后，他又转向肯尼迪的遗孀，用左臂拥抱她，吻她的面颊。

机舱里的人们——其中有几位得克萨斯州的民主党议员——都拥到新总统的跟前，但是新总统一看到谁要表示祝贺，便不由自主地往后缩。

两分钟的仪式于东部标准时间下午3时38分结束。几秒钟后，总统坚定地下令道："现在起飞。"

驾驶员詹姆斯·温代尔少校立刻发动着银光闪闪的喷气式飞机的右舷引擎。这时有几个人下了飞机，其中包括威斯汀豪斯广播公司的西德·戴维斯。白宫只允许两名记者乘坐这架飞机，这两个人是罗伯茨和我——不过到这时候了，我们还没有找到座位。

东部标准时间3时47分。"空军一号"从跑道拔地而起。温代尔驾着隆隆轰响的巨型飞机盘旋上升，直达41000英尺的巡航高度，随后，便以每小时625英里的地面速度朝着华盛顿郊外的安德鲁斯空军基地飞去。

在总统座机飞平之后，肯尼迪夫人离开卧舱来到飞机后舱。这是总统家庭专用舱室，在这儿，她曾经和肯尼迪、其他家人和朋友们一道谈笑风生，共同进餐，度过了许多快乐的空中旅行时光。

肯尼迪的灵柩就放在这个舱室里，是由几名特工人员抬到飞机上的。

当我们的飞机在宜人的夜空中盘旋，准备在白宫南草坪降落的时候，我们简直不敢相信，就在6小时前，约翰·肯尼迪还是一个声音洪亮、面带微笑、不时向人们挥手致意的活生生的人。

（附：梅里曼·史密斯在肯尼迪被刺事件中连续报道了数次新闻，并在当晚上写了长达6000多字的目击记，这篇作品获1964年普利策奖。史密斯1941年起任合众社采访白宫记者，30年间采访过6任美国总统。1970年4月13日开枪自杀身亡。）

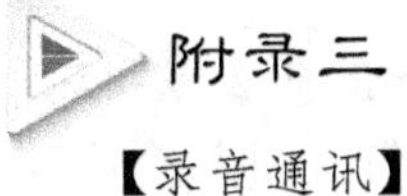

附录三

【录音通讯】

神州第一屯见闻

（《中国之窗》开始曲）

（出《神州第一屯》歌曲）

"人人都做梦，都想那个梦成真，梦要成了真，黄土变成金……【开始混压】"

女：听众朋友，这里是中国国际广播电台华语台《中国之窗》节目。这次节目是由吉林人民广播电台制作的,请听记者刘斌采制的录音通讯《神州第一屯见闻》。

【突出歌曲】

"庄稼院里呀,咋飞了棒槌鸟?高粱地里长出了大山参。

创下神州第一屯,那就是咱红嘴人,那就是咱红嘴人……"

男:这首《神州第一屯》歌曲中唱到红嘴,就是吉林省四平市红嘴集团总公司所在地。这里原来叫红嘴二队,只是千千万万生产队中的一个生产小队。1978年以前这里单一务农,人均收入只有38元。生产队欠银行贷款1.8万元,社员欠三角债3万多元,是远近闻名的光棍屯、要钱窝、穷棒子屯。

改革开放的春风和富民政策,使这里发生了翻天覆地的变化。如今,这里已经成为具有13亿元资产的农民企业集团。

女:国家计委、农业部1990年的统计资料表明,红嘴是全国640万个村民小组中的致富状元,由此,"神州第一屯"享誉神州大地。

男:早春二月,记者踏上了这块神奇的土地。呈现在我们面前的却是一座农村中的都市,昔日贫穷落后的面貌早已无影无踪了。

女:跳进眼帘的首先是那造型优美、古朴典雅的星级宾馆,笔直宽阔的柏油马路向前延伸,五栋绿色屋脊的农民宿舍大楼和一栋科技人才宿舍大楼一字排开,七幢外籍职员居住的欧式小楼风格各异。一处处崭新的办公大楼拔地而起,一座座花园式的工厂错落有致。这里拥有全国啤酒行业十强企业之一的啤酒厂,有全省第二大钢铁公司,有全国包装行业排名第五位的包装企业。

男:创业的艰辛是令人难忘的。当年百元起家创办红嘴第一家企业——红嘴翻砂厂的工业队长、如今红嘴集团总公司副总裁、钢铁公司经理张玉佳,对往事记忆犹新。

【出张玉佳谈话实况】

张:建一个翻砂厂得需要几万元,但作为一个生产队拿不出那么多钱来,所以,我们呢,就把一个草棚子挖地三尺作为厂房,冲天炉我们就用从个人家收来的铁板自己焊起来,鼓风机是我们从废铁堆捡来的。这样的话,我们用一个月时间就把翻砂厂建成了。通过一年的生产,我们获得的利润达到7.2万元。我们感到农村想富起来,必须办工业。这样,在1980年开始……【开始压混】

女:随着冲天炉淌出第一炉铁水,红嘴人从此就有了自己的第一家企业。接着红嘴人自力更生,艰苦奋斗,滚铁球式地发展壮大。先后创办了机砖厂、轧钢厂、啤酒厂、养鸡场、饲料厂、风机厂、链条厂、饮料厂、包装厂、商店、宾馆。

男：1994年5月，红嘴集团总公司资产已达13亿元，实现社会总产值8.6亿元，实现利税1.15亿元，上缴税金4700万元。职工每年人均工资9000元，当地人均收入6000元。红嘴集团总公司已跃居四平市第一工业大户，第一利税大户。

集体经济迅速发展，红嘴富了，群众生活也十分富裕。记者访问了当年全屯最穷的社员殷龙宝。他一家五口人，住在农民新村70多平方米的楼内。回忆当年贫困的家境，对照现实的幸福生活，他唠起来就没完。

【出殷龙宝谈话实况】

殷：从生产队那时候吧，我是最困难一个户。我就干那么多年哪，我也挣不来一分钱。(1978)78年哪，人家会计告诉我了，说殷龙宝哇，你到生产队去开资去。哎呀，这下把我乐坏了。到那疙瘩呢，我把戳就扣上了，会计给我8分钱。你说我就剩了8分钱……【开始混压】

女：殷龙宝手里捏着3枚只能邮一封信的8分硬币，心里有说不出的滋味。拼死拼活干一大年才挣8分钱，他狠狠地把3枚硬币摔在地上……这是当年红嘴二队群众生活的真实写照。

【出记者采访实况】

记：那是当年的情况，现在情况啥样呢？

殷：现在的生活，我每天呢，是吃喝简直不用愁了。说啥呢，我呢，一天是三遍酒。

记：一家五口人，有几个在公司上班的？

殷：现在就说我们四个上班的。一个月都要上班，能收入4000多块钱……【开始混压】

女：殷宝龙告诉记者，他家现在不愁吃，不愁穿，年年有余钱，生活幸福，成为全屯一个中等户了。

男：现在红嘴人都住进了暖气楼，人均居住面积达25平方米。家家吃上自来水，烧上液化气，公司月月有菜金补贴。红嘴人退休有养老金，住院报销医药费，逢年过节老年人还有个数关照。

【出滑冰比赛实况，压低混播】

女广播员：最后一组哇，最后一组有卢志民、殷凤权、张景利。最后一组哇，卢志民、殷凤权、张景利……【开始压混】

女：这是今年正月初十，红嘴举办迎春滑冰比赛。30多人报名参加，公司总裁卢志民披挂上阵，带头参加了这次活动。

红嘴富了，群众的精神面貌发生了深刻变化。昔日的耍钱窝，如今变成了文化生活丰富多彩的乐园。这里经常开展各种体育比赛和各种文娱活动，丰富群众的业余文化生活，陶冶人们的情操。

【出幼儿园童音齐唱】

“花蝴蝶呀，飞呀飞”……【开始压混】

男：红嘴富了，把希望寄托在下一代身上。红嘴幼儿园的孩子们天真活泼，生活在无比幸福之中。红嘴人的子女免费入园。30多个孩子在4名幼儿教师精心培育下茁壮成长。红嘴人对下一代十分关心，设立班车，专门接送在市区上学的小学生。红嘴子弟考上中专、大学的，公司实行重奖。

女：红嘴富了，为社会贡献越来越大。多年来，他们向国家上缴税金已近2亿元。每年都平价向四平市区提供优质蔬菜250万公斤，鲜蛋80万公斤。近些年红嘴为救助灾区、捐资助学，为引水工程、市区道路，为医院赠送医疗设备等社会公益事业捐助的钱和物，就有几百万元。

面对红嘴今天的辉煌，全国劳动模范、全国功勋乡镇企业家、红嘴集团总公司总裁卢志民深情地说：

【出卢志民谈话实况】

卢：从我当上生产队长那天起，我就立志要改变农村的落后面貌，重新塑造农民形象。这十几年时间，红嘴这个小屯发生了翻天覆地的巨大变化，率先实现了农村工业化、城市化、现代化。日本朋友到我们红嘴这里来，惊讶感慨，说红嘴用15年的时间赶上了日本战后四五十年的工业化进程，真是奇迹。红嘴的实践证明，外国人能办到的，我们中国人也能够办到。

【出《神州第一屯》歌曲】

“人人都做梦，都想那个梦成真，梦要成了真，黄土变成金……”【开始混压】

男：听众朋友，这次节目撰稿刘斌，录音合成康曲丽，主持人晁惠、唐克。感谢您的收听。

【突出歌曲一直到节目结束】

（中国国际广播电台1997年3月7日播出）

第八章 广播特写

广播特写源于报刊的新闻特写，而报刊中的新闻特写又与文学的近似，写作样式之间存在渊源关系。

特写作为一个专有名词，最早来自电影方面，指的是电影的特写镜头。特写在摄影中是被作为放大的近景而定义的，它是把拍摄对象的某一有特征的细小部分加以放大，延续画面的时间，从而造成视觉上的一种特殊效果，比一般镜头更清晰、更逼真和富有生气。特写镜头在电影中出现后与蒙太奇一同增加了电影艺术的表现力。

作为新闻特写这个类别中的广播特写，也正是借鉴了电影特写的表现方法，抓住新闻事实当中有鲜明个性特征的部分，通过音响、语言和文字给予细致化的描述和描绘，勾勒出报道对象的生动形象。

作为一种广播新闻报道体裁，广播特写与广播通讯、广播专访同属广播新闻性专题（专稿）。最近数十年来，在广播新闻报道中越来越多地使用这种报道方式，特写的作业方法、表现技巧与广播媒体及音响特点日益紧密地结合在一起，已经出现了从广播新闻性专题（专稿）中分离出去成为一种独立的报道形式的趋势，所以有人也习惯地把广播特写称为“录音特写”。当然，实际上完整的广播特写是包含了在广播中出现的诉诸文字为主和诉诸音响为主两种表现形式的特写。

第一节 广播特写的概念与特征

由于广播特写来源于报刊中的新闻特写，所以新闻特写中所具有的内涵和特质，在广播特写中同样具有。

对于新闻特写，按我国新闻界的通常解释，如 1995 年新华出版社出版的《中国新闻实用大辞典》中说：“新闻特写就是通过生动形象地描写被报道事物富有特征的片断或瞬间动态,鲜明地再现典型事件、人物、场景的一种新闻体裁。特写的写作,要求抓住最能表现主题的新闻事实和最能反映事物特征的精彩片段,用简洁明快、生动形象、富有现场感和动态感的语言,将之突出地描绘出来,给受众留下强烈而鲜明的形象。新闻事实的其余部分可根据行文需要,作为背景简略交代或不作交代。"

西方新闻界对新闻特写的理解和解释同我国新闻界不尽相同。在美国,新闻特写概念就比较宽泛。从体裁上讲,包括除纯新闻报道以外的所有报道形式。美国新闻学教授阿伦森在《新闻采访与写作》一书中解释说:"特写,通常指报纸上篇幅较长的某类稿件,这类稿件没有正规的新闻导语,写的是有关某人、某机构的一桩新闻事件或某一政治事件或社会事件。"同为美国知名新闻记者的杰克·海敦谈到他对特写的理解:"特写可以将纯新闻与非纯新闻报道区别开来。""他不是非报不可的新闻,报纸可以不刊登这样的新闻。然而,这种报道都能引起人兴趣。"①。美国新闻界对特写的题材没有什么严格限制,写作上可以没有导语,不必区别特写中哪个部分重要,哪个部分不重要,也不一定要讲究材料和结局安排上的秩序顺序,行文可以非常活泛,带有浓厚的个人文风的色彩,更多地倾向于突出特写体裁的趣味性、幽默感、文学技巧和轻快活泼的风格。

广播特写与广播消息、通讯同属广播新闻报道家族,所以同样需要以事实作为报道对象,同样需要讲求时效,同样需要具有某种典型意义和思想内涵。但是广播新闻特写与广播消息的差别,表现在它的描述性特征上。同样都是报道最新事实,但特写比消息更为详尽、更为生动、更为形象、更为灵动。广播消息只告诉听众发生事件和所介绍人物概要情况、基本轮廓,比较侧重在过程方面,篇幅一般很短。而广播新闻特写则把重点放在报道对象某一瞬间或某一局部的情况的描述上,它突出"瞬间"和"细节"。通过展示和刻画事物的"瞬间"与"细节"来反映和表现所报道的主题。诚然,广播通讯也讲求情节当中的细节去表现和反映事件、人物,但广播通讯要求情节的完整,每篇通讯都会有不同的细节,而广播特写一般只撷取一两个有事物和人物"瞬间"的富有特征而对听众有强烈吸引作用的"细节",集中描述刻画。

综上所述,我们可以认为,广播特写就是截取事件或人物最富有特征的某个细节和瞬间的状态,通过生动、形象和集中的描绘、刻画来再现事件或人物的一种广播新闻报道体裁。广播特写的特征突出地表现在反映人物和事件的瞬间性,报道篇幅的短小和表现手法的描绘性与细腻性上。

① 《怎样当好新闻记者》,新华出版社 1980 年版,第十四章,第 104 页。

第二节 广播特写的分类

广播特写按照报道形式可以分为文字形式的广播特写和音响形式的广播特写,按报道内容又可分为:人物特写、时间特写、风貌特写和场面特写。一般分类主要从报道内容上考虑居多,现分述如下:

1. 人物特写

报道的对象为新闻人物,着重反映和表现新闻人物瞬间最有特点、最有价值的言行细节。这一点和人物通讯完全不同,人物通讯表现人物的介绍可以非常充分和广泛,与人物相关的事件的情节交代相当完整,而人物特写在描绘人物时,往往只抓住某一个典型的、极富表现力的事件、场面、行为和生活的细节,推出一个特写镜头,放大聚焦,非常细腻地描绘刻画,把它生动地展示出来,其间没有也不允许有过多的背景材料的交代,而以即时状态下捕捉到的材料的描述介绍为主。请看中央人民广播电台 1993 年 9 月 10 日播出的广播特写:

一场特殊的音乐会

汪永晨

【拉赫玛尼诺夫的《第二钢琴协奏曲》第一乐章慢慢扬起……】

记者:我从来没有像今年这样一遍又一遍地听着这首拉赫玛尼诺夫的《第二钢琴协奏曲》。是参加了一场特殊的音乐会以后,才使我格外留恋这富有激情的史诗般的协奏曲。

【拉赫玛尼诺夫的《第二钢琴协奏曲》】

我永远不会忘记 1993 年 3 月 14 日那场音乐会。

【街上,大雨,出租车停】

记者:那天雨真大,我刚刚离开范老师住的医院,赶着来到了剧场。

【大雨,剧场门口】

男士:帮我解决一张票,你帮我解决。

记者:我也没票。

男士:你是记者,你肯定有办法,我相信。帮我解决一张,我是给孩子的。

【剧场实况】

主持人:各位观众,收音机前的听众朋友,下午好。现在我们正在商城剧院现场直播“星期音乐会”特别节目：孔祥东、周挺钢琴演奏会——献给范大雷老师。

记者：演奏者是两位已经在国际钢琴比赛中多次得奖、为国争光的青年钢琴家。他们说今天要用老师手把手、心贴心教会他们的曲子，来安抚老师虚弱的病体，慰藉老师的心灵。范大雷老师现在正在与病魔进行着顽强的搏斗。此刻躺在病床上的范大雷老师也在收听这场音乐会。

周挺：我演奏的第一首曲子是贝多芬的《黎明奏鸣曲》。因为《黎明》这首曲子是光明战胜黑暗，我希望范老师听了以后也能战胜病魔，早日康复。

【音乐缓缓扬起】

记者：周挺今年17岁。坐在台上还像个没有长大的孩子。15岁的时候，他在第六届日本园田高弘国际钢琴比赛中得了第一名；16岁的时候，他在美国斯特拉文斯基国际钢琴比赛中拿的也是大奖。

【音乐】

记者：为范老师治病的廖履坦教授也来到了音乐会的现场，他向观众和听众朋友介绍了范大雷的病情。

廖教授：范教授是1961年就发现高血压，以后诊断为先天性多囊肾、多囊肝。1980年做过多囊肾的减压手术；1989年又做过多囊肝的减压手术；今年年初我们给做了第二次的肝脏减压手术以后，现在还有消化道出血。刚抢救过来，现在病情已经相对稳定。

【自行车铃声……上楼声。范大雷家】

记者：我第一次见范大雷是今年1月。那天我到他家时已经是下午1点多钟了，可他还在忙着备课，没顾上吃中饭。两点钟他还要到医院去做血液透析。我们谈的时间不长，他和我说着他的学校——上海音乐学院附属中学，说着他的学生。

范大雷：外宾有时听说孔祥东名气很大，找到学校来。没想到，冬天一个朝北的琴房，洗脸布挂着都结冰，冻得邦邦硬，冷得不得了的条件，学生在那练琴，弹得浑身是汗。作为我们老师看着也很心疼。中国古人讲念书的境界：衣服渐渐宽了，人渐渐瘦了，但是不悔。我喜欢和年轻人在一块得到一些朝气，我教孔祥东时，他就常常住在我家。一块儿下棋，一块儿生活。在生活里我可以和他讲音乐，一面下棋，一面听音乐。听到哪里就可以讲到哪儿：各种流派、不同风格、各种演奏家的一些特点。除了讲音乐以外，还可以讲做人，交了一个朋友一样，有的时候像朋友，有的时候像兄弟，有的时候像父亲一样……

【转剧场,琴声……掌声】

记者:孔祥东今年 24 岁,当今国际公认的一位能真正激动人心的钢琴家。1992 年他在第五届澳洲悉尼国际钢琴大赛中赢得了大奖及 4 个项目优秀奖。他还在 1986 年莫斯科的柴可夫斯基(TCHAIKOVSKY)国际钢琴比赛和 1987 年西班牙帕罗玛·欧茜娅(SPAIN'S PALOMAO'SHEA)钢琴比赛中,两度成为最年轻的获奖者。这位在上海音乐学院和美国冠蒂斯音乐学院受训的钢琴家,还夺得了 1988 年吉纳·巴哈(GINA BACHAUER)国际钢琴比赛的大奖。

【掌声】

孔祥东:1982 年我和范老师学钢琴的时候,班里 8 个学生,我排第六,因此我也是个很没自信心的学生。走路都是往地上看。是范老师帮我有了自信心,改变了我这一生。和他学琴的 5 年里,他把我不仅从一个普通的学生变成了一个钢琴家,更关键的是,他把我从一个没有自信心的学生,逐渐变为在舞台上能尽情发挥自己音乐才能的音乐家。我 1986 年第一次到莫斯科参加国际比赛,范老师和我同行。应该说,我是被范老师踢上台的。那天,马上就到我出场了,我突然对范老师大喊:"我要上厕所。"因为面对台下 1000 多观众和 19 个评委,我是很胆战心惊的。范老师说:OK,现在是你的时间了。我说,不行,我一定要上厕所,不然就要出问题。当时范老师没有客气,朝我的屁股上就是一脚:"小鬼,你该上了!"这一脚踢了以后,我的感觉好像好了一点,脱口说了句:"太轻了,再来一下。"范老师终于又是一脚。就这样把我踢上了国际比赛的舞台。

主持人:今天你选了什么曲子献给范老师呢?

孔祥东:第一首我演奏的是莫扎特的《降 E 大调奏鸣曲》K282。这首曲子,怎么说,每个人有每个人的想象,我觉得是给人一种比较高远、隽永的感觉,我想范老师会喜欢。

【音乐扬起】

记者:孔祥东这次到上海之前,正在香港接受中国人制作的第一张《黄河·梁祝》镭射影碟及唱片白金奖。听说范老师病重以后,他推掉了一切商业演出,飞回了上海,赶到了医院。这几年孔祥东频频在国际上得奖,在任何场合,他总是说:没有范老师,就没有我孔祥东。这次特意从海外回来以后,他见到恩师说的第一句话是:范兄,这一关你一定要过,我这么远赶来,就是要帮你过这一关。孔祥东爱他的老师,在上午我到病房去看范老师的时候,范老师身体很虚弱,可是我一说到他的学生,他的眼睛马上睁开了。

【医院里，范大雷在半昏迷中，附近盖房子的电锯声，打破了医院里的宁静】

范大雷：我觉得，孔祥东以前很淘气，但是很聪明，花了一点力气把孔祥东教出来了。周挺是1988年以后教的。现在差不多每年都要去参加比赛，基本上都能得奖，弹得很好。我就觉得要有信心，要有信心……

【喘息声】

记者：今天下午的音乐会你一定要听。

范大雷：一定听。就是现在？

护士：不，下午两点，现在才是九点半。

护士：现在好好休息，养养精神，下午听音乐会。

【星期天，探视病人的日子。医院走廊里又说话声和收音机里的声音】

记者：我走出范大雷的病房，看见一位男士非常难过地站在病房外面。问了以后才知道他叫顾国权，是当年和范大雷一块儿长大的同窗好友。现在住在美国，是全美钢琴教师协会旧金山分会的主席。

顾国权：我们搞钢琴的都知道，有几个比较难的曲子，一生中能弹好的话都是一种非常大的挑战。他在"文化大革命"那样的条件下，练得非常非常好。不过就是没有机会表现。那时他和我讲，他最大的理想就是要和交响乐团演奏拉赫玛尼诺夫。因为中国钢琴演奏技术发展史比较晚的，这门技术从欧洲引进过来，可以讲第一代就是范继森教授，范大雷的父亲。在短短的历史里面，他们父子俩连续不断地把香火继承下去，我觉得在中国钢琴教育史上是不可磨灭的。他对我的批评，使我一辈子受益，他对我讲，需要经常考虑你在做一件事情时，别人是怎么想的。你想，这是一个初中时代，十几岁能讲到这么一个深度很不容易。我尽量在改正。还有很多说不完的故事。有一位先生问我，假如用最简单的话来形容他最大的特点，给我最深的印象是什么？我说是：厚道。当然知识分子都要讲才能，但是有些人有才能，但是不厚道。我是因为他的病赶回来的。上星期突然收到孔祥东给我的电话，说他情况很不好，所以我就整个阵脚都乱了，我马上就来了。我一下飞机就到这里来了，因为我很怕见不到他。他肯定是先我而去了，我非常难过，他肯定是先我而去了……

【上楼声。音乐学院宿舍楼里有练琴声。范大雷住的小屋】

记者：您是范老师的妈妈，这就是范老师住的地方？

范妈妈：对。

记者：这么小，单人床、书橱、琴也在这里。

范妈妈：身体不好的时候，就在这儿躺着这么上课，孩子很努力。他在病的时候还在想着自己该做什么事情。

记者：他的桌上放的都是药。

范妈妈：都是药呀。还有一个剑，是孔祥东在西班牙得的奖，西班牙不是斗牛吗？就挂在墙上。

记者：挂在他的床头。

范妈妈：是。这几天他老说，东东这么忙，练琴也不练了，不要弹砸了。因为他觉得练琴这个东西不是马马虎虎，不是容易的。他是非常想再教几个学生，不知道能不能成功。

【转剧场。掌声】

孔祥东：第二首我演奏拉赫玛尼诺夫的《第二钢琴奏鸣曲》作品 36 号。这首曲子我是跟范老师学的。是 1985 年他和我在策划怎么准备来年的莫斯科钢琴比赛的曲目。此时此刻再弹这首曲子给老师听，别有一番心情。

【静场】

记者：孔祥东坐在了钢琴前，他半闭着眼睛，把头微微抬起，手指缓缓落下。

【拉赫玛尼诺夫的旋律再在大厅里回荡】

记者：范大雷是那样执着地酷爱拉赫玛尼诺夫。在他们家里有一条不成文的规矩，每年春节一清早，都要在家里放拉赫玛尼诺夫的《第二钢琴协奏曲》。十年动乱期间，他被剥夺了上音乐学院深造的机会，到手风琴厂当了十二年工人。可是他偷偷地弹奏着这首曲子，并且暗暗发誓：总有一天要登台演奏拉赫玛尼诺夫的作品。范大雷，你没有实现心愿，如今你的学生实现了。

【音乐起】

主持人：现在很多小朋友有些是父母抱着，他们纷纷把钱放在了这个捐款箱里。谢谢！谢谢！

小男孩：因为这个老师很认真地教学生，他生病了，我也想捐点钱给这个老师，祝他早日康复，再教那些学生，再创佳绩。

孔祥东：非常巧，明天是 3 月 15 日范老师 47 岁生日。在此，我想演奏一首《生日快乐》，大家和我一起唱，通过电波向范老师祝寿，好不好？

观众：好！

【观众齐唱：祝你生日快乐，祝你生日快乐】

记者：音乐会结束了。

【大雨声】

记者：我和孔祥东，还有孔祥东的妈妈，拿着生日蛋糕又赶到了医院。

（医院，医生在抢救）

孔祥东：他现在怎么样了，他现在怎么样了？

医生：血压高了，心脑压力很大。所以心力衰竭。

孔祥东：他现在讲话能听见吗？范老师，音乐会听了吗？

范大雷：听了。

孔祥东：范老师，我妈妈来了。（范老师的呻吟）

孔妈妈：范老师，范老师，我是林幼陵。不忍心，医生请帮帮忙……他在我手上弹琴，在弹琴……

范大雷：带子，录音带，我要听CD，CD……哼……哼……

记者：我买的是晚上的火车票，必须要离开病房回北京了。

【走廊里的脚步声】

【火车鸣笛，开远】

记者：几天以后，我接到朋友来信。3月14日和15日交接的时刻，弥留中的范大雷突然喊出："拉二，拉二……"昏迷中的范大雷两手不停地动，像在弹钢琴，嘴里哼唱着拉赫玛尼诺夫的《第二钢琴协奏曲》第一乐章的钢琴声部，声音是那么微弱，含糊。

【拉赫玛尼诺夫的《第二钢琴协奏曲》奏出悠长和悲壮的旋律，混响】

【出录音】

范老师：中国古人讲，衣服渐渐宽了，人渐渐瘦了，但是不悔。

【音乐扬起，飘逝】

在这篇特写中，记者选取音乐会现场、医院和范大雷家三个特殊空间场景，时间跨度也不大，紧紧抓住范老师平实而传神的富有个性特征的瞬间情形，同时通过几个人物的富有特色的谈话，生动地展现了一位音乐园丁"春蚕到死丝方尽，蜡炬成灰泪始干"的崇高形象。

2. 时间特写

选取重大事件、有典型意义或听众关心的时间的特殊场面、特别镜头和典型细节，集中进行描绘和刻画。同广播消息相比，事件特写反映和表现事件除了真实、及时以外，更加具体和细致，时间和空间也更加集中短暂。而广播消息反映事件则是粗线条的扫描，概括式的叙述。广播特写同事件性广播通讯比较起来，也有较大差别。事件性广播通讯对事件的反映一般注重完整性，即事件的发生、发展、高潮和结果，都有交代。而事件性广播特写反映事件中最出彩、最吸引人、最让人怦然心动的场面、镜头和细节，下功夫进行表现。请看中国国际广播电台1997年2月25日播出的录音特写：

十万群众泪送邓小平

王蓬　张晖　等

一代伟人，中国改革开放和现代化建设的总设计师邓小平的遗体，今天，1997年2月24日，被送往北京西郊的八宝山革命公墓火化。沿途，十万群众自发地为他们爱戴的小平送行。下面请听本台记者发回的录音特写：

【音响1，哀乐出，压低混播】

24日早晨，北京的天气阴转多云。在北京西郊，从小平去世的中国人民解放军总医院，到八宝山革命公墓，近3公里的道路两旁，一大早就挤满了等待为邓小平送行的人群。记者了解到，送行的人群中有工人、农民、政府干部、知识分子、部队官兵，有70多岁的老人，也有抱着孩子的母亲……人们的表情沉痛而冷静，十多万人默默地站在路旁，迎候邓小平的灵车。

早晨9点，中国党和国家领导人江泽民、李鹏、乔石、李瑞环、朱镕基、刘华清、胡锦涛、荣毅仁等和邓小平的亲友，在中国人民解放军总医院向小平遗体告别。

9点31分，邓小平的灵车开出医院，在开道车的护卫下，向西缓缓驶去。早已等在沿途的人群再也抑制不住巨大的悲怆，流出热泪。

一位名叫陈安贞的归国留学生对记者说：

【音响2，讲话出，渐混】

“（哭）没有改革开放，我们国家就没有今天。国家富强了，人民生活好了。我们留学生也都学成归国，为祖国报效，这都是他老人家的功劳。”

陈安贞是邓小平在70年代末提出向发达国家派遣留学生后公派留学生中的一个。改革开放后，中国共派出了27万留学生，如今已有10万人学成归国。

邓小平的改革开放政策使全体中国人民受益，全中国人民都为他的逝世感到无比悲哀。一位怀抱幼子的青年妇女是从北部省份黑龙江来的，她流着眼泪对记者说：

【音响3，讲话出，渐混】

“昨天就听说（灵车）要来，晚上我就过来了。对邓小平我有一份感激。我没见过他真人。这次来北京，能有机会看一眼灵车，也是心里的一种安慰。”

灵车缓缓行驶，干部、教师和科技人员们为他送行来了。在人群中，记者看到一位教师，手捧着一幅小平的画像。她是北京师范大学艺术系主任黄慧琳，她深情地对记者说：

【音响4，讲话出，渐混】

“我觉得小平的一生可以用四个字来说他——功德圆满。他对中国人民，对这个民族及国家作出了他所有的最大的贡献。作为一个教师，我知道拨乱反正是小平指挥的。拨乱反正之后，小平又提出了尊师重教这样一个思想，在这个思想指导下，我们国家的教育有了很大的发展，包括我们师范教育。”

北京正负电子对撞机工程是1984年邓小平亲自破土奠基的。1988年对撞机成功地实现了第一次对撞，这是继中原子弹、氢弹爆炸成功，人造卫星上天之后，在高科技领域的又一重大成果，标志着中国在国际高能物理领域占有一席之地。

陈森玉是中国物理研究院高能物理研究所副所长，他是第一批回国的留学博士后。1984年他从美国留学回国后，一直从事着中国高能物理的研究工作。陈森玉说，如果没有邓小平提出的改革开放，中国的科学技术不可能有现在的成就。

【音响5，讲话出，渐混】

他说：“邓小平去世了，回想到这么多年的历程，特别是邓小平强调科技是第一生产力，强调知识分子的地位和作用，以及对我们国家科学和发展的宏伟规划。包括对北京正负电子对撞机这样一些重大的基础研究科学工程的关怀，使我们非常怀念邓小平。小平去世了，我们一定会继续他开创的事业，把今后的科学技术现代化的工作做得更好，这是最好的悼念邓小平的方式。”

首都的大学生们为他送行来了。学生们打出了“小平走好”、“洒热泪送别邓小平同志”的横幅。1984年10月1日北京举行国庆游行时，北京大学学生们曾自发地打出了“小平您好”的横幅，表达学生对小平倡导改革开放政策的由衷歌唱。今天，北京大学的师生们又打出了“再道一声‘小平您好’”的横幅，倾诉了对邓小平的无尽哀思。

北京大学学生李刚说：

【音响6，讲话出，渐混】

“一代伟人去世了。在这个历史性时刻，每个人心里都是很悲痛的。作为北大人，就像我们打出的横幅一样，我们只想再说一次、再道一次：小平，您好。当我们送走小平以后，我们只有把悲痛化为力量，为国家富强而努力学习。"

中央民族大学的学生举着的横幅写道："各族儿女怀念邓小平。"来自西藏的旺堆说：

【音响7，讲话出，渐混】

"作为一名少数民族大学生，今天在首都为敬爱的邓小平送行，心情很悲痛。是小平的改革开放改变了我们家乡的落后面貌。今后，我们要好好学习，做好本职工作，来报答他老人家的恩情。"

工人们为他送行来了。几年前，邓小平曾到首都钢铁公司视察，首钢的青年工人郭玉明在对记者回忆当年的情形时说：

【音响8，讲话出，渐混】

"当年小平接见我们的时候，我走上前说了声：邓爷爷您好！小平与我热烈地握手，我当时的心怦怦地跳，感到非常荣幸。小平鼓励我，把中国的钢铁工业搞上去。我正是按照他老人家的这一教导，努力工作，在炼钢岗位上做出一定贡献的。"

农民们为他送行来了。臂戴黑纱的老人胡延瑞对记者说，他想最后看一眼邓小平。他说：

【音响9，讲话出，渐混】

"1961年，邓小平视察过顺义县，也到了我们村。那时他50多岁，很精神。那阵儿我们村儿每年打几万公斤粮，还要吃国家返销粮。从那以后，我们生活更好了。现在每年打50多万公斤粮食，增加了十多倍。以前是住土房，现在没有土房，都是瓦房，全村老少都说，吃水不忘打井人。"

解放军官兵们也为他送行来了。总参谋部的费雪杨少将难以抑制自己的悲痛，对记者说：【音响10，讲话出，渐混】

"我们今天以沉痛的心情悼念小平。小平有关利用高精尖技术加强军队建设的思想，对新时期军队的现代化建设发挥了重要的促进作用，做出了重要的贡献。我们决心化悲痛为力量，在以江泽民为核心的党中央领导下，继续贯彻好小平新时期的建军原则，积极加强自身建设，以实际行动悼念小平。"

望着缓缓行驶的灵车，一位名叫王文举的基层干部说：

【音响11，讲话出，渐混】

"小平的逝世是我们国家的巨大损失。邓小平制定的一系列政策会继续下去。我们党的第三代领导人在全国人民当中威望很高，我们将团结在以江泽民为核心的党中央周围，发奋努力，把我们的国家建设得越来越好。”

9点51分，人们怀着悲痛的心情，目送邓小平的灵车驶入了八宝山革命公墓的松柏丛中，为中国的革命和建设事业奋斗终生的邓小平，在这里走完了他一生的光辉旅程。根据小平的遗愿，他的遗体火化后，骨灰将撒向大海之中。邓小平曾经说过，他是中国人民的儿子，他深情地爱着自己的祖国和人民。而人民这一创造历史的真正动力，必定会按照邓小平设计的改革开放宏伟蓝图，迈向新世纪。

邓小平，这个平凡而伟大的名字，将永远活在中国人民的心中。

3.风貌特写

一种以形象生动地再现自然景物、旅游风光为报道内容的题材类型。它取材广泛，可以是自然风光、地理风貌、民俗风情、旅游见闻、各地新面貌等，所以也有人把风貌特写称为旅游特写、景物特写。风貌特写要求记者把自己在现场的所见、所闻、所感和所思，逼真传神、形象生动地传递给听众，当然被反映的风光、景物、民俗必须是有典型特征和特殊意义的。风貌特写与风貌通讯比较起来，风貌通讯描写对象不受现场限制，时空跨度比较大，有一定的回旋余地。而风貌特写所描写的对象大都在现场发生，所以风貌立足于现场，从动的方面去表现报道对象的变化，给人以立体印象和强烈的动感。请看中央人民广播电台1988年9月22日播出的广播特写《走向正在消逝的冰川》。

走向正在消逝的冰川

——寄自长江源的家书

汪永晨

【洪水浪涛声……流水声……冰川滴水声……压混】

记者：正是这一滴一滴的水，孕育了我们的母亲河——长江。

【滴水声……压混】

记者：我的这段经历过去已经一年了，可它还是那么刻骨铭心地留在我的记忆中：长江源冰川的壮美，长江源冰川因我们人类的干预正在融化，还有我在那儿历经的生死考验。今天，我找出了写自江源的三封家书，是想让您也能跟着我当年走过的路，去感受一下青藏高原长江源区那独特的风情和全球气候变暖在长江源产生的生态变化。您听……

【马叫……牧民的歌声……牦牛走在高原上……压混】

【羊的呻吟……压混】

教授：牦牛都看到400多头一群，大小、成幼。到了秋天，看不到野驴群的边,尘土飞扬。

【牦牛走……】

女探险家小邓:1993 年我们去的时候立了一个碑,立在 5600 米冰川右侧,今年我去就以那来做基准,看看冰川到底退缩了多少。

记者、女探险队员:稍微走快一点就喘。母亲孕育这条河就是在这样的环境中,太恶劣了。实在走不动了,要看到江源可真不容易,太不容易了。

【滴水声……压混】

第一封家书,写于 1993 年 9 月 1 号、3 号。

【冰雹砸在帐篷上……压混】

记者:亲爱的南宇,你现在听到的声音,是冰雹砸在帐篷上。今天是我生平第一次睡在海拔 4000 多米的高原帐篷里。这里叫作无人区。亚洲的六条大河都发源于这个地方。六条大河的发源地,你能想象得出来这里是什么样子吗?

【唱(长江之歌)——你从雪山走来,春潮是你的风采,你向东海奔去。春潮是你的气概……压混】

记者:女探险队员们大都是第一次在海拔这么高的地方住帐篷,心中又有着一份想见到江源的期盼,睡不着,挤在那边的一个帐篷里唱歌呢。

(歌声:你用甘甜的乳汁抚育我们成长……)

记者:早在我们中国的汉代,张骞出使西域回来就寻找过长江源头,他没有找到。清朝康熙年间,官府曾两次派人奔赴高原,又都以失败告终。直到本世纪 70 年代末期,我们中国才向世界宣布,长江源头在格拉丹冬雪山西部的姜古迪如冰川。

记者:通往那里的路,瑞典探险家斯文赫定说,是由狼、牦牛、野驴和羚羊踏出来的。现在,我随中国第一支女子长江源科学探险队就走在了这条路上。

(歌声……我们依恋长江,你有母亲的胸怀……笑声)

(牧民吹着口哨,赶着牦牛……马嘶……)

记者:你叫什么名字?

牧民:欣跃。

探险队后勤:你们牛羊这几年够不够吃?

牧民:不够。

记者:怎么不够了?

牧民:现在牛羊多了,地方不够,草不够吃。雪灾,冬天小牛全部死了，没办法。150 头牛，死了 80 多，羊 500 只，死了 200 只。

（牧民的口哨声……）

记者：进江源，要有向导，有牦牛。欧跃是会说汉话的藏族牧民。《长江之歌》的第一句："你从雪山走来……"欧跃的家，就住在长江的发源地格拉丹冬雪山的脚下。我们这一行人，欧跃说了，走了 10 天，能到姜古迪如冰川就不错。

（高原上的早晨，挤牦牛牛奶；卜……卜……）

（高原上的小鸟在鸣唱……）

记者：挤奶呢？

牧民：笑……

（挤牦牛奶……）

记者：亲爱的南宇，今天我见到了向往已久的格拉丹冬雪山。怎么给你形容呢？它像一把雪剑，高高地耸立在群山之中。除了洁白以外，我更多的感觉是它的孤傲，不然，怎么在众多的大山中，只有它才孕育出了川流不息的长江？

（狗叫：汪……汪……孩子叫……）

记者：到了格拉丹冬雪山脚下，就到了欧跃的家。孩子们很久没有见到父亲，一齐跳进欧跃的怀里。小狗也在一旁摇着尾巴。

（欧跃家帐篷里，打酥油茶……嗵……嗵……）

（酥油茶倒在碗里……哗……哗……）

记者：上路前，欧跃的妻子不停地往我们的碗里倒着酥油茶。语言不通，从她的笑容里我能猜出来，她是让我们喝，喝……

（喝水声……）

（高原上的小鸟叫……羊叫……）

（牦牛上路……）

记者：我骑在了牦牛背上，欧跃的妻子远远地站在他家的帐篷前，静静地看着将要随我们远行的丈夫。孩子们还围在欧跃的身边，抱着他的腿，搂着他的膝，贴着他的脸。

（欧跃赶牦牛：哦呀……哦呀……）

（马喘气……牧民的哨声……）

（欧跃唱……有好多好多的地方，但最好的地方还是藏北草原……我要选一匹最好、最俊的马（姑娘）自己一辈子骑……）

记者：中国科学院地理学家唐邦兴教授是我们这支队伍的总指挥。他已第二次进入长江源区。今天我们一边走，他一边给我讲着他眼中江源的变化。

唐教授：我们现在走的地方，原来都是沼泽，现在都没水了。河源区沙化面积在扩大，一万年来都是沼泽。沼泽地退化以后，草垛不存在了。这是西风盛行带，加上牲口践踏，就把草皮掀开了，掀开底下是砾石，成为戈壁。

记者：唐教授还说，水土流失，直接能看到的就是泥沙量的增加。长江今年灾害这么重，和长江上游的生态变化都有关系。现在是小水大灾，大水就是重灾。

（牦牛走在砾石上……）

【滴水声……压混】

第二封家书：写于1998年9月4号、10号。

探险队后勤：有一只小羊在水里挣扎。

女队员：小羊快死了。

探险队后勤：好造孽。

（羊在小声捯气儿……咳……咳……）

记者：亲爱的南宇，我们刚刚过了姜根渠。你现在听到的这个声音，是我们从水里捞出来的一头已奄奄一息的羊。从一上路，欧跃就说，我们此行过姜根渠是一关。

这只小羊好可怜，眼睛紧紧地闭着，躺在地上捯气儿。我们都觉得它活不了了。

（羊：嗯……嗯……）

记者：今天为了早点赶到姜根渠，我们早上是8点钟出发的，通常可要到11点才动身呢。高原的早晨可冷了。路上赶得急，高原缺氧，我竟走得眼前发黑。一头栽倒在地上。在没有任何抢救措施的情况下，同伴们掐人中的掐人中，揉胳膊的揉胳膊，搓腿的搓腿，等着我苏醒。9月4日，以前怎么就没想过，它念起来和九死一生的九死谐音。更没想到高原缺氧那么可怕。

【羊在捯气儿……咳……(这声音有点像咳嗽，听来十分凄惨)】

记者：看它的眼睛好像睁开了一点，睁开了，睁开了，小羊的眼睛睁开了。江源的环境太险恶了，小羊也面对着生命的挑战。

（羊大叫……）

记者：我也没死，南宇。还没了却心愿，还没见到姜古迪如冰川呢。靠着自身的生命力我又活了过来。姜古迪如冰川，还要熬多少天才能见到啊。

记者：南宇，你还记得 1993 年，我采访研究青藏高原上的野生动物专家蔡桂全教授时他跟我说的“青藏高原是野生动物的乐园”吗？那次浑身披挂着长长的黑毛的野牦牛，见到了一大群一大群的藏羚羊和远远地像是给青山镶了一道边似的白唇鹿。可是这次，我在进入江源前，再见到蔡教授时，他很伤感。

蔡：我的一个美国研究生，他是搞野生动物资源的，他要调查数量，所以他知道哪个地方藏羚羊比较集中。去年，他到野牛沟去，走了 3000 平方公里，只看到一头藏羚羊，仅仅一头。1990 年我带美国博士生进去，一边工作，一边欣赏大自然。岩羊，山上黑压压的一片，头朝前，屁股朝后，只看到屁股是白的，一点一点，一大片。现在植被破坏了，就破坏了野生动物的栖息地。食物没了，它们也就不呆了。当地人说，白唇鹿没有了，老蔡在那儿时，那么多的白唇鹿再也没有了。那就是他们的回答，你说惨不惨，太惨了。

记者：蔡教授还说，这里本是无人区，叫可可西里，蒙语意思是美丽的少女。现在，却被偷猎者的汽车压出了一条条大道。

（老阿爸边走边念：嗡嘛呢叭咪呼……嗡嘛呢叭咪呼……）

女队员：慢点走，慢点走。

记者：亲爱的南宇，今天我们就能见到姜古迪如冰川了。昨天我们翻了九座山梁，幺妹鲜红说，累得嫌耳朵多余，割下来的心思都有。现在我们听看老阿爸边走边念着藏族佛教中的六字真言，被前面的神秘牵着。姜古迪如，你到底是什么样？

女队员：我觉得可能到处都是冰川，上面天是蓝蓝的天，周围都是白白的冰川。每一个冰川，每一个缝里都流出潺潺的小溪，慢慢汇成长江源，越来越大，肯定是这样的。笑声……

女队员：9 月 12 日是我的生日，在湖南，每年我生日时都穿裙子。在家不可想象现在我穿着羽绒服还冷得打哆嗦，那里是什么样子，想象不出来。

女队员：我想象应该是很洁净的一个世界，很净化的一个地方，没有人烟，没有沙土，没有污染……

（牦牛走着过沼泽、小河……）

探险队后勤：太难走了。

记者：整个腿都陷进泥里了，好可怜的牦牛。

记者：南宇，从 9 月 1 日开始算，我们进入江源已经有 10 天了，虽然中间因天气原因休息了两天，可队上的每一个女队员，都快到了克服困难的极限。

（下雹子……）

记者：已经是海拔5400米了。马上就要到姜古迪如，天又变了。姜古迪如冰雹迎接了我们，地马上白了。

记者：我的录音机上全是冰雹。

女队员：稍微走快一点就喘。

记者：母亲孕育这条河就是在这样的环境中，太恶劣了。实在走不动了，要看到江源可真不容易。

女队员：太不容易了，这几天把一辈子的苦吃完了。

记者：喘气……来之前再怎么想也没想到这么难。

女队员：太没想到了。

记者：冰雹很快变成了雪，向雪山走着。

（走在冰雪上：咯吱……咯吱……）

记者：雪好吃吗？

女队员：好吃，像吃大自然的冰淇淋。

（冰川的滴水声……）

记者：亲爱的，今天晚上，我真的是枕着姜古迪如冰川睡觉。我们到冰川时已经是傍晚7点了。灰蒙蒙的天、灰蒙蒙的冰川接待了我们。就在我累得倒在帐篷里大喘气的时候，外面有人叫开了："快出来，夕阳美极了。"我冲出帐篷，一抹夕阳正照在冰川上。幺妹在地上打了三个滚，并且宣布，我的婚礼要在姜古迪如举行，她肯定是疯了。后来又一遍遍唱着这首歌。

（歌声：是谁带来远古的呼唤，是谁留下千年的期盼。难道说还有无言的歌，还是那久久不能忘怀的眷恋……）

记者：唱着唱着，她哭了。

（哭声……）

记者：历尽千辛万苦，好不容易到了姜古迪如冰川，可要想仔仔细细看着长江到底是怎么从这里孕育而成的，我们还要等上一夜。

（冰川一滴一滴的流水声……压混）

第三封家书，写于1998年9月12日。

【牧民一边扔着隆达（印有藏经的小纸片）一边在祈祷：格拉丹冬索索（平安）……姜古迪如索索……】

（女队员也跟着一起扔……姜古迪如索索……）

记者：今天姜古迪如的早晨没有日出，雪下得很大。我们的向导扔着隆达在祈祷着什么，都11点了，天空才越来越蓝。

（冰川开始融化，滴水声……）

女队员：姜古迪如冰川，像一座座艺术品，一座座冰川，冰川上还有很多条纹和画一样，像一座雕塑。我想象源头应该有鱼，但在这儿没看到）

女队员：没有我想象的那么宏大。远看不好看，走进去摸着的感觉挺好的。阳光照射下泛看蓝光，自然界那么神奇，没有一点杂质，坐在那儿特别的洁净。还有听着嘀嗒嘀嗒的水声，就感觉真的在世外桃源一样。我们的母亲就在这样寂寞的地方，那么空阔，又显得特别安详、大度，这真的是母亲的胸怀。

女探险家小邓：1994年我们现在扎营的地方，那时是很厚的冰板，很厚的。今天，冰大板没有了。1994年我来，我们的船可以划进去，划到冰川边去。你看现在，不可能了。

唐教授：这次到了姜古迪如冰川，和1986年相比，面貌皆非。

探险队后勤：在我们扎帐篷的地方那时是大冰湖，湖上有很多造型。我起了很多名字，有玉女出浴、二龙戏珠、金猴奋起千钧棒，很多很多，现在这些造型比较少了。

（冰柱碎断的声音……）

记者：小心，大冰柱。

小邓：1994年到1998年，我觉得从那个地方到这边，冰川退缩了有100米。

记者：1986年现在退缩了有多少？

唐教授：300米以上。再也看不到姜古迪如各种冰川表面的地貌：冰塔林、冰湖、冰川崖、冰川漏斗、冰笋……

小邓：冰川上一融化，滴在地上马上就浑浊了，不是人们想象中的那么清。照此下去，唐教授，这12.5公里冰川要不了几年就退完了。

唐教授：要不了几年。

记者：这冰川形成是多少年？

唐教授：这个冰川形成大概是上万年。

记者：结果，4年就退了100米。

唐教授：现在退缩得特别快。

小邓：1994年立的碑都不见了，从昨天到今天我到处找，碑不见了。

（冰川融化的滴水声连成了片……）

记者：亲爱的南宇，这就是今天的姜古迪如冰川，就是我们的母亲河长江的源头。和你想象中的一样吗？和我想象中的不太一样。我想象中的那片冰川圣洁、晶莹，古老而年轻，岁月和风霜不会在它身上留下什么痕迹。可是在这里，我看到了它身上的皱纹，那么皱纹之间已经染上了风尘的颜色。而长江最初的水气，正默默地顺着这些皱纹缓缓地滑下来，凝成滴，滴落在青灰色的砾石间。水滴汇聚着，变成了浑浊泛着乳白色的细流。不知道为什么，这景象让我的心有一种揪扯的痛感。应该说，这里现在还是一座冰雕的博物馆。但是我看到的，是一滴滴正在融化的冰雕……

（滴水汇成了河……）

记者：唐教授说，冰川和雪线都是气候变化的产物，又是气候变化的显著标志。温室效应，全球气候变暖，在长江源地区表现得十分突出，同时青藏高原对全球气候的影响也很大。这里温度如果变化一两度，对全球来说可能就是三四度。不知道这是不是比南极的臭氧空调还可怕。

（滴水声和河水声交织在一起……）

记者：今天一大早，欧跃没和我们告别就匆匆地走了，家里妻子、孩子都在等着他。

记者：在这一串串巨大的冰柱前，我久久地凝视着。脑子里出现的都是一滴滴的融水化成了咆哮的洪水。

阳光下，我觉得姜古迪如冰川滴答的融水，如同哭成了一片，我们的前辈从汉代就寻找的江源，会被泪水吞噬掉吗？

阳光下，我觉得今天的姜古迪如冰川还未失去它的博大与宁静，那么明天呢？

阳光下，我在想，母亲河养育着我们中华民族数万万同胞，如果我们人类不能和自然和谐相处，可能还会遭到更严重的惩罚！

（冰川滴水声……流水声……洪水浪涛声……）

这篇特写以写家书的方式，把对典型细节的叙述与描写放在当时的特定情境中，作者后来在谈体会时，就是为了“不能脱离江源这个特定情境”，作品不得不舍弃了在别处采制的一些珍贵录音资料。同时作品自始至终注意为听众展现丰富的画面和充满动感的细节，让听众在得到知识和真理的同时，也获得了美的愉悦和鉴赏。

4. 场面特写

场面特写以描绘、刻画和展现新闻事件富有典型意义的场面和场景作为报道的重点，给听众和受众以如临其境的感觉。请看《人民日报》1982 年 10 月 17 日《潜艇水下发射火箭目击记》这篇新闻特写的片段：

火箭从海底飞腾而出的时候，记者站在千米外的艇上观察，辽阔海天映出的壮观画卷，尽收眼底。

金色的阳光映照在碧波如镜的海面。突然，从海底传出一声轰响，在前方的海上面冲出几十米的水柱，像宝塔一样兀立在海上。大家一齐涌到艇的右舷，手指前方不约而同地高喊："火箭出水了！出水了！"连续几个小时海上颠簸摇晃的晕船和疲劳消失了，大家一个个瞪大眼睛，注视海空。许多人"咔嚓、咔嚓"地按着照相机，摄下这珍贵的镜头。

乳白色的"巨龙"从高大的水柱中飞窜出来，浑身披着水帘。火箭向上飞腾，水帘倒挂下来，犹如悬在空中的瀑布；水珠四溅，像水晶翡翠在阳光中闪烁，晶莹迷人。

记者从直升机上俯瞰，只见火箭喷出的橘红色火焰，把蓝天碧海染得金碧辉煌。巨大的气浪压迫升腾的水柱绽开来，犹如一朵盛开的硕大雪莲。此刻，人们的心里都乐开了花，热烈的欢呼声伴随着"巨龙"冉冉上升。

火箭带着亿万人民振兴中华的宏图大志向天际飞去，从碧海到蓝天留下一道长长的烟云。

第三节 广播特写的写作要求

广播特写的写作不同于广播消息、广播通讯的写作，它有自己的特点，因而在写作上也有别于广播消息、广播通讯等广播新闻报道体裁的要求，概括起来应注意下面几个方面的问题：

1. 广播特写在材料的选择方面应该更加集中，不宜面面俱到，不宜追求情节的完整，而需要截取新闻人物、新闻事件和新闻事实当中最富有典型意义、最吸引听众的横断面的"瞬间"画面，集中描绘，突出表现。广播消息、广播通讯在报道的选材和结构的安排上讲求按时间和逻辑顺序，前面发生了什么事，过去人物是一种什么状态，中间出现了什么变化，经历了什么高潮，最后结果如何，现在人物又是一种什么状态；或者现在有了这样的一种结果，是什么原因什么因素造成的，要向听众作出交代，而这种选材和结构完全不适合广播特写。广播特写需要紧紧抓住人物和事物"瞬间"的精彩情形和个性化的典型场景惟妙惟肖地告诉听众。请看 1999 年 12 月 23 日河南焦作人民广播电台播出的录音特写《挤"水分"》：

冬至晚上 8 点，焦作市委二楼会议室里灯火通明，开了两天的全市经济工作会议还在进行着。两天来，各县市区轮着汇报了今年的经济运行情况和明年的打算，现在发言的是沁阳市政府的一名主要领导。（注：沁阳市属焦作市下辖的县级市）

【录音】（汇报人）："元月至十一月份主要经济指标完成情况……我们的数字是两个数字，一个是上报数，一个是实际数，平常就是这样统计掌握的。"【止】

原来，在审核沁阳市的材料时，发现这样一个情况：国内生产总值同去年上报数相比，下降了31%；同去年实际数相比，增长了9%。

听到这儿，市长秦玉海皱起了眉头：

【录音】"这个概念就是说去年你们有40%的水分。去年40%是无效的。40%是无效数字！"【止】

秦市长四十出头，原任黑龙江鹤岗市市长，今年2月调来后，大部分时间在下面搞调查研究。

【录音】（秦玉海）："我看对待数据问题，我们采取这样一个态度，我们执行《统计法》，依法统计。多年来由于统计不规范形成的不合理因素，今年在统计当中要把它删除，删除过程中有可能和以前相比出现负增长，这个我们也要勇于承受。我看不要搞两个数字，去年的数字和今年相比，如果是下降了，就是下降了。不要搞两个数字。"

（汇报人）："中，回去我们再核实一下。元月至十一月份我们沁阳国内生产总值累计完成27.5亿元，同比增长了28.7%……"

（秦玉海）："你这个数据严重违背经济规律。9%的国内生产总值增长拉动不了28%的财政收入增长。这个数字你可要算好，你可不要'拍脑袋'。"【止】

这时，市委书记刘其文插了话：

【录音】"如果你财政数字是真实的，你国内生产总值算得不准确；要么是你国内生产总值增长是正确的，你财政还有水分，还是虚的。"

（汇报人）："我们再算算账。数字……不好玩转。"

（会场上有人发出了笑声）

（刘其文）："说这个话是要挨批评的。数字不好玩，谁叫你玩数字了？你实事求是统计嘛！有多少是多少嘛！"【止】

会场沉静下来。书记的话口气很重，在场的人都感到了震撼。

汇报人擦了把汗，又谈起了明年的经济指标，与会领导对这些数据一一作了详细的质询，指出一些指标过高，而另一些指标却显得保守，关键问题是没做到实事求是。

听完汇报，刘书记恳切地告诫大家：

【录音】“我们讲实事求是，是为了发展得更好；我们讲加快发展，是要求在实事求是上的加快发展。不去做艰苦细致的工作，在数字上做游戏，早晚要倒霉的。只要我们做到最大的努力，我们是八就是八，是十就是十，我们得坦坦荡荡啊……”【止】

这篇广播特写在选材上十分集中，它没有介绍会议的全部情况，只是抓住会议当中有关国民生产总值和财政收入增长的数字统计问题集中进行描写，几个讲话人的口气、神态以及现场的气氛都刻画得很传神。通过会议的这个横切面的描述，反映了焦作市委、市政府对数字统计不实问题的高度重视以及在实际工作中恢复和发扬党的实事求是的光荣传统的决心，联系同时期一些地区、部门，一部分领导干部为了所谓政绩，任意编假造假，搞“统计腐败”的问题，应该讲，主题具有相当典型意义。不仅如此，记者舍弃了会议的其他内容，从有关统计数字有水分这个瞬间的对话插话切入，篇幅不长，但给听众留下了回味的空间。

通过这篇特写报道我们还应当看到，广播特写侧重选取的重点，一般来讲都是新闻事实当中最核心、最关键、最吸引听众的那个部分，抓住了这个重点，也就好比抓住了牛缰绳，也就把握住了整个新闻事实的重点和特点。这样，围绕新闻事实的重点与特点，围绕新闻事件“瞬间”的精彩场面集中描述，就要比从头至尾平铺直叙生动得多。

2.广播特写在表现手法上也需要借鉴报刊新闻特写的细描和白描手法。描写是新闻特写的基本表现手法，而对新闻事件和新闻事实进行具体细致的细节描写即细描，是新闻特写增强感染力的必要途径。同样，广播特写也需要借由对新闻事件和新闻事实当中有特点的细节的精心描绘，去感染和影响听众，去刻画出一个个富有特色和动感的鲜明的“瞬间”形象。对于广播记者来讲，只要报道对象为我们提供了这种宝贵而生动的细节，我们就应当紧紧抓住不放，既要惜墨如金，又要浓墨重彩地去刻画和描绘这些细节。所以说，广播特写如果缺少丰富生动的细节是很难想象的，就不可能是成功的广播特写。广播特写中的细节描写大致有以下三种。

(1)对所报道的新闻人物的动作进行细致入微的描写，借以表现人物的精神风貌和生动形象。请看山东人民广播电台播出的一篇广播特写：

担山工喜乘索道车

柳明瑞

8月1日中午，在我国第一条大型客运索道——泰山索道的中天门站房内，记者跟一位等车的游客攀谈起来。他叫王其友，今年48岁，中等身材，上穿白衬衫，要不是额头上那几条皱纹特别深的话，无论如何也猜不出他以前竟是一位担山工。

原来，他是居住在泰山天街，也就是山顶街市的10个老户之一——号称"棒槌店"的最后一代主人。他说："为了一家人的吃穿，我自打14岁开始，就扛起扁担担山，一担担了20多年！"后来，那场"史无前例"的"狂风暴雨"席卷全国，泰山顶上游人几乎绝迹，王其友全家不得不搬下山来居住。党的十一届三中全会以后，他所在的泰前大队发生了很大的变化。去年，他一家分了3500元。现在，七口人住着8间新瓦房，买上了彩色电视机，银行里还存着一笔钱。那日子真是吃着甘蔗爬泰山——步步高来节节甜。

这天，在泰山索道通车前夕，他做梦也没想到，自己这个担山工，竟和泰安的几位知名人士一起，收到邀请，先来试乘一下索道车，逛逛他亲不够却爬够了的泰山！

车门打开，记者跟王其友一起小心翼翼地迈进去。我们都把脸紧紧贴在窗口往外看，只见金碧辉煌的中天门古建筑群，蜿蜒曲折的盘山公路，还有幽深的山谷和茂密的山林，飞速向后退去。忽然，车厢钻进茫茫云海，只听到下边瀑布隐约作响，却什么也看不到。前方一个绿色亮点闪了几闪，车厢就开进了南天门站房。王其友看看手表，惊喜地说道："8分，才8分钟啊！以前我担山跑这段路程，最快也得一个半钟头。再说，那得下多少力、出多少汗哟！现在有了索道，白天运游客，黑夜运货物，太美了！我盼着就是以后有一天，我们担山工的扁担都闲起来，劈劈当柴烧。"站在他身边的以前管过泰山文物的老干部王晓亭说："不，应该送到博物馆里去！"王其友听了，连连点头称是。

再看包头广播电台2013年12月24日播出的一篇新闻特写。

冬至的清晨，月亮还高高地挂在天上，赵文龙已经帮妈妈穿戴整齐，推着妈妈出发了。今天他要陪妈妈去医院做透析。天气格外寒冷，龙龙不时帮妈妈盖盖毯子，掖掖衣裳，路灯照在这对母子身上散发着柔和的光芒。【出录音】妈妈："最喜欢龙龙抱着我胳膊说，妈妈的胳膊好温暖呀！"【录音止】

赵文龙(小名龙龙)，今年13岁，是包钢八中初二年级的一名学生。妈妈李英患有脊柱裂从小落下残疾，五年前又患上尿毒症，使这个原本就不富裕的家更沉重起来，就连打零工的爸爸也不堪重负，在2011年向李英提出离婚。协议书中夫妻俩约定,孩子跟爸爸。可面对病情日益加重的妈妈,龙龙却做出了让身边所有人都吃惊的决定——回到妈妈身边。【出录音】妈妈:“我说那你跟我多受罪呀!肯定要累,(他说)没事没事,我不怕。”龙龙:“我当时想如果我跟我爸就没人照顾我妈了么。”【录音止】

从那天开始,龙龙就成了这个家的顶梁柱,成了家里的小小男子汉。(流水、做饭等声音)

上学、写作业、买菜、做饭、收拾家、照顾生病的妈妈……这是一个男孩从10岁起每天都要面对的生活。

照顾患尿毒症的病人,饮食至关重要。食物中的钾、钠等物质对妈妈的身体都有伤害,龙龙每次做饭都要提前把菜切好后用水浸泡去除有害物质。如今,这个13岁的孩子对于哪些食品对妈妈的身体更有利已经非常熟悉,就连自己最爱吃的香蕉和西瓜也因为妈妈不能吃他也很少吃过。【出录音】龙龙:“如果我吃,我妈咋说也得吃点吧。一吃水就多,不想那些事也不馋了。”【录音止】

这天中午,龙龙给妈妈做了清蒸肉丸。为了让妈妈多吃一点儿,龙龙特地在妈妈的米饭里多埋下几个肉丸。【出录音】妈妈:“龙龙,闹的啥了?”赵文龙:“丸子。”妈妈:“丸子做的?”龙龙:“恩。”妈妈:“多吃点妈这个。”龙龙:“你吃了,我这碗我不动。”妈妈:“别夹了,就吃两个。”龙龙:“我不吃,我这还有呢。”妈妈:“行了行了,别夹了,行了!别夹了!唉,有想哭的感觉,但是还得笑。我能多活一天我儿子就能大一天。”【录音止】

(2)抓住新闻人物有特色的语言片段进行细描,连同“瞬间”的语境,借以反映人物的特点,折射出人物的精神世界。作为广播记者,只要留心注意,特定场合里的精彩的“瞬间”情景对话并不少见,只要我们能够捕捉到这些精彩的语言连同人物的有个性的神态,加以细描和再现,就是一篇很好的广播特写。请看山东人民广播电台1995年8月29日播出的一篇广播特写:

人生价值在于奉献

——孔繁森的妻子王庆芝与王延江相会一席谈

刘延来

昨天上午9点,从临沂市罗庄区沂罗园宾馆的会议室里,时而传出欢笑声,时而又传出微弱的哭泣声。这是孔繁森的妻子、省“三八红旗手”王庆芝与全国劳动模范、罗庄区沈泉庄村党支部书记王延江在这里相会的情景。

王庆芝是专程来临沂看望王延江的。

他们一见面，王延江紧紧握着王庆芝的手说："老嫂子，在北京、在济南开劳模会时，我都打听过您，今天在临沂见到您，我从内心感到十分高兴。"王庆芝说："老王啊，这一次我是专门来向您学习的。"王延江紧接着说："孔繁森的事迹太感人了，他做出的这些模范事迹中有您的一份贡献，我应该向您学习。"说着说着，两人不约而同地谈起了人生的价值。

王延江叙说了自己在党的培养教育下成长的过程，谈了他把自己的600万元资产献给集体、带领大伙致富的心里话，他说："人生的意义就是奉献。钱这东西生带不来，死带不去。富了，就要报党恩，叫老百姓都说共产党好。"

王庆芝说："您的事迹我早就知道，今天又亲自听了您的介绍，印象深刻，再一次受到了教育，您讲的那几句话，我认为是做人的根本，或者说是人活着的主要目的。"王延江接过话茬说："孔繁森两次主动要求到全国最艰苦的地方工作，把情和爱献给了西藏人民。他深入牧区走访调查，同藏族群众一起吃，一起住，一同劳动。他乐于助人，不但对藏民的困难慷慨相助，就是和他一起工作的同志，到他那里也随便吃，随便用。帮助别人，他把自己的钱和物看得很轻。"

这时，在场的其他同志，无法控制住激动的心情，便你一言我一语地讲起孔繁森、王庆芝的感人事迹和崇高的奉献精神。

此时此刻，王庆芝百感交集，眼泪止不住地朝外流。她哭着说："现在繁森不在了，他没做完的事，我还要继续做下去。繁森留下的遗产虽仅仅是一个旧箱子和8块6毛钱，但他教我学会了怎样做人，他留下的奉献精神是千金买不到的。"

这篇广播特写，主要描写了两位新闻人物的对话语言。王庆芝和王延江两人的背景材料、主要事迹，作者基本上没有提及，就是抓住"瞬间"的情景对话，表现了两位先进模范人物一心为公、无私奉献的崇高精神境界。人物的语言很平实，既符合身份又富有特点。特写中除了语言的描述，没有见面过程和见面场景情形的介绍叙述，作者集中笔墨描述两位先进人物的对话语言，如果在两人对话之外再加上记者的描述性文字，就会是画蛇添足。

(3)在一些特定题材的广播特写中，需要对新闻事件发生和新闻人物活动的现场气氛和周围景物作出细节上的描绘，借以帮助听众了解新闻事件的本质和新闻人物的内心世界，通过这种间接方式去表现事件和人物。如果处理得当，有时这种通过对环境景物和场景气氛的刻画描写可以生动传神地告诉听众发生了什么样的事情以及是怎样发生的。下面请看一篇德国自由柏林电

台利昂哈德·布朗的广播特写《上午8点15分,第三手术室全髋部复位》片断:

麻醉医师:您早,诺瓦克小姐。您今天早上没有吃什么吧?也没有喝什么吧?可是您打了一针,是吧?

您现在有感觉吗?

您吸烟吗?其实,吸不吸烟没有多大差别。

请您把左手伸出来好吧?好。

现在,您的手臂有刺痛的感觉,您的喉咙会感觉有些不舒服,但是,过一会儿,您就会睡着的。

您那些牙是真的吗?

没有什么可怕的。

好,您会有刺痛的感觉。

好,就这样。

深呼吸。

您能感觉到什么吗?

深呼吸。

您的喉咙会开始感到不舒服。哼!哼!

开始有感觉了。

您现在感到瞌睡了……开始了……

(病人含糊地说话,听不清地说什么)

好,戴面罩,麻醉师。

您可以把麻醉剂的机器调高些,调到五或四吧,够高了。

哦,手臂就这样放着吧!

诺瓦克小姐:我自己知道,实际上,我早该用手杖了。我能用手指头计算出手杖多长,拐杖有多长,有多长——我可以计算出在我真成一个治不好的病人而待在医院里以前还剩多少时间。

好啦,好啦,大夫说,好啦,好啦。听着,你自己不能否认你辛辛苦苦干了一辈子,可你现在有些疲劳了,有些筋疲力尽了,不如用一根手杖,走路可以方便些,给你这手杖。后来,手杖不顶用,你就用拐杖。后来,在晴朗的一天,从教堂或其他什么地方来的一个人走到你跟前说:“天哪!您不能这样下去啊!只有一个办法:放弃您的住房,到医院里去,或者到疗养所去……然后就待在那里一直到死。哦,不!或者说用煤气自杀……”亲爱的上帝,有什么比这更快更好的办法?作为一个治不好的病人待在医院里有什么好处?

很可能就这样：活下去，吃吧，老家伙，我们的时间不多了，活下去，活下去，活下去。不，不，如果那样的话，还不如死吧。我说的是实话。因为我没有勇气来忍受这样的痛苦。我确实没有勇气。

（医生在手术室沉着地动手术）

解剖刀。

牵开器，钳子，再来一把，拭子。

天哪，好大的韧带。

膨胀器。

（剪刀声、切割声）

哪儿出血？真糟糕。对，膨胀器，放在这里。在中间夹住。对，起子。

别，别动！别往上起！出来了！

让钳子吊着。

钳子。（器械声）

钳子，钳子。递一把解剖刀给我。

瞧，肌肉里面好多脂肪。脂肪部分有一点出血。对。

解剖刀。（解剖刀声）

我想，我需要一把新的解剖刀。

（解剖刀咔嚓声）

老得像皮革，是吗？

妇女的声音：要我拿着吗？

对，请用拭子。

等一等，等一等，等一等！

兰根贝克氏牵开器。好，请拿住。解剖刀。

解剖刀很快就钝了。

（外科大夫哼哼声）

解剖刀，拭子。

（外科大夫吹口哨，唱歌）

钳子，拿住。解剖刀。兰根贝克氏牵开器。

开始流血了。是的。钳子。

天哪！好紧张！

血压怎么样？

妇女的声音：一百五十、八十。

一百四十？

妇女的声音：对。

我们知道了。

妇女的声音:怎么样?

升了这么多。

谁给我擦擦汗。

诺瓦克小姐。随即还有内尔大夫:他确实很不错。

他给我照了X光,冲着我说:你知道吗?你现在能够走路,这是奇迹。

我说:嗯,我行,我行。

他接着对我说:骨质疏松症,脊柱侧凸,骨软骨炎(那就是盘脱臼),椎关节强硬,脊椎前移等等。

他接着说,你的脊椎五六处有病,而且你还有晚期骨质疏松症。我现在老了,骨头里没有足够的白垩。

第一天,他语气平淡地对我说:你脊柱的毛病涉及整个矫形外科学的领域,这个,那个,还有这个,那个!

打针无济于事,根本无济于事。这就是说,要么动手术,要么死了进坟墓。

(手术室器械声)(唱歌)

你瞧!(唱歌)

我还要一把新解剖刀

不错,这是我需要的。安妮莉赛,这儿的皮组织真硬。到了我们慢慢地切到我们需要的地方了,不是吗?(唱歌)

或许我们现在可以用大的兰根贝克氏牵开器。替我结扎几个地方,这样,我们就可以首先把头绪理清楚。

你看见了吧——出血。出血,注定会出血的。钳子。用拭子擦一下。拭子。

由于血压的缘故,她相当……是的,由于血压的缘故,现在血压相当高,她……出血自然就多一些。也该这样,很不错。

平均血压多少?

哼,一百八十。

哼,你瞧。(唱歌)

停,看见了吗?现在你知道我的意思了吧。压一下顶端,这样往下推。就这样。

(唱歌)解剖刀。(唱歌)

(医务人员口述记录)

第三手术室11月16日手术报告。

手术开始时间：上午8时15分。

病人：216病房，塞玛·诺瓦克。

年龄：70

职业：原是文职人员，现已退休。

诊断：有髋股关节变质的明显迹象，髋关节病。

手术：根据麦克基·非拉方法插入一根全髋内假体。

外科大夫：主任顾问医生勃兰特大夫，由卡定大夫、莫利大夫和哈林大夫协助。

麻醉剂：插管丁二酰麻醉剂。

拉费大夫使用笑气麻醉剂。

病人姿势：右侧卧。

……

这篇广播特写虽然没有用解说，虽然没有新闻事实直接进行描述，而是对手术室里手术进行中的气氛的描写，通过手术医生自言自语式的情景对话，就把事情表达清楚了。

广播特写在使用细描手法的同时，也应该发挥白描的作用，所谓白描，就是用尽可能简洁、简短的话语，准确贴切地勾勒出新闻人物和事件的真实面貌。细描和白描在广播特写中的关系是互为补充、互为呼应的。通常情况下，广播特写中对过程、对现场景物、对背景情况以及新闻人物的体特面貌，用白描手法，因为这些不属于过度、铺垫、准备性环节，广播特写的篇幅比较短小，容不得展开，只能用白描的简洁勾勒，而一俟进入事件和人物的"瞬间"的精彩片段、有特点的部分，则要使用细描手法，对典型的细节进行传神具体的描绘。白描是细描的基础和准备，细描是白描的发展和升华，两者相互配合，相得益彰，在广播特写中缺一不可。

3.要注意突出动态和动感。描写和刻画场面，主要着墨于现场中的细节：写事件则要侧重于事件瞬间的运动和变化；写人物则要突出人物神态的变化，行动和语言给人动感强烈的细节。广播特写只有着力描绘处于运动变化中的新闻人物和新闻事件的细节，才能给听众奉献出活的形象。请看中央人民广播电台1996年1月27日播出的广播特写：

常委会的额外议题

周绍成

1月24号下午6点多钟，大连市委202会议室里，灯火通明。进行了整整一个下午的市委常委会,8 项议题都已经通过。正当大家收拾皮包站起来要走的时候,主持会议的市委书记于学祥招呼大家:“各位先别着急,还有一个议题外的事儿,想听听大家的意见。”

常委们重新坐定以后,于学祥举着秘书送来的“春节前市委领导活动安排时间表”说:“从现在到春节还有 24 天。这张表给各位安排了 10 项活动,几乎是隔天一个。”常委们展开这张“日程表”,上面列着各系统各部门的各类“座谈会”、“联谊会”,一个接一个,每个会都必须要市领导参加,而且还注明有“工作餐”。

有的常委皱起了眉头,有的开始摇头。

于学祥看出了大家的心思。提高嗓音说:“我提议,这 10 项活动合并成一个,只用半天时间,会后不备工作餐。”

接着,于学祥说:“春节前,工作头绪多,时间又紧,会议坚决要精简压缩。要少搞形式,少应酬。腾出时间走下去,到群众中多干点实事。”常委们不等于书记把话说完,便纷纷表示:“同意!”

会散了,常委们匆匆离开会议室,消逝在暮色中。

这篇特写把描写的重点放在了会议中一个有特色的场面上。它的最大特点是动感强、动态分明,无论是反映会议气氛,还是人物的神态、语言,由于抓住了“瞬间”活动的画面,并加以细致的描绘,所以给听众留下了鲜活的形象。

广播特写在广播新闻报道中出现的频率越来越高,这一报道体裁通过广播记者的不倦追求,构思日益精巧,表现的形式越来越出奇和富有情趣,愈益显示出其强大的生命力和未来发展的广阔前景。

第九章　连续报道和系列报道

连续报道和系列报道是广播新闻中持续不间断播出的一种报道方式。这种报道方式的产生是广播适应了报道题材、听知规律和听众对于深层信息需求的结果。连续报道、系列报道最早产生于报刊，在我国要追溯到20世纪20年代。当时瞿秋白前往十月革命胜利后的俄国进行考察，以通讯方式连续发往国内报刊，报道他在俄国的所见所闻；30年代范长江的《中国的西北角》、《塞上行》和邹韬奋的《萍踪寄语》，也是先以游记、通讯的形式连续在报刊上发表，后来结集成书。因此，连续报道、系列报道是不同媒体共有的一种报道方式。广播新闻报道引入连续报道和系列报道的形式是因为报道题材的客观要求。一个新闻事件从发生、发展到结束有一个时间上的跨度和延续性，一个新闻人物身上所表现出来的新闻事实情节也有一个展开的过程，所以在一次报道中不可能完成对于事件和人物的全过程报道，只能跟踪事件和人物，逐步展开报道；对于那些完成时态的具有较多内容的报道题材，如果放在一篇报道当中，与广播新闻报道的短小篇幅和听众习惯相悖，所以也只能化整为零，分成若干部分逐一播出，这是由听知规律所决定的；此外，听众愈益不满足于对新闻事件和新闻事实的表层信息，而是希望获得"新闻当中的新闻"、"新闻背后的新闻"，希望知悉新闻事件和新闻事实当中所蕴藏的深层内涵，这也为广播连续报道特别是广播系列报道的出现和兴旺提供了现实的土壤，同时也使这种报道方式成为深度报道的最佳形式。

第一节　连续报道、系列报道的特点

连续报道与系列报道在两个方面是相同的，一是在报道形式上都是持续累积地报道，都是以两篇以上的多篇报道组合而成，开头与结尾，篇与篇，每次报道之间相互呼应，相互连接；二是在报道内容上，多篇持续的报道都围绕一个共同的主题或一个共同的方面，都立足于事件和人物的新闻性，发挥广播媒介的传播优势。但在两者之间也有很大区别。连续报道要追随新闻事件发生发展的过程同步报道，受到时间的制约。反过来讲，连续报道更加注重报道的时效性，它主要从缩短事件发生、发展和报道的时间差方面去考虑稿件的采写和材料的安排；连续报道更多反映的是事件和事实在时间上的发展变化情况。而系列报道更加注重报道的时机选择、报道题材的典型性及反映厚度，它较少受到时间制约，一般可以对同一新闻事件和新闻人物展开多视点、全方位、深层次的开掘，体现出较强的思想性。

一、连续报道的特点

1. 对同一新闻事件的发生、发展、变化作跟踪性的多次报道，最大限度地满足听众及时了解新闻全过程的需要。比如，上海人民广播电台 1983 年 9 月 22 日播出的一组连续报道《朱建华创造世界男子跳高纪录》，时间从下午 4 点到 5 点 43 分分四次连续播出赛场比赛情况。4 点简明新闻中报道了朱建华已经跳过了 2.10 米的高度，告诉了听众比赛正在进行中。5 点第二次简明新闻中，朱建华越过的高度已经上升到 2 米 34。第三次简明新闻报道了朱建华跳过 2 米 38 再一次打破世界纪录的消息。前后一个多小时，上海台作了四次报道。而中央台对同一新闻事件只发了一篇报道，是从事件的最终结果来反映的，没有事件的全过程。

2. 题材来源和报道对象一般限于新闻事件。连续报道是一种跟踪式的报道，它所跟踪的并非是具有新闻价值的社会问题、社会现象或是新闻人物，而是运动变化特别迅速的新闻事件，即使是报道有较高新闻价值，听众普遍关注的"热点"、"焦点"问题，也必须使这些问题事件化，与发生事件的地点、时间、人物联系起来，才能作为连续报道的题材。非事件性的题材，失去了运动变化强烈而具体的报道条件，因而不能作为追踪时间、追求与事件同步的连续报道的题材。

3. 连续报道可以有多种报道体裁所组成，各篇报道尽管围绕同一事件，但可以各有侧重，各有独立的视角、独立的问题和独到的事实材料，互相呼应，共同阐述同一个报道主题。这里举一个连续报道的经典性例证，即中央人民广播电台 1983 年上半年所组织的关于双城堡车站野蛮装卸事件的连续报道。事情是由一封听众的来信引起的，中央台接到来信反映后，与 1983 年 2 月 9 日播出了经过核实的来信，并配发了编后话《对野蛮装卸的肇事者必须追究》，由此拉开了连续报道的序幕。在其后的半年时间里，中央台围绕这一事件，先后播出各类稿件40多篇，其中有消息、通讯、评论和编后话。每篇稿件既是对事件过程中某一片断和部分的反映交代，又是一个新的问题和新的悬念的提出，牢牢吸引了听众。

4.具有非常强的时效性。连续报道的题材如果是突发事件或运动变化很快的事件，将为这种报道方式提供发挥其优越性的现实舞台。尤其像国内外的重大体育比赛、重大灾害、事故抢险、医疗救护、社会治安案件等适合做连续报道。时效性不仅是检验连续报道新闻价值的一个重要尺度，又是连续报道能否吸引听众的先决条件。因此，时效性可以说是连续报道的生命。

5.以多数听众对事件的关注重点和关注兴趣作为报道材料取舍的依据。因为连续报道要维系较高的关注度，就必须在一个事件展开的多层面多线索中按多数听众想要了解的意思来进行选择，以便安排后续的报道。

6.听众通过连续收听的积累过程来获得对所报道事件的整体印象的，连续报道十分注意在每一篇报道的开头部分简要叙述上一篇报道的主要内容，并加以背景情况的简要交代，以加深听众的印象，也为前面没听临时插进来听的人提供了解事件全貌的条件。

二、系列报道的特点

1.明确主题，围绕主题，突出主题，把握主题。系列报道的篇数有多有少，可以根据报道的需要和题材的情况而定。各篇也可以有相当大的独立性，但必须确定同一个主题，不可主题二元或多元化。系列报道中的各篇可以从不同的方面、用不同的视角和材料去表现和反映主题。

2.追求题材和主题的重大和典型，能够与时俱进，敏锐地捕捉社会发展与时代进步的新趋势、新动态，从听众关心的焦点、热点、难点问题中去发现和确立报道的主题。整个报道有策划、有意图、有计划、有步骤。

3.每一篇报道都是一个独立的部分，篇与篇之间可以是不同的题材，可以有联系，也可以没有联系或联系比较松散。各篇的安排不依时间上的顺序，全部报道的时效性要求不强，结构安排比较自由。

4.着重于体现报道的深度和思想性，而不限于反映事实的最新变化。系列报道作为新闻报道也讲求新颖、新鲜，但它着眼的是工作中的新问题，生活中的新现象，社会发展中的新课题，这与连续报道所关注的具体事实的新发展、新变化有很大区别。

5.系列报道的题材一般是非事件性的报道对象。既然系列报道突出思想性和报道的深度，它的选材范围就很自然地集中在人们普遍关心的热点问题以及党和政府的中心工作、舆论引导话语领域。

6. 系列之中各部分的体裁和表现风格趋于一致。体裁和风格的多样性是系列报道吸引听众保持旺盛生命力的重要条件，但在系列报道的内部，即在一个系列报道中各个篇目之间，应该保持大致相同的体裁和差不多一样的表现手法和表现技巧，体现出各个系列风格的一致。

第二节 连续报道的适用范围和系列报道的题材选择

听众是通过连续报道当中一篇篇具体的报道而了解整个事件的全过程的，因而除了每篇具体报道能否准确生动地向听众提供事件的即时状态和最新进展外，要真正吸引听众继续收听，在很大程度上取决于连续报道的题材选择。实践证明，要取得连续报道的预期效果，在题材选择上需要注意选择这样一些事件性报道题材：

1. 有广泛社会影响的事件，国内外关注的重大事件。如中央人民广播电台 2008 年对四川汶川地震所作的连续报道，2014 年对首个南京大屠杀死难者国家公祭日所作的连续报道，2014 年对马航 MH370 事件的报道以及海峡之声广播电台 2011 年对 7·23 温州动车事故所作的连续报道等都属于后面这类题材。地方台立足本地同样也能够捕捉到有一定影响的事件，运用连续报道的形式、跟踪事件，进行全过程的报道。

例如，从 2012 年 3 月成都市在"城北改造"民生工程中率先全国探索"群众自主自治拆迁"这一新思路以来，四川广播电台记者连续数月在成都市成华区青龙街道、金牛区荷花池、曹家巷等改造地标深入走访报道，亲历见证"群众自治"拆迁改造的全进程。2012 年年底，青龙街、荷花池、曹家巷迎来拆迁改造的关键节点，记者顺利抓取到生动而富有历史感的现场影像声音，并集中推出改组系列报道。展示出成都"北改"工程中的"群众自治改造"这种基层民主模式和社会管理新兴模式的亮点与价值；并透过现象看本质，挖掘了"群众自治"这种基层民主新型实践的成功原因与启示，以及对全国旧城改造拆迁的样本示范作用。

再比如甘肃省广播电台 2013 年 1 月 31 日播出的连续报道《强卖手机岂能"搪塞"了之！》。事情的起因是：平凉庄浪县大庄乡借"双联"之名，强行要求所有农户购买 189 元所谓的"惠农手机"，而且是村支书亲自上门推销。记者在调查这件事时，从大庄乡政府到庄浪县政府再到平凉市政府，起初所有接受采访的部门负责人都欲盖弥彰，用所谓的调查结果敷衍记者。从第一篇报道到第三篇报道，尽管中间相差不到十天的时间，但是整个采访却是一波三折，在村、乡、县、市的重重阻力之下，报道艰难推进，记者不得不采取全天滚动播出的方式给当地各级政府以舆论压力，正是在这种压力下，平凉市政府才出面处理，问题才在短短的不到十天的时间里取得突破性进展。报道播出后，不仅强行推销的手机款被退还，参与推销的乡村干部和临时村干部也被当即撤职。这一处理结果首先在当地群众中引起了强烈反响，同样给各级村乡干部敲响了警钟。本组连续报道在频率微信公众平台和 QQ 群中还引发了一阵如何规范基层村乡干部个人行为的大讨论。

2. 与听众的生产、生活关系密切的事件。虽然这类事件算不上重大事件，但是与老百姓的切身利益息息相关，当地群众关心注意的程度就相当高。一旦抓住这一类的事件线索，就要连续跟踪，持续报道，听众也会出于关心自己的利益而不断听下去。例如 2000 年 6 月 7 日上午，舟山台记者在双阳村采访，闻到空气中酸臭味难以忍受，于是顺藤摸瓜，采访村民，观察环境，发现河沟里的水色发黑，水面上漂浮着灰白色的泡沫，村民用这种水浇菜，菜很快发黄；用来浇庄稼，农作物就死了；衣服在河中洗过后，穿在身上奇痒难耐。根据调查材料，记者第二天就发出了第一篇报道，其后又继续追踪发了另外两篇报道，最终促成了造成污染的一家生物有限公司停止了甲壳素的生产，并在落实排污措施后搬迁新址。诸如此类的空气污染问题一直备受人们关注。2015 年 2 月 28 日，记者柴静在网络上发布了其历时一年自费完成的《穹顶之下》系列报道，报道聚焦关乎全国老百姓生存和生活环境的雾霾话题，通过视频网站、社交网络等共同的力量，让数千万乃至上亿人再次认识到雾霾的危害，并且形象化地对雾霾的构成作了解读。由于题材与老百姓息息相关，报道视频公布后，一石激起千层浪，引发社会强烈反响和密切关注。

当然，老百姓关心的话题还有很多。比如 2011 年 6 月，浙江广播电台记者得到线索："850 套本应分给困难群众的限价房，成为了当地官员的'福利盛宴'。"《浙江之声》记者闻讯赶到苍南调查采访，在与相关部门的周旋中，记者掌握了大量材料，了解到苍南县政府以政府文件的形式"优先考虑"公职人员，而将中低收入家庭、下岗职工等真正住房困难者排除在购房资格之外。由于媒体介入，苍南县政府紧急叫停"限价房"分配方案，这一事件得以圆满解决。

3. 问题被掩盖的事件，或者是报道遇到阻力、压力，有关方面和部门存在认识上的分歧的事件，需要通过报道进行舆论引导的事件，都可以成为连续报道的题材。比如，1999 年 3 月 18 日到 11 月 10 日半年多时间里，浙江广播电台对天目山国家自然保护区内千年古柳杉被盗伐一案的追踪报道：事件发生已经一年多了，被有关部门一直捂着，在这段时间里曾经有媒体想作报道，但都没有成功。记者得到这一信息后，千方百计找到有关知情人，并深入现场，找到了对报道有重要支撑作用的证据照片，先是以消息形式独家披露了这一事件，在听众中引起很大反响，省政府、省林业厅领导听了广播后也明确表态，要一查到底坚决处理。在强大舆论的压力下，盗伐古杉木的负责人终于投案自首，并且带出了幕后的受贿案，使犯罪嫌疑人受到应有的处罚。

4. 处在发展变化之中的事件。连续报道最能够引起听众注意的莫过于每一篇报道都能够清楚地说明，被报道的事件现在处于什么样的状态。所以连续报道要紧紧抓住被报道事件的每一个最新发展，及时向听众进行报道。

例如，2012年12月16日中国之声《新闻纵横》对宁波楼房坍塌所作的连续报道。当天中午12点10分，宁波市江东区徐戎三村的一栋居民楼突然发生倒塌，事故发生后不久，记者赶赴现场。16日下午4点50分，救援人员从废墟中救出一名女子，因伤势过重，这名女子不幸去世。经确认，该女子不是打电话求救的那位。救援，又一次变得更加急切。17日早上6点，救援人员依靠挖掘机、起吊机以及徒手搬运的方式，终于确定了被困女孩的位置。直到17日上午10点40分，被困女孩才被安全救出。最后报道了宁波市江东区政府于17日召开了第三次新闻发布会。关于房屋倒塌的原因以及为何没有前期征兆成了媒体记者关注的焦点。在这次报道中，由于16日进出倒塌楼房的确切人数还无法查清，抢救仍在紧张进行，有关情况将作后续报道。对听众来讲，这无疑是个巨大悬念。记者自始至终跟踪报道，直到最后死伤人数的公布，为听众提供了他们想了解的详细的事件信息。

再比如2011年7月23日，海峡之声记者刘洪涛乘坐D301次动车回闽，晚上8:40分左右，该车在浙江温州双屿路段与D3115次动车追尾。这次重特大动车事故发生后，刘洪涛在悬挂于高架桥和地面之间的车厢里，用了20多分钟才从十几米高的半空中成功逃生。他不顾内脏的剧痛和身上的擦伤，边与电台联系，边立即展开现场采访。在自救成功2分钟之后，便在21:00播出的《海峡广角镜》节目中发出了全球传统媒体中的第一条来自“7·23”动车事故现场的详细报道，占据了舆论先导。随后记者对事故救援进行了跟踪采访，形成了该连续报道。从温州的消防官兵迅速反应，第一时间到达事故现场展开救援，到解放军118医院的应急医疗分队坚守20多个小时，为最后一名被发现的幸存者——小女孩项炜伊提供了及时的专业医疗救助；从大型机械驰援，破拆坚固车体，争分夺秒救人，到周围群众积极增援；从温州市医疗救助力量及时赶到，到温州各区县医院全部出动参与救援；从周围群众率先自发投入救援，为抢救生命赢得了宝贵时间，到温州市民排队献血，解决了救援血液告急的问题；从大量安全旅客的转移安置，到灾后心理救助的及时跟进，该连续报道脉络清晰，前后呼应，紧跟救援进展层层递进，全景式展现了动车事故发生后，中国的民间力量与专业力量、地方政府与当地军队联动聚能，迅速展开救援的整个过程与感人故事。像这样变化非常迅速又为听众高度关注的事件，不少电台除在正点半点新闻节目中安排连续报道外，一有新闻的进展立即中断正常节目，随时插播最新进展的消息。

系列报道同连续报道的播出方式一样，都有时间上的持续性，听众要在积累的收听当中了解全部报道的内容，要使系列中的每一篇报道都能吸引听众，在题材选择和主题提炼上需要注意以下问题：

1. 要根据系列报道留给记者以更大空间去发挥主观能动性的特点和更注意思想深度的倾向性，在题材和主题上下功夫。要联系社会生活、经济生活、思想文化生活的热点问题，党和国家一个时期的方针政策，工作当中需要探索解决的重大问题，需要总结推广的经验，先进人物的有典型意义的突出事迹，广泛采撷报道资料，精心策划报道方案，反复提炼报道主题，要确实能够给听众以启发和触动。千万不要把系列报道变成了“橡皮泥”和“大箩筐”，想怎么捏就怎么捏，明明不够形成系列报道的材料，也要硬捏硬抻出一个系列报道；要么是观点、思想、经验和问题很陈旧，没有任何新意，没有任何有亮点的东西，结果把什么陈旧的东西一股脑儿往系列报道里装，强迫听众接受一堆无用的信息垃圾，同时还占用了宝贵的广播新闻节目时间，挡住了许多有价值的消息的通行之路。现在已经有业内人士和听众对此提出了强烈的批评。时下确有少数电台没有把握好系列报道题材选择和主题提炼这个环节，致使系列报道泛滥，报道质量低下，传播效果大打折扣，应该引起我们的注意和警惕。

2. 要牢牢把握系列报道的舆论导向，扩大和拓宽题材，无论是反映成就，讴歌先进，还是总结工作，推广经验，探索问题，批评监督，都要与中心工作、与听众的需要、与报道的新闻性联系起来。

3. 要站在听众的角度，用听众喜闻乐见的语言和接受方式去处理材料。由系列报道题材的非事件性所决定，素材当中缺少即时状态下的动感强烈的运动画面，对听众的吸引本来就不及连续报道那样强，所以在运用音响和文字进行叙述的时候，应该抓住听众的关注点，要处理得简洁生动。

获得第二十四届中国新闻奖的内蒙古人民广播电台播出的系列报道《蒙古族小伙子：捐肝救父、感恩尽孝》在这方面作出了尝试，下面请看这篇报道第一篇的摘要：

> 子女都渴望报答父母苍天般的养育之恩。锡林郭勒盟二连浩特市26岁的蒙古族小伙子海日罕便是这样一个人。为了挽救受肝硬化病痛折磨的父亲，他决定移植自己大半个肝脏。在初秋的北京，海日罕的这种感恩尽孝的举动，不仅向世人展现了父子之间厚重的情感，更向人们传递

着蒙古族子女对父母尽孝、对生命大爱的正能量。请听内蒙古人民广播电台记者卓拉、苏日娜从北京发回的报道：

【记者口播】27号下午，在中国武警总医院八楼病房，记者第一次见到了将要捐肝救父的蒙古族小伙子海日罕。仔细端详海日罕，虽能察觉他心中的一丝隐忧，但是他坚定的眼神和幽默的话语，很快让记者更深地体会到了他为挽救病危父亲的急切心情和决心。【海日罕同期：我爸是2006年得了肝硬化，那时我在念高中。我爸在北京和通辽看病住院时，我就向医院的大夫咨询了解了情况。那时医生就说，最好的办法就是换肝，所以我从那时候就有了这样的想法和心理准备】

海日罕的父亲、今年53岁的陶格涛是科尔沁蒙古人。当年大学毕业后到二连浩特工作，现在任职于一家公司。2006年，不幸被查出患上肝硬化后，陶格涛在全国各地求治多年，病情也未能好转。今年夏天，他的病情突然加重，导致消化道大出血，紧急来到北京治疗。【陶格涛同期：7月19号来到中日友好医院住院。两次大出血，专家建议说只能做肝移植手术。但是等肝源需要一年或更长的时间，我身体状况不允许等那么长时间，再一次大出血就会没命了。这时我儿子提出要给我捐肝，刚开始时我根本就没有接受他的提议，我不允许糟蹋两个人的身体。商讨多日后，儿子坚持说不让他做肝移植的话他也不想活了，在这种情况下我才同意的。】

去年，海日罕的母亲秀英被查出患有乳腺癌，紧接着父亲病情的突然加重，造成了海日罕巨大的心理压力。残酷的现实，让他更加坚定了心中由来已久的捐肝救父的决心和行动。一说起为了挽救父亲生命而正在做全身体检的儿子，母亲秀英就止不住泪水。【秀英同期声：儿子坚持要救父，要不哪个母亲不心疼子女啊！（哭泣）对我来说，他们俩谁也不能放弃！】

蒙古族小伙子捐肝救父的决心感动了很多人，国内肝移植手术界最杰出的专家沈中阳知道海日罕的决定后，答应派专门医疗组，将于28号为陶格涛父子做移植手术。

为了能够给大手术前的父子俩留出更多的休息时间，记者今天早早离开了医院并在心中默默祈祷着：28号的手术能够顺顺利利！

这几段以叙述为主的文字和音响，十分简练生动，短句子较多，也比较朴实，与报道中所表现的海日罕的人格魅力相得益彰，给了听众一个清晰的听觉形象。

第三节 连续报道和系列报道需要注意的几个问题

一、连续报道需要注意的问题

1.连续报道的题材一般来自新闻事件,其中相当一部分事件是不可预知的,而且时效是连续报道的生命,广播记者只有以最快的速度向听众提供确切的事件信息和重要事态,才能充分发挥这种报道方式的传播优势。但是,另一方面,事件的发展变化可能相当复杂,要在尽可能短的时间里弄清事实材料的真伪,对广播记者来讲,是一个严峻的挑战,需要处理好时效性和真实性的关系问题,既要争分夺秒,最大限度地缩小报道时差,又要沉着冷静,核对清楚重要事实材料,保证报道内容的客观真实、准确无误,经得起听众和历史的检验。

2.连续报道是由多篇报道持续播出所形成的,听众也正是从持续的收听中获得对于新闻事件全貌的了解和认识,所以每一篇报道在围绕事件而进行选材构思的时候,要考虑到听众的需求、兴趣和关注点,并且融入报道中,有助于听众得到完整的印象。这是连续报道普遍性和接近性原则所要求的。另一方面,要把普遍性、接近性同重要性结合起来,在每一次呈现事件的最新变化的时候,记者应尽可能提供有关事件的简短而重要的背景材料以及事件的深层内涵,以帮助听众在获得对事件的完整印象的同时,能对事件有较深的认识。

3.尽可能避免记者对事件的主观判断和议论分析,要用事件发展的最新事实说话。一般情况下,多数事件都非单纯性事件,造成事件的原因背景、参与和推动事件发展变化的因素比较复杂,记者应该忠诚于事实,把事件的即时状态原汁原味地介绍给听众,而不需要加以发挥或作分析预测。

4.要注意交代新闻来源。这里有多重作用和好处,一是遵循新闻报道的职业规范和国际惯例;二是加强报道的权威性;三是当记者在说法不一、相互矛盾而又必须对所报道的关键事实作出判断取舍的时候,不啻为记者提供了一个盾牌,而且可增加报道的视角、丰富报道的内容。

5.要把整体真实和具体真实、过程的真实和结果的真实结合起来,并且注意把整个连续报道的总体真实放在首位,每一个具体报道用整体真实的尺度去衡量所要报道的具体事实。一旦当具体报道的真实性发生了动摇,可以通过后续的报道给予矫正和补充,反过来会加强整体的真实性,提高整个报道的可信度。

6.注意调动各种手段,特别是音响手段;各种体裁,特别是直播和现场报道体裁,以增强连续报道的传播效果。同时注意在报道中穿插式地交代背景和适度控制掌握报道的节奏,要根据事件本身发展变化的节律以及从有利于积累收听印象两个方面来确定各篇报道之间的时间间隔。

二、系列报道需要注意的问题

1.系列报道是为了帮助听众更好地消化接收较多的报道内容,而把一个整体的报道分割为若干部分持续播出的报道形式,所以整体的构思就显得十分重要。要精心制订系列报道的采写、采制实施方案,有目的、有计划地安排整个系列的采、写、编、播工作环节,确保各方面协调一致。

2.要处理好主题与材料之间的关系、主题与主题之间的关系。在深入采访、深入挖掘、广泛占有材料的基础上,根据材料来构思整个系列的框架,来提炼整个系列的主题。在已经成文的报道中,要体现出主题的统御统领作用,篇和篇之间保持一种呼应关系,各从不同角度、不同侧面去表现和阐明总的主题。

3.在材料的选取上要有以一当十的精神,精选巧用,不宜盲目选材,滥用材料,出现材料堆砌,给人以臃肿的印象。系列报道不追求报道的时效,它所表现和反映的新闻人物、新闻事实往往时空跨度大,其材料分布空间大,数量也比较多,处理得当,可以在“广”的基础上做到“深”,使报道具有思想的深度。但是如果不注意去发掘甄别材料的内涵特点,只求数量的多,势必造成材料使用上的肤浅和泛滥,以致影响到整个报道的质量。

4.精心编写就系列报道中每一篇报道的开头语和结束语,充分发挥它们承上启下、帮助听众增加积累收听印象的作用。系列报道属于非事件性的报道类型,要通过精心编写的开头语和结束语,增加听众的新鲜感,为听众设置收听悬念,增添收听兴趣。

5.要通过加强选题以及精心选材,控制系列报道的规模和篇幅。不适宜搞系列报道的坚决不搞,非搞不可的,也要力求精练简洁,语言要朴实生动富有特点,避免连篇套话、空话,用听众熟悉的语言、听众喜欢听的语言去表达和叙述,同时尽可能压缩篇幅,做到洁净精微。

6.充分发挥音响的表现作用,尽可能在前期采访中多采录人物的讲话和表现新闻事实的音响,以增强报道的表现力和感染力。

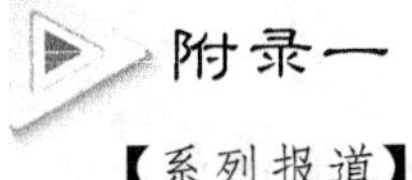

附录一

【系列报道】

由保洁员吃剩饭引发的思考(节选)

第一篇:从保洁员身上我们看到了什么?

开头片花:中国之声特别策划——《由保洁员吃剩饭引发的思考》

主持人:

男:今年10月20号,《新闻纵横》节目关注了这样一个事情——“烟台大学62岁的保洁员吴明华和他6位同事的一些故事”。这7位保洁员在学校的食堂里面看到了学生们吃剩下不要的馒头和米饭,觉得不忍心丢弃。于是呢,就把这些食品装到塑料袋里,留着自己晚上吃,生怕浪费了粮食。这种做法,他们已经坚持了5个月。

女:有人说,他们的这种做法太过时了;也有人说,他们身上流淌着长征精神。从今天(19日)开始,中国之声将连续推出系列报道——《由保洁员吃学生剩饭引发的思考》,和您一起探讨老人在大学食堂吃剩饭的思考。那今天播出第一篇:从保洁员身上我们看到了什么?

正文:

“舔干净不丢人”,这是烟台大学4层食堂里最新挂出的海报。

下午五点半,记者和刚下课的学生们一起来到了生意红火的窗口前。“烟台特色小吃”、“淄博特色小吃”、“台湾美食”、“韩国料理”……各个窗口都向外飘着香味,价格几乎都不会超过15块钱。

62岁的保洁员吴明华,推着小推车穿梭在吃饭的学生中收拾餐具。把剩汤、剩饭倒进车上的泔水桶中,再把盘子摞好放进车里……这些动作吴师傅做得熟练而又迅速。只是偶尔,他会把盘中看起来还不错的主食,留下放进车上一个最小的塑料袋中。

晚上7点半,学生们陆续离开了餐厅,吴师傅看见工友罗师傅和其他几个人已经坐下吃饭,便也带着刚刚盛着剩米饭的塑料袋走了过去。虽然只有几步路,但看到旁边桌上还有一盘学生刚刚剩下、看起来还很完整的炒茄子,吴师傅顺手拿起来——没有“疑问”,没有“抬头”,甚至没有任何的“停留”,大家夹起了还冒着“热气”的茄子,就着桌上的洋葱、豆腐、卷心菜,开始吃饭了。

吴明华:拣点剩饭吃,也不脏,就像个人家孩子一样,学生都挺干净的。

第一个带头吃剩饭的吴明华是吉林省伊通县人,曾经是村里的小学教师。孩子定居烟台后,他也搬到了这里。吴师傅说家里并不缺钱,这么做就是不想浪费。

吴明华:就是不挣这点钱,孩子也给钱,不同意出来干活。

烟大四层一共十多名保洁员中,陆续有6个人开始效仿起吴师傅的做法。他们中年龄最大的66岁,最小的53岁,都来自农村,经历过艰苦的生活。甚至,他们中有的人,孩子就在这里上班。比如,罗玉龙的儿子罗国胜,他从一开始就反对爸爸吃剩饭。

罗国胜:他说怪可惜的,他说他们那些人都能吃,他说我也能吃,担心老人吧他吃凉的不好吧,这么大岁数捡着吃也不好!

但孩子们的反对并没有阻碍老人们按照自己的想法做事。现在食堂的剩菜剩饭和以前相比,显然有了改观。

食堂经理刘建新说:

刘建新:通过他们这些工人的身体力行,可能对他们感触很深,剩的来讲比以前少了很多很多。

老板娘杨燕也有同感:

杨燕:改善多了!他们过来就说要半碗米饭,馒头给我来半个行不行,以前从来没有这种情况。

烟台大学校长房绍坤,介绍了这变化背后的新规定:

房绍坤:学生可以买半份菜、买半份饭,以适应不同学生群体的这种需求,保洁员也为广大师生上了一堂生动的勤俭节约的课。

快要离开时,我们不经意地问了吴师傅一句:

记者:有没有想过就有一天食堂没有剩饭了会是什么样的?

吴师傅的回答几乎没有任何思考:没有剩饭那不更好嘛!但我思想上那是不可能的。

尽管认为浪费避免不了,但说起自己的行为,吴明华也丝毫不含糊。

吴明华:一粒粮食一滴汗,一个餐厅一天节约个几斤粮食,一年呢?一个学校节约这些,一个省的呢?全国呢?就寻思自己节约点。

主持人:

女:从当时我们的节目当中播出吴明华和他同事们的故事到现在,已经又过去将近一个月的时间了。在这期间,很多同学在表示深受感动的同时,也更加强了自我的约束,也自发地对节约粮食进行了广泛的宣传和倡议。

男:除了在校学生,更多的年轻人在网络上也发起了讨论。那就是,现在的物质生活如此的丰富,像吴明华那样岁数的老人,他们经历过的那种物资短缺、甚至是饿肚子的生活,那现在的年轻人对这种状况恐怕是无法想象的。那么,像吴明华老人这样的做法、这样的观念是不是已经有些过时了呢?

女：比如说微博上有网友说：节约是传统的、过时的观念，还有多少人愿意“新三年、旧三年、缝缝补补又三年”呢？毕竟时代不同了，人们的认识也不同了！

男：微博用户“刘书礼 1947”，从他的用户名和资料里头大约能判断出来这也是一位 66 岁的老人。他说呢，吴明华 62 岁，应该跟自己一样经历过三年自然灾害，经历过，知道得自然深，体会得也深。中国人民向来是勤俭节约的。“食求果腹，衣求蔽体”的传统一直保持了几千年。那现在呢，改革开放了，物质上是极大丰富了，但是祖先的传统美德不能丢。

女：我看到这样一位，这朋友叫“越看阿信越帅的小白”，一看名字就知道是阿信的粉丝。他说，我们宿舍就会买了饭带回来大家一块吃，这样就不会剩了。

女：还有一位叫“潮流人生韩董”，他这么说的：作为一个城市孩子，从来没有体会过农民伯伯的艰辛，但是父母从小就教育我，要尊重别人的劳动果实。

男：的确，“历览前贤家与国，成由勤俭败由奢”，这是老话了。现在呢，即使对于绝大多数人来说，生活水平不是以前能比得了的。不过往小了说，咱们国家还有一些地区，在那些地方呢，生活水平可能没有很多人想象的那么高；往大了说，世界上仍有 8 亿多人口正在因为饥饿问题而挣扎。所以呢，如果有人觉得“一丝一缕，恒念物力维艰”这句话听着不太懂！那么，老百姓有句大实话那就很好理解了，就是——“兴家犹如针挑土，败家好似浪淘沙”。“勤俭节约”这是传家宝，不论什么时代，应该永远都不会过时！

结尾片花：音乐起

男：一个看似细微，却需要勇气的举动——

记者：“最近，烟台大学 7 名保洁员吃学生剩饭的消息一经传出就成了社会……”

女：一句平凡朴实，却寓意深刻的话语——

吴明华：“扔了怪可惜的，粮食来之不易！”

男：一种容易忽视，却不可或缺的美德——

吴明华：“勤俭节约是一种风气，在我们这个思想中，大家都挺珍惜。”

女：中国之声特别报道——《由保洁员吃学生剩饭引发的思考》，期待您的声音！

男：中国之声“新浪”和“腾讯”官方微博、官方微信、央广新闻热线——400-800-0088，欢迎您参与讨论。

第四篇：家长该怎样培养孩子的消费观？

开头片花：中国之声特别策划——《由保洁员吃剩饭引发的思考》

主持人：

男：这几天中国之声推出特别策划，报道了“烟台大学7位保洁员老人自发吃学生剩饭，以身作则提倡勤俭节约”的事迹，引发了大家的思考和讨论。我们从小就知道勤俭节约是美德。在我们消费观的形成中，家长们起到了什么作用？家长的溺爱某种程度上是不是助推了校园里的奢侈浪费？

中国之声带来特别策划《由保洁员吃学生剩饭引发的思考》第四篇——家长该怎样培养孩子的消费观？

正文：

因为室友刘霁萱的推荐，记者来到山东工商学院，寻找一个叫——石蕾的女孩儿。

记者：同学请问一下，16号楼在哪？

路过学生：你从这儿进，下面！

听说我们是来找石蕾的，304宿舍里，几个女孩脱口而出她的“过人之处”！

石蕾室友A：电扇的叶子坏了一片，石蕾就把三片叶子改成两片叶子（大家笑），用，继续用啊！

石蕾室友B：那个蚊子药都过期了，要扔了！石蕾就弄回来，说蚊子药不过期，说你们真是一群“奢侈”的女人！

石蕾室友C：前两天，大家都以为不下雨了，雨伞基本上就都没了，也没有什么伞，她就把旧的雨伞，全部掏出来，给我们全修了一遍！

一起生活了三年，住在下铺的石蕾已经被宿舍的同学封为“修理达人”，而且从不乱花一分钱。

记者：你怎么这么会“修”东西呢？

石蕾：受我妈的影响，能修的话她应该会给修，挺勤俭持家的吧。

石蕾给我们看了妈妈刚给她做的一个“袜子夹”——“老式”而且已经“褪色”的竹子，实在谈不上好看！但垂在下面的竹夹子，碰撞起来，发出声音会让人想起窗口摇曳的“风铃”。石妈妈对女儿的消费观教育显然是潜移默化，润物无声。

“爸爸去哪儿”片花

歌声：爱着你呀，风雨无阻！

KIMI：算便宜一点！

市场老板：便宜一点！

KIMI：谢谢老板！

歌声：老爸，老爸，我们去哪里呀！……

大学生们的消费习惯，受家庭、学校、社会，哪个的影响更大？

昨晚，放学时分，记者在山东烟台大学附近的109路公交车站，随机采访了30位同学。结果显示：认为家庭最为影响自己消费观的占50%；学校和社会分别占30%和20%。于是，我们又设计了一个问题问各家长——收音机前的家长朋友，不妨，您也一起参与，想一想您的答案——“您最近拒绝过孩子的花钱要求吗？”

我们先来听一听江苏家长申女士的经历：

江苏家长申女士：比如说前段时间他想买一个照相机，一拍！那个叫什么的？——“立得快照”。后来我就跟他讲，这个快照也有不好的东西，后来他听听，觉得也对。

山东家长石先生：我家庭条件现在允许了，我感觉孩子有什么需求我都尽量满足，能多给点就多给他点。

采访中我们发现，日子比以前穷的时候好过多了。和石先生有一样想法的家长并不占少数。

山东家长石先生：我现在也就一个孩子。比如，现在孩子都爱攀比，对攀比这个问题，人家有的我也不能比别人差吧！现在，我孩子其实也挺小，我现在工作已经挺忙的了，陪孩子时间挺少，所以吧，我尽量用钱方面，给孩子一些弥补吧。

学生们的攀比是否具有遗传性？家长的爱是否助推了孩子们的炫富行为？21世纪教育研究院副院长熊丙奇给出了一个诊断结果：“补偿式”家庭教育。

熊丙奇：这种家庭教育观念本身就是错误的，它不但不能够培养学生节俭的意识，甚至你基本的对父母的孝敬之心可能也无法培养出来。

采访中，我们把家长们的消费教育方法总结为五大类型：“糊涂型”（自身非理性消费）、“功利型”、“以身作则型”、“鼓励放手型”和“欲擒故纵型”。特别要指出的是“功利型教育”给了孩子物质上的满足，孩子就必须回馈，花更多的时间去学习。针对以上各种症状，教育专家熊丙奇给出了他的“专家处方”。

熊丙奇：要做到两个方面，第一个是家务，力所能及的家务应该由他做，而不是告诉他你只要负责好学习就可以了。还有一个就是，家长在孩子的消费价值观念上也要改变。不要认为我父母的钱终归是你的。应该告诉孩子：父母的财富是父母的财富，你的财富要靠自己的努力挣来。

歌曲：爸爸去哪儿？

收音机前的家长朋友，您给自己的孩子的消费观号过脉吗？不妨带着孩子一起寻找答案吧！

主持人：

女：这是最近特别流行的一首歌！这也是给家长和孩子共同提出了一个问题：咱们一起来号号脉。那如果您是家长，不妨就对照对照自己哈，在孩子的成长过程中，给了他们一个什么样的消费观，去教育他们？如果你是一个孩子，你能做到像石蕾那样勤俭节约吗？那这个问题，在微博、微信上，大家也是热烈的讨论。

男：是的。那很多网友就觉得，独生子女时代，孩子是一个家庭的核心。很多家长都希望给孩子最好的生活，可能无形当中某种程度上忽略了对孩子消费观的教育。

微博网友"summer是可可"说：父母的观念都是，再苦不能苦孩子，总是把最好的吃的、穿的、用的，通通留给孩子！现在6个大人疼着一个宝贝，孩子奢侈浪费的现象十分普遍，真心希望所有的家长们是疼爱而不是溺爱，告诉孩子正确的价值观和生活态度。

女：微信网友"一VS小我"说：现在的很多家长都偏于忙碌，大多忽略了对孩子真正的爱与教育。总以为，给孩子最好的物质需求，来弥补平时不能陪伴在身边的空缺，就等于给孩子最好的爱。家长们该恰当给予对孩子的爱，而不是一味地给予好的物质，还有对物质的满足和欲望。

男：给孩子们物质方面的条件真的无可厚非，但在爱方面、在教育方面也不能自己冒出一些理念来了……

女：确实，反而在孩子成长过程中，精神方面的需求比物质方面的需求更强烈！

男：尤其是父母，这种潜移默化、润物无声的教育是非常必须的！网友"地铁里的老鼠"就说，教给孩子正确的消费观、价值观，不要让孩子产生依赖感。

"地铁里的老鼠"微信音频：不一定什么都要给孩子吃最好的、用最好的，其实完全没有这个必要，这样只会增加孩子的依靠感。

男：也有人提出了自己的建议。网友"天佑"说：我觉得应该让孩子自己去创造属于自己的财富。父母应该让孩子树立这样的思想观念，好让孩子尽快融入这个社会。还有网友"ZWEI汉"说：可以用看书、看影像资料或是参观等教育活动，来让孩子感受勤俭节约的必要性。

"ZWEI汉"微信音频：我觉得应该让父母带孩子多看一些六七十年代的书，或者影视作品，来让他们感受一下比较凄苦的那种情况吧。

女：教育的方式有很多，不一定非要给钱，也不一定非要给东西啊！家长是孩子的第一任老师，您是不是教会他们坏了的东西修修还能用？教会他们破了的衣服补补还能穿？教会他们不攀比奢侈、不过度浪费？观念都是在小事儿当中深入;习惯都是在观念中养成。作为家长,也要学会对孩子的过分要求说"不"!作为孩子,也要去真正感受勤俭节约的美德,因为它会让你成为值得被尊敬的人!

男:这样的教育方法会让您感到很自豪!

第七篇:例行节约仅仅是消费者的问题吗?

开头片花:中国之声特别策划——《由保洁员吃剩饭引发的思考》

主持人:

男:几天来,中国之声一组"烟台大学餐厅保洁员吃学生剩饭,提醒学生节约粮食"的报道,引发了全社会的热烈关注。

女:说起浪费,责任也不全在消费者身上。最新数据显示:中国餐饮业每年浪费的粮食能养活2亿人口。餐饮业当中的浪费现象已经成为粮食节约中的一大短板。作为经营者,在节约用餐的过程中,又能做出哪些贡献?来听中国之声特别策划《由保洁员吃学生剩饭引发的思考》第七篇——例行节约仅仅是消费者的问题吗?

正文:

对于餐饮企业来说,饭菜上桌,已经是完成了销售过程,无论顾客吃还是不吃,对他们影响也不大。但是也有人说,当前的顾客拥有更多的选择范围,更注重自己的感受,他们更愿意在用餐的过程中,选择更适合自己的"种类"和"分量",而不愿意让自己"迁就"饭店和食物。而当"用户体验"在看似最传统的餐饮行业中闪现,到底该定义为"吃饱吃好",还是有着其他的独特内涵?

自助餐"金钱豹"某分店领班小李说,比起中餐,他们自助餐更怕顾客浪费。为了防止浪费,他们从采购一端就有着严格的量化。

小李:看当天的预定!明天早上的话,我们就看今天晚上预定多少,一直到明天早晨11点预定了多少。我们也会同期比较,去年同期嘛,我们有个大表,跟同期比较。周日、周一,这样比较,预估一下,大概能估出来个数字。

但是小李也很无奈,他说"用户体验"和"避免浪费",在自助餐领域似乎很难找到平衡,他们最多的手段也只能是靠规劝。

小李:太多的话,我们就说您少拿点。如果不够的话,我们可以给你再去拿,都没关系,保证您能吃到这个东西!经常来的客人他都知道,你像有那种,看起来就像咱说的"土豪"一样,他来的时候他就不听你的劝阻,但是我们也会善意地去劝阻他们。

有一种"用户体验"是给你"吃的自由",就像自助餐;而还有一种"用户体验",是给你"不吃的自由"。眉州东坡酒楼是北京最早实行可以点"半份菜"的饭店之一,酒店中关村店经理裴红艳说,半份菜实施快一年的时间,但营业额却没有减少，反而多了不少回头客：

裴红艳：我们给客人点菜的时候服务员提醒，客人真的是很高兴的，他也乐意。比如"老妈蹄花"，它有半份的，有一份的。两个人的话，三个人，我们可以建议他点这种半份的菜，这样就以免浪费。如果他吃不完的情况下，我们会提供他免费的打包盒，让他打包回去。

记者："半价菜"能占到咱们整个菜品当中的百分之多少？

裴红艳：半价菜的话，也就30％～40％吧。

记者：半份菜？

裴红艳：嗯！

在裴红艳看来，半份菜是给了顾客选择"少吃"的权利，既让顾客找到了"量身打造"的尊重，也是量力而行，减少浪费。

裴红艳：反正自从提供了那个半价菜以后，顾客的感觉还是挺好的，点得还挺多的！基本上都没有什么浪费的情况，也没有说，客人没吃完一大盘子菜剩在那，没有这种情况。因为你要始终想着，你给他点这个菜的时候你是站在他的角度去想，不是说为了怎么着，他客人肯定是会乐意接受的。

而在高校食堂，"用户体验"的原则也依然流行。上周，宁波大学科技学院第五餐厅值班主任张继惠，因为在食堂的"意见簿"上耐心回复学生留言，迅速走红网络，被网友亲切称为"有爱的食堂大叔"。张继惠说，只要学生提出意见，食堂都会尽量满足。

张继惠：都很简单，今天的"苦瓜"没有炒熟、"水煮肉片"要吃，那我说会有的。其实很简单的一个事情。

这个食堂从今年3月初开始，设立了"意见簿"，就餐的师生可以就饭菜的种类、味道以及食堂的服务、管理等方方面面的问题在"意见簿"上留言。宁波大学饮食服务中心主任张红波说，设立"意见簿"，现在学校每天的餐厨垃圾，较以前减少了30％以上。

张红波：在食堂里面挑菜的时候，基本上能够挑到他自己想吃的。比如说我昨天意见提过了，我想吃哪几个菜，当然这个意见也不一定是他一个人的意见，可能是寝室里讨论出来的这个结果的意见。从节约方面考虑的话，因为点的菜学生都喜欢吃了嘛，浪费这个层面的话，相对来说就少了很多。

中国人民大学教授王丛虎认为，从消费者的角度，追求"用户体验"无可非议，但他也不建议商家一味地纵容消费者过度消费，认为商家应该尽到提醒的义务。

王丛虎：这确实是一个观念的问题：好多都是就是我自己买来的东西，我想买多少就买多少，这是我自己花钱买的。那是我自己买来的，所有权就在我！我觉得这可能是根本的。实际上我们放大，从更宏观层面来看：尽管您是自己买的，但是资源是公共的，公共资源总体上的有限性。所以即使你说你花钱买的，但是也是在公共资源的大盘子里面买的，所以同样也是在浪费，同样也是一种不光彩的行为。

主持人：

男：厉行节约，餐饮业经营者们又应该做出哪些努力？这个话题在微博微信上也引发了大家的热烈讨论。

女：微博网友"双荣的幸福生活"说：自助餐的经营模式能够达到吸引消费者的目的，作为经营者们选择这种经营方式没错，但首先应该尽到提示的职责。同时更应该在消费者们就餐的时候，明确规定粮食浪费在多少重量以上，就要进行相应的罚款。

男：而微信网友"雪明"则推荐了几个切实可行的节约办法。

听众"雪明"微信音频：首先，餐饮企业在配料上、烹饪上，就要开始注重节约。做到粗菜细作，适量用油，减少不可食用的花边点缀；其次，菜量可以分为大份和中份，并根据客人的多少，主动建议点中份或大份。

女：走出物质短缺的时代，我们还需不需要节俭？如何从身边小事做起，在日常生活中践行节俭？中央台今天发表评论文章《让节俭成为共识》。文章指出，小到一个个人，大到一个国家，节俭勤勉，只会赢得尊重；奢靡享乐，早晚会被时代抛弃！在新的历史时期，"居安思危"、"永不满足"，不仅是一种必须，更应该是根植于我们每一个人灵魂深处的一种精神。它是勉励我们每一个华夏儿女，在民族复兴道路上不屈向前的动力源泉和坚强支撑！

作者：集体

（中央人民广播电台　2013 年 11 月 19 日—11 月 25 日）

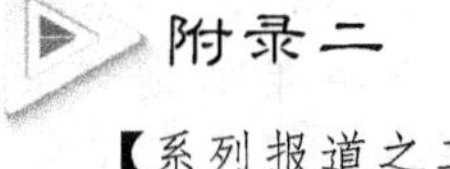

附录二

【系列报道之二】

机器换人改变浙江制造(文字稿)

近年来，除了大面积的用工荒，浙江经济面临着三个 70％的困境：70％的劳动力为初中以下低素质人员，70％的河水断面为劣三类以上污染，70％为粗放低效的传统产业，如何打破这 70％的魔咒？浙江省委省政府提出"机器换人"，以图走出一条可持续发展的浙江之路。

本台推出系列报道《机器换人改变浙江制造》，今天播出第一篇：《机器换人，换出企业效益》，由浙江之声记者毛晓琼采写。

走进浙江联鸿纤维的棉纺车间，上千平米的厂房里，遍布着一排排运行有序的流水线和四通八达的运输管网。两三个工人穿梭在设备间，查看各个机器的运行状况。四川打工者小杜前年应聘到厂里担任操作员，手上管着两台往复抓包机，所有的棉花进厂后，就由这两台机器吸入风管，运送到下一个环节。

【出录音】它自动地跑来回就把棉吸过去了么。它要是报警了，你马上得来操作它，你不操作它它一会里面就没棉了。现在这个比原来先进一点，做得也要轻松一点。

按照传统工艺，1万纱锭需要配套100个生产工人。而在联鸿纤维，不到800个员工却撑起了25万纱锭的规模。公司董事长潘生根说，这几年，劳动力成本涨得很快，3000块的工资根本招不到人。无奈之下，公司下血本引进了几套国际先进设备，没想到，不仅解决了用工问题，连产品质量都有了明显提升。

【出录音】以前要靠人去管的，很多眼睛看不牢会产生很多质量问题，1万根纱做出去，你要半根次品都不允许，你就整个都报废，人工做的东西经常要出次品。现在我们这样弄，不出次品。

机器换人的成效并不仅仅在眼前。同样是纺织行业的企业，浙江万方新材料公司，连续5年将利润的70%投入设备更新，大量先进机器上马，也迫使公司引进了大批高素质人才。几年下来，万方新材料已经成功转型为一家技术密集型企业。公司副总经理张治平：

【出录音】员工的话，总的人数是减少了10%左右，但是关键就是我，管理上的工人在增加，一线工人比例在减少，同时员工的劳动强度也能够适当减低，对让他安心在这里做也有提高。

截至今年一季度，全省工业设备购置投资538亿元，同比增长25.7%。与之对应的是，1—2月，浙江规模以上工业劳动生产率比去年同期增长9.5%。浙江省公共行政与人才人事科学研究所所长陈诗达：

【出录音】现在就是有一种推动作用，企业要进行转型了，那它的眼睛就会盯牢高端劳动力了，其实高端劳动力和低端劳动力是非常矛盾的，你不一定说使用低端劳动力就便宜，就是你当这个高端劳动力带来的生产效率高的时候，实际上使用高端的更便宜。

系列报道《机器换人改变浙江制造》，今天播出第二篇：《机器换人，换出蓝天绿水》，由浙江之声记者余敏采写。

【出现场，压机器声……】这里是绍兴县和中合纤有限公司的生产车间，一条刚从国外引进的流水线正在工作，伴随着机器的轰鸣声，无纺布正在源源不断地生产出来。就在这间厂房的隔壁，装着几个高约8米、直径约4米的槽罐，生产过程中产生的废水就在这里进行处理，然后再循环利用。

在许多人的印象中，纺织印染行业往往是和高污染、高能耗等字眼挂上钩。浙江七山一水两分田，能源有限；中小企业众多，一年到底需要消耗多少能源，省经信委新闻发言人李上葵有个形象的比喻：

【出录音】我们浙江烧了多少煤，2.5个足球场的煤堆了喜马拉雅山那么高，一年就烧光了。还有一个形象的，就在我们脚下，一块钱硬币那么厚，铺满浙江大地一年就烧光了。煤烧光了还没关系，更多的是污染，更多的是温室效应。

多年来，粗放的经济增长方式已经超出了环境的承载力。自工业革命以来，全球二氧化碳排放量增加了40%；在浙江，70%的河水断面为劣三类以上水质。蓝天白云、青山绿水，成了人们的向往。绍兴县和中合纤有限公司总经理助理韩旭说，利用了先进的机器装备，被称为污染大户的纺织行业，不仅实现利润增加，更是做到了减污降耗。

【出录音】我们用的水循环使用的，传统锅炉，以前是卧式的，我们改成立式，对环境保护都有很大的好处，所有设备上的电机基本上都用变频机的，和传统的行业比，我们节能可以提高30%。

今年，浙江提出全面推进现代装备制造业，实现机器换人，重点支持发展节约集约利用资源能源的绿色制造装备，帮助企业减污增效、减能增效，已建成嘉兴光伏发电与用能装备、绍兴发展智能纺织印染装备等现代装备高新区。截至目前，规模以上工业企业利用新型机器人装备，能耗降低率为3.8%。李上葵说：

【出录音】据我们统计，我们装备能耗仅占到工业能耗的三分之一还不到。也就是说我们浙江省目前万元GDP的能耗0.55吨标煤，我们装备0.2不到，0.1几。经济效益又好，环保性又好，能耗又低，何乐而不为。

系列报道《机器换人改变浙江制造》，今天播出第三篇：《机器换人，换出浙江产业升级版》。由浙江之声记者施晨燕、海宁台董伟刚报道：

在台州温岭市新河镇的克里雅服饰有限公司生产车间里，一台台电脑横机正有条不紊地编制着不同款式的羊毛衫，而工人只有寥寥几个。技术工杨海说：

【出录音】这个以前我们都是手摇的，很辛苦，一天只能是手摇只能摇七八件，现在换成全自动的普尔设备以后，一台(一天)就能生产20件，我一个人就能管6台，也很轻松。(只要)把程序输入电脑里面，想编制什么花型就编制什么花型。

羊毛衫是温岭新河镇的传统行业,起始于上个世纪 90 年代,最多时有 100 多家生产企业,但因为技术、人工等问题,目前只剩下 50 多家,日子也过得紧巴巴的。今年年初,在政府的大力推动下,镇里的羊毛衫龙头企业们先后投入 3000 多万元购置了 132 台电脑横机,完全改变了过去的生产模式,效率高了,前景更好了。

这样的例子,在浙江各地屡见不鲜,海宁的皮革、绍兴的纺织、永康的小五金等传统制造业都在加快产业升级的步伐。而对于另外一部分企业来说,传统加工业步入机器化则意味着更大的市场。娃哈哈是浙江最为著名的饮料生产企业之一,近一两年开始,它把发展的触角伸到机器人设备定制行业,娃哈哈企业研究院院长楼向明:

【出录音】我们娃哈哈它是个非标设备制造能力比较强的企业,这也是我们进入机器人行业的一个主要原因。因为我们的设备要从制瓶开始、做瓶子,一直到包装完了进工厂,这里面各种生产环节、各种各样机械的结构我们都遇到过,这样积累了一些经验。所以可以去解决,你比如说你是搞焊接的,要用机器人去解决,我们去帮它设计。

而像这样看好机器人产业的还有很多,如杭州科爵智能设备有限公司,推出自主研制的焊接机器人,今年预计的增长率竟高达 900%,还能大大提高焊接这一行业的工艺水平。

在省经信委技术进步和装备处处长李京宁的眼中,“机器换人”最重要的作用也恰恰就是这点,它能一步步实现着浙江制造的全方位升级:

【出录音】机器换人它是两个方面,一方面是我们现在的生产加工企业是全行业的,他把装备的提升来实现机器换人,一方面是装备工业本身的发展来实现机器换人,这个工业的发展它影响到所有的行业。

前途是光明的,可与之形成鲜明对比的,却是浙江装备制造业“缺心少魂”的现状。海宁山山集团是一家制造纺织机械的国家高新技术企业,产品在纺织企业中很畅销。但问题是它的工作母机依靠进口,生产成本受到制约,董事长莫军:

【出录音】我们引入的设备都是工作母机,主要是通过这些加控中心的引入之后,都是进口的。

目前浙江企业所用的自动化设备,70%以上来自国外,不仅价格偏高,还不一定适合,需要二次改装。为此,从今年开始,浙江开展为期三年的“机器换人”专项行动,机器装备投入占工业投资比重要达到 40%。副省长毛光烈很有信心,通过几年努力,基本实现浙江工业经济的改头换面:

【出录音】下决心用三到五年的时间,三年把一般多数行业替代掉,尤其是有污染行业、安全方面有问题的生产行业，要下决心全部换成现代装备，用五年时间基本把我们各个行业的传统制造方式全部更换掉，打造浙江的经济，特别是工业经济升级版。

作者：施晨燕　余敏　毛晓琼　陈吾升

（浙江之声 2013 年 5 月 8 日—2013 年 5 月 10 日）

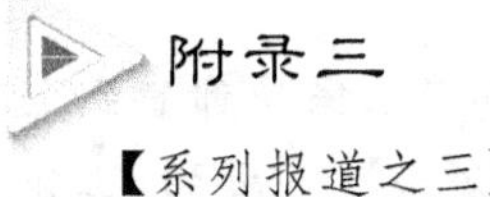

附录三

【系列报道之三】

“学习不办公”让群众吃了“闭门羹”(节选)

代表作之一

邕社保机构工作日对外打烊

办证市民吃到“闭门羹”

（主持人）对于政府部门来说，一般一个星期有 5 个工作日，但是如果只有 4 天或者 4 天半对外办公，会不会给群众办事造成不便呢？新闻 910 就此在南宁驻邕社保机构中展开了调查。请听记者梁泰、谭妍薇、甘智锐的报道：

【出现场音】：

市民：今天下午来这里办事，办吗？

工作人员：不知道哦！下午学习，学习不办公……（声音渐弱，压混，口播出）

11 月 1 号，周五下午，记者在位于南宁市民族大道 60 号的广西社保中心看到，业务大厅大门紧闭，门口立着一块“每周五下午整理数据、业务学习不办公”的牌子。从下午 3 点 10 分到 3 点 20 分 10 分钟时间里，就有 19 名群众来办事，得知“学习不办公”，不得不打道回府。工作人员解释：

【出录音】：“每个周五下午都不对外办公。不对外办公，不是不上班。业务啊，培训啊，学习啊，历来都是这样的。”【录音止】

随后，记者又来到位于南宁市葛村路 10 号的南宁医保中心，门口也贴着一张“学习不办公”的公告，指出周二和周五两个下午学习不对外办公。记者看到，焦急的黄女士想为在医院就诊的老母亲办理医保手续，3 点一上班她就从医院赶了过来，想快些办好赶回去照顾老母亲，没想到上班时间却不对外办公：

【出录音】：“你是一个对外服务窗口嘛，对外的嘛，不能说所有的人都要学习，你应该轮流安排一部分人上班一部分人学习嘛。你看礼拜六礼拜天又办不了啦，又到礼拜一。一拖又拖了几天啊。真的急啊，有时候在医院里面看病

啊,真的又挨跑多一次,麻烦。"【录音止】

代表作之二

南宁部分政府部门工作日学习不办公称为百姓着想

(主持人)继续来关注南宁市部分服务窗口单位,工作日时间不对外办公的现象。那么,这些政府部门不对外办公,到底在忙些什么?请听新闻910记者梁泰的报道:

11月1号和8号连续两个周五下午,记者在葛村路南宁社保局都看到业务大厅大门紧闭,门口有周五下午不办公的公告。可是隔着玻璃门看到,工作人员在办公区域内谈笑风生。从邕宁区蒲庙镇过来办养老保险的周先生被拒在门外:

【出录音】:"我们是打农村过来的,过来又不开门。像这样办事,可能对我们农民百姓有点不公平这样吧。"【录音止】

南宁社保局人员工作日不对外办公,是出于什么考虑呢?南宁市社保局副局长陈玲解释,这是多年的实践经验和需要而决定的:

【出录音】:"社保政策是有一个不断完善的过程,新招入人员还有我们工作人员也要不断地提高,要学习业务,政治方面的学习也是必须的。还有我们业务整理就是我们对每天档案、数据进行整理,因为数据不进行整理的话呢,到时候会出错或者档案不见。"【录音止】

在记者走访观察中,南宁市区不少于10家不同级别单位工作日以学习、数据整理为理由不办公,涉及政务、社保、人事、工商、民政、公安、住建等和群众日常生活密切相关的政府部门。南宁房屋产权交易中心号称每周二下午业务学习和月末盘点日,都停止对外办公,南宁市住建局副局长李奇认为,这样做最终是为了百姓着想:

【出录音】:"他不学习,他业务没办法跟上,这样反而给群众带来不便。"【录音止】

(主持人)看来,特定工作日学习不对外办公是多年来形成的一个惯例。那么,"工作日不办公"造成群众办事难,算是为百姓服务吗?占用对外办公时间进行内部学习,征求过群众的意见吗?下节的《新闻时刻》继续关注。

代表作之三

南宁多部门废止"学习不办公"制度

保障群众顺利办事

(主持人)本台在报道南宁部分政府服务窗口因为学习而不办公的行为后,一些单位纷纷自查自纠,废除或修改影响群众办事的管理制度,出台措施保障工作日不会因为学习或开会导致不办公。请听记者梁泰、谭妍薇、甘智锐的报道：

11月15号，星期五下午，记者在南宁市青秀区婚姻登记处看到，3个办事窗口和1个服务窗口全打开，原本贴着“周五下午不办公”的纸张已经不存在，大厅咨询处的3名工作人员为市民解答。记者观察半个小时，就有11名市民顺利办事：

【出录音】：

“记者：那您今天办理的是什么呢？

梁女士：我开无婚姻证明。

记者：那您知道今天下午是上班的吗？

梁女士：以前好像有听说过星期五下午不上班，有这种说法，但是我还想试一试，但是还是能够办成了。方便我们群众办事啊，挺好的。”

【录音止】

记者随后来到了南宁市社保局的服务大厅，门口没有了周二、周五下午学习、数据处理不对外办公的告示，大厅内有工作人员接待前来办事的市民。一旁督查的南宁市社保局局长刘德宁称：

【出录音】：“学习、整理档案和为群众办事做到两不误，绝对不能再出现老百姓来办事，说学习了，不能给办理了，这个绝对不能出现。下个礼拜我们还要专门安排时间，就我们整个社保为老百姓办事服务里面，还有哪一些像存在类似问题来进行反思，来进行寻找差距。”【录音止】

本台同时也报道了群众反映的南宁市工商局经开区分局日前开会不对外办公，导致办事多跑一趟的情况。南宁市工商局经开区分局登记股股长邓妙琴表示，日后将加强管理，紧急情况起码留两个人在岗服务：

【出录音】：“为了更好地服务群众，正常工作我们全部是AB岗，以后如果我们真的是有什么紧急的事情，或者是很紧急要参加会议的话，我们也是要留两个人，想办法为群众服务吧。”【录音止】

作者：郑华雯　阳　岌　周　霖　梁　泰　甘智锐　谭妍薇

（广西人民广播电台2013年11月13日至16日）

第十章　广播新闻编辑

1999 年版《辞海》中“编辑”的第一条注释为“组织、审读、挑选和加工作品的工作。是传播媒介工作中的中心环节”。在具体实践中，编辑工作又有狭义和广义两种理解。狭义的编辑工作是指新闻出版流程中介于采访和出版（播出）之间的一个工作环节，也是我们平常一般所指的编辑业务，如定稿、改稿、发稿、编排等；而广义的编辑工作是指在新闻节目前期担负“策划者”，中期作为“组织者”，最后成为“把关者”的专业角色，其作用无疑是非常重要的。

第一节　编辑的首要工作是策划

一、“新闻策划”的界定及性质

1.“新闻策划”的哲学基础

“新闻策划”现在在新闻界很流行，但有些新闻工作者不赞成“新闻策划”的提法，理由是“策划新闻”无论如何都有违背新闻真实性原则的嫌疑，而不是笼统拒绝“新闻策划”概念。

有专家从哲学研究的角度来分析“新闻策划”，认为其实质是意识对物质具有反作用，意识具有能动性的表现，是符合辩证唯物主义观点的。①

陆定一同志曾经指出：“新闻的本质乃是物质的东西，乃是事实，就是人类在自然斗争和社会斗争中所发生的事实，事实是第一性的，新闻是第二性的，事实在先，新闻在后，这是唯物主义的观点。”然而，从马克思主义议论来看，能动性是实践普遍具有的基本特点之一。人的活动，与动物消极被动地适应外

① 李本乾：新闻策划的界定及性质，《现代传播》2000 年 4 月，第 49 页。

界活动不同，是有意识的，有目的的。人在实践前，都有一定的计划、方案，随着社会的发展，人们的实践活动越来越自觉地以科学理论为指导。新闻工作者在实践中，根据对已掌握材料的分析，预见到事物的必然发展趋势，从而提前做好新闻传播的准备工作，这就是我们一般所指的“新闻策划”。

2.“新闻策划”的类型

(1)按未来时间划分：1)战略策划。它是适应外部环境变化，求得新闻媒体生存发展的策划。它涉及时间较长，如确定编辑方针、媒体定位等。2)战术策划。时间战略目标和短期具体策划，重点在于组织力量，以实现对某个具体选题的采访、报道。如热点问题报道、系列报道的策划等。

(2)按策划问题出现的形式区分为：1)程序性策划。策划的问题经常出现，策划者已有了一定的经验、程序和方法，形成了固定的规则和程序，可按常规方法进行的采访、报道均属此类。2)非程序性策划。策划的问题不经常出现，无常规程序和方法可循，以策划者的判断分析来解决问题。如改变节目定位和节目风格等。

(3)按策划者的身份区分：1)智囊团策划，邀请一些专家、学者对一些重大问题进行策划。2)总编辑台长策划，即根据中央总的宣传方针，结合本媒体实际来安排组织报道。3)部门策划，即新闻单位各部门对各自所面临的问题进行策划。4)个人策划，即编辑、记者对各自将进行的活动进行策划。

3.新闻策划的性质

(1)能动性。新闻策划是对未来行动的当前思维，因而具有一定的能动性。

(2)直接现实性，从策划的要素及结果看，策划具有一定的直接现实性。如果没有实现的目的和规律，就不可能进行策划；同时，如果没有将策划的结果加以实施，也就失去了策划的必要性。

(3)社会继承性。策划不是孤立的个人活动，它是社会活动。一些新闻策划似乎纯粹是个人的活动，但实际上，他们的思想观点和知识才能，他们的选题和新闻线索，都是从社会得来的。

(4)预见性。策划是以面对未来为前提的，是针对未来的行动，已经成了现实的东西，就没有必要策划。

(5)选择性。未来可能有两种情况，一种是可能性，另一种是必然性。人们只能对各种可能性进行选择，以使策划结果达到或接近必然性。

(6)主客观性。由于策划时有主管因素参与，作为策划者就要尽量使自己的主观意志符合客观实际，并作出正确的预测和预案。

(7)创造性。新闻策划是一种创造性的思维，即“创见”。

二、策划是编辑工作的关键环节

1.策划节目

近年来,各地广播电台的编辑水平和节目质量都有了很大提高,许多节目在社会上产生了极大的反响,给听众留下了深刻的印象。但是我们也应该看到,广播在迅猛发展的过程中也包含着巨大的隐患:比如一些节目内容浅薄,有的节目胡扯乱侃,有的节目定位不准,有的节目重复雷同没有特色,等等,广播宣传需要改进,首先就要对节目的设置和定位、包装进行精心策划。

在这里,我们确实有必要向电视节目策划学习,比如中央电视台的《东方时空》、《焦点访谈》、《实话实说》、《对话》等,无一不是经过精心策划而取得良好成效。正如《生活》栏目的主编骆幼伟所说:"过去电视节目的制作,最重要的是编导,而现在最重要的是策划。"

诚然,近年来不少电台也在节目策划上都作了许多有益探索,并且取得了很多成绩,比如珠江台的节目设置,东广台的节目设置,还有中央台的节目设置,如《新闻纵横》、《背景报道》等,还有每年春节文艺晚会节目,国庆和一些重大活动的宣传报道等,事先都经过了周密详尽的策划。

2.策划选题

广播策划的重点之一是制定选题。编辑在制定选题之前,要进行社会调查,搜集各种信息。确定了选题,就有了工作目标和方向,才便于开展后面的编辑工作。选题挑选得好不好,对节目选题和宣传效果起着决定性的作用。

选题确定之后,还有许多工作步骤和具体问题需要谋划,比如,前期工作:怎样敲定题目,节目包含哪些内容,采用什么表现形式,具有什么样的风格和节奏,采访什么对象,应该抓什么问题,从什么地方切入,节目怎么编排,音响怎么运用,甚至于对节目自身怎样进行恰当的自我包装,等等,所有关于节目的思想内容、表现形式和制作问题,编辑都必须潜心思考,通盘考虑,多方设想,精心策划。编辑在策划中,要努力廓清思路,使朦胧的意向变成清晰的思想,使编辑的思想变成具体的方案。

3.策划最能体现编辑的主动性和创造性

编辑工作绝不仅仅意味着"剪刀加糨糊",选题策划为广播编辑发挥主观能动性提供了宽广的现实舞台,同时一个好的策划方案的产生对广播编辑来说也是一项极具挑战性、创造性的工作。在策划中编辑要对各种信息去伪存真,去粗取精,要对许多问题进行由表及里、由浅入深的思考。

正是由于编辑在策划中独具慧眼,沙里淘金,才使选题从无到有,从有到优,对选题的开发的优化体现了编辑的创见。此外,在广播策划中,还有许多问题需要解决，比如怎样提炼思想，怎样安排素材，什么形式表现力最佳，等等，这些问题，编辑都要开动脑筋，认真策划，反复琢磨。所以有人认为，策划正是编辑主动性、创造性功能的强化。

三、编辑怎样才能提高策划能力

策划能力事实上是一个编辑政治素养、业务水平、文化功底、判断能力和语言能力等各方面综合素质的集中体现。想要提升自己的策划能力，就有必要从以下多个方面去努力：

1. 要有事业心。一个有事业心的人，才有可能不满足已有的成绩，才有可能把提高自己的策划能力和节目质量作为自己的职业追求和自觉行动。

2. 要有很强的职业敏感性。一个策划要想既到位又出新，就必须比别人站得高、看得远，就必须在自己职业范围内具备比别人更强的职业敏感性。对一个广播编辑而言，一般包括要有较强的政治敏锐性、听众意识、时效意识和市场意识等。

3. 要有深厚的文化功底。策划方案是编辑智慧和才能的结晶，同时也是编辑学识和经验的积累，因此，只有文化底蕴浑厚的编辑在策划中才可能思路开阔，才思敏捷，得心应手。

4. 要有很强的创作能力。广播策划贵在创新，因此我们要有思想，有见地，不因循守旧，努力打破已有的思维定式，多想新点子，多从新角度去思考问题，这样的策划才能别出心裁，独具一格。

第二节　广播新闻稿件的处理

处理稿件是广播新闻编辑工作中一项难度大、要求高、时间紧的工作。其中主要包括稿件选择、修改和改编等。

一、广播新闻稿件的选择

广播新闻编辑面对来自四面八方的大量来稿，要做认真的选稿工作，决定取和舍、抢和压等。编辑选稿要根据选稿的标准和不同节目的需要来考虑决定，通过对稿件的取舍，体现电台的宣传方针和节目的编排思想。

1. 选择是不可避免的

广播电台编辑部一般每天都会收到大量稿件，这些稿件主要来自本台记者采写的稿件、地方台站来稿、新华社电讯稿、中央和地方报刊稿、通讯员来稿、各地听众自发来稿，有关部门专稿、采用外电外刊稿等。尽管电台一天播音十几个小时甚至几十个小时，需要大量稿件，但来稿毕竟远远多于采用稿，因此编辑必须进行取舍。就以中央台《新闻和报纸摘要》节目为例，每天编辑要从各方面提供的几十万字来稿中精选出仅供半小时播出的6000余字的稿件。

2.选择稿件的基本标准

选择新闻稿件的标准，一般来说有两条：政治标准和新闻标准。

(1)政治标准。选择新闻稿件，首先要从政治上着眼，要考虑到政治方面的需要。恩格斯在《关于工人阶级的政治行动》一文中说得好："绝对放弃政治是不可能的；主张放弃政治的一切报纸也在从事政治。"

当前我国正处于社会主义初级阶段，坚持以经济建设为中心，坚持四项基本原则，坚持改革开放，这是我国当前最大的政治。选择广播稿，首先要从党和人民的根本利益来考虑，来稿是否符合"三个代表"的思想，是否符合四项基本原则，就是广播编辑判断稿件的政治标准，不符合政治标准的稿件，表达得再好，也不能选用。

(2)新闻标准。如果说政治标准是选稿的前提，但政治上没有问题的稿件不一定是可以编辑播出的稿件，还必须以新闻标准来选择稿件。新闻标准包括：

1)注意新鲜性。内容要新，角度要新，表达新颖，并且传播及时，有时效性。

2)注意重要性。稿件与听众关系越密切，关心的人也就越多，影响也就越大，稿件也越重要。

3)注意显著性。稿件当中有显著变化的新闻事实，显要人物的活动，都应该进入编辑选稿的视野范围，显著性是构成新闻价值的要素之一。

4)注意接近性。接近性包括地理接近和心理接近两方面。地理接近是指听众对自己身边发生的事比远处发生的事更关心；心理接近是指人们会因为新闻事件与自己某种程度的关联而更加关注。

5)注意趣味性。奇特、有趣的事情，新闻价值就比较高。

当然，一般的稿件并不是都具备上述5条特征的，有些指具备其中的一两条，编辑在选稿时要有高度的新闻敏感性，把握好选稿的标准。

3.把握好选稿的方法

在具体实践中，编辑除了要按照选稿的标准去判断衡量稿件外，还需要有明确的选稿思路，有切实可行的选稿方法，坚持唯物辩证法，用联系的、发展的、全面的观点去观察事物，认识事物，选择稿件。

(1)坚持“两点论”。从报道内容上看,既要突出中心,又要兼顾一般;从报道方式上来说,要以正面报道为主,也要选用适量的批评性稿件;从宣传的量与度的关系来说,要分清主流与支流,分清轻重缓急。

(2)要有“全局观”。新闻报道是面向全局、影响全局的。编辑要站在党的方针政策的高度,从把握全局出发选择稿件;在内容上,要考虑不同行业、不同体裁之间的适当平衡,同时也要照顾不同地区的平衡。

(3)不要成为“技巧派”。编辑处理来稿要着眼于内容,不能因为来稿写作技巧差而轻率放弃。要认真处理每一篇稿件,对内容可取但写得不理想的稿件,要自习修改,充分利用来稿。

(4)对来稿要一视同仁。编辑选稿要从党和人民的利益出发,忠于职守,坚持选稿标准,对来稿不讲“关系学”,不讲情面,一视同仁。

在选稿的过程中,编辑要决定稿件的处理方案,一般有四种情况:

(1)有些稿件有重大政治问题或不适宜公开宣传,有些内容一般化,事实不充分,这样的稿件一般不采用。

(2)有的稿件全篇不能用,但稿中某一点或某一方面有可取之处,可以用来编综合新闻或作为组织专题新闻的参考。

(3)对引用事实不够准确,文字有欠斟酌的稿件,要进行修改。

(4)对主题好,基本思路正确,材料丰富,但在某些方面存在较大不足的稿件进行改编。

二、广播新闻稿件的修改

如果说选择稿件是编辑对稿件的初次评价,那么对选用稿件进而做审读、增删、润色等修改工作,则是对稿件的再次评价。

1.整体把握原稿的七个基本问题。

(1)主题。搞清楚作者在原稿中所要说明和表达的主要问题,有什么现实意义、针对性和指导意义。

(2)观点。稿件中通过主题表达的观点是否符合当前的宣传要求。

(3)事实。新闻事实材料,包括事件、人物、事件、数字等要素是否真实、充分。

(4)结构。从听觉角度考虑,稿件的层次、布局、文理是否清楚明了。

(5)语言。是否符合广播通俗和口语化要求。

(6)风格。稿件内容和形式、表达方式与体裁、文字和音响组合是否协调等。

(7)效果。听众在收听过程中是否有异议,会不会有副作用等。

2.修改稿件的要点在于把好四关：政治关、主题关、事实关、文字关。

(1)政治关。新闻编辑直接担负着宣传党的路线、方针、政策的任务，编辑工作是一项政策性、思想性很强的工作。在编辑岗位上，要对党的路线、方针、政策非常熟悉和了解，对上级的精神、当前阶段的宣传口径做到心中有数，知道应该宣传什么，什么时机去宣传，怎样宣传，什么角度宣传以及怎样把握宣传的分寸和尺度，还要注意讲究宣传的艺术。

(2)主题关。拿到编辑受众的稿件往往存在着主题不清晰、不突出的毛病：比如主题分散，不突出；主题模糊，不鲜明；主题朦胧，大而空，偏离主题；多主题、多中心等问题。编辑在修改稿件的过程中，需要从以下四个方面着手：要站在时代高度，突出最能反映时代特征、精神的主题；要站在党的方针政策高度，突出反映当前最新政策精神、最新思想观点，能给人们以启迪的主题；要站在全局的高度，突出社会上绷得最紧的那根"弦"，要紧紧围绕主题的需要，精选材料，锤炼文字；要舍得割爱，去掉与主题无关或者关系不大的材料，突出最有社会主义意义的主题。

(3)事实关。广播编辑把好事实关要做到这样几点：1)情节、内容必须真实，合情合理。有些新闻，主题很好，但内容和情节不合情理，就会令人怀疑新闻的真实性，直接影响宣传效果。2)新闻事实必须准确。准确和真实一样，都是新闻报道必须遵守的原则。3)新闻事实必须统一，不能前后矛盾，编辑处理稿件需要注意认真核对。4)新闻事实要清楚。来稿有两种情况值得注意：一种情况是有意把事实写得很笼统含糊，遮人耳目，企图蒙混过关。另一种情况是写作水平不高，造成文不达意。编辑对此要有"火眼金睛"，把事实搞清楚。

(4)文字关。广播编辑要把好文字关，工作量是很大的，一般来说主要看稿件文理文法是否通顺，口语化程度怎么样，语言是否规范，文字是否简练，句式是否简短，叙述是否连贯，等等。

3.修改稿件的方法

广播编辑修改稿件一般有这样几种方法：

(1)压缩。由于广播新闻节目时间短，新闻节目的发展方向是重点突出，报道的条数多，涉及面广，以满足听众扩大信息量的要求。所以要求编辑要删去那些与主题无关或关系不大的枝节和情节；要删掉多余的、有错的、不宜广播的字句和段落；对一些四平八稳、中心不突出的稿子，一定要下狠心做出取舍，重点突出一个方面或一两个问题。

压缩的方法主要有删节、摘要、概述等。

(2)增补。即在原稿中增添一些必要的背景材料或对重要的事实作补充说明，或对过去报道过的事实作简单的补叙，对人物、事件、专有名词作一些必要的说明或注释，这样做的目的是为了让听众听明白稿件的内容。

(3)改写。有哪些稿件需要改写呢？像层次不清、叙述不清，或使用倒叙不适宜听的稿件；稿件涉及的面很广，讲许多问题，需要改写成一个问题；稿件观点材料不统一，要重新组织观点和材料；有些稿件有材料没观点，就需要把观点提炼出来，选取最能说明观点的材料用上去，有些内容还不错，但文章写得不好，需要作很大的删改和加工；有些稿件太长，句子很啰嗦，无法按原有结构进行压缩的，需要进行精编；对一些重要的长文章、长总结、长报告，要化整为零，改写成几条消息连续广播，也可以改成简明新闻加以介绍，等等。对这些稿件，就要采取改变角度、改变结构、改变体裁等方法进行改写。

(4)综合。综合也是广播编辑常用的方法，把几条同一主题的新闻集中起来进行分析，找出它们之间的内在联系，重新安排结构，改编成一条综合新闻；也可以把几条同一主题，但从不同角度进行报道的稿件组编在一起，加上总标题，组成专题新闻或专栏广播出去。

4. 修改稿件需要注意的问题：

(1)既要防止看不出原稿中的差错，也要防止编辑在修改时，把对的改错了。这就需要编辑加强自身修养，同时增强工作责任心。

(2)要尊重作者的风格，不能一味按编辑自己的喜好把稿件都改成了一副模样，一个面孔。

(3)对原稿的事实不能有任何更改。

(4)要从播出角度考虑，多给播音员提供方便。

(5)认真核对稿件。

第三节　广播新闻节目的编排

广播新闻节目稿件的编排，与报纸版面安排一样，不是一项单纯的技术性工作，而是一项具有高度政治性的工作。它鲜明地体现了党的方针政策和宣传意图，是整个编辑工作的重要组成部分。

一、新闻节目编排的原则

1. 首先要从政治着眼。一定要把体现党的中心工作，符合党的方针政策，对当前经济建设和两个文明建设最有指导性的稿件安排在头条或二三条，重大的政治任务要组织连续报道。新闻节目遇到重大问题或重大事件，除发消息外，还可以配通讯或者言论，在编排上做到集中突出有声势，特殊重大的宣传任务，可以整档节目只安排一个内容，甚至连续几天安排同一内容，这样做可以做到内容集中，主题突出，显出报道的分量。在考虑宣传价值的同时一定要兼顾新闻价值，使两者有机统一起来。

2.新闻稿件排列顺序有一定规律。一般来说，我国广播新闻节目的国内新闻排在前，国际新闻排在后。遇有特殊情况，如当天国内新闻一般，而国际新闻中有重要消息时，也可排在国内新闻前面。

国内新闻包括工业、农业、财贸、政治、军事、外事、文献、科技、体育、卫生等内容。在一般情况下，经济新闻排在前面，文教新闻排在后面；政治、军事、外事新闻，多数排在经济新闻和文教新闻之间；重大事件也可排在它们之前。外事新闻的排列，一般应以我方为主，我方的排在前面，对方排在后面。

不过，随着广播新闻的深化改革，这种传统的先国内后国际的排列顺序正在受到冲击，特别是一些率先进行改革的地方台，正在改变传统模式，他们完全按照新闻价值的大小来确定新闻组合当中的排列次序。

3.要考虑稿件组合的多样性。比如：

(1)篇幅长短的组合。一般来说，长新闻较有深度但嫌沉闷，短新闻简洁明快又嫌肤浅。无论是长新闻还是短新闻，都要尽量避免过于集中在一堆，要适当地穿插安排。

(2)节奏快慢的组合。考虑到各种不同新闻的内在节奏因素，在不违背内容整体性的情况下，作适当的穿插，力求表现出层次感、节奏感。

(3)体裁多样性组合。一档新闻节目中，除以消息为主外，还应兼有通讯、评论、录音报道，既有单发的新闻又有集束新闻的组合。

(4)区域远近的组合。考虑新闻区域远近的因素，由近及远，先近后远，是新闻节目编排的一个原则，是密切信息与听众的联系，拉近两者之间的距离，增强节目可听性的重要手段。

4.运用多种编排手段突出重点新闻。广播是线性传播，所以首先要按时间先后的顺序排列，来区分新闻的重要程度，重点新闻一般应放在前面，以起到先声夺人、先入为主的作用；此外，还可采用配言论，加编后、写新闻提要、搞音响报道等编排手段，把重点新闻尽量突出起来。

二、新闻节目编排的技巧

有了正确的编辑思想，并不等于节目就有了鲜明的主题和理想的收听效果。在编辑过程中，我们要利用种种方法和技巧，来体现编辑思路。

1.直接体现。即我们在新闻节目常听到的言论性语言，包括节目开头语，栏目或某些稿件的编前话、编后话或评论等。这是编辑根据客观实际的要求，代表编辑部针对新闻事件或问题直接发表的观点和意见，是新闻编辑思想的直接体现，目的性很强，具有开门见山、直截了当、态度鲜明、让人一听了然的效果，对于突出稿件和节目主题具有很重要的作用。

2. 间接体现。即编辑通过节目编排语言来体现编辑思想的方法，这是编辑主观意图的客观表达。节目编排语言包括编写提要，稿件排序，组合搭配，专栏设置，栏目曲或间奏乐等。

(1)新闻提要体现：新闻提要是新闻节目的眼睛，相当于消息的导语。表面上看，新闻提要应该是客观介绍一组新闻节目的主要内容，似乎反映不出什么主观意图和思想，其实不然。一组节目要播很多条新闻，哪条该上提要，提要该怎么写，都是在表达编辑部的一种态度，一种思想，它是引导听众收听这组节目的导语，也是指导听众如何收听的一种提示。

(2)稿件排序体现。哪条新闻排头条，哪条排二条三条，不全在于其新闻价值的大小和分量的轻重，里面包含着编辑思想的话外音，体现着一定的思想倾向和舆论引导意图。

(3)组合搭配体现。不同的组合方式可以体现不同的思想内涵和情感画面，比如：同向并列的组合方式有增加人们见闻和感受的效果；异向并列的组合方式，可以有加深人们对某一类事物或问题的认识，深化主题，强化听众印象的效果；纵向递进组合方式，就有浓厚舆论氛围，深化人们对这一类事情或问题的理解和认识的效果；专题式或集束式组合方式，具有增强宣传效果，突出某一主题的收听效果，等等。

(4)开辟专栏体现。开辟专栏，加栏目曲或间奏乐等，也是编辑部强化某项内容的宣传效果、加深听众印象、增强收听兴趣、提示舆论宣传重点等意图的体现，客观上强化了节目的舆论引导作用和感染力。

三、新闻节目编排的方法

广播新闻节目的编排是一种艺术，它追求最佳的整体效果。节目编排如何，对于最大限度地发挥广播新闻的效益、提高广播新闻的收听率，具有十分重要的意义。广播新闻节目一般有综合式、分类式和网络式三种编排方法。

1. 综合式编排

综合式编排是用于综合性新闻节目的一种编排方法。这种节目时间短则二三十分钟，长则一个小时；内容包罗万象，国际国内，本地外地，经济文化，等等，什么新闻都有。把这些新闻内容组合在一起，不是简单堆砌或罗列，而是必须体现一定的编辑思想，遵循一定的编排原则。

(1)重要性原则。节目编排要根据题材重要程度，决定排序先后及篇幅长短等。重要新闻还要精做提要，把其中精髓、听众关注的热点提出来，以激发听众收听的欲望。对全局工作具有指导意义的地方新闻在编排上也应靠前，详细一点。

(2)接近性原则。听众最关心哪些新闻呢？毫无疑问，是与切身利益相关的新闻。从时效性上讲，越接近第一时间的新闻，听众关心度越大；从地域性上讲，新闻发生地距离越近，听众关心度越高。

(3)最佳搭配原则。新闻节目的编排讲求节奏感，包括内容节奏、时间节奏、感情节奏、音响节奏等。节奏要通过新闻体裁的变化、长短搭配、音乐、音响运用、播音语速快慢来实现。

2.分类式编排

分类式编排是把每天播出的整点新闻细分成财经新闻、时政新闻、文体新闻、国际新闻、法制新闻、社会新闻、医学保健新闻、教育新闻、交通新闻等，根据听众的收听习惯，选择最佳时间播出。分类式编排特别强调依照听众需要让重要新闻滚动起来。

(1)树立强烈的听众意识。首先，要了解某一个阶段，听众最想获得哪一类新闻；其次，要了解某一阶段，哪一类听众最多；第三，要了解某一个时段，哪一类的新闻发生最集中。这三个区域相交的部分，就是某一类新闻安排播出的最佳时间。比如，上午8点股民听众最集中，最想了解股市信息、财经新闻，因此安排播出财经新闻；晚上9点，学生听众最集中，最想了解文体新闻，就安排播出文体新闻。听众对新闻的需要往往是动态的，因此，编辑要定期分析，深入听众，倾听他们的意见，或者站在听众的角度听听自己的节目。

(2)让重要新闻滚动起来。重要新闻随时可以在各档新闻中滚动播出，这当中包含两种情况，一种是重点新闻的重复播出，另一种是对正在发生、发展的新闻进行跟踪报道，及时播出新闻事件的最新进展，这是广播先声夺人的优势所在，应该充分利用。

3.网络式编排

现在每个电台几乎都有多个频率，省一级电台一般都有综合台、卫星台、文艺台、经济台、交通台、健康台、音乐外语频道等。而大多数频率基本上都有自己的新闻节目，虽然有所侧重，但各唱各的调，重复现象严重，造成采编资源的浪费。如果把各个频率的新闻节目统一起来，形成合力，充分开发频率资源，构建一个像网络式的“总服务器”，各个频率各专业台新闻节目充分共享这个“总服务器”的新闻资源，必将提高社会效益和经济效益。

网络式编排的运作方式，需要建立一个全台统一的新闻中心，负责整个台的新闻采制，向各个频率提供新闻。编辑在进行网络式编排时应该总揽全局，统分给台，纵横协调。

事实上，在近几年的发展中，已经有一些地方的媒体进行了联合的尝试，比如很多地方台实现的广播电视新闻台一体制，广播不同频率之间组建新闻中心，等等。在这些运作中，对编辑网络式编排与纵横协调能力提出了越来越高的要求。

第四节　编辑要树立“总把关”意识

近几年来，各级电台为了减少差错，增强各个工作环节上的新闻工作者的责任意识，大多采用了把关责任倒推法，即由记者负责检查通讯员提供稿件的差错和采访对象提供信息的差错；由编辑检查记者的差错，由部门领导检查编辑的差错，由播音员或主持人检查最后播出稿的差错等，目的是为了培养每个新闻工作者的“把关”意识，使每位采编播人员都成为合格的“把关人”，最大限度地减少广播新闻的差错率。

从编辑的广义理解角度来看，编辑事实上承担着组织、协调的中心负责人的角色，从事先的策划、选题，到编发新闻时的组稿、选稿、改稿，到与播音员（主持人）的沟通、交流与协调，无时无刻不在提醒着编辑必须承担起“总把关人”的责任。

有一个形象的比喻很能说明问题：人们把编辑比喻成足球场上的“守门员”，其他队员出差错，一般还可以立即采取补救的办法加以挽回，但“守门员”一旦把不住关，就意味着“丢球”。所以，我们说编辑在把新闻素材变成广播节目时，把记者的稿件变成听众的信息的过程中，要把住好多方面的关口，主要有政治关、事实关、知识关和辞章关。这些方面的内容和要求我们在前面一些章节都作了详细的介绍，这里就不再一一展开。

事实上，编辑的“总把关”已经表现在编辑工作的各个环节中，策划选题是政治性把关；选择稿件是衡量稿件价值大小的把关；修改稿件，是对稿件观点和事实的具体把关；编排和审听节目则是最后的综合性把关，从内容到形式，从稿件到节目的全面把关。

第十一章 广播评论

广播评论是借助有声语音和实况音响对新闻事实、社会生活中的新问题直接表明观点和意见的论述性体裁。

广播评论是广播新闻报道的重要内容之一，是电台一切言论性报道的总称，是广播电台的旗帜和灵魂，直接代表电台对各种社会问题和新闻事实发表意见和主张，表明电台的立场、观点和态度。

广播评论肩负着引导社会舆论，宣传党的方针、政策、路线，反映人民群众呼声的重要使命和媒体职责，长期以来，一直是我国广播新闻深化改革和需要加强的重点领域。

广播评论在人民广播的发展历史中走过了漫长而曲折的道路。从1946年5月，新华社语言广播组扩大为语言广播部第一次设立"广播评论"节目后，广播评论正式开始起步，中间几起几伏，直到党的十一届三中全会后，广播评论才开始了"自己走路"的历程。

20多年来，从中央到地方各级电台不仅评论的数量在急剧增多，而且体裁样式和风格特点开始深深打上了广播媒体自己的烙印。广播评论逐渐摆脱报刊评论文体和语体的限制，创造出了"谈话体"、"对话体"、"音响体"、"系列广播评论"和常年性固定的广播评论节目，更新了广播评论的写作理念，拓展了广播评论的表现领域。广播的现场评论随着广播新闻直播节目的增加也日渐增多，这些都为广播评论的更大发展注入了活力和生机。

第一节　广播评论的特点

一、广播评论具有新闻评论的共性特征

表现在以下三个方面：

1.新闻性

广播评论实际上就是在广播新闻性节目中播出的政论性文章体裁，它是媒体和文体的一种结合，它的根本属性是新闻性的，这就把广播评论同其他形式的言论形式，诸如文艺性评论、社教类言论区别开来了。广播评论的新闻性内涵又包括两层意思，首先广播评论的题材和对象应该是新闻事件、新闻事实，应该是当前听众关心的问题和事情，应该是社会生活、经济生活、思想文化生活以及人们的生产活动所产生的新课题，需要回答的新问题，也就是说，广播评论如同广播消息、广播通讯一样，它的选题也有一个时效性的问题。其次是广播评论的时机把握问题。广播评论不仅要配合广播新闻报道，依据报道的事实，同时还要根据评论的内容，掌握合适的时机，该等该压的时候不能去争抢"第一时间播出"，要看具体情势和播出后的社会效果，时间不对、火候不到就不能一味强调时效，要把时效和时机两个方面统一起来，综合考虑。

2.政论性

政论性是我国新闻评论的历史传统。在新闻评论的早期形态里面，就充满了代表不同阶级和阶层利益的知识分子、政治家们的言论和声音。他们借助新闻评论的形势，分析时局，点评政治，宣扬自己的社会主张。1946年开办的人民广播的评论节目，一设立就播发了当时解放区报刊的大量社论和中共中央负责人撰写的评论性文章，阐述了中国共产党对局势的看法、主张以及有关的方针政策。新中国成立后我国的新闻评论就始终没有离开过政论性的轨道。

包括报刊新闻评论和广播新闻评论。这种政论性的特点，首先表现在政治性强，评论的观点鲜明，提倡什么，反对什么，毫不含糊，着重从思想政治方面展开说理。广播评论在新时期的评论性要求集中体现在：坚持正确的舆论导向，坚定不移地坚持邓小平同志建设有中国特色的社会主义理论和党的基本路线，坚定不移地贯彻江泽民"三个代表"的重要思想，牢牢地把握团结、稳定、鼓劲这一宣传方针，以辩证唯物主义和历史唯物主义的方法，从思想政治方面分析论述问题，褒扬先进，鞭策后进，批驳错误，抵制腐朽，为全党的中心

工作和全国的大局服务。

3. 群众性

广播评论同报刊评论一样，它面对的是广大群众，通过说理以影响舆论。广播评论是党和政府的喉舌，同时也是人民群众的喉舌。在我国广播评论要体现党的路线、方针、政策，宣传党的主张，但同时又必须忠诚地代表人民群众的根本利益，时刻倾听来自人民群众的呼声、要求和意见，动员和组织群众为实现自己的利益而形成良好的社会舆论氛围，开展有效的舆论监督。

二、广播评论的个性化特征

广播评论除了具有上述新闻评论所共有的特征之外，与其他媒体的评论形式相比较，还有以下个性化特征：

1. 内容精悍，篇幅短小

这是由广播媒体传播特点所决定的。广播评论的说理性内容，要比以报道事实为主的消息、通讯等其他广播新闻体裁来得抽象和概括，所以内容不能复杂，论说的头绪不能多元化，提倡一事一议；文章也不能长，长了要么超过听众专注收听的耐力限度，要么勉强听下来影响所知的效果。最好是把内容的精炼与篇幅的短小结合起来，在内容的精炼上下功夫，在表达上力求做到简洁明快，注意防止出现篇幅短小而内容空洞和内容扎实但篇幅拖沓两种偏向。在这一点上，20 多年来从中央到地方各级电台进行了持续不懈的努力，出现了许多把上述两个方面结合起来的好的典范。

2. 迅即快捷，先声夺人

广播评论的快的特点是由广播媒介的传播特性所决定的。最近 10 年以来，广播新闻节目中直播报道和现场报道不断增多，这就为广播记者和广播评论员在现场直接发表评论创造了条件。事实上，中央台和有的地方台已经尝试这样做了。现场广播评论，又分为即席式的点评和预先准备好广播评论稿拿到现场播读两种方式。上海人民广播电台和北京人民广播电台通过改革，极大地加强了广播评论的影响力，广播电台还对当天本台新闻节目中播出的新闻进行点评分析，通过这些实效，显示了广播媒介能够在最短的时间里对新闻事件的社会问题正面发表自己的看法和意见，以形成强大的社会舆论。

3. 说理通俗，浅显易懂

广播评论是通过说和听而完成它的传播过程的，怎样把抽象概括的政论性内容表达得浅显明白，广播评论正是在破解这一难题的过程中形成了自己的又一个个性化特征。广播评论是依赖声音而传播内容的，它不像报刊评论可以供人反复阅读，仔细琢磨，也不像电视评论，有声画文字多重表现手段，声音的易逝性特点是听众接受评论内容的一个瓶颈，要突破这个瓶颈，就需要在通俗和浅显上做文章，表达上要用说话的文体，为听而写，要有对象感和交流感，同时要尽可能使用群众熟悉的语言、形象的比喻、生活中的故事和有特色的方言，使评论文体通俗化、口语化。同时在评论内容的把握上，不能因为要照顾到不同听众的接受能力和接受水平以及通俗化的表现形式，而牺牲评论的思想深度，要把抽象概括的思想内涵，用听众容易接受的方式、听众熟悉的语言表达出来，即把"深入"和"浅出"有机结合起来。

4.平等对话，双向交流

广播评论着眼于现实问题，联系实际，运用说理方式阐明评论者的观点和看法。在把握体裁的共性特征的前提下，由语言交流的特点所决定，广播评论比报刊和电视评论更加注重把听众摆进说理的过程中，通过设定语境和情境，用设问、提问和询问语气，使听众直接面对评论者，为沟通思想、交流看法提供桥梁。传播学理论认为，现代社会的受众面对多种媒体的竞争，早已不是早期媒体轰炸的受传靶标，已经具备了相当的鉴别力和有很大选择空间。所以十年以来的广播评论逐渐在把自己与听众的交流放在一个平等的位置上。"文革"时期的广播评论连同整个广播宣传，那种像卡夫卡小说城堡一样高高在上的形象，不容置疑的僵硬腔调，训诫式的指示口吻，与今天我们广播评论和听众平等交流形成了多么大的反差对比！

5.以情动人，情理交融

近年来涌现出来的大量优秀广播评论作品都是融事、理、情为一体的，真正做到了以情动人，情理交融，也正因为如此，形成了广播评论鲜明个性的另一道风景线。广播评论是借助声音的撞击使听众产生思想上的火花和情感的涟漪的。唐代大诗人白居易说过："感人心者，莫先乎情，莫始乎言。"只有动之以情，才能晓之以理，否则评论的道理说得再正确、再透彻，也不能产生撼动人心的力量。当然报刊评论也同样需要带有浓郁的感情色彩，然而比较起来，声音以表达和反映感情见长，文字则以表现和传播思想见长，所以广播评论因为具有比报刊评论更加直接和强烈的感情，也就更加能够打动听众。例如，扬州电台2012年11月7日播出的《一张道歉条，触动了我们什么?》：

不小心剐蹭了别人的车，车主不在现场，你是选择逃避还是面对？博友小怪怪：

【配音】前段时间不小心蹭了一辆车，怕对方讹我，就溜之大吉了。汗颜、汗颜！

博友"凤凰生活-陕西"：

【配音】扬州有个诚信少年，西安糜家桥小区却出了个"逃逸哥"，把一辆停着的撞了赶紧跑掉！人和人之间的品行差距咋这么大呢！

扬州的这位诚信少年叫徐砺寒，在一个人的诚信考场上，他的答卷是这样的：

【录音】我自己已经犯了错，当然要去承担责任。

最近，扬州新闻广播率先报道的这张诚信答卷在社会上引起强烈反响，更引发人们深深的思考。来听新闻述评：《一张道歉条，触动了我们什么？》

2号中午，凌先生和几个朋友吃完饭回到停车点，突然发现自己的宝马车上有一道刺目的划痕，后视镜也撞坏了。气恼的凌先生刚要发火，意外地看到前挡风玻璃上有一张字条，上面这样写着："尊敬的车主，在今天中午的上学途中不小心弄坏了您的车，主要是一划痕及左后视镜，我无法及时赔偿，联系方式如下。"后面还写上了大大的"对不起"三个字。

车主凌先生：

【录音】我是非常震惊，真是，而且非常感动，因为你说在我们现在这样的社会的话，你说找这样的孩子，这么实诚的孩子，太少了，真是！

留字条的孩子走出没多远，发现车主来了，赶紧回头认错。旁边报亭的阿姨说，这孩子已经在这儿等很久了，刚才向她借笔写的道歉条。车主凌先生连忙安慰起孩子：

【录音】然后我就拍了拍那小孩儿的肩膀，安慰了他一下，让他赶紧去上课。没事儿，我说没事儿，小事一桩。这个孩子确实让我太感动了！

恰巧路过现场的新闻广播主持人燕妮，第一时间将事情经过和孩子的道歉字条照片发到了扬州新闻广播官方微博上，没想到转发量急速攀升，一个小时就过了千条。根据字条上的留言，当天下午记者在扬大附中高一(2)班找到了这位名叫徐砺寒的诚信少年。当记者告诉徐砺寒他已成为网络红人时，他的回答很质朴。

【录音】是我自己闯的祸，自己有过失，自己留下来承担责任这是应该的。

班主任李玲老师介绍，徐砺寒是班里的副班长，平时就很朴实正直，勇于担当。

【录音】觉得他做出这样的事情，我不觉得意外，他是一定能够做出这样的事情的。

一件在老师眼中不觉得意外，在小徐看来理所当然的事情，却得到了媒体和社会的广泛关注。人民日报、央视和中国之声等中央媒体纷纷报道了徐砺寒的事迹，网络上的热度也持续上升，博友们纷纷感叹：真的希望这样的孩子再多一点！市区一家汽修店的老板主动联系新闻广播，提出为车主免费修车。

【录音】我们干这一行的，见过很多车被刮坏，肇事者跑了，然后车主有苦没处说。这个孩子的行为特别值得鼓励，我们的社会需要这样有担当的人。

那么，一张看似平常的道歉条究竟触动了人们的哪根心弦，引起如此强烈的共鸣呢？

扬州大学社会学副教授吴林斌：

【录音】它让我们在一个少年面前去怎样做人，我们怎样做事，我们遇到类似的事情怎么处理，我们在这个里面看到了一个社会的价值取向。

《新京报》就诚信少年所发的一篇评论说，如果我们生活在一个冷漠的社会里，那么，人人都是受害者，反之，大家都会受益。的确，我们已经受够了诚信缺失所带来的伤害：地沟油、毒奶粉、瘦肉精，让我们不知吃什么才放心；楼脆脆、楼歪歪、楼倒倒，让我们不知住哪里才安生；老人跌倒了没人扶，孩子被撞了没人救，一个个的案例让我们心烦、心焦、心酸、心疼乃至心碎。然而，我们没有心死，因为，诚信仍在。

徐砺寒的班主任李玲老师：

【录音】我们从他身上，看到了一种诚信的回归，我认为我们 90 后的学生是值得期待的。

借笔给徐砺寒写字条的报亭阿姨：

回家我就教育我的孩子，说这样的孩子实在是太好了！

车主凌先生：

【录音】如果我们的下一代都这样的话，中国就有希望了！

这样的希望会不会实现？这样的希望又将怎样实现？一张令人感动的道歉字条蕴含着哪些成长的密码？徐砺寒：

【录音】从小吧，从我的父母开始就开始讲诚信，做人要诚实，然后进入学校以后呢，老师学校里也会这样教育我们，这是中华民族的传统嘛。

班主任老师李玲：

【录音】发生了之后我们在班级里也讲这个事情，如果这个事情换作其他学生，都能够这么做。

徐砺寒的同学崇书姗：

【录音】如果换作我在现场，我也会这么做的，也许说宝马很贵，那可能就是说比起修宝马的钱来说，这种品质更重要，不能丢失。

徐砺寒的母亲周女士：

【录音】孩子做出来是一件很正常的事情,他应该做的事情。我倒是感谢那个车主,宽容大度。

是的,当我们把赞美送给诚信少年的时候,是否也该给宽容的车主以应有的掌声呢?试想,如果徐砺寒的字条换来的不是车主的感动与宽容,反是家长的赔偿与烦恼,不是社会对诚信少年的赞美,反是旁人取笑的呈堂证供,那么,孩子下一次遇到此类事件是原地守候还是溜之大吉,答案将很难预料。诚信美德这一正能量需要家庭的熏陶、学校的培育,同时,也需要社会的正向回馈。

博友"跳水兔":

【配音】一个诚信的学生,一个豁达的车主,两件看似平常的小事叠加在一起,温暖了我们的心!

在这篇评论中,将对快餐时代缺失诚信、人心冷漠的社会现状的无奈的悲戚之情寓于道理之中,鞭辟入里,尤其结尾处用了假设的手法,不禁让生活在其中的我们对未来充满担忧。"试想,如果徐砺寒的字条换来的不是车主的感动与宽容,反是家长的赔偿与烦恼,不是社会对诚信少年的赞美,反是旁人取笑的呈堂证供,那么,孩子下一次遇到此类事件是原地守候还是溜之大吉,答案将很难预料。"最后一句画龙点睛,中心观点自然而然地表达了出来,"诚信美德这一正能量需要家庭的熏陶、学校的培育,同时,也需要社会的正向回馈"。

6.形式多样,生动活泼

广播评论的种类里除了从报刊评论中移植过来的形式以外,还有谈话体评论、录音评论、记者口头评论、现场评论、直播型评论,包括热线交流型评论,这些种类的广播评论在播出方式上有播音员播读的,有记者自己口述的,也有现场播读和在热线中即时点评的,录音评论则直接用音响材料做论点、论据和论说的对象。广播评论中的音响材料不仅具有逼真的表现力,很高的可信度,而且可以交代背景,营造说理气氛,介绍环境情况,传递人物的神情心态,这些要比别的评论形式丰富活泛得多。

第二节　广播评论的规格与体裁

广播评论的规格和体裁是在广播评论的长期发展过程中,借鉴报刊新闻评论的体裁形式逐渐形成的。其中一些规格体裁直接由报刊新闻评论而来,有的则是新闻评论在与广播媒介契合过程中所形成的,带有广播评论的个性特征。国外评论的分类一般按照评论内容和评论的说理方式两种标准来划分，我国长期以来一直沿用以评论的规格和写作特点来划分评论的类型和形式，其常见形式如下：

1. 本台评论

这是电台最高规格的评论形式，直接代表电台表明观点、立场和态度，通常用来对重大新闻事件和带有全局性的问题发表意见，阐述党和政府的主张，宣传党的路线、方针和政策，发挥党的喉舌的作用。比如，1998 年 12 月 16 日中央人民广播电台播出的评论《一条最可宝贵的经验》就用了本台评论的规格。

20 年，在历史长河中是短暂的一瞬；20 年，却给中国大地刻下了永不磨灭的印记。在纪念党的十一届三中全会召开 20 周年之际，人们不禁想到：假如没有这次会议，假如还是"以阶级斗争为纲"，中国会是个什么样？

毫无疑问，那仍将是各种各样的运动让人们斗来斗去，国民经济仍将衰落下去。幸运的是，我们的党拨正了航向，中国变了。最大的变化就是党的基本路线转变到"以经济建设为中心"上来了，由此才有了这 20 年的辉煌。正如江泽民总书记在党的十五大报告所说："全党要毫不动摇地坚持党在社会主义初级阶段的基本路线，这是近 20 年来我们党最可宝贵的经验，使我们事业胜利前进最可靠的保证。"

党的"一个中心，两个基本点"的确立，使中国摆脱了贫困、短缺，重新凝聚起党心民心。人们开始认识到：社会主义的优越性不是在无休止的政治运动中显示。今天，我们已经提前 5 年实现了经济发展的第二步战略目标，经济总量已跃居世界第七位，人民群众实实在在地体验到生活质量的提高，体验到党的十一届三中全会作出的战略转变是何等正确。

党的"一个中心，两个基本点"的基本路线，是运用邓小平理论解决政治路线问题的伟大成果，是"什么是社会主义，怎样建设社会主义"这一时代命题的集中体现。为什么这条基本路线具有极端重要性、唯一正确性和长期不可动摇性？因为它来自于对中国客观现实的清醒认识，就是中国现在并将长期处于社会主义初级阶段，就是不发达阶段，这一时期的根本任务就是发展生产力。从这个实际出发，就一定要坚持以经济建设为中心。"中国解决所有问题的关键是要靠自己的发展"，"发展才是硬道理"。空谈误国，实干兴邦，不发展经济，不单外在的威胁无法消除，内在的矛盾也会激化，哪来什么现代化？

四项基本原则是我们的立国之本，改革开放是我们的强国之路。作为党的基本路线的两个基本点，一个可以保证我们有一个坚定正确的政治方向，一个可以保证我们社会主义的发展具有强大的动力。

坚持党的基本路线不动摇，关键是坚持以经济建设为中心不动摇，同时要把改革开放同四项基本原则统一起来，统一到建设有中国特色社会主义的伟大实践中。

坚持党的基本路线不动摇，必须始终正确处理好改革、发展、稳定的关系。这三者的关系处理得好，就能贯彻落实好党的基本路线，推动我们的事业顺利前进；处理不好，就会破坏"一个中心"和"两个基本点"的统一性，我们的事业就会出现波折。发展是目的，改革是动力，稳定是发展和改革的前提，而发展和改革又是稳定的基础。

回望历史，"一个中心，两个基本点"的确立来之不易，它是我们经历了多少艰难曲折，付出了多少沉痛代价换来的宝贵经验。我们应加倍珍惜它，坚持"一百年不动摇"。

20 世纪即将结束，我们不会忘记，中国是在首都北京被八国联军占领的奇耻大辱中进入这个世纪的。在这个世纪中，中国人民写下了波澜壮阔的史诗。我们更应该做到，在党的基本路线指引下，以一个个辉煌的成就昂首进入新世纪。

（作者：曹仁义　王晓辉）

这篇评论选择了一个重要时机——站在新世纪的门槛上回顾党的十一届三中全会 20 年以来我国改革开放所取得的历史性伟大成就；回答了一个重大的问题——这一切伟大成就的取得是全国各族人民坚持党的基本路线的结果，面向新的世纪我们要继续坚持这条路线"一百年不动摇"。同时评论对坚持党的基本路线在新的历史条件下的伟大实践作出了新的概括，这就是正确处理改革、发展、稳定的关系。评论不仅代表中央人民广播电台说出真理的声音，而且直接反映了国家的大政方针，因此像这样重大而带有全局性的问题的论述是其他规格的评论形式所不能担当的。

再比如，2013 年中央人民广播电台在 12 月 19 日播出《西方的一些政要正在充当香港民主道路的绊脚石》就是采用本台评论的规格。

香港正在推动落实 2017 年行政长官普选工作，这是香港民主政治的大事件，也是中央政府高度关注、事关今后香港政治走势和长治久安的大事件。英美等西方势力利用这一议题大做文章，香港一些反对派也开始与西方势力一唱一和，在普选、民主等议题上一再生事。这种乱象，引起了香港特区政府、中央政府和两地人民的高度警觉。这篇评论，就是在这样的背景下播出的。国家媒体在事关香港政治走向的重大事件面前必须发声。这篇评论抢占舆论阵地的时机及时而恰当。

评论就香港依法实现民主进程的必要性等敏感议题进行了深入浅出的解读，分析了香港反对派在普选、民主议题上一再质疑的真正原因，揭露了英美势力在这一问题上说三道四的真正目的。“英国美国它们就是追求利益，美国的名言就是没有永远的朋友，只有永远的利益，它是公开追求利益的。他可以在任何地方追求利益，最后导致香港的一些混乱，整个香港的一系列的好的东西都会遭到损失，损害一个地区的繁荣稳定。现在英国、美国企图干预香港政治发展，最终的一个结果现在基本上可以预期了，那香港将来就会出现整个民主的目标达不到，我们中国也得不到利益。”

在揭露西方政要阴谋论的基础上，作者先后采访了内地与香港权威专家、港区人大代表、香港市民等，并及时结合国家主席习近平及香港特首梁振英的最新表态，表明鲜明立场，确定需要重点解读的内容，对照《香港特别行政区基本法》逐步完成论点确定、论据甄选和论证梳理工作，进而深度解析了香港需要什么样的民主及香港民主的法理基础，并指出一个雄辩的事实：港英时期英国人从未给过香港民主，恰是《基本法》赋予了香港这一权利。作品用事实说话，以史为鉴，以理服人，立论恰当，论述有力，论据充分，推出及时。

所以该评论的播出，不仅得到了香港特首梁振英及多位港区人大代表的肯定，更是让听众了解了香港普选的进程，知晓了英美背后不可告人的真正目的。为 2017 年普选行政长官打下良好基础。

这篇评论也选择了一个重要时机——站在当下反对势力崛起的时代背景下探讨香港的民主进程；回答了一个重要的问题，英国、美国企图干预香港政治发展，表面是西方国家给香港人民的“福利”，实则是以损害一个地区的繁荣稳定为代价达到自己的目的。该评论不仅代表中央人民广播电台说出真理的声音，而且直接反映了我国的政治态度，因此像这样重大而带有全局性的问题的论述是其他规格的评论形式所不能担当的。

2. 本台评论员文章

这种评论形式的规格和权威性仅次于本台评论而又高于本台短评。这种形式的评论常有署名和不署名两种形式，一般不署名的代表编辑部的观点和态度，由业务部门的专业人员或专职评论员撰写，署上真实姓名的作者通常是媒体负责人或评论的专业人士。受众可以借由署名评论员文章在了解编辑部对所评论问题的看法的同时，领略到来自作者的独特视角和文采。评论当中还有一种特约评论员的形式，这种形式在于突出评论作者身份的特殊，一般多由媒介以外的权威人士撰写，阐述一些比较重大的思想认识和方针政策方面的问题。在广播评论当中，常见的还是以不署名方式出现的本台评论员文章，本台特约评论员文章一般较为少见。

1988年12月10日，西藏一小撮分裂主义分子唆使僧尼在拉萨制造骚乱事件。拉萨市公安机关采取果断措施拘留了少数带头闹事的僧尼。事后分裂主义分子利用人们的宗教感情，散布谣言说“共产党镇压宗教”、“党的宗教政策变了”等等，引起部分藏族群众的疑虑。西藏人民广播电台很快在12月20日安排藏族编辑格桑卓玛以评论员名义发表了《莫让“宗教”迷住眼》的讲话。评论一开篇格桑卓玛对着上述谣言说道：

> 听众朋友，我很乐意和各位共同讨论这个问题。
>
> 首先，我认为有的听众朋友和你们的一些亲朋好友提出这个问题是可以理解的。因为这次骚乱和前几次一样，带头闹事的大都是僧尼。公安机关也确实依法收容审查了一些闹事的僧尼，但这是否意味着镇压宗教呢？我想看问题不能看表面现象，而更要看它的实质。我的家就在拉萨，拉萨几次骚乱事件我都是耳闻目睹者。就说前几天的骚乱吧，30多个僧尼不参加寺庙的佛事活动，却跑到大街上煽动骚乱。他们打着雪山狮子旗，一边呼喊“西藏独立”的口号，一边向维持秩序的公安干警掷石头、扔酒瓶。这哪里是什么宗教问题？分明是分裂主义分子有纲领、有组织、有计划的分裂祖国的政治活动！公安机关依法审查骚乱分子与宗教问题完全是两码事。

在这里，格桑卓玛没有回避事实，确实是个别僧尼闹事，确实是收容了这些僧尼，但是对这个事实怎么看，紧接着格桑卓玛提出不能只看现象，实质是分裂主义分子打着宗教幌子的政治活动，观点鲜明，论据有力，逻辑严密，推理清晰，环环相扣，最后得出结论，收容审查骚乱分子和宗教是两码事，对谣言作了有力的驳斥，评论接着说：

> 听众朋友，我们藏民族几乎都信奉佛教。我虽然不信教，但我的阿爸、阿妈及不少亲属都是虔诚的佛教徒，所以我对宗教也有一定感情。我很理解包括不少听众朋友在内的同胞对僧尼十分崇敬的心情，我以为这是正常的。但把僧尼中的分裂主义分子当作崇拜的偶像那就错了，因为他们不是真正的佛教徒。大家知道，藏传佛教最神圣的教义是庄严国土，爱国爱教，利乐有情，利他利人。而这些分裂主义分子身披袈裟，却干着打、砸、抢、杀人、放火的勾当，搞得人心惶惶，闹得全区人民不能安心来搞经济建设。在他们身上哪还有半点佛门弟子的影子！正如拉萨一些活佛所说，这些人绝不能代表全区广大僧侣，他们是违背教义、教规的不法之徒。人民政府代表僧俗群众的心愿对这些不法之徒进行惩处，为佛门做了件好事。

再说每个国家都有自己的法律，在法律面前理应人人平等。少数披着袈裟的分裂主义分子分裂祖国，扰乱社会秩序，烧房烧汽车，砸抢商店……严重触犯了我国的法律，他们受到法律的惩处完全理所当然。遗憾的是一些人看不到这些，不仅不去谴责那些不法之徒，反而责怪我们的公安干警，这就不对了。听众朋友，你说呢？

评论员在这里把自己摆进去，联系自己和自己家庭的实际情况，以谈心拉家常的方式，摆事实讲道理，对藏族同胞的疑虑首先表示理解，然后循循善诱，既坚持原则，又倾注了满腔的真情，把话讲得入情入理，明明白白，使评论产生了很强的说服力和感染力，不失为一篇好的本台评论员文章。

又比如，2014 年 5 月 22 日新疆乌鲁木齐发生暴力恐怖袭击事件，造成 31 人遇难，90 余人受伤。经中央同意，根据国家反恐怖领导小组的决定，结合新疆当前严峻的反恐维稳形势，新疆维吾尔自治区党委决定从 5 月 23 日起到 2015 年 6 月，以新疆为主战场，启动严打暴力恐怖活动专项行动，坚决把暴力恐怖分子的嚣张气焰打下去，切实维护各族人民群众生命财产安全和正常的社会秩序。2014 年 5 月 26 日乌鲁木齐市人民广播电台即播出了评论《打掉嚣张气焰，打出社会正义，打出新疆人民的安宁》。

中央和自治区党委决定，在全区启动为期一年的严厉打击暴力恐怖活动专项行动，这一重大决策部署彰显了中央和自治区依法严厉打击暴恐犯罪的意志和铁拳，顺应了全疆各族人民团结稳定、建设美好家园的期待。我们相信，通过严厉打击，我们不仅要打掉敌人的行动、打掉敌人的组织、打掉敌人的嚣张气焰，还要打出我们的威风，打出社会的正义，打出新疆人民的安宁！

在全区开展严厉打击暴力恐怖活动专项行动，关系新疆社会大局稳定，更事关国家安全，事关人民群众切身利益，事关全国改革发展稳定大局。我们就是要零容忍、零懈怠，出重拳、下狠手，对暴力恐怖活动先发制敌，露头就打，用铁的手腕予以毁灭性打击。我们决不会对暴恐分子心慈手软，发现一个打击一个，发现一起打掉一起，严惩不贷，绝不姑息，绝不手软。

暴力恐怖活动给我们带来了不安，令我们悲伤和愤怒，但它绝对不会吓倒我们，我们有充分的信心打败他们，我们有十足的决心毁灭他们。一小撮恐怖分子是我们的共同敌人，在新疆各族人民群众面前，在全国 13 亿同胞面前，在我们强大的人民民主专政面前，他们的所作所为只能是螳臂当车、蚍蜉撼树，最终逃脱不了彻底灭亡的噩运。

> 我们坚信，有中央的支持、全国和新疆各族人民的支持，我们一定能够打掉暴恐分子的嚣张气焰，遏制住暴恐活动多发频发的势头，一定能打赢这场反恐人民战争。

这篇评论选择了一个重要时机——中央和自治区党委决定，在全区启动为期一年的严厉打击暴力恐怖活动专项行动之际，对中央和自治区党委维护全疆社会稳定活动的意义做了概括，即彰显了中央和自治区依法严厉打击暴力恐怖犯罪的意志和铁拳，顺应了全疆各族人民团结稳定、建设美好家园的期待。

评论不仅代表乌鲁木齐人民广播电台说出真理的声音，而且直接反映了国家的大政方针，因此像对这样重大问题的论述是其他规格的评论形式所不能担当的。

3.本台短评

规格比评论员文章稍低又在编前话、编后话之上的广播评论形式，它的突出特点是篇幅短小，主线单一，论说几种，轻便灵活。通常与消息配发，也可以单独发表，代表本台编辑部的观点和看法。请看江苏如皋县人民广播电台播出的一篇题目为《当不上驸马不能不娶妻》的本台短评：

> 在横向经济联合中，不少乡镇企业纷纷外出找门路攀“高亲”，巴不得弄个“驸马”当当。这种想法固然不错，可举国之内，“驸马”能有几个？能和全国重点企业、科研单位挂上钩的乡镇企业不会很多。
>
> 攀不上高亲怎么办？一个村办厂厂长说得好：“当不上驸马不能不娶妻。”他这个村离公路比较近，又有不少集体公房，具备发展工业的一些条件，他们曾经人接人地外出“攀亲”，一直未能如愿。后来他们了解到当地有个养禽专业户，因为地处偏僻，房屋不足，生产受到了限制。于是，这个村办厂就和那个养禽专业户办起了养禽联合体，进而发展为从孵化到加工生产的一条龙生产线，双方得益不浅。厂长开玩笑说：“我们小夫小妻日子过得还挺不错呐！”
>
> 在生活中，有些人找对象就是因为“高不成、低不就”而拖成了大龄青年。在横向经济联合中，只要从实际出发，充分发挥本地优势，能够取得好的经济效益，“高不成”也可以“低就”。当不上“驸马”同样能够娶到一个“好媳妇”。

这篇短评紧紧围绕抓不住重点企业但从自身条件出发搞联合同样大有可为这一条主线，集中论说，不枝不蔓，只用了 300 字就讲清了要讲的道理。短评开篇提出问题，造成悬念，然后运用一系列形象的比喻，把道理讲得轻松活泼，幽默风趣，体现了广播短评篇幅短小，内容精悍，就实论虚，就事论理，通俗易懂，朗朗上口的要求。

规格比评论员文章稍低又在编前话、编后话之上的广播评论形式，它的突出特点是篇幅短小，主线单一，论说集中，轻便灵活。通常与消息配发，也可以单独发表，代表本台编辑部的观点和看法。

请看吉林人民广播电台2011年2月28日播出的一篇题目为《可贵的抱负》的本台短评：

> 许多成功的创业者都经历过从“小我”到“大我”的选择。他们在困顿时，冒险创业，历尽艰辛，甚至几起几落，才获得令人羡慕的成功。这时，是小富即安，还是继续创业；是“独善其身”，还是“兼济天下”，就成了新的选择。而能选择后者的人，往往都跳出了“小我”，胸怀“大我”成了他们继续创业的新动力。
>
> 但是，从一个成功的创业者进而成为一个成功的企业家，那还需要从“大我”升华到“无我”的境界。因为，只有奔向“无我”的境界，才会把创业带来的经济效益只看成是一组数字，不再与个人的荣华富贵相关；只有奔向“无我”的境界，才会把不断创业当成一种生命不竭的呼唤，不再与个人名誉声望相关；也只有奔向“无我”的境界，才会在关乎国家利益和民族利益的选择题面前，毅然选择担当。
>
> 从这个意义上讲，我们期盼着在吉林省能够涌现出更多勇于创业、不断创新、敢于担当的企业家。

这篇短评紧紧围绕成功企业家都必须经历从“小我”到“大我”到“无我”的选择这一条主线，集中论说，不枝不蔓，只用了362字就讲清了要讲的道理。短评采用递进式结构，将“小我”到“大我”再到“无我”的境界层层阐述，脉络分明，逻辑缜密，引经据典，深入浅出，把道理讲得清晰明了，富有诗意，体现了广播短评篇幅短小，内容精悍，就实论虚，就事论理，通俗易懂，朗朗上口的要求。

4.编前话与编后话

这种形式的广播言论是从报纸编者按语移植到广播中来的体裁。编前话和编后话，一般是配合具体的报道，依附于具体报道，在具体报道之前或之后发表的一种微型言论。它可以起到对报道当中或报道有关的一些情况的说明作用，可以非常灵活快捷地支持，或反对，起到分清是非、明辨事理的作用。同时还具有提起听众注意、强调与具体报道内容相关的问题的作用。

广东人民广播电台在播出的通讯《“永志”鞋屋的生意经》后加了一段编后话，请看：

> 听众朋友：听完《“永志”鞋屋的生意经》这篇通讯后，不知道你有什么

想法？

当前，广州市的制鞋业竞争十分激烈，据我们了解，一些大皮鞋厂都出现"危机"，而小小的永志鞋屋，却顾客盈门，生意兴隆。这是什么缘故呢？看来，还是经营管理和服务态度上的问题。

俗话说：诚招天下客。"永志"鞋屋的主人是深深懂得这个道理的。他们有一套与众不同的"生意经"……

看来，恢复老传统是接受挑战的有效办法。如果既恢复老传统，又不断创新，我们相信：振兴广州制鞋业的目标是指日可待的。这个目标，应该是广州市制鞋业同仁义不容辞的责任。

通讯当中比较详尽地介绍了"永志"鞋屋恢复老的诚信经商、便民服务的好传统，但是如果到此为止，作者和电台总感到还少了点什么，加了编后话后，在报道中就起了画龙点睛的作用，因为编后话的强调作用，就加深了听众的印象，也同时表明了编辑部对这一典型的态度：即在国有商业单位里，"永志"的经验同样能够起到"他山之石，可以攻玉"的作用。

北京人民广播电台在2013年12月23日刊播的广播专题《消费有主张，节多心不慌》报道中也有一段编前话：

又到一年岁末年初，传统节日、西方节日、"网络"节日接踵而来，各种商家打折促销让人眼花缭乱。办年货、置行头、走亲访友、犒劳辛苦一年的自己，哪一样都离不开大把花钱。如何在汹涌的节日消费大潮中捂紧自己的荷包，不花冤枉钱、防止被忽悠，"消费有主张，节多心不慌"专题特别为您盘点省钱、省心的消费绝招。

该专题的编者按简明扼要地指出了报道的主题倾向，在置办年货的过程中，尽管商家的各种促销活动让消费者眼花缭乱，但是我们应该保持理性消费的头脑，避免铺张浪费，也防止花冤枉钱。专题报道往往用事实说话，围绕中心观点进行立论阐述，但是为了避免广播"过耳而不留声"的报道特性，作者用一段画龙点睛的编前话点明了本篇报道的倾向性，起到了强调的作用，加深了听众对于正文内容的留存度。

5.广播述评

一种把叙述与议论、报道与说理结合起来的体裁形式。它在报道事实的同时，又对事实展开分析和议论评价，边叙述边议论，夹叙夹议，叙多议少。在写法上一般事实介绍到关键处穿插点睛式的评论，表明作者的观点和看法；在叙和评的关系上，叙是基础，评是关键，述是手段，议是目的，以叙述作论据。引出观点，以评议统驭整个叙述，叙述议论紧密结合在一起。请看浙江人民广

播电台播出的述评《洋种子,中国效益农业的焦虑》:

这两天,记者参加了嘉兴农博会和杭州花博会,几乎在每一个展区,工作人员都非常自豪地介绍他们的当家农产品:以色列的小黄瓜,美国的布朗李,日本的彩椒,荷兰的宝莲灯花。而这些全是国外引进的品种。

【出录音】“你这个瓜种是哪里的?”“是美国进口的,长出的瓜型好,销路很好。”“那你的种子要向美国买?”“是的,我们每年都要进种子！我们感到有些被动。”【录音止】(13秒)正是这种“被动”,让我们深深地焦虑。

近几年我国大举调整农业产业结构,数量农业正向质量农业转变。然而,我们不得不面对这样一个现实:中国效益农业的源头——优良种子,卡在了国外。

在浙江唯一的一个国家农业高科技园区——嘉兴市东进农业园区,300多亩种苗基地培育240多个品种,百分之百是国外引进的,引进种子由于经过高科技的处理,一般只能生长一代,因此必须每年都要引进。

嘉善西塘一位种日本南瓜的农民,因为没有及时拿到日本南瓜种子误了农期,不得不与签下供货合同的上海一家超市毁约。

随着中国加入WTO的脚步越来越近,家用产品的关税降低,大量的价廉物美的国外农产品蜂拥而至的局面几乎触手可及。在种子受制于国外的情况下,国内农产品的竞争力必然受到极大的冲击,原先畅销的又会出现新的“卖难”问题,以往的高效农业就会变成低效、甚至亏本。

中国效益农业起步不久,现阶段引进国外先进的种子种苗具有积极意义,可以缩短我国农产品升级换代、接轨国际市场的时间。

然而,各地在农业产业结构调整、发展效益农业中,往往只注重眼前的受益,对引进洋种青睐有加,而对经济作物种子的研发认识还没有足够的重视。

浙江有突出贡献的著名育种专家、嘉兴农科所所长姚海根对这样的现状非常担忧:

【出录音】“去年我们争到的科研经费只有26万,但是现在到园区一下子就是几百万、几千万。现在每一个县都有引种中心,就是没有一个地方来搞消化人家的东西。我们不想办法缩短这个差距,你永远有这个差距,你永远要依赖人家。”【录音止】(21秒)

效益农业的核心是科技的含量,种子是农业竞争中十分重要的环节,但是,目前我国对经济作物种子的基础研究在世界上处于相当落后的地位。毕业于浙江农业大学的东进园区总经理滕利生无奈地说:现在我国农业院校的育种系还很少。

【出录音】“我们品种实在太落后了，现存我们的经济作物种子种苗都进口的，这是非常可悲的。浙江农大也好，南京农大也好，北京农大也好，到目前为止还没有一个蔬菜育种专业，没有一个水果育种专业。”【录音止】(19 秒)

国务院发展研究中心副主任、农业专家陈锡文说得非常直接：

【出录音】“在这种情况下，我们要加大投入，自己努力培养我们的良种，要创造出一大批有自主知识产权的种子，除了投资之外，更重要的是一个体制改革，才能从根本上解决问题。”【录音止】(15 秒)

不仅仅是种植业的种子，在我国的养殖业、畜牧业同样存在着类似的问题。

中国的效益农业要给自己敲响警钟：在“拿来”的同时更要消化创新，在注重眼前的短期利益的同时更要立足长远的发展。

（作者：柴解跃　金俊　何族强　张晓平）

在这篇述评中作者抓住“洋种子”长期引进形成依赖而我们没有自己的良种研究开发体系这一个问题、一个主题，展开叙述和议论。符合广播述评的选题要求。广播述评的选题和表达要考虑到广播线性传播、声音转瞬即逝没有回味余地、听众文化程度参差不齐而且多数平时处于半收听状态以及评论内容的抽象性这些不利因素，每次只能就一件事、一个问题或事情与问题的一个方面展开评述，材料选择要典型生动，语言通俗，表达浅显，边叙述边评论。上面这篇述评对评和述就处理得很好，使叙述与议论紧密融合在一起，叙中有议，议中有叙，使听众沿着叙述的事实逻辑自然而然地接受了述评的观点。

再看一件浙江之声《浙广早新闻》播发的，获得第二十一届中国新闻奖的一等奖作品——《善待民工才能够缓解民工荒》：

春节以后，一场始料未及的“民工荒”波及浙江乃至我国沿海地区，并继续在各地发酵、蔓延。企业招不到足够工人，部分生产线停开；一些老板开着小轿车，到车站“抢人”……农民工，似乎一下子变得紧俏起来。

温州中小型企业发展促进会会长周德文，每天都在为当地招工难发愁担忧：

【出录音】“在未来 2 到 3 年，温州用工缺口大致有 70 万，所以这是成了一个突出的矛盾，也是成了制约温州民营企业、中小企业健康发展的一个重要的因素。”【录音止】

企业招不到人的原因何在呢？原本岗位上的农民工又去了哪里呢？

在杭州劳动力市场，原来在杭州“阿普科技”开卡车的安徽人余飞刚刚辞职,想找个条件优厚的新工作。

【出录音】我才拿1800块钱还吃自己,大家住在一起的高低铺,就是简铺,甚至我们现在用那么点电费都是自己出的。始终没给我加工资,像我们驾驶员,一个安全奖你都没有,所以说我才不干了嘛。【录音止】

来自四川南充的蔡熙也辞掉了城里的工作。

【出录音】"搞10个小时以上,星期天什么都没有,人就跟机器一样的。我们那个车间,烧气焊,搞得乌烟瘴气,连排气扇都没有。"【录音止】

据浙江省社科院最新调查:最近5年,在浙江的农民工,绝大部分年收入只有1万多一点,并且大都每周工作6天,每天工作10小时。

数以亿计的农民工为中国经济发展作出了巨大贡献,可他们却得不到应有的回报。低廉的收入、狭小的蜗居;年年追薪年年欠;医疗和保障无处可寻;身份得不到认同,被看作是边缘人……

来自河南商丘的祝令坤,谈起打工的遭遇,心有不平。

【出录音】"我们跟杭州市民,干的是一样的工种,户口不一样,工资要差很多的,这一点太不公平了。"【录音止】

来自山东枣庄的农民工陈文强,在杭州打工5年,眼下,就面临这样的难题,他不得不考虑辞掉城里的工作。

【出录音】"现在根本没有能力在这边落户嘛,工资只够你吃、喝,房子那么贵,连婚也结不起。将来小孩送回家去,当留守儿童喽,在杭州,没地方上学啊,就是有地方上,什么借读费啊,学费也出不起的。"【录音止】

省社科院社会学所副所长杨建华教授认为,"民工荒"的背后,萌发着农民工尊严和维权意识的觉醒,昭示了中国廉价劳动力时代已经结束。

【出录音】"目前的用工荒、招工难,真正的荒,真正的难,还是我们农民工的社会权利荒,难就难在我们的农民工的合理、相应的社会权利没有得到基本的保障。所以对这次用工荒,对我们相应的地方政府、相应的企业都是一个警醒。我们如何来善待农民工?"【录音止】

面对民工荒,不少企业已经意识到问题所在,纷纷采取措施,"留人留心"。萧山翔盛集团为30多位回族员工开设专门的回族餐厅;浙江德圣龙窗帘有限公司年终给老员工发放中层奖;义乌市一帆日用品有限公司趁着春节假期,专门对员工宿舍进行改造和翻新,配备新的家电;诸暨东伟集团联系学校,为民工子女集体报名入学入园。

在一些用工稳定的企业,工资稳步增长、配备夫妻房、开放娱乐室、帮民工解决子女入学等,已经成为企业"留人留心"的举措,成效明显。民工们过年回家,企业更是"迎来送往"。如果能够这般善待民工,何愁民工离弃企业而去？

中国的社会经济变革与发展，必然伴随着大量农民走向大大小小的城市，这些年来，二代农民工越来越多地走进城市，他们跟肩挑手提蛇皮袋的父辈相比，文化程度更高，维权意识更强，找工作越来越挑剔，对报酬和生活条件的要求越来越高。

此外，这批“新生代农民工”群体，很少愿意留在农村，更渴望融入城市，更加注重自身发展，更加渴望得到尊重。然而，想要成为“新城市人”的障碍实在是太多。一方面他们要面对僵化的户籍制度、城市高昂的房价和高生活成本；另一方面，他们又要接受自身缺乏必要的生产技能、缺少城市生活知识、在劳动力市场缺乏竞争力的事实。

毋庸讳言，农民工不尽如人意的生存状态，是造成“民工荒”的直接原因。现实表明，要缓解“民工荒”，企业和社会必须告别劳动力低成本，不断提升农民工生存质量，实行制度创新，让农民工沉淀下来，成为城市的主人。浙江省社科院社会学所副所长杨建华教授说：

【出录音】“我们提出大力推进新型城市化，而新型的城市化首先要化人。你要农民工真正跨进城市，应该降低门槛，提供制度安排，让他们愿意或者留在这个城市工作就业、生活，融入到城市。如果真这样子，就不太会出现每年都会出现的招工难、用工荒。”【录音止】

想要留得住人，留得久人，善待民工的同时，还要把重点放在民工身上，需要社会注重对他们可持续发展的培养，让农民工真正融入城市。浙江省劳动和社会保障研究院院长陈诗达说：

【出录音】“从未来经济发展方式转变，从工业化、城市化发展角度出发，我们共同来推动农民工职业技能开发行动。通过几年下来，使他们无论在教育文化、技能方面有大的提高，很多农民工真正能够融入城市。”【录音止】

在这篇述评中作者抓住“民工荒”这一当下以及未来几年的社会热点问题，提出“善待民工才能缓解民工荒”这一个主题，展开叙述和议论。符合广播述评的选题要求。广播述评的选题和表达要考虑到广播线性传播、声音转瞬即逝没有回味余地、听众文化程度参差不齐而且多数平时处于半收听状态以及评论内容的抽象性这些不利因素，每次只能就一件事、一个问题或事情与问题的一个方面展开评述，材料选择要典型生动，语言通俗，表达浅显，边叙述边评论。上面这篇述评对评和述就处理得很好，使叙述与议论紧密融合在一起，叙中有议，议中有叙，使听众沿着叙述的事实逻辑自然而然地接受了述评的观点。

(2010 年 3 月 24 日)

6.广播谈话

广播评论当中以谈话形式出现的体裁样式,也有人把它叫作“广播杂谈”、“广播对话”和“广播漫谈”。它的突出特点表现在以谈话的口气、谈话的表达方式来分析和评议新闻事实和各种时新的问题。广播谈话体评论以谈话对象和模拟谈话对象设定的不同又可分为“一对一”、“一对众”的不同语境,其对应的形态为漫谈式广播谈话。这种形式在写法和表达上都具有浓郁的谈话色彩,首先营造谈话的气氛,把听众设定为特定情景中的交谈者,在分析评论事物和问题的时候,从听众的角度不断提出一些问题,用自问自答的方式释疑解惑,给听众以较强的交流感。除此之外,还有一男一女一问一答的对话式广播谈话,以及由多人参加的座谈式广播谈话,总之,这种形式的广播淡话。谈话是外部特征,交流是内在实质,通过交流而使听众易于接受和乐于接受评论者的观点和意见。

1981 年 11 月 17 日我国女排首次夺得世界杯赛冠军后,中央人民广播电台当天播出的评论《以女排为榜样,创造第一流的工作》就是一篇典型的谈话体评论。

> 亲爱的听众,昨天晚上,当您在荧屏前看到五星红旗在日本大阪体育馆高高升起,当您从收音机里听到我国的国歌在体育馆回响的时候,一定兴奋得欢呼跳跃,激动得热泪盈眶吧?我国女子排球队的同志们打出了中国人民的志气。为祖国争了光,为人民立了功,每一个有爱国之心的中国人,怎能不为她们欢呼,向她们喝彩呢?可是,亲爱的听众,在激动、欢呼之余,您是不是想过:这是女排在向我们挑战,在向全国各条战线的同志们挑战呢!“女排向我们挑战,我们怎么办?”这是我们每一个工人、农民、革命军人、知识分子、国家干部、青年学生需要认真思考并用实际行动来回答的问题。
>
> 女排是个英雄的战斗集体。她们用心血和汗水、钻劲和拼劲、智慧和毅力谱写了一曲响彻云霄的奋斗之歌。社会主义现代化建设事业需要的正是这种奋斗精神。女排的同志们登上了世界排球运动的高峰,表现出了世界第一流的水平。所以,我们仅仅为女排鼓掌、叫好还不够,还应当以中国女排为榜样,向她们学习,把自己的劳动、工作和学习同祖国的前途和荣誉联系在一起,树雄心,立壮志,鼓足干劲,力争上游。在自己的岗位上创造出第一流的业绩。
>
> 同志们,行动起来。让“女排精神”在四化建设的各条战线上大放异彩!
>
> (作者:白谦诚)

作者在这里以亲切的语言，饱满的热情，强烈的交流感，平易的态度，平等的身份，"一对一"的谈话方式，先是通过两个设问一下子把听众带到那个兴奋的时刻，找到了与听众在情感上的共鸣点。接着，作者又不局限于就比赛谈比赛的老模式，而是就实论虚，提出了一个听众所直接面对的新鲜问题，即"女排向我们挑战，我们怎么办?"最后上升和归结为让"女排精神"在各条战线发扬光大。正是因为这篇评论突破"报章体"的评论模式，采用"一对一"的谈话体写作方法，极大地增强了评论的亲和力和感召力，是我国广播评论探索个性化的早期尝试，正如评论作者自己所说："此文是我写'一对一'式广播评论的初次尝试，也是中央台第一篇这种样式的评论。"①

7. 录音评论

一种使用现场音响、资料音响、人物访谈音响并与解说、论述性语言结合在一起表达观点和看法的广播评论体裁。这里所有音响素材都必须保持真实、典型和清晰，与文字或记者的论述性语言一同组合起来，成为支撑评论论点的论据。这是又一种带有浓郁广播个性的广播评论形式，它与广播评论员、主持人和记者自写自播的评论形式一同都具有广阔的发展前景。请看辽宁人民广播电台播出的一篇录音评论，题为《烈士陵园被冷落引发的思考》：

【出《志愿军战歌》数秒，压混】

播：听众朋友，9 月 7 号，在纪念抗美援朝战争胜利 40 周年之际，我们来到了抗美援朝烈士陵园，这里安葬着黄继光、邱少云等 122 多名抗美援朝烈士，这首《志愿军战歌》就是我们当时在展览大厅录下来的。

【扬《志愿军战歌》数秒，压混】

播：听到这雄壮激昂的旋律，我们仿佛又看到 40 年前成千上万的中华儿女为了抗美援期，保家卫国，雄赳赳、气昂昂地跨过鸭绿江的场面，然而现在展现在我们面前的却是冷冷清清的陵园和稀稀落落的几个瞻仰者。看到这种情景，我们的心里很不是滋味。听着陵园管理所党支部书记王福余的一番话，实在让人心痛。

【出录音】

从近几年来看，扫墓的群众呈下降趋势，比如说 1991 年扫墓群众是 42 万人，1992 年是 28 万，1993 年到现在为止是 13.5 万。这是一个让我们陵园深思和忧虑的问题。即使学校来扫墓，也是一种形式，他们匆匆而来，只不过是举行一次悼念活动。马上就去北陵公园。这一走而过根本

① 白谦诚主编：《中国八十年代广播评论 100 篇》，中国广播电视出版社 1991 年版。

达不到教育的目的。烈士陵园发展到今天这种情况，我真担心烈士陵园是否有存在下去的必要，是否还能继续存在下去。

【录音止】

播：据介绍，前几年每到清明节前后来陵园扫墓的单位都要事先排队预约，现在陵园主动到社会上请都请不来。特别是今年6月份以来，每天来陵园扫墓的人很少，有时候连续一周不见一个人。不久前，抗美援朝烈士陵园举办一个烈士英雄事迹图片展览，准备到各单位巡回展出，虽然分文不收，但仍然被有些单位以种种理由谢绝，由于社会的普遍不重视，抗美援朝烈士陵园正在考虑出租陵园内的土地以补偿资金不足。烈士们安息的土地就要不安宁了。

我们在一所重点小学里的采访，令人又添了一份忧虑。

【出录音】

记者：小同学，你们知道黄继光吗？

学生：不知道，不知道。

记者：你们知道邱少云吗？

学生：不知道。

记者：你们的课外活动小组讲不讲英雄人物的故事？

学生：不讲。就讲大公鸡……小白兔。

【录音止】

播：稚嫩的童声给人留下的是沉重的思索。这些孩子，是跨世纪的一代。今天，他们不知道幸福生活是怎样得来的，那么，明天，他们能撑起共和国的这座大厦吗？

在一家装修豪华的歌舞厅，几位举止端庄、打扮入时的服务小姐的回答使人吃惊。

【出录音】

记者：能不能详细讲一讲黄继光和邱少云是怎么回事？

小姐甲：黄继光和邱少云都是抗美援朝时的英雄、烈士。

记者：那么你呢？

小姐乙：……（无语）

记者：那么你呢？

小姐丙：我也是。不清楚。

小姐丁：虽然我知道，对他们了解不太深，只是说（关于烈士）在没解放以前，上一辈人比较熟悉他们，所以，在我们这个年龄，我们这个时代，对歌星、影星了解更深一点、更喜欢一点，也更喜欢港台的歌曲。

记者:我想了解一下,你们最崇拜的人是谁呢?

小姐甲:我最崇拜"乖乖虎"。

小姐乙:我喜欢张学友。

小姐丙:我喜欢刘德华。因为他不仅歌儿唱得好,而且他潇洒,一般女孩子都喜欢潇洒的男人。

【录音止】

播:几位服务小姐的话使人们想到:近几年来由于受拜金主义、享乐主义影响,一些人的价值观和人生观发生了变化。手里的钱越来越多,生活水平不断提高,而忘我牺牲、吃苦耐劳、奋发向上的精神却越来越淡漠。

当我们和黄继光生前所在排排长、中国人民解放军 5705 厂离休干部仲仁杰说起这方面情况时,这位在上甘岭战役立过功、在枪林弹雨中没有掉过泪的英雄老泪横流。

【出录音】

仲:我的心情非常难受,十分难受。如果没有当时黄继光同志牺牲,我们肯定是活不到今天的。我们今天取得了这样的胜利,不应该忘记他。(哭泣)

【录音止】

播:是啊!刚刚 40 年,滚滚东流的鸭绿江水依旧,伤痕累累的鸭绿江断桥依旧,我们怎能忘记那些为国捐躯的英烈们呢?我们的经济繁荣了,但是不能忘记先烈们无私奉献的革命传统,我们的时代发展了,更不能抛弃中华民族自强不息的爱国精神。

在这里,我们可以清楚地看到录音评论的优越感,评论开始出现的志愿军战歌声,可以引起听众的注意力和收听兴趣,同时增强现场感和真切性,为评论进入主题做好铺垫。天真的小朋友的回答以及歌舞厅几位服务小姐与记者的对话录音,为评论提供了真实、典型的论据,特别是评论作者选取了黄继光烈士的战友的一段录音讲话,饱含深情,点明主题,不但提供了社会背景的历史对比和强烈的价值取向,而且几代评论者讲出了评论的核心论点,增强了评论的表现力、说服力和影响力。

2011 年 3 月 9 日上海广播电视台刊播的《城乡最低生活保障预算,钱多得花不完?》也是一篇优秀的录音评论。

【出录音】各位听众,每年的政府预算报告中,超预算执行的情况非常普遍,但是今年,让上海市人大常委会委员、全国人大代表刘洪凯困惑的是,最需要花钱的"城市居民最低生活保障"和"农村最低生活保障"两个单项，2010 年都出现了大笔财政预算没有花完的情况。请听本台特派记者陈霞发来的报道：

【刘洪凯：城镇居民最低生活保障，2010 年预算投入是 641 亿，执行 539 亿，执行 87%，钱没花完；农村的最低生活保障 2010 年预算 463 亿，执行 444 亿，执行数是预算数的 96%，也是钱没花完。】

刘洪凯代表手里拿了一份 2010 年全国预算执行情况和 2011 年全国预算草案，长达 241 页，记者注意到，在普遍超预算执行的情况下，87%这样低的预算执行数非常少见。那么，城乡最低生活保障预算，是没地方花、花不完吗？刘洪凯介绍了他老家四川达州一个贫困乡的情况：

【刘洪凯：我那个乡，2000 多个 70 岁以上老人，孤寡老人大概 70 多个，病了连饭都吃不上。这些老人，90 岁以上的每个月给 100 元，100 岁以上每个月给 200 元，其他没什么投入。生活非常困难。这个钱，政府一方面花不完，另一方面，确实农村生活贫困的老年人需要救助。钱没花完，不是不需要，不是没地方用，用的地方多得不得了啊。】

在现场旁听会议的财政部金融司孙司长表示，将了解情况后给予答复。

【孙司长：我回去给社保司打个电话，完了再给你回答。

刘洪凯：你看，国家机关的钱都是超的，预算 100 个亿，花了 105 个亿至少，那个最低保的，最弱势的，你这个钱还花不完。】

下午小组审议开始前，孙司长再次找到刘代表，解释说，像城乡最低生活保障预算没有完成的情况，是一个编制方法的技术性问题。

【孙司长：给预算司打了个电话，预算司说这是中央代地方编的，依照上一年的支出数再加上增长数，就这么匡算的，他说实际上，我这代编不具有法律效力，就是为了要做这个数。为什么执行有这么大差，全国上下匡的数嘛，跟各省实际执行有很大差距，这根本对不上。

刘洪凯：他匡算下来的，我说个不该说的话，这个数字就是没有多少根据的，中央代地方匡算的，代地方匡算的你说没有法律效力，交给人大讨论，人大只要批准了这个预算，就是有法律效力的，人大批准的预算就要按照那个预算来，就应该严格执行。你说没有法律效力让人大讨论？人大代表讨论这种数字就没有意义了。

孙司长：但是它是一个纯技术上编制上的问题，这个问题我会跟预算司再积极反映，争取明年预算编制上从技术上有所改进。】

刘洪凯希望，财政预算公开不是表面文章，要让人民清清楚楚，政府花了多少钱，办了什么事。

【刘洪凯:没有执行的比例比较高的,像这种人民群众普遍关心的,执行不好的,一定要跟人大代表说清楚,为什么执行不好,不要大家感到,纯粹是糊弄大家的一个数字在那儿放着。】

在这里,我们可以清楚地看到录音报道的优越感,报道开始出现会场上嘈杂的背景声音,不仅引起了听众的注意力和收听兴趣,同时增加了现场感和真切性,为后文的阐述做好了铺垫。刘洪凯和孙司长的对话录音,为报道提供了真实、典型的论据,特别是两位主角切中要害、针砭时弊的对话更是切中主题,用事实说话,带领作者完成了一篇具有表现力、说服力和影响力的广播报道。

第三节　广播评论的写作要求

一、广播评论的三大要素

同报刊评论一样,任何形式的广播评论都由三个基本要素所构成,这就是论点、论据和论证。三个基本要素中缺少任何一个都将不是真正意义上的广播评论,三大要素是否俱全,是否组合恰当,在写作和表达处理上是否得当,都将关系到一篇评论的成败和影响。

1. 论点

也被称为论断或主论,它是评论所要阐述和表达的思想观点和见解主张,表明评论的立场、倾向和态度。因此,论点是整个评论的核心和灵魂,是评论要解决的首要问题。广播评论因其具有鲜明的新闻性和政论性特点,自然以新闻事实、新闻人物、新闻事件作为提取论点设立论点的来源和对象,褒扬和赞美,要符合时代的精神,提倡什么,反对什么,鼓励什么,鞭笞什么,一清二楚,毫不含糊,同时论点的表达还要做到明白清晰。其次论点要准确全面地体现党的实事求是的思想路线,准确全面地体现广大人民群众的利益要求,提炼和升华大量先进人物、先进典型、良好的社会风尚等真善美的内容,给听众以启迪振奋,对一些假丑恶的消极现象,给予揭露、评析,敲响警钟。再次,作为广播评论的论点要发挥原创性,做到有自己的独特视角,起到“先声夺人”、“振聋发聩”的作用,同时在论点的表达上要做到尽可能单一,一篇评论一个论点,不宜出现论点二元化和多元化,以免造成拖沓和听知障碍。

2. 论据

是指用来说明和证明评论中论点的根据。论据主要有理论性论据和事实性论据两大部分构成。广播评论的论据则主要来自具有新闻性的事实性论据。论据除了说明评论作者的观点之外，还有多重作用，如果把这种事实性论据放在广播评论的开头，以引出后面的议论，而且现在很多广播评论都选取录音材料放在开篇之首，习惯上称此为“由头”，因为评论有了这样一个“由头”的评说对象，评论就有了支撑点。引用典型生动的事实性材料，还可以表明背景，渲染气氛，酝酿感情，增强论点的说服力和感染力。广播评论中引用的所有论据都要求完全真实，不允许任何杜撰虚拟和假设，同时要能够非常精练地说明和论证论点，不能使用那些事实含混、情节复杂、内容陈旧的事实材料做论据。

3. 论证

是指运用论据来说明和证明评论论点的分析推理过程及方法。论证可以说是整个广播评论写作的中心环节。论证的过程，就是拿出事实材料，并对事实材料进行议论、分析、推理和概括，得出论断的结论和过程。论证的过程也是把主观与客观，普遍与个别，历史与现实，事实、道理与情感结合起来的过程。广播评论的论证方法主要是通过事实来说理。这些事实必须具有新闻性、典型性，为社会所关注，为听众所熟悉和了解，具体生动，可以是评论当中已经引用的事实，也可以是评论以外的事实。评论缘事而发，由事入理，叙述议论事实的过程也同时是讲道理亮观点的过程。这是广播评论的主要论证方式，除此之外，广播评论当中常用到的论证方法还有比较法，即类比于对比，今昔、纵横、新旧、好坏、正反、得失、荣辱、成败、是非、爱恨等的比较，通过比较反映出电台和评论作者的态度与倾向。论辩说理、比喻说理和幽默性说理近年来也是广受听众喜爱的一种评论论证方式。

二、广播评论的选题与立论

1. 选题是广播评论写作之前首先遇到和需要审慎解决的一个问题

所谓选题，是指选择和确定评论的论题。一篇评论要触及现实生活中最敏感的那根神经，要抓住人们普遍感觉到但又没有被透彻说明的那一类思想认识问题，展开论说以引起听众的认同共鸣。要做到这一点，首先需要记者凭着高度的社会责任感、敏锐的新闻眼光和丰富的职业经验，从繁复纷纭的材料当中，挑选出合适的评论题材。比如 2000 年 3 月 19 日金华人民广播电台播出的评论《中学生徐力杀母事件引发的思考》，在社会上引起很大反响和震动。当然事件本身非常典型，具有震撼性效应，但在事件背后还潜藏着那些社会的、家庭的和学校的原因。评论用借口表达的方式，请各方人士展开分析点评。可以说这篇评论能够产生良好的社会反响和舆论效应，首先在于选择一个好的论题。在这个论题下面，人民有太多的话要说，不是吗？我们多年形成的学校只重智力教育,只抓升学考试而忽视素质教育、思想品德和心理健康教育,家庭和社会缺乏应有的与青少年经常性沟通的渠道,片面灌输"成功"的理念而忽视"快乐"的原则,孩子在家长和社会面前仅仅成了被寄托着无限希望的现实工具,孩子本身感觉如何,快乐与否,关心的人并不多,这正是一个17岁中学生残忍杀死生母的偶然性事件所包含着的社会必要因素。

再比如上海广播电视台2013年6月20日播出的广播评论《还城管执法一个正常的环境》,这是一件获得第二十四届中国新闻奖的作品,对鼓励一线城管人员依法管理城市起到了正面作用,充分体现了媒体应有的社会责任,在公众中获得了较大的反响。

在全国多地爆发城管负面事件、大多数媒体对城管一片讨伐的背景下,该作品不盲目跟从,而是从上海实际出发,通过深入采访一线城管、跟随现场执法,在众多批评城管的报道中,揭示了上海城管执法的难处与困境。

记者通过扎实的采访、客观的评论,解答了城管执法目前面临的困境,如执法范围过大、执法内容过多,被赋予的职责又都是托底,再加上一直负面消息不断,连一些政府兄弟部门都不愿意配合。城管执法除了外部环境不好之外,更有着内在深层次的体制原因,报道用事实呼吁还城管执法一个正常的环境。

随着广播电视的快速发展和公众对评论形成的日益重视,评论题材的来源和线索要比过去任何时候都要多得多。中央电视台新闻评论部把《焦点访谈》这一档著名评论性节目的题材来源渠道归结为六个方面:第一是奉命作文,上级布置下来;第二是栏目主动配合有关报道;第三是由记者找米下锅;第四是观众来信、打电话或直接上门提供情况和线索;第五是媒体同行提供;第六是集中策划而来。[①] 应该讲,这个归类也基本符合当前阶段广播评论选题来源的实际状况。

广播评论常规性选题,应该围绕中央的和各级党委、政府的最新工作部署、政策精神、中心工作,抓住有关节日、纪念日和重大活动,围绕先进经验推广、先进模范人物表彰,新风尚、新事物和两个文明建设新成就的推介,以及对消极腐败现象的揭露抨击,对错误认识的批评等方面来展开。在社会性选题方面,则应抓住听众关心和关注的事情、问题,带倾向性的问题和存在模糊认识是非界限不是很分明的问题;事情虽然很小,但又十分典型,能够反映的表现某一方面乃至整个地区和全国的普遍性问题。在事件性选题上,则应随时

① 《焦点访谈》的时间与追求,《中国新闻媒介名专栏丛书·焦点访谈精神》,中国人民大学出版社1998年版。

注意本台和其他媒体近期报道的事件性新闻，从中挑选发现可以用来进行评说的事实材料。

2. 立论

即确定评论所表达的中心思想和主要观点。立论贯穿评论始终并统御整篇评论的观点与材料。一般情况下，评论作者在构思酝酿过程中，选择合适的论题和考虑从什么地方切入，怎样用事实材料去说明观点，这两个方面是综合在一起的。广播评论的立论，应该做到正确和准确。这是由广播作为党和政府的喉舌性质所决定的，广播评论虽然说代表编辑部，但事实上，历史的经验和现实的情况都表明，听众是把它作为党和政府的声音来看待的，所以，广播评论的政治性、政策性和舆论性都非常强。首先，要求评论不仅论点正确、准确，而且证明论点的事实材料也必须正确和准确，论证的过程同样要符合逻辑。其次，立论要鲜明，评论的立场、观点、态度、意见和主张必须非常明确。因为广播评论是广播电台的旗帜，反对什么，赞成什么，批评什么，褒扬什么，应该不容含糊。再次，立论要贴近听众，贴近实际，贴近生活，有很强的针对性，要能够提出一些实实在在的问题，展开分析，促成问题的解决。最后，广播评论的立论要从宏观着眼，微观着手，突出中心，有所突破，有所创新，体现出原创性和前瞻性。

主要参考书目

[1]曹璐,吴缦.新闻广播研究[M].北京:北京广播学院出版社,1997.
[2]宋友权.中国广播受众学[M].北京:中国广播电视出版社,1998.
[3]广电部政研室.梅益谈广播电视[M].北京:中国广播电视出版社,1987.
[4]杨正泉.我与广播[M].沈阳:沈阳出版社,1997.
[5]曹仁义.实用新闻广播学[M].北京:中国广播电视出版社,2000.
[6]李岩.广播学导论[M].杭州:杭州大学出版社,1997.
[7]桑义燐.新闻报道学[M].杭州:杭州大学出版社,1996.
[8]程道才.广播新闻写作[M].北京:中国广播电视出版社,1996.
[9]梁巾声.现代广播学[M].暨南大学出版社,1999.
[10]李向明.广播新闻创优谈[M].北京:中国广播电视出版社,1997.
[11]巴基罗夫,鲁日尼科夫.广播新闻学基础[M].北京:中国国际广播出版社,1989.
[12]丁文奎.新闻广播谈艺录[M].北京:中国广播电视出版社,1990.
[13]杨波.中央人民广播电台获奖作品选[C].北京:北京广播学院出版社,2000.
[14]仲富兰.广播评论[M].上海:复旦大学出版社,1997.
[15]涂光晋.广播电视评论学[M].北京:新华出版社,1998.
[16]常秀英.消息写作教程[M].北京:中国广播电视出版社,2000.
[17]张舒.音响报道教程[M].北京:中国广播电视出版社,1995
[18]王振业,胡平.新闻评论写作教程[M].北京:中国广播电视出版社,1995.
[19]陆锡初.广播新闻编辑教程[M].北京:中国广播电视出版社,1995.
[20]章宗栋.消息论[M].北京:中国广播电视出版社,1995.
[21]吉保邦.声论[M].北京:中国广播电视出版社,2001.
[22]李志石.广播记者论集[C].北京:中国广播电视出版社,1991.

[23]马雨农.广播文论选[C].杭州:浙江人民出版社,1999.

[24]程道才.中外广播作品选析[M].北京:新华出版社,1989.

[25]马雨农.广播作品选[C].杭州:浙江人民出版社,1999.

[26][美]麦尔文·曼切尔.新闻报道与写作[M].北京:中国广播电视出版社,1981.

[27]侯志永.五十年优秀广播作品选[C].济南:山东人民出版社,1998.

[28]周开球.优秀新闻作品选[C].北京:中国广播电视出版社,2000.

[29]胡耀亭.全国对外对台报道优秀作品选[C].南京:南京大学出版社,1988.

[30]任文礼.录音报道基础[M].北京:中国广播电视出版社,1995.

[31]周开球.优秀广播论文选[C].北京:中国广播电视出版社,2000.

[32]中国新闻奖评选委员会办公室.中国新闻奖作品选(2011 年度·第二十二届)[C].北京:新华出版社,2012.

[33]中国新闻奖评选委员会办公室.中国新闻奖作品选(2012 年度·第二十三届)[C].北京:新华出版社,2014.

[34]中国新闻奖评选委员会办公室.中国新闻奖作品选(2013 年度·第二十四届)[C].北京:新华出版社,2014.

[35]中国记协新闻培训中心.第八届中国新闻奖高端研讨会获奖研讨集[C].北京:新华出版社,2014.

[36]浙江省新闻工作者协会.震撼的奥秘:浙江新闻创优范例选编[C].杭州:浙江教育出版社,2010.

修订版后记

斗转星移，世事变迁。本书出版以来的十几个寒暑春秋，我们和广播新闻的听友及用户，共同经历和见证着技术进步、市场推动以及社会发展所带来的媒体传播格局、传播形态抑或传播内容上的巨大变化。尤其新媒体的横空出世，除了让不同媒介之间的新闻竞争更趋白热化，而且正在使新闻媒介的现实边界和想象空间变得愈益模糊。但是有一点毋庸置疑，广播新闻基本的书写姿态、基本的言说方式、基本的体裁依循，还没有出现颠覆性的变化。我们和亲爱的听友一起面对未来的岁月，“忠于守旧，而又乐于迎新”。

由衷感谢本书新版修订想法酝酿的这两年，冥冥之中的机缘助力，差遣本书作者以专家评委名义先后参评第 22 届和 24 届中国新闻奖，由衷感谢探索和创造了广播新闻新样本的凡音先生及凡音团队，使作者在对这一全新样本的专业追踪与学术梳理中获得了启发和启迪，同时也由衷感谢浙江大学出版社多年来的厚爱与支持，由衷感谢李海燕女士的悉心呵护和始终如一的一腔热忱。

本书修订再版过程中浙江传媒学院图书馆李彩虹女士提供了资料和生活上的帮助以及精神鼓励，研究生唐佳丽、杨苗、陈雯怡、康海静参加了全书的文字校对、案例更新、章节调整和表述润色，值此之际由衷感谢她们的奉献与努力。

王文科

2015 年 6 月